"十二五"职业教育国家规划教材

经全国职业教育教材审定委员会审定

保险原理与实务

第四版

刘 静　韩胜男　主 编

王 琼　于明霞　副主编

BAOXIAN YUANLI
YU
SHIWU

U0331691

化学工业出版社

·北京·

内容简介

本教材系"十二五"职业教育国家规划教材。教材共包括十一个项目,具体包括风险与风险管理、保险、保险合同、保险基本原则、财产保险、责任保险、信用保证保险、人身保险、互联网保险、再保险、保险业务经营以及保险市场与保险监管,涵盖了保险基本原理、保险实务及保险监管的内容。本教材按照"理论够用为度,注重实务应用"的原则编写,力求适应现代保险岗位需求,具有很强的实用性。本次修订更新和补充了保险领域的新规范、新标准和新产品,以更好地服务于广大读者。在讲授专业知识的同时,有机融入了法治中国建设、诚信文化、健康中国、乡村振兴等课程思政元素,有利于培养学生的家国情怀,增强文化自信。

本教材主要供财经类高等职业院校保险实务专业、金融服务与管理专业、财富管理专业、证券实务专业、国际金融专业、金融科技应用专业等学生使用,也可作为保险行业从业人员的自学教材及大众了解保险知识的普及教材。

图书在版编目(CIP)数据

保险原理与实务 / 刘静,韩胜男主编. -- 4版.
北京:化学工业出版社,2025. 3. --("十二五"职业教育国家规划教材). -- ISBN 978-7-122-47008-9

Ⅰ. F840

中国国家版本馆CIP数据核字第2024B2986V号

责任编辑:蔡洪伟　　　　　　　文字编辑:谢晓馨　刘　璐
责任校对:杜杏然　　　　　　　装帧设计:王晓宇

出版发行:化学工业出版社
　　　　　(北京市东城区青年湖南街13号　邮政编码100011)
印　　装:三河市双峰印刷装订有限公司
787mm×1092mm　1/16　印张20½　字数538千字
2025年2月北京第4版第1次印刷

购书咨询:010-64518888　　　　售后服务:010-64518899
网　　址:http://www.cip.com.cn
凡购买本书,如有缺损质量问题,本社销售中心负责调换。

定　　价:49.80元

第四版
前言

  本书自第一版出版以来得到了使用学校的好评和认可，经全国职业教育教材审定委员会审定被立项为"十二五"职业教育国家规划教材后，更是受到了更多高职高专财经类院校的欢迎。本次修订更新和补充了保险领域的新规范、新标准和新产品，同时结合党的二十大精神，融入了课程思政的相关内容，以更好地服务于广大读者。

  此次修订充分考虑到高职高专的人才培养需要，按照"理论以够用为度，应用以务实为重"的原则，力求教材能适应现代保险岗位需要，满足培养学生的保险综合业务能力要求。本教材主要供财经类高等职业院校保险实务专业、金融服务与管理专业、财富管理专业、证券实务专业、国际金融专业、金融科技应用专业等学生使用，也可作为保险公司入职员工的培训教材、保险行业从业人员的自学教材及保险知识的普及教材。同时，我们组织了在保险公司工作多年的业务骨干和多年深耕保险教学一线的教师共同参与教材的编写与修订。本教材的特色如下。

  1. 教材内容的主要载体是"项目"和"任务"，根据保险岗位职业能力需要，设置相应的"项目"和"任务"。

  2. 教材突出"能力目标"训练这一主线，加强职业技能训练。

  3. 此次修订对保险实务中涉及"保险产品"的部分、教材引用的案例、我国保险业的发展情况和监管情况的内容进行更新，修订后的教材能全面反映保险业的新规范、新标准和新产品。

  4. 结合党的二十大精神，有机融入了法治中国建设、弘扬诚信文化、推进健康中国建设、全面推进乡村振兴等课程思政元素，有利于培养学生的家国情怀，增强文化自信。

  5. 此次修订在书中相应知识点位置加入了30个微课和动画资源，资源均为主编和副主编自己录制的微课以及自己编写脚本制作的动画，学生扫码即可学习，增强了教材的立体感和读者的体验感。

  6. 教材配备了内容丰富的"学习包"，学习包由微课、动画、思政案例、企业案例、课件、案例和习题等多样教学资源组成。

  本教材由刘静、韩胜男主编，共十一个项目。具体分工如下：王琼负责项目一、项目二、项目五，韩胜男负责项目三、项目四、项目七、项目八，刘静负责项目六、项目九、项目十和项目十一。全书由于明霞总纂定稿。

  本教材在修订过程中参考并借鉴了相关的著作、教材及网站等，在此一并表示诚挚的谢意。由于编者水平所限，书中难免会有不足之处，诚挚欢迎读者批评指正。

编　者
2024年10月

二维码资源目录

目录

项目一
全面认知风险与风险管理

案例导入

损失惨重的台风——"杜苏芮"

2023年，第五号台风"杜苏芮"作为年度内登陆中国大陆的最强台风，于7月28日清晨以强台风姿态直击福建晋江沿海，成为1949年以来福建遭遇的第二强风暴。此次台风不仅对福建造成了严重影响，引发大规模暴雨和洪水，导致上万间房屋受损，直接经济损失超过50亿元，其影响力还波及更广泛的区域。随后京津冀地区遭遇的暴雨洪涝灾害，进一步加剧了灾害的严重程度。据统计，受台风"杜苏芮"残余环流影响，北京、河北、天津551.2万人不同程度受灾，107人不幸遇难或失踪，紧急转移安置143.4万人。2024年1月20日应急管理部发布的《2023年全国十大自然灾害》报告显示，台风"杜苏芮"造成福建、浙江、安徽、江西、广东5省295万人不同程度受灾，紧急转移安置26.3万人；倒塌房屋3500余间，严重损坏房屋4500余间，一般损坏房屋1.7万间；农作物受灾面积42千公顷；直接经济损失149.5亿元。

任务一　全面认知风险并学会区分不同类别的风险

任务训练1　全面认知风险

任务训练目标

通过完成全面认知风险的任务训练，能运用风险的相关知识，认识风险的普遍性、客观性和发生的不确定性，恰当分析风险的构成要素。

知识要点

一、风险的定义

在我们的工作和生活中，风险无处不在，如自然灾害、意外事故、生老病死等。风险的发生给我们带来了巨大损失，打破了正常的生产和生活秩序。认识风险，做好风险管理，刻不容缓。

要研究风险，首先我们要知道什么是风险。风险有广义和狭义两种定义。广义的风险一般是指某种事件发生的不确定性。只要某一事件的发生存在着两种或两种以上的可能性，那么该事件即存在着风险。风险既可以指积极结果即盈利的不确定性，也可以指损失发生的不确定性。如商业投资就有三种可能：赚钱、赔钱和保本，这三种可能就是风险的不确定性。又如良好的教育会让人受益终生，但教育到底能够为受教育者带来多大的收益是无法计量的，它不仅与受教育者个人因素有关，而且与受教育者的机遇等外部因素有关，这就可以看作是收益的风险。

狭义的风险是指危险。由于保险是特殊的处理风险的方法，只有在被保险人遭受经济损失时才给予赔偿或给付，所以本书中的风险是指风险的狭义定义，指损失的不确定性。如地震、火灾、洪水等灾害可能会带来损失的风险。该定义包括三层含义：①风险是随机事件，即风险事故可能发生也可能不发生；②风险事故发生仍具有不确定性，即风险发生的时间、地点、损失程度都是不确定的；③风险发生的结果是造成损失。在狭义的定义下，我们只研究风险事故造成的不良后果，即财产的损毁、人身的伤亡。

知识拓展

risk（风险）一词是外来词，有人认为来自阿拉伯语，有人认为来源于西班牙语或拉丁语，比较权威的说法是来源于意大利语的"risque"一词。在早期的运用中，"风险"被理解为"客观的危险"，体现为自然灾害或者航海遇到礁石、风暴等事件。以打鱼捕捞为生的渔民们，每次出海前都要祈求神灵保佑自己，祈祷海上风平浪静、满载而归。他们认识到，在出海捕捞打鱼的生活中，"风"即意味着"险"，因此有了"风险"一词。

经过几百年的演绎，"风险"一词越来越被概念化，并随着人类活动的复杂性和深刻性而逐步深化，被赋予了哲学、经济学、社会学、统计学甚至文化艺术领域中的更广泛、更深层次的含义，并且与人类的决策和行为后果联系越来越紧密。大约到了19世纪，英文"risk"一词主要用于与保险有关的问题上。

二、风险的基本特征

风险的特征是风险本质的外在表现，只有正确认识风险的特征，才能准确理解风险的概念，建立和完善风险管理机制。

（一）普遍性

人类的历史就是与各种风险相伴的历史。人类自从出现起就面临着各种各样的风险，如自然灾害、疾病、伤害、战争等。随着科学技术的发展、生产力的提高、社会的进步、人类的进化，又产生了新的风险，且风险事故造成的损失也越来越大。风险渗入社会、企业、家庭及个人生活的方方面面，风险无处不在，无时不有。正是由于这些普遍存在的、对人类社会生产和生活构成威胁的风险，才有了保险存在的必要和发展的可能。

（二）客观性

风险独立于人的主观意识之外。各种自然灾害属于按照自然规律运行的客观现象，是人类不可抗拒的风险。各种人为事故虽然可以通过加强风险管理得以减轻，但无论如何也不可能完全消灭它。人们的主观努力只能在一定的时间和空间内改变风险存在和发生的条件，降低风险发生的频率和损失幅度而已。从根本上说，风险是不可能被彻底消除的，各种风险都是不以人的意志为转移的客观存在。

（三）损害性

凡是风险都可能会给人们的利益造成损害。实际上，风险与人类社会的利益密切相关，即风险必须是相对于人身及其财产的损害而言的。就自然现象本身而言无所谓风险，如地震、海啸、飓风、台风等是自然界自身运动的表现形式，也是自然界自我平衡的必要条件。只是由于地震、海啸、飓风等的发生会给人类的生命和财产造成一定程度的直接经济损失或特殊的经济需要。特殊的经济需要主要是指人们因疾病、伤残、失业等暂时或永久丧失劳动能力后所需要的医疗、生活费用，以及死亡所需的善后费用和遗属的赡养费用等。这些损失是可以用货币计量的。保险并不能保证风险不发生，而是保证风险发生后对损失进行经济补偿。

（四）不确定性

风险虽然是客观存在的普遍的社会现象，但就某一具体风险事故而言，它的发生却是偶然的、不可预知的，具有不确定性，人们难以准确对其进行预测。这种不确定性主要表现为损失是否发生的不确定性、空间上的不确定性、时间上的不确定性和结果上的不确定性等几个方面。例如，所有的房屋都存在发生火灾的可能性，而且在一定时间内必然会发生火灾，并且必然造成一定数量的经济损失，这种必然就是我们前面提到的风险的客观性。但是具体到某一幢房屋来说，是否发生火灾、什么时间发生、损失程度如何都是不确定的。

1. 损失是否发生的不确定性

导致损失的随机事件是否发生是不确定的。就个体风险而言，其是否发生是偶然的，是一种随机现象，具有不确定性。

2. 空间的不确定性

损失发生的地点不确定。

3. 时间的不确定性

损失发生的时间是不确定的。从总体上看，有些风险是必然要发生的，但何时发生却是不确定的。例如，生命风险中，死亡是必然发生的，这是人生的必然现象，但是具体到某一个人何时死亡，在其健康时却是不可能确定的。

4. 结果的不确定性

结果的不确定性，即损失发生后造成的损失程度和范围不确定，即不可预见和不可控制。例如，沿海地区每年都会遭受或大或小的台风袭击，有时是安然无恙，有时却损失惨重。但是人们对未来发生的台风是否会造成财产损失或人身伤亡以及损失程度如何却无法预知。

（五）可测性

虽然个别风险的发生是偶然的、不可预知的，但通过对大量风险事故的观察会发现，其往往呈现出明显的规律性。运用统计方法去分析大量相互独立的偶发风险事故，其结果可以比较准确地反映出风险的规律性。因此，根据以往大量资料，利用概率论和数理统计的方法可测算出风险事故的发生概率及其损失幅度，并且可构造出损失分布的模型，作为风险估测的基础。

（六）发展性

人们在创造和发展物质资料生产的同时，也创造和发展了风险，风险具有可变性。风险是特定的时间和空间条件下的概念，在一定条件下是不断发展变化的，具体表现为以下几点。

1. 风险的性质是可变的

风险会发生质的变化。例如车祸，在汽车面世的初期是特定风险，在汽车成为主要交通工具后则成为基本风险。

2. 风险发生概率和损失幅度是可变的

风险会发生量的变化，即现存风险随客观环境的变化而变动，预期结果与实际结果之间有差异。可以对某些风险在一定程度上进行控制，降低其发生概率和损失幅度。

3. 新风险的不断产生

社会、科技发展过程中又会产生一些新的风险，例如近年来发生的"甲型流感""新型冠状病毒感染"等传染病风险。某些风险只能在一定的空间和时间范围内被消除，新的风险随时会产生，如果不能及时加以控制，这些风险叠加起来，就会带来一系列连锁效应。一是大面积、跨地区传播，迅速蔓延，甚至会造成世界性的恐慌。二是"一视同仁"，现代风险的危害波及全社会所有成员。三是突发性，人们对某些隐蔽的风险知之甚少或者全然不知，现有的保险手段无法覆盖它们，有些避险措施本身也可能蕴含着新的风险。

三、风险的构成要素

风险是由多种要素构成的，这些要素的共同作用决定了风险的存在、发生和发展。一般认为，风险由风险因素、风险事故和风险损失三要素构成。

（一）风险因素

风险因素是指引起或增加风险发生可能性的原因和条件。它是风险事故发生的潜在原因，是造成损失的内在或间接原因。例如，将一桶汽油放在车库里就是一种风险因素，存放汽油本身没有导致损失，但汽油属于易燃物，它可能会引发火灾进而导致人们的生命财产损失，因此汽油就构成了导致损失发生的风险因素。根据性质不同，风险因素可分为实质风险因素、道德风险因素和心理风险因素三种类型。

1. 实质风险因素

它是指有形的并能直接影响事物物理功能的因素，即某一标的本身所具有的足以引起或增加损失机会和加重损失程度的客观原因和条件。如木质房屋容易失火，某些化学物质容易燃烧，老年人容易患病等。对于这类风险因素，有些可以在一定程度上加以控制，有些在一定时期内却无能为力。

2. 道德风险因素

它是指与人的品德修养有关的无形风险因素，即指由于个人不诚实、不正直或不轨企图，故意促使风险事故发生，以致引起社会财富损毁和人身伤亡的原因或条件。如偷盗、纵火、诈骗等。

3. 心理风险因素

它是与人的心理状态有关的无形风险因素，即指由于人的不注意、不关心、侥幸或存在依赖心理，以致增加风险事故发生的机会和加大损失的严重性的因素。如外出忘记锁门因此发生盗窃事件；吸烟者随意丢弃未燃尽的烟蒂，加大火灾发生的可能性；或在发生火灾时不积极施救，侥幸观望，任损失扩大等。

（二）风险事故

风险事故又称风险事件，它是将风险不确定的状态转化为确定的状态，是造成生命财产损失的直接或外在原因。如果说风险因素还只是损失发生的一种可能性，那么风险事故则意味着风险的可能性转化为现实性，即风险的发生，从而造成损失。风险只有通过风险事故的发生才能导致损失。例如，汽车刹车失灵酿成车祸而导致车毁人亡，其中刹车失灵是风险因素，车祸是风险事故。如果只有刹车失灵而没有车祸，就不会造成车毁人亡。

风险事故和风险因素的区别有时并不是绝对的，判定的标准就是看是否直接引起了损失。风险因素是损失的间接原因，因为风险因素要通过风险事故的发生才能导致损失。风险事故是损失的媒介物，是造成损失的直接原因或外在原因。风险因素与风险事故有时可能互相转化。例如，暴雨一般是造成生命财产损失的风险事故，而2020年8月江西省遭遇百年一遇的洪灾，造成大部分城市被淹，暴雨则是风险因素。

区分风险因素和风险事故对确定保险责任有着重要意义。只有当风险事故属于保险责任时，所造成的损失才能获得保险赔偿或给付。例如，一位心脏病患者投保了意外伤害保险，某日被突如其来的汽车紧急刹车惊吓发病死亡。对于他的死亡，保险公司不能给付意外伤害保险金。理由是，汽车紧急刹车只是风险因素，而不是风险事故。引起被保险人死亡的直接原因是疾病，并不属于意外伤害保险的保险责任，因此不予给付。但如果是被汽车撞伤或死亡，则可获得意外伤害保险金。

（三）风险损失

风险损失是由风险因素导致风险事故的发生所形成的结果。在保险中所讲的风险损失，是指非故意、非预期、非计划的经济价值的减少，故意的、可预计的、有计划的价值减少不是风险损失。如恶意放火，面对正在受损的物资可以抢救而不抢救，固定资产折旧使物品价值降低等，都不能称为风险损失。同时，风险损失还必须是可以用货币来计量的，精神损失便被排除。

在保险实务中，损失通常分为直接损失和间接损失。直接损失是由风险事故导致的财产本身的损毁和人身伤害；间接损失则是由直接损失引起的额外费用、收入损失、责任损失等。间接损失的金额往往较大，有时甚至超过直接损失。

案例分析

切尔诺贝利核泄漏事故

1986年4月26日凌晨1点23分，由于连续的操作失误，切尔诺贝利核电站4号核反应堆发生爆炸，当场死亡两人。8吨多强辐射物质混合着炙热的石墨残片和核燃料碎片喷涌而出，释放出的辐射量相当于日本广岛原子弹爆炸量的200多倍。大量的放射性物质外泄，使周围环境的放射剂量为允许量的两万倍。1700多吨石墨成了熊熊大火的燃料，火灾现场温度高达2000摄氏度以上。救援直升机向4号反应堆投放了5000吨降温和吸收放射性元素的物质，并通过遥控机械为反应堆修筑了厚达几米的绝缘罩。

爆炸时泄漏的核燃料浓度高达60％，放射性元素一直超量释放。当天，一些危害较重的放射性物质就随风向西扩散到了波兰。第三天，放射性尘埃扩散到当时苏联西部的大片地区，并开始威胁西欧。第四天，斯堪的纳维亚半岛和德国受到影响。10天内，放射性尘埃落到了欧洲大部分地区。

事故发生3天后，附近的居民才被匆匆撤走，但这3天的时间已使很多人饱受放射性物质的污染。在这场事故中当场死亡2人，至1992年，已有7000多人死于这次事故的核污染。这次事故造成的放射性污染遍及15万平方公里的地区，那里居住着694.5万人。由于这次事故，核电站周围30公里范围被划为隔离区，附近的居民被疏散，庄稼被全部掩埋，周围7公里内的树木都逐渐死亡。在日后长达半个世纪的时间里，10公里范围以内不能耕作、放牧；10年内100公里范围内被禁止生产牛奶。不仅如此，由于放射性烟尘的扩散，整个欧洲也都被笼罩在核污染的阴霾中。邻近国家检测到超常的放射性尘埃，致使粮食、蔬菜、奶制品的生产都遭受了巨大的损失。核污染给人们带来的精神上、心理上的不安和恐惧更是无法统计。事故后的7年中，有7000名清理人员死亡，其中1/3是自杀。参加医疗救援的工作人员中，有40％的人患了精神疾病或永久性记忆丧失。

核电虽然是目前最新型、最"干净"且单位成本最低的一种电力资源，但核泄漏事故造成的核污染也给人类带来了前所未有的灾难。除了切尔诺贝利核泄漏事故以外，英国北部的塞拉菲尔核电站、美国的布朗斯菲尔德核电站和三哩岛核电站都发生过核泄漏事故。除此之外，在世界海域还发生过多次核潜艇事故。这些散布在陆地、空中和沉睡在海底的核污染给人类和环境带来的危害远不是报道的数字能够画上句号的，因为核辐射的潜伏期长达几十年。

［案情分析］

巨大的灾难往往起源于一时的疏忽，损失的发生恰恰来源于微小的因素。本案例中，正是由于操作员操作失误，最终酿成了重大的损失。

本案例中风险因素是心理风险因素。心理风险因素是指与人的心理状态有关的无形风险因素，以致增加风险事故发生概率和损失程度的因素。该项风险属于纯粹风险、财产风险、人身风险等。通过本案例，我们应当牢记：对于任何情况，我们都不能疏忽大意，风险管理的意识必须时刻保留在头脑之中。

（四）风险因素、风险事故和风险损失之间的关系

风险是由风险因素、风险事故和风险损失三者构成的统一体，它们之间存在因果关系。风险因素是发生风险事故的隐患，它在一定的外部条件下，将可能的风险事故转变为现实；风险事故是从风险因素到风险损失的一个中间环节，是引起风险损失的直接原因。当损失发生后，就需要经济补偿，从而产生了保险需要（图1-1）。

图1-1　风险因素、风险事故和风险损失关系图

任务训练2　学会区分不同类别的风险

任务训练目标

通过完成区分不同类别的风险的任务训练，能运用风险的分类，分析和总结我们每个人和家庭面临的风险，重点分析纯粹风险和投机风险，以及财产风险和人身风险。

知识要点

人们在日常生产与生活中面临着各种各样风险的威胁，为了便于对风险进行管理，通常都要按照一定的标准对风险进行分类。

一、按风险产生的原因分类

按照风险产生的原因分类，风险可以分为自然风险、社会风险、政治风险、经济风险、技术风险。

（一）自然风险

人类自诞生就在与各种自然灾害进行抗争，各种自然灾害也是经常发生的，并带给人们经济生活、物质生产及生命的损失。自然风险是自然现象或物理现象所导致的风险。如雷电、冰雹、暴雪、洪水、海啸、地震等。自然风险的特点是：形成的不可抗拒性；发生的周期性；后果涉及的广泛性。

（二）社会风险

社会风险是指由于个人或团体行为，包括过失行为、不当行为及故意行为所致的风险。如盗窃、抢劫、罢工、玩忽职守等。

（三）政治风险

政治风险是指由于政治原因，如政局变动、政权更替、政府法令和决定的颁布实施，以及种族和宗教冲突、叛乱、战争等引起的风险。经常表现在对外贸易中，例如由于进口国入关条例的变动而致使出口方无法送达，造成合同无法履行而导致损失。

（四）经济风险

经济风险是指生产和销售等经营活动由于受市场经济因素变化而导致经济上遭受损失的风险。如通货膨胀、汇率变动、市场预期失误、经营管理不善等。

（五）技术风险

技术风险是指伴随科学技术的发展、生产方式的改变而产生的风险。如电脑病毒、核辐射、卫星发射失败等。

二、按风险标的分类

按照风险标的分类，风险可以分为财产风险、人身风险、责任风险和信用风险。

（一）财产风险

财产风险是指导致一切有形财产毁损、灭失或贬值的风险。例如，汽车相撞导致的车辆毁损，火灾带来的房屋毁损等属于财产风险。

（二）人身风险

人身风险是指可能导致人的伤残死亡或损失劳力的风险。人面临着生老病死等自然规律和意外事件等引起的诸如失业、年老、退休、残疾、疾病、死亡等各种风险,这些风险的出现会导致人们暂时或永久性丧失劳动能力,会引起个人或家庭经济收入的减少或生活困难。

(三)责任风险

责任风险是指个人或团体因行为上的疏忽或过失,造成他人的财产损失或人身伤亡,依照法律规定、合同或道义应负的经济赔偿责任的风险。例如产品责任风险、汽车第三者责任风险等。

(四)信用风险

信用风险是指在经济交往中,权利人与义务人之间,由于一方违约或违法行为给对方造成经济损失的风险。例如银行面临的贷款风险就是典型的信用风险。

三、按风险的性质分类

按照风险的性质分类,风险可以分为纯粹风险和投机风险。

(一)纯粹风险

纯粹风险是指仅有损失机会而无获利可能的风险。纯粹风险导致风险事故的发生结果只有两种,即损失和无损失。例如,房屋所有者面临的火灾风险,汽车所有者面临的碰撞风险,人类面临的疾病、死亡等。

(二)投机风险

相对于纯粹风险而言,投机风险是指既有损失机会也有获利可能的风险。投机风险导致的后果一般有三种:一是没有损失;二是有损失;三是盈利。最显著的例子是股票投资,股票价格下跌,持股人遭受损失;股票价格不变,持股人无损失也不获利;股票价格上涨,持股人获利。

(三)纯粹风险与投机风险的比较

纯粹风险与投机风险的比较体现在以下几方面:其一,纯粹风险带来的结果是损失的绝对性,对于个人、家庭、企业都是只有损失,对整个社会而言是净损失,人们往往采取规避风险的态度;投机风险带来的结果是损失的相对性,面对丰厚利润的诱惑,人们往往甘冒风险而为之,而对于整个社会而言各经济主体间的得失往往是相对的,一般不会产生社会净损失。其二,纯粹风险的发生一般具有一定的规律性,重复性强,服从一定的概率分布,能够运用数理统计和大数法则进行测定;投机风险发生的规律性差,很难进行统计分析。其三,在一般情况下,只有纯粹风险才是可以保险的,投机风险是不能保险的。如果投机风险被保险公司承保,容易引发道德风险,且违反保险补偿职能的初衷。

四、按风险产生的社会环境分类

按照风险产生的社会环境分类,风险可以分为静态风险和动态风险。

(一)静态风险

静态风险是指在社会经济正常情况下存在的风险,是由于自然力的不规则变动或人们行为的过失或错误判断所导致的风险。静态风险一般与社会的经济、政治变动无关,在任何社会经济条件下都是不可避免的。

(二)动态风险

动态风险是指由社会经济变动、结构变动、政治变动、科技发展所导致的风险。例如生产方式和生产技术的变化、消费者偏好变化、政治经济体制改革、战争、股市波动等造成的风险属于动态风险。

五、按产生风险的行为分类

按照产生风险的行为分类，风险可以分为基本风险和特定风险。

（一）基本风险

基本风险是指由非个人行为引起的风险。它对整个团体乃至整个社会产生影响，而且是个人无法预防的风险。如地震、洪水、海啸、经济衰退等均属此类风险。

（二）特定风险

特定风险是指由个人行为引起的风险。它只与特定的个人或部门相关，而不影响整个团体和社会。如火灾、爆炸、盗窃以及对他人财产损失或人身伤害所负的法律责任均属此类风险。特定风险一般较易为人们所控制和防范。

任务二　全面认知风险管理

任务训练1　区分风险管理程序与风险管理方式

任务训练目标

通过完成风险管理程序和风险管理方式的任务训练，能运用风险管理程序和风险管理方式，根据风险管理的需要，对个人或家庭、企业面临的风险进行风险管理。

知识要点

一、风险管理的含义与演变

（一）风险管理的含义

风险管理是社会组织或者个人用以降低风险的决策过程，通过风险识别、风险估测、风险评价，并在此基础上选择与优化组合各种风险管理技术，对风险实施有效控制和妥善处理风险所致损失的后果，从而以最小的成本获得最大的安全保障。风险管理含义的具体内容包括以下几点。

① 风险管理的对象是风险。

② 风险管理的主体可以是任何组织和个人，包括个人、家庭、各种营利性组织、非营利性组织等。

③ 风险管理的过程包括风险识别、风险估测、风险评价、选择风险管理技术、风险管理效果评价。

④ 风险管理的基本目标是以最小的成本获得最大的安全保障。

⑤ 风险管理成为一个独立的管理系统，并成为一门新兴的学科。

（二）风险管理的演变

风险管理作为一种处理风险的活动，自古以来就在发挥作用，只不过采取的形式不同而已。在风险管理演变过程中，最有影响的风险管理形式是企业向保险公司购买保险。

1960年之后，国际上一些较大的组织开始减少对购买保险这一传统的风险管理形式的依赖，在自我承担风险的同时，积极、主动地实施一些有效的防范措施，使风险管理的功能得以扩展。到了20世纪70年代中期，风险管理开始进入"国际化阶段"（又称"全球化阶段"），出现了一些全球性的风险管理联合体，使风险管理获得更广泛的承认，业务趋于复杂化，尤其是对风险投资行为的特别关注成为这一时期的特色。20世纪90年代，风险管理继续发生变革，突出的变化是购买保险开始与其他风险管理组织行为相融合，如安全工程、法律风险管理、信息系统安全等。进入21世纪，巨灾风险事故频发，使许多国家政府介入了风险管理领域，而近年来区域性甚至国际性的巨灾风险事故频发又促使很多国际性机构、组织、保险公司间更加紧密地联合，共同建立巨灾信息的支持体系以及重大危机、公共突发事件的预警和应急处理机制。这一不断发展变化的演变过程使风险管理的含义和内容越来越丰富。

二、风险管理的程序

风险管理是一个连续的过程，包括风险识别、风险估测、风险评价、选择风险管理技术和风险管理效果评价等环节。我们以企业的风险管理为例进行分析。

（一）风险识别

风险识别是风险管理的第一步，它是指对企业、家庭或个人面临的和潜在的风险加以判断、归类和对风险性质进行鉴定的过程。即对尚未发生的、潜在的和客观存在的各种风险，系统地、连续地识别和归类，并分析产生风险事故的原因。风险识别主要包括感知风险和分析风险两方面内容。存在于企业、家庭或个人周围的风险多种多样、错综复杂，有潜在的，也有实际存在的；有静态的，也有动态的；有内部的，也有外部的。所以，这些风险在一定时期和某一特定条件下是否客观存在，存在的条件是什么，以及损害发生的可能性等，都是风险识别阶段应予以解决的问题。

（二）风险估测

风险估测是指在风险识别的基础上，通过对收集的大量详细损失资料加以分析，运用概率论和数理统计的方法，估测和预测风险发生的频率和损失程度。风险频率（损失频率）是指一定时期内一定规模的风险单位可能发生损失的次数。损失程度是指一次事故可能造成损失的大小。风险估测是对风险进行量化分析，为风险管理者进行风险决策、选择最佳管理技术提供可靠的科学依据。

（三）风险评价

风险评价是指在风险识别和风险估测的基础上，把风险发生的频率、损失严重程度，结合其他因素综合起来考虑，得出系统发生风险的可能性及其危害程度，并与公认的安全指标比较，确定系统的危险等级，并决定是否采取相应的措施，以及采取何种程度的控制措施。风险评价是通过定性、定量分析风险的性质以及比较处理风险所支出的费用，来确定风险是否需要处理和处理的程度。

（四）选择风险管理技术

选择风险管理技术是风险管理的第四步，也是最为重要的环节。它是根据风险评价结果，为实现风险管理目标，选择最佳风险管理技术并实施。风险管理技术分为控制型和财务型两大类。前者的目的是降低损失频率和减少损失程度，重点在于改变引起意外事故和扩大损失的各种条件。后者的目的是以提供基金和订立保险合同等方式，消化发生损失的成本，即对无法控制的风险所做的财务安排。

（五）风险管理效果评价

风险管理效果评价是指对风险管理技术适用性及其收益性情况的分析、检查、修正和评估。在风险管理过程中会遇到很多问题。如随着时间和环境的变化，新的风险因素会不断出现，旧的风险因素会消失；过去使用的、应对风险有效的方法，现在却未必有效；还有人为的失误等，都会影响风险管理的成效。通过对风险管理效果的评价，风险管理者可以及时发现错误、纠正错误，减少成本；控制计划的执行，调整工作方法；总结经验，改进风险管理；最终达到以最小风险成本取得最大安全保障。

三、风险管理的目标

对任何经济单位而言，以最少的费用支出实现最大的安全保障绩效是风险管理的基本目标。风险管理目标由两个部分组成，损失发生前的风险管理目标和损失发生后的风险管理目标。二者有效结合，构成完整而系统的风险管理目标。

（一）损失发生前的风险管理目标

损失发生前的风险管理目标主要是避免或减少风险事故形成的机会，消除和降低风险发生的可能性，为人们提供较安全的生产、生活环境。

① 风险事故是造成损失发生的直接原因，减少风险事故的发生机会，直接有助于人们获得安全保障。

② 以经济、合理的方法预防潜在损失的发生，对风险管理各项技术的运用进行成本和效益分析，力求以最少费用支出获得最大安全保障效果。

③ 减轻企业、家庭和个人对风险及潜在损失的烦恼和忧愁，为企业提供良好的生产经营环境，为家庭提供良好的生活环境。

④ 遵守和履行社会赋予家庭和企业的社会责任和行为规范。例如交通管制、噪声限制、环境污染控制、公共安全等，都是政府规定的种种社会责任，企业、家庭和个人都要认真遵守和履行社会责任和行为规范。

（二）损失发生后的风险管理目标

损失发生后的风险管理目标是努力使损失的标的恢复到损失前的状态。

① 及时提供经济补偿，使企业和家庭恢复正常的生产和生活秩序，实现良性循环。及时向受灾企业提供经济补偿，维持企业的生存和发展，实现企业持续经营，稳定企业收入，为企业的成长与发展奠定基础。及时向受灾家庭提供经济补偿，使其能尽早获得资金，重建家园，从而保障社会生活的稳定。

② 减轻损失的危害程度。损失一旦出现，风险管理者及时采取有效措施予以抢救和补救，防止损失扩大和蔓延，将已出现的损失后果降到最低限度。保持企业生产与服务能力和利润计划的实现，稳定收益，实现持续增长。

四、风险管理的方式

应对风险的方式取决于风险的性质，以及面临风险的个人、公司或组织的不同情况。风险管理方式分为两类：控制型和财务型。

风险管理的方式

（一）控制型风险管理

这是在风险分析的基础上，针对企业存在的潜在风险采取控制技术以消除风险因素，减少风险事故，从而降低损失。即在风险发生前降低风险发生的频率，在风险发生后将损失减少到最低限度。

1. 避免

避免风险是指在考虑到某项活动存在的风险时，采取主动放弃或改变该项活动的一种控制风险的方式。它是一种最简单、最彻底、比较消极的控制型方法。

虽然回避风险能从根本上消除隐患，但这种方法明显具有很大的局限性。第一，有些风险是无法避免的。例如，远离水源可以避免被淹死的危险，但生活用水、水上运输却离不开水。第二，避免某一类风险可能面临另一类风险。例如，出差害怕被水淹死而放弃坐船，改用其他交通工具，仍存在飞机坠毁、汽车翻车、火车出轨的风险。第三，避免风险有时意味着丧失利益。例如，开发新产品肯定会面临失败的风险，但在避免风险的同时也意味着放弃了新产品开发成功所带来的巨额利润。

避免风险的以上缺点使它的适用性受到很大限制。因此，只有在下述两种情况下才采用避免风险方法：其一，某种特定风险所致的损失发生频率和损失程度相当高；其二，应用其他风险处理技术的成本超过其所产生的收益，采用避免风险方法可以使损失为零。

2. 预防

预防风险是指为消除或减少风险的发生而在事先采取的处理风险的具体措施，即通过消除或减少风险降低损失发生频率，也就是我们平时所说的"防患于未然"。如安装避雷针以防雷，疏通渠道、加固堤坝以防洪水侵袭，采用防火材料建筑房屋防止火灾等。我国对于各种灾害风险，向来以预防为主。但有了防灾设施并不等于就可以完全防止灾害事故的发生，因为在生产和生活过程中有很多动态因素和条件可能触发新的风险。

3. 分散

分散风险是集合有同类风险的多数单位，将风险损失分散到众多的单位，使某一单位所承担的风险较以前减少；或者将具有不同风险的单位组合起来，使之互相协作，提高各单位应对风险的能力。由于大数法则的作用，损失的不确定性相对减小。通过集中与分散，达到降低风险的目的。如企业通过合并、扩张、联营或采用商品品种多元化经营的方式，以利于分散或减轻可能遭到的风险。

4. 抑制

抑制风险是指在风险发生时或发生后，为了防止风险蔓延和损失扩大而采取的一系列措施，是处理风险的有效技术。如安装自动报警装置或自动喷淋系统，以便及时发现和扑灭火灾，降低损失程度。损失抑制的一种特殊形态是隔离，它是将风险单位隔离成许多独立的小单位而达到减小损失程度的一种方法。

（二）财务型风险管理

由于种种因素的制约，人们对风险的预测不可能绝对准确，而防范风险的各项措施都有一定的局限性，因而风险的发生并进而导致损失就成为不可避免的问题。财务型风险管理是通过风险发生前所做的财务安排，来解除风险发生后给人们造成的经济困难和精神忧虑，为生产自救、恢复企业生产与经营、维护正常生活等提供财务基础。财务型风险管理的主要方法有以下几种。

1. 自留

风险的自留是指个人或单位自我承担可能发生的风险损失。如工厂每年都要提取机器折旧。风险的自留有主动自留和被动自留之分。主动自留是指在充分认识风险的基础上，把没有适当方法处理的风险，或者认为风险损失较小、自己有能力承担的风险保留下来。被动自留是由于对风险的无知而未加处理，或明知有风险的存在而轻信可以避免。一般来说，在风险所致损失频率和程度小，损失在短期内可以预测，以及最大损失不影响企业或单位的财务稳定时采用自留风险的做法。当一个企业使用一种科学、合理的方法来自己承担风险时，我们称这样的企业为自保企业，它在进行"自我保险"。优点是：成本低，方便有效，可减少潜在损失，节省费用，获得基金运用收益，自保企业还会积极主动地对企业的风险进行控制。缺点是：防灾避险技术和分散风险的能力不如专业保险公司，有时会因风险单位数量的限制和自我承受能力的限制而无法实现其处理风险的功效，一旦风险发生，可能导致财务调度上的困难而失去作用。

2．转移

转移风险是指一些单位和个人为避免承担风险损失，而有意识地将风险或与风险损失有关的财务后果转移出去的一种风险管理方式。回避风险意味着与有风险的事情保持距离，也就是说，人们回避风险就是要躲避产生风险的行为或环境，但当我们说转移风险时，人们仍然参与有风险的事情，不同的是他们将风险转移给其他人来承担。转移风险可分为非保险转移和保险转移。

非保险转移是指单位或个人通过出让或订立经济合同方式，将风险或与风险损失有关的财务后果转移出去。如预测股票价格下跌而卖出股票、转包工程、委托保管、保证互助等。

保险转移是指单位和个人通过订立保险合同，将其面临的财产和人身风险转移给保险人的一种风险管理方法。单位和个人向保险人交纳一定的费用（即保险费）作为代价，将风险转移给保险人，一旦约定的风险事故发生并造成损失，则保险人在合同规定的责任范围内负补偿或给付责任。保险作为风险转移的方式之一，有许多优越之处，因而在社会上得到广泛运用。

以上是风险管理的一般方法，在实际工作中通常是配合使用的，即根据不同的风险，结合企业自身所处的环境和所具备的条件，进行全面考虑，作出选择决策，采取多种方法，综合运用，以期收到更好的防灾减损效果。

五、风险管理的意义

（一）风险管理对家庭的意义

目前，一般家庭对意外事故所造成个人或家庭财务伤害的认识与警觉心相当缺乏。但是这些随时随地可能发生的风险，却又时时威胁着个人与家庭的生活，包括家庭的财产损失风险、家庭成员的人身风险、家庭的责任风险、养老风险、子女教育风险等，这些风险一旦发生，将影响整个家庭生活的安定，甚至导致家庭的毁灭。因此，对于个人或家庭来说，整体风险的规划与管理是非常重要的。只有正确认识风险，对家庭可能遇到的风险采取合理有效的风险管理方法，才能保证家庭生活的稳定，即使遭受损失，也能尽快重整受伤的家庭。

（二）风险管理对企业的意义

风险管理对于企业来说，意义非常重大，企业对于风险管理的认识和重视程度也在不断提高。实施企业的风险管理有利于企业资源的最佳组合，提高企业经营效率，降低成本，降低损耗，为企业提供一个稳定安全的工作环境，促使企业生产活动顺利进行，保障企业盈利目标的实现。

通过对企业重大风险的量化评估和实时监控，健全风险管理体系，帮助企业建立重大风险评估、重大事件应对、重大决策制定、重大信息报告和披露，以及重大流程内部控制的机制，从根本上避免企业遭受重大损失。

（三）风险管理对社会经济的意义

伴随经济全球化的加速发展，各个国家的社会风险日趋严峻，这些风险将对经济的发展和社会的稳定发起诸多挑战，这就迫切需要新的理念和创新制度框架，以适应新形势变化的客观需要。

社会风险管理就是在应对经济全球化背景下对社会发展的严峻挑战而提出的社会保护政策的全新理念，是在全面系统的社会风险分析基础上，强调综合运用各种风险控制手段，合理分配政府、市场、民间机构及个人的风险管理责任，强调通过系统的、动态调节的制度框架和政策思路，有效处置社会风险，实现经济、社会的平衡和协调发展的新的策略框架，从而保障人民生命财产安全和经济稳定运行。

 知识拓展

风险管理的现代趋势

数字化风险管理：随着大数据、人工智能（AI）和机器学习的进步，企业现在能够实时监控和分析大量的数据，从而提前预测并应对潜在风险。AI和机器学习算法能够识别模式、发现异常，并自动触发响应机制，大大提高了风险管理的效率和精度。

供应链风险管理：全球化使得供应链变得复杂而脆弱。企业现在更加注重供应链的多元化和弹性，以减少对单一来源的依赖，并确保在面对自然灾害、政治动荡或其他中断事件时能够迅速恢复。此外，使用先进的数字化工具可以提高供应链的透明度，帮助企业更好地管理供应商风险。

ESG风险管理：环境的（Environmental）、社会的（Social）和治理（Governance）因素成为风险管理的重要组成部分，在社会对企业社会责任的要求日益增强的背景下，企业需要评估其活动对环境的影响，如碳排放和资源消耗，关注社会影响，如员工福利和社区关系，以及确保良好的公司治理，这包括反腐败政策和透明度。ESG因素不仅影响企业的声誉，也直接影响投资者决策和长期利益。

动态风险评估：传统的静态风险评估方法正在被更加灵活和动态的方法取代，允许企业快速适应不断变化的环境和新兴风险。这包括持续的风险评估和监控，以及对风险偏好和容忍度的定期审查。

风险文化与意识：建立强大的风险文化成为组织的战略优先事项，鼓励员工参与风险识别和管理，提高整个组织的风险意识。

利用区块链技术：区块链的透明性和不可篡改性使其在风险管理中发挥作用，尤其是在确保数据安全、防止欺诈和增强审计追踪方面。

这些趋势表明，现代风险管理不再仅仅是合规要求，而是成为推动企业创新、竞争力和可持续发展的关键要素。

任务训练2 熟悉风险管理与保险的关系

 任务训练目标

通过完成风险管理与保险关系的任务训练，能运用风险管理与保险的相关知识，根据保险合同订立需要，将面临的风险通过保险方式转移给保险公司。

知识要点

风险管理理论起源于保险，保险一直是风险管理的主要工具，二者有着密切的关系，并且相互影响。正确认识和处理风险管理与保险的关系，并在实践中配合使用，充分发挥其效力，这对风险管理和保险都是重要的。

一、风险管理与保险的联系

（一）风险是风险管理和保险产生和存在的前提

从对象上看，风险既是风险管理研究的对象，也是保险研究的对象，风险是保险和风险管理共同的研究对象。

风险是风险管理产生和存在的前提。风险越大，越需要风险管理。风险管理是针对风险负面影响而采取的应对措施。风险管理做得越好，风险越小。

客观存在的风险是保险的自然基础。可以说，无风险的存在、无损失的发生、无经济补偿的需要，就不会产生以处理风险为对象、以承担经济损失补偿为职能的保险业。但是，保险只是风险处理的方法之一，并不是所有的风险都一定为保险所接纳，因为客观存在的风险形态、性质和内容复杂而广泛。

（二）保险是风险管理的有效措施之一

风险管理的主要方法有避免、预防、抑制、分散、自留、转移等。其中，避免具有很大局限性，面对风险并不是积极地去处理，而带有很大的消极性；预防可以防止损失于事发之先，借以减少损失发生的机会；抑制可以遏止损失于事发之中，借以减轻损失程度，但风险不可能全然消除。因而必须设法在事发之后谋求一些补救之策，挽回已毁损的物质财富，恢复中断的经济活动。然而若单靠个人力量解决，需要提留与自身财产价值等量的后备基金，这样既造成资金浪费，又难以解决巨灾损失的补偿问题。保险是风险管理的方法之一，除了避免的方法以外，几乎包括了所有各种方法的性能，因而长期以来被人们视为处理风险的有效手段。

保险属于风险管理基本方法中的风险转移方法。就被保险人而言，是风险的转移，他们把不能自行承担的集中风险转移给保险人，以小额的固定支出换取巨额风险的经济保障；而就保险人而言，则是风险的承担，同时保险经营运用的就是风险分散的原理，通过再保险还可以将其承担的风险进一步分散，而且在保险经营中直接或间接地贯彻着预防与抑制的功能，从而减少损失发生的机会，减轻损失的程度。因而保险是风险管理的最有效措施之一。

（三）风险管理的技术影响保险的经营效益

风险管理技术作为非常重要的因素，对保险经营效益产生很大的影响，甚至制约着保险经营效益。例如，对风险识别是否全面，对风险损失的频率和造成损失的程度估测是否准确，哪些风险可以承保，哪些风险不可以承保，保险的范围有多大、程度应如何，保险的成本与效益的比较等，都制约着保险的经营效益。

（四）风险管理为保险的科学性奠定了基础

从方法论上看，风险管理与保险都以概率论和大数法则为基础，数学、统计学原理是分析基础和方法。风险管理使保险理论基础更加牢固和科学，同时也给保险业提出了更高的要求，促使保险业提高服务质量，进而促进了保险业的发展。风险管理的一系列风险因素分析法都为保险所利用，这为保险的科学性奠定了更加牢固的基础。如哪些风险可以纳入保险承保的范围，哪些风险是不可保风险等，这为保险正确划定承保风险范围提供了基本的技术支持。

二、风险管理与保险的区别

尽管风险管理与保险有密切联系，但二者还是有一些区别的。最主要的区别在于，从所管理的风险的范围来看，风险管理面对的是包括投机风险在内的所有风险，而保险则主要是承保纯粹风险中的可保风险。因此，无论从性质上还是从形态上看，风险管理都远比保险复杂、广泛。

（一）管理范围不同

保险是对纯粹风险中的可保风险进行风险管理。保险仅以其在技术条件下可以承保的风险为管理对象，虽然这种可保风险的限制将随着保险技术手段的提高而日益减少，但商业行为的保险必有除外责任。

风险管理的范围比保险广。对风险管理而言，只要是风险就得面对，并拿出管理的计划与方法。风险管理面向个人、家庭、企业团体，甚至面向全社会、全人类的所有物质财富、人的生命、有形利益、无形的与长远的利润将可能遭遇到的所有风险。

（二）补救措施不同

风险管理对管理标的进行全过程的控制管理，含预防保护、控制救助等各种形式的补救。保险是灾害事故发生后对受损的保险标的予以补偿，而且是经济上的补救。保险在风险管理中占有极其重要的地位。对风险进行有效的管理，尽管可以在一定程度和范围内缓解风险、化解风险、降低风险损失等，但不可能根除风险、消灭风险。它还必须借助包括保险在内的一切风险处理方法，来实现其降低风险成本的目标。保险使风险管理方法更加完善和科学。

（三）着重点不同

从保险和风险管理的历史发展来看，风险管理源于保险业的发展。但直接源于保险的风险管理自始就没有局限于保险所研究的风险范畴，而是开辟了自己的研究空间，只把保险作为风险的一种处理方法来对待。风险管理着力于从总体上把握风险，研究处理风险的一切技术性方法和经济方法，从管理学高度来认识风险，分析风险。而保险则仅着眼于风险的分散与转移。

**项目
小结**

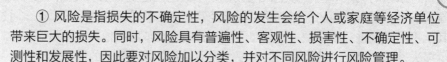

① 风险是指损失的不确定性，风险的发生会给个人或家庭等经济单位带来巨大的损失。同时，风险具有普遍性、客观性、损害性、不确定性、可测性和发展性，因此要对风险加以分类，并对不同风险进行风险管理。

② 分类标准不同，风险类别则不同，对不同风险要采取不同的风险管理办法，才能有效预防、控制和转移风险，减少风险发生造成的损害。

③ 风险管理是通过风险识别、风险估测、风险评价，并在此基础上选择与优化组合各种风险管理技术，对风险实施有效控制和妥善处理风险所致损失的后果，达到以最小的成本获得最大的安全保障。

④ 风险管理方式有两种。其一是控制型风险管理方式，包括避免、预防、分散和抑制；其二是财务型风险管理方式，包括自留和转移，转移又分为非保险转移和保险转移。对损失频率低、损失程度大的风险，采用保险转移的方式是最科学的风险管理手段。

⑤ 风险、风险管理与保险关系密切。风险是风险管理和保险产生和存在的前提；有风险发生，就会有损失，因此要对风险加以管理。风险管理方式中，保险是风险管理最有效的财务管理手段。

⑥ 保险是管控各种风险的重要工具，也是维护国民经济和社会发展以及个人生活正常运行的有效手段，还是现代社会保障体系日益重要的组成部分。在风险日趋复杂化的态势下，保险在个人与社会风险管理中的作用日渐凸显。

/ 职业技能训练 /

【训练目标】

通过主观题叙述和客观题分析与演练，理解风险、风险管理的含义，明确风险的基本分类，能够分析个人和家庭面临的风险，并能够提出转移风险的办法。

【训练任务】

准确描述风险的含义及特征，辨别风险的基本分类，通过自主探究、小组合作等方法完成对个人、家庭、企业面临风险的分析，并掌握分散、转移风险的方法。具体任务如下。

一、名词解释

风险　纯粹风险　投机风险　风险事故　实质风险因素　道德风险因素　心理风险因素　风险管理　损失频率　损失程度

二、单项选择题

1. 按风险损害的性质分类，风险可分为（　　）。
A. 人身风险与财产风险　　　　　　B. 纯粹风险与投机风险
C. 经济风险与技术风险　　　　　　D. 自然风险与社会风险

2. 属于控制型风险管理方式的有（　　）。
A. 减少与避免　　B. 抑制与自留　　C. 转移与分散　　D. 保险与自留

3. 风险管理中最为重要的环节是（　　）。
A. 风险识别　　　B. 风险评价　　　C. 风险估测　　　D. 选择风险管理技术

4. 权利人因义务人违约而遭受经济损失的风险是（　　）。
A. 财产风险　　　B. 人身风险　　　C. 责任风险　　　D. 信用风险

5. 某房东外出时忘记锁门，结果小偷进屋、家具被偷。其风险因素属于（　　）。
A. 物质风险因素　　B. 心理风险因素　　C. 道德风险因素　　D. 思想风险因素

6. 股市的波动属于（　　）性质的风险。
A. 自然风险　　　B. 投机风险　　　C. 社会风险　　　D. 纯粹风险

7. （　　）风险因素是有形因素。
A. 道德　　　　　B. 实质　　　　　C. 风纪　　　　　D. 心理

8. 对于损失概率高、损失程度大的风险应该采用（　　）的风险管理方法。
A. 保险　　　　　B. 自留风险　　　C. 避免风险　　　D. 减少风险

9. 适用于保险的风险处理方法有（　　）。
A. 损失频率高、损失程度大　　　　B. 损失频率低、损失程度大
C. 损失频率高、损失程度小　　　　D. 损失频率低、损失程度小

10. 对于损失频率高、损失程度小的风险应该采用（　　）的风险管理方法。
A. 保险　　　　　B. 自留风险　　　C. 避免风险　　　D. 减少风险

11. 风险估测是建立在（　　）基础之上的。
A. 风险评价　　　B. 风险选择　　　C. 风险识别　　　D. 风险效果评价

12. 由于汽车刹车系统失灵导致车祸发生的风险因素属于（　　）。
A. 心理风险因素　　B. 物质风险因素　　C. 道德风险因素　　D. 人为风险因素

13. 以下风险中属于投机风险的是（　　）。
A. 地震　　　　　B. 火灾　　　　　C. 操作失误　　　D. 汇率风险

14. 以下风险中属于纯粹风险的是（　　）。

A. 汇率风险　　　　B. 价格风险　　　　C. 交通事故　　　　D. 利率风险

15. 纯粹风险所导致的结果是（　　）。

A. 无损失　　　　　　　　B. 损失、无损失和盈利

C. 损失和无损失　　　　D. 损失

16. 严禁在车间内吸烟属于下列哪种风险管理方法？（　　）

A. 风险分散　　　　B. 风险抑制　　　　C. 风险预防　　　　D. 风险自留

17. 在风险管理中，损失的含义一般是指（　　）。

A. 经济损失　　　　B. 折旧损失　　　　C. 精神损失　　　　D. 政治损失

18. 按风险标的分类，飞机有坠毁的风险属于（　　）。

A. 人身风险　　　　B. 责任风险　　　　C. 财产风险　　　　D. 信用风险

19. 按风险标的分类，生、老、病、死是人生的必然现象，属于（　　）。

A. 责任风险　　　　B. 人身风险　　　　C. 信用风险　　　　D. 财产风险

20. 甲借乙钱，日后赖账不还，按风险标的分类，该事件属于（　　）。

A. 信用风险　　　　B. 人身风险　　　　C. 责任风险　　　　D. 财产风险

三、多项选择题

1. 风险的构成要素包括（　　）。

A. 风险因素　　　　B. 风险事故　　　　C. 风险损失

D. 实质要素　　　　E. 风险

2. 按风险标的分类，风险分为（　　）。

A. 财产风险　　　　B. 人身风险　　　　C. 责任风险

D. 信用风险　　　　E. 货物风险

3. 下列哪些现象是不以人的主观意志为转移，并且是独立于人的意志之外的客观存在？（　　）

A. 地震　　　　　　B. 台风　　　　　　C. 洪水

D. 冰雹　　　　　　E. 火山喷发

4. 在风险管理中，损失控制包括（　　）。

A. 风险中和　　　　B. 风险预防　　　　C. 风险抑制

D. 风险自留　　　　E. 风险转移

四、判断题

1. 权利人因义务人而遭受经济损失的风险是财产风险。（　　）

2. 风险管理中最为重要的环节是风险识别。（　　）

3. 纯粹风险所导致的结果有三种，即损失、无损失和盈利。（　　）

4. 静态风险一般都是纯粹风险。（　　）

5. 有风险因素必有风险事故。（　　）

6. 偷窃、抢劫属于经济风险。（　　）

7. 各种风险的存在都是不以人的意志为转移的，这表明风险具有普遍性特征。（　　）

8. 在风险管理的方法中，保险属于控制型风险管理方式。（　　）

五、思考与讨论

1. 为何有汽车保险却没有自行车保险？

2. 分析自己与家庭面临哪些风险，准备如何转移这些风险？

六、案例分析

1. 根据资料，分析案情，指出导致此次事故损失的风险因素有哪些。

2013年11月22日，青岛经济技术开发区中石化黄潍输油管线—输油管道发生破裂事故，造成原油泄漏。在抢修过程中发生爆炸，爆炸波及青岛市丽东化工厂部分设施。中石化黄潍输油管线爆燃事故造成较大伤亡，并造成了周边环境严重污染。这次事故暴露出的突出问题是，输油管道与城市排水管网规划布置不合理；安全生产责任不落实，对输油管道疏于管理，造成原油泄漏；泄漏后的应急处置不当，未按规定采取设置警戒区、封闭道路、通知疏散人员等预防性措施。这是一起十分严重的责任事故。

2. 以小组为单位，上网查询案例，讨论风险因素、风险事故与风险损失之间的关系。

项目一答案

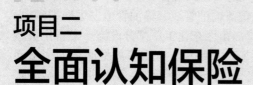

项目二
全面认知保险

能力目标

◇ 学生通过全面认知保险项目的学习，能运用保险知识，给客户宣传保险知识和解答保险问题，区分保险产品的种类，运用相关保险知识为客户提供理财建议。

知识目标

◇ 理解保险的含义和要素。

◇ 了解保险的类别。

◇ 掌握保险的职能和作用。

◇ 了解保险的产生和发展趋势。

案例导入

保险为"三农"发展撑起保护伞

2023年5月中下旬，河南省遭遇了严重的"烂场雨"，导致小麦大面积受灾。面对这一自然灾害，中国人寿财险河南分公司迅速启动大灾应急预案，积极优化理赔流程，以确保受灾农户能够尽快得到经济补偿。该公司为小麦种植户提供了小麦种植保险和小麦产量保险等保障，累计支付赔款3.29亿元，覆盖受灾面积115.24万亩，惠及农户达20.17万户次。这一及时有效的理赔行动不仅缓解了受灾农户的经济压力，也体现了保险业在保障农业生产、助力乡村振兴方面的重要作用。

任务一 初识保险

任务训练1 熟悉保险的定义和保险的要素

任务训练目标

通过完成初识保险任务训练，了解商业保险的构成要素和特征，加深对保险的认识，区别什么样的风险是可保风险。

知识要点

一、保险的定义

保险是处理风险的一种方法，是一种以经济保障为基础的金融制度；它通过收取保险费的方法，建立保险基金；以合同安排的形式，由大多数人来分担少数人的损失，实现保险购买者的风险转移。按照《中华人民共和国保险法》（以下简称《保险法》）第二条对保险的定义，保险"是指投保人根据合同约定，向保险人支付保险费，保险人对于合同约定的可能发生的事故因其发生所造成的财产损失承担赔偿保险金责任，或者当被保险人死亡、伤残、疾病或者达到合同约定的年龄、期限等条件时承担给付保险金责任的商业保险行为"。

从风险管理角度看，保险是一种风险管理的方法，或是一种风险转移的机制。这种风险转移机制不仅体现在将风险转移给保险公司，而且表现为通过保险，将众多的单位和个人结合起来，将个体应对风险变为大家共同应对风险，能起到分散风险、补偿损失的作用。

从经济角度讲，保险是分摊意外事故损失和提供经济保障的一种非常有效的财务安排。投保人通过交纳保险费购买保险，将不确定的大额损失转变为确定性的小额支出（保费），或者将未来大额的或持续的支出转变成目前固定的或一次性的支出（保费），从而有利于提高投保人的资金效益。在人寿保险中，保险作为一种财务安排的特性表现得尤为明显，因为人寿保险还具有储蓄和投资的作用，具有理财的功能。从这个意义上讲，保险公司属于金融机构，保险业是金融业的重要组成部分，保险本质上是一种互助行为，即"人人为我，我为人人"。

二、保险的要素

一般来说，构成现代商业保险的要素包括：可保风险的存在；大量同质风险的集合与分散；保险费率的厘定；保险准备金的建立；保险合同的订立。

（一）可保风险的存在

风险的类型多种多样，但并不是所有的风险都适合或可以采用保险方法来处理，商业保险公司可以承保的风险是有条件、有范围的。

1. 可保风险的概念

可保风险即可保危险，是指可被保险公司接受的风险，或可以向保险公司转嫁的风险，是保险人可接受承保的风险，即符合保险人承保条件的风险。可保风险是一个相对的概念，它是对一定时期的保险市场而言的。可保风险必须是纯粹风险，即危险。但并非所有危险均可向保险公司转移，也就是说保险公司所承保的风险是有条件的。

2. 可保风险的条件

保险公司并不能做到有险必保、有损必赔，从社会效益、企业效益和经营技术角度考虑，保险公司只能有选择地承保风险，即承保特定的灾害事故或意外事件。因此，任何保险产品的责任范围都是有限的，而且都有除外责任的规定。可保风险是风险的一种形式，必须具备下列条件。

（1）可保风险是纯粹风险而非投机风险。对纯粹风险损失进行补偿符合保险的宗旨。但投机风险不能成为可保风险，原因在于：其一，若承保这类风险，则无论损失是否发生，被保险人都将可能因此而获利，这违背保险的损失补偿原则；其二，投机风险多为人们有意识行为所致，不具有意外事故性质，而且其影响因素复杂，难于适用大数法则。

（2）可保风险必须具有偶然性。风险的偶然性是指对于个体标的而言，风险的发生具有不确定性。偶然性包含两层意思：一是发生的可能性，不可能发生的风险是不存在的；二是发生的不确定性，即发生的对象、时间、地点、原因和损失程度等都是不确定的。

（3）可保风险必须是意外的。风险的意外性是指风险的发生或损害后果的扩展都不是投保人的故意行为所致，而是具有意外事故的性质。它包含两层意思：一是风险的发生或风险损害后果的扩展都不是投保人的故意行为。投保人故意行为引发的风险事件或扩大损害后果均为道德风险，为法律所禁止，与社会道德相矛盾，保险人是不予赔偿的。二是风险的发生是不可预知的，因为可预知的风险往往带有必然性。因此，故意行为引起的风险及必然发生的风险，都不可能通过保险来转移。非意外风险属于不可保风险，例如赌博、自然损耗、机器磨损等为不可保风险，赌博为法律所禁止，自然损耗、折旧为必然，保险人无法承保。

（4）风险必须是大量标的均有遭受损失的可能性。拥有大量、同质且相互独立的风险单位，并且只有少数风险单位受损。保险经营的数理基础是大数法则，而大数法则的运用须以风险单位或保险标的的大量、同质且相互独立为前提。"大量"是指保险标的的数量要足够多；"同质"是指保险标的在种类、品质、性能、金额等方面相近，这也是保险产品分门别类的依据；"相互独立"要求各个保险标的之间的风险损失无相关性或相关性足够低。

要满足保险经营的大数法则要求，也就是说，某一风险必须是大量标的均有遭受损失的可能性（不确定性），但实际出险的标的仅为少数（确定性），才能计算出合理的保险费率，让投保人付得起保费，保险人也能建立起相应的赔付基金，从而实现保险的"千家万户帮一家"的宗旨。

（5）风险应有发生重大损失的可能性。可保风险损失的幅度和频率比较适当。从保险经营角度讲，损失幅度过大、频率过高，将超过保险公司财务承受能力，影响保险经营的稳定性，而且投保人也缺乏保费负担能力；反之，损失幅度和频率过小的风险也缺乏保险意义。

以上五个条件是相互联系、相互制约的。可保风险主要包括纯粹风险、自然风险、社会风险、财产风险、人身风险、责任风险、信用风险。不可保风险主要包括投机风险、政治风险、经济风险。但可保风险与不可保风险的区别并不是绝对的，可保风险的条件是相对而言的，也是不断发展变化的。例如地震，在家庭财产保险中它是可保风险，而在车辆损失险中它却是除外责任。再如政治风险，一般属于不可保风险，但经过特别约定或有政策扶持也可成为可保风险。例如，海洋运输船舶险、货物运输保险等可将战争、罢工作为附加险承保；出口信用保险、投资保险均可承保政治风险。随着保险市场需求的不断扩大、保险技术的不断成熟、经济市场化程度的深化以及社会法律制度的健全，可保风险的条件会随之调整，以前不可保的风险会变为可保风险。

（二）大量同质风险的集合与分散

保险的过程既是风险的集合过程，又是风险的分散过程。保险人通过保险将众多投保人所面临的分散性风险集合起来，当发生保险责任范围内的损失时，又将少数人发生的损失分摊给全部投保人，也就是通过保险的补偿或给付行为分摊损失，将集合的风险予以分散。保险风险的集合与分散应具备两个前提条件。

1. 风险的大量性

风险的大量性一方面是基于风险分散的技术要求；另一方面也是概率论和大数法则的原理在保险经营中得以运用的条件。根据概率论和大数法则的数理原理，集合的风险标的越多，风险就越分散，损失发生的概率也就越有规律性和相对稳定性，依此厘定的保险费率也才更为准确合理，收取保险费的金额也就越接近于实际损失额和赔付额。如果只有少量保险标的，就无所谓集合和分散，损失发生的概率也难以测定，大数法则更不能有效地发挥作用。

2. 风险的同质性

所谓的同质风险是指风险单位在种类、品质、性能、价值等方面大体相近。如果风险为不同质风险，则发生损失的概率不相同，风险也就无法进行统一的集合与分散。此外不同质风险损失发生的频率和幅度有差异，若进行统一的集合与分散，则会导致保险财务的不稳定。

（三）保险费率的厘定

保险在实质上是一种特殊商品的交换行为。制定保险商品的价格，即厘定保险费率，便构成了保险的基本要素。但是，保险商品的交换行为又是一种特殊的经济行为，为保证保险双方当事人的利益，保险费率的厘定要遵循一些基本原则。

1. 公平性原则

一方面，公平性原则要求保险人收取的保险费应与其承担的保险责任是对等的；另一方面，要求投保人交纳的保险费应与其保险标的的风险状况是相适应的，或者说，各个投保人或被保险人应按其风险的大小，分担保险事故的损失和费用。

2. 合理性原则

合理性原则是针对某险种的平均费率而言的。保险人向投保人收取的保险费，不应在抵补保险赔付或给付以及有关的营业费用后，获得过高的营业利润，即要求保险人不能为获得非正常经营性利润而制定高费率。

3. 适度性原则

适度性原则要求保险人根据厘定的费率收取的保险费应能足以抵补一切可能发生的损失以及有关的营业费用。如果保险费率偏高，超出投保人交纳保费的能力，就会影响投保人购买保险的积极性，不利于保险业务的发展；如果费率偏低，就会导致保险公司偿付能力不足，最终也将损害被保险人的利益。但是，保险费率是否适度应当是就保险整体业务而言的。

4. 稳定性原则

稳定性原则是指保险费率在短期内应该是相当稳定的，这样既有利于保险经营，又有利于投保人续保。对于投保人而言，稳定的费率可使其支出确定，免遭费率变动之苦；对于保险人而言，尽管费率上涨可以使其获得一定的利润，但是费率不稳定也势必导致投保人不满，影响保险人的经营活动。

5. 弹性原则

弹性原则要求保险费率在短期内应该保持稳定，在长期内根据实际情况的变动作适当的调整。因为在较长的时期内，由于社会、经济、技术、文化的不断进步与变化，保险标的的风险状况发生变化，保险费率水平也应随之变动。如随着医药卫生和社会福利的进步、人类寿命的延长、死亡率的降低、疾病的减少，过去厘定的人寿保险费率就需要进行调整以适应变化了的情况。因此，从长期看，保险费率应随着各种条件的变化而进行调整，以达到保费的适度、合理。

知识拓展

《中华人民共和国保险法》第一百三十五条规定的内容主要涉及保险条款和保险费率的审批。该条款指出，关系社会公众利益的保险险种、依法实行强制保险的险种和新开发的人寿保险险种等的保险条款和保险费率，应当报国务院保险监督管理机构批准。国务院保险监督管理机构在审批过程中会依据相关法律法规进行审核，确保这些保险产品的条款和费率合理、公平，保护投保人和被保险人的利益，同时维护保险市场的稳定和健康发展。

（四）保险准备金的建立

保险准备金是指保险人为保证其如约履行保险赔偿或给付义务，根据政府有关法律规定或业务特定需要，从保费收入或盈余中提取的与其所承担的保险责任相对应的一定数量的基金。《保险法》第九十八条规定："保险公司应当根据保障被保险人利益、保证偿付能力的原则，提取各项责任准备金。保险公司提取和结转责任准备金的具体办法，由国务院保险监督管理机构制定。"

1. 未到期责任准备金

未到期责任准备金是指在准备金评估日为尚未终止的保险责任提取的准备金，主要是指保险公司为保险期限在1年以内（含1年）的保险合同项下尚未到期的保险责任而提取的准备金。

2. 寿险责任准备金

寿险责任准备金是指保险人把投保人历年交纳的纯保险费和利息收入积累起来，为将来发生的保险给付和退保给付而提取的资金，或者说是保险人还未履行保险责任的已收保费。

3. 未决赔款准备金

未决赔款准备金是指保险公司为尚未结案的赔款而提取的准备金，包括已发生已报案未决赔款准备金、已发生未报案未决赔款准备金和理赔费用准备金。已发生已报案未决赔款准备金是指为保险事故已经发生并向保险公司提出索赔，保险公司尚未结案的赔案而提取的准备金。已发生未报案未决赔款准备金是指为保险事故已经发生尚未向保险公司提出索赔的赔案而提取的准备金。理赔费用准备金是指为尚未结案的赔案可能发生的费用而提取的准备金。

4. 总准备金

总准备金（或称"自由准备金"）是用来满足风险损失超过损失期望以上部分的责任准备金。总准备金是从保险公司的税后利润中提取的。

（五）保险合同的订立

1. 保险合同是体现保险关系存在的形式

保险作为一种民事法律关系，是投保人与保险人之间的合同关系，这种关系需要有法律关系对其进行保护和约束，即通过一定的法律形式固定下来，这种法律形式就是保险合同。

2. 保险合同是保险双方当事人履行各自权利和义务的依据

保险双方当事人的权利和义务是相互对应的。为了获得保险赔偿或给付，投保人要承担交纳保险费的义务；保险人收取保险费的权利就是以承担赔偿或给付被保险人的经济损失为前提的。而风险是否发生、何时发生、损失程度如何，均具有不确定性，这就要求保险人与投保人在确定的法律或契约关系约束下履行各自的权利与义务。

三、保险的特征

（一）互助性

保险具有"一人为众，众为一人"的互助特性。保险在一定条件下，分担了单位和个人所不能承担的风险，从而形成了一种经济互助关系。这种经济互助关系通过保险人用多数投保人交纳的保险费建立的保险基金对少数遭受损失的被保险人提供补偿或给付而得以体现。

（二）法律性

从法律的角度看，保险是一种合同行为，是一方同意补偿另一方损失的一种合同安排，同意提供损失赔偿的一方是保险人，接受损失赔偿的一方是投保人或被保险人。

（三）经济性

保险是通过保险补偿或给付而实现的一种经济保障活动。其保障对象财产和人身都直接或间接属于社会再生产中的生产资料和劳动力两大经济要素；其实现保障的手段，最终大多都必须采取支付货币的形式进行补偿或给付；其保障的根本目的，无论从宏观的角度还是微观的角度，都是与社会经济发展相关的。

（四）商品性

保险体现了一种对价交换的经济关系，也就是商品经济关系。这种商品经济关系直接表现为个别保险人与个别投保人之间的交换关系，间接表现为在一定时期内全部保险人与全部投保人之间的交换关系，即保险人销售保险产品，投保人购买保险产品的关系。具体表现为，保险人通过提供保险的补偿或给付，保障社会生产的正常进行和人们生活的安定。

（五）科学性

保险是处理风险的科学有效措施。现代保险经营以概率论和大数法则等科学的数理理论为基础，保险费率的厘定、保险准备金的提存等都是以科学的数理计算为依据的。

四、保险与相似制度的比较

（一）保险与社会保险

社会保险是国家或政府通过立法形式，采取强制手段对全体公民或劳动者因遭遇年老、疾病、生育、工伤、失业等社会特定风险而暂时或永久失去劳动能力、失去生活来源或中断劳动收入时的基本生活需要提供经济保障的一种制度。其主要包括养老保险、医疗保险、失业保险、工伤保险和生育保险。这里保险与社会保险的比较主要是人身保险与社会保险的比较。

1. 人身保险与社会保险的共同点

（1）同以风险的存在为前提。人身特有风险的客观存在，是人身保险存在与发展的自然前提；而人身风险的偶然性和不确定性，则产生了对人身风险保障的需求。对此，人身保险与社会保险并无区别。

（2）同以社会再生产人的要素为对象。人身保险与社会保险的保险标的都是人的身体或寿命，只不过社会保险的标的是依法限定的，而人身保险的标的是以保险合同限定的。

（3）同以概率论和大数法则为制定保险费率的数理基础。人身保险与社会保险都需要准确合理地厘定保险费率，因而编制和使用生命表对人身保险与社会保险都很重要。

（4）同以建立保险基金作为提供经济保障的物质基础。为了使被保险人在遭受人身风险事故后能获得及时可靠的经济保障，人身保险与社会保险都要用收取的保险费建立专门的保险基金，并按照基本相同的投资原则进行运用，以确保保险基金的保值增值，增强偿付能力。

2. 人身保险与社会保险的不同点

社会保险是社会保障的基本内容，主要是保障劳动者的基本生活，与商业保险在以下几方面还有很大的不同。

（1）经营主体不同。人身保险的经营主体必须是保险机构，对此各国保险法都有明确规定。我国《保险法》第六条规定："保险业务由依照本法设立的保险公司以及法律、行政法规规定的其他保险组织经营，其他单位和个人不得经营保险业务。"而社会保险可以由政府或其设立的机构办理，也可以委托金融经营机构如基金公司、银行和保险公司代管，社会保险带有行政性特色。在我国，社会保险业务由人力资源和社会保障部授权的社会保险机构经办。

（2）行为依据不同。人身保险是依合同实施的民事行为，保险关系的建立是以保险合同的形式体现的，保险双方当事人享受的权利和履行的义务也是以保险合同为依据的。而社会保险则是依法实施的政府行为，享受社会保险的保障是宪法赋予公民或劳动者的一项基本权利，为保证这一权利的实现，国家必须颁布社会保险的法规强制实施。

（3）实施方式不同。人身保险合同的订立必须贯彻平等互利、协商一致、自愿订立的原则，除少数险种外，大多数险种在法律上没有强制实施的规定。而社会保险则具有强制实施的特点，凡是社会保险法律法规范围内的社会成员，必须一律参加，没有选择的余地，而且对无故拒交或迟交保险费的要征收滞纳金，甚至追究法律责任。

（4）适用的原则不同。人身保险是以合同体现双方当事人关系的，双方的权利与义务是对等的，即保险人承担赔偿和给付保险金的责任完全取决于投保人是否交纳保险费以及交纳的数额，也就是多投多保，少投少保，不投不保。而且，人身保险强调的是"个人公平"原则。而社会保险因与政府的社会经济目标相联系，以贯彻国家的社会政策和劳动政策为宗旨，强调的是"社会公平"原则。投保人的交费水平与保障水平的联系并不紧密，为了体现政府的职责，不管投保人交费多少，给付标准原则上是同一的，甚至有些人可以免交保险费，但同样能获得社会保险的保障。

（5）保障功能不同。人身保险的保障目标是在保险金额内对保险事故所致损害进行保险金的给付。这一目标可以满足人们一生中生活消费的各个层次的需要，即生存、发展与享受都可以通过购买人身保险得到保障。而社会保险的保障目标是通过社会保险金的支付保障社会成员的基本生活需要，即生存需要，因而保障水平相对较低。

（6）保费负担不同。交付保险费是人身保险投保人应尽的基本义务，而且保险费中不仅仅包括死亡、伤残、疾病等费用，还包括保险人的营业与管理费用，投保人必须全部承担，因而人身保险的收费标准一般较高。而社会保险的保险费通常是个人、企业和政府三方共同负担，至于各方的负担比例，则因项目不同、经济承受能力不同而各异。

 ## 知识拓展

《中华人民共和国社会保险法》是一部规范社会保险关系的重要法律，旨在维护公民参与社会保险以及享受社会保险待遇的合法权益，确保公民在面临年老、疾病、工伤、失业、生育等社会风险时能够获得基本的生活保障，促进社会的和谐与稳定。这部法律由全国人民代表大会常务委员会于2010年10月28日通过，并于2018年12月29日进行了修正。《中华人民共和国社会保险法》主要包括基本养老保险、基本医疗保险、工伤保险、失业保险、生育保险等内容，还涉及社会保险基金的管理、监督、法律责任以及社会保险经办机构的职责等，以确保社会保险制度的有效运行和基金的安全。这些规定为我国构建多层次的社会保障体系奠定了法律基础，是实现社会保障全民覆盖、增进人民福祉、推动经济社会持续健康发展的重要法律保障。

（二）保险与救济

保险与救济同为借助他人安定自身经济生活的一种方法。但是，两者的根本性质是不同的。

1. 提供保障的主体不同

保险保障是由商业保险公司提供的，是一种商业行为。救济包括民间救济和政府救济。民间救济由个人或单位提供，这类救济纯粹是一种施舍行为、一种慈善行为；而政府救济属于社会行为，通常被称为社会救济。

2. 提供保障的资金来源不同

保险保障以保险基金为基础，主要来源于投保人交纳的保险费，其形成也有科学的数理依据，而且国家对保险公司有最低偿付能力标准的规定。而民间救济的资金是救济方自己拥有的，因而救济资金的多少取决于救济方自身的财力。政府救济的资金则来源于国家财政，因而政府救济资金的多少取决于国家的财力。救济资金的来源限制了救济的时间、地区、范围和数量。

3. 提供保障的可靠性不同

保险以保险合同约束双方当事人的行为，任何一方违约都会受到惩罚，因而被保险人能得到及时可靠的保障。而民间救济则是一种单纯的临时性施舍，任何一方都不受法律约束。尤其对于救济人而言，其行为完全自由，是否救济、救济多少均由自己决定，因而被救济人所得到的保障是临时的、不稳定的，而且也是不可靠的。至于政府救济，虽然不是合同行为，但却受到法律的约束，政府不能任意决定是否救济、救济多少，因而政府救济是及时可靠的。

4. 提供的保障水平不同

保险保障的水平取决于保险双方当事人的权利和义务，即保险的补偿或给付水平要根据损失情况而定。同时，与投保人交费水平相联系，因而能使被保险人的实际损失得到充分的保障。而救济是单方面的行为，被救济人与救济人之间不存在权利、义务关系，民间救济更是一种单方的、无偿的授予行为。被救济人无须为获得救济而承担任何义务，因而救济的水平并不取决于被救济人的实际损失，而是取决于救济人的心愿和能力。政府救济要依法实施，但一般救济标准很低，通常依当地的最低生活水平而定。

（三）保险与储蓄

保险与储蓄都是以现在的剩余资金做未来所需的准备，即同为"未雨绸缪"之计，因而都体现一种有备无患的思想，尤其是人身保险的生存保险及两全保险的生存部分，几乎与储蓄难以区分。但是，两者属于不同的经济范畴，有着明显的差异。

1. 消费者不同

保险的消费者必须符合保险人的承保条件，经过核保，可能会有一些人被拒保或有条件地承保；储蓄的消费者可以是任何单位或个人，一般没有特殊条件的限制。

2. 技术要求不同

保险集合多数面临同质风险的单位和个人来分摊少数单位和个人的损失，需要有特殊的分摊计算技术；而储蓄则总是使用本金加利息的公式，无须特殊的分摊计算技术。

3. 受益期限不同

保险由保险合同规定受益期限，只要在保险合同的有效期间，无论何时发生保险事故，被保险人均可以在预定的保险金额内得到保险赔付，其数额可能是其所交纳的保险费的几倍、几十倍甚至几百倍。而储蓄则以本息返还为受益期限，只有达到了一定的时间，储户才能得到预期的利益即储存的本金及利息。

4. 行为性质不同

保险用全部投保人交纳的保险费建立的保险基金对少数遭受损失的被保险人提供补偿或给付，是一种互助行为；而储蓄是个人留出一部分财产作准备，以应对将来的需要，无须求助他人，完全是一种自助行为。

5. 消费目的不同

保险消费的主要目的是应对各种风险事故造成的经济损失；而储蓄的主要目的是获得利息收入。

知识拓展

保险与理财的区别

保险由于具有资金融通的功能，所以当保险公司将闲余资金投入社会再生产环节时，会产生一定的投资收益。虽然保险具有一定的理财功能，但保险作为一种金融工具，它最核心的价值还是风险保障，这是保险区别于其他金融工具的重要属性。此外，保险理财产品与一般理财产品不同，具有合同时间长、约束性强的特点，一般要等3～5年后才开始一次性或分期兑现保额和分红收益，合同中途退保需要承担一定损失。

保险产品和理财产品的区别如下。

（1）功能方面：保险产品具有保障功能；理财产品主要为确保资金安全及一定的资金收益。

（2）性质方面：保险是"人人为我，我为人人"的互助行为；理财是可以单独、个别地进行的自助行为。

（3）流动性方面：保险遵循"投保自愿、退保自由"原则，退保是违约行为，一般需承担损失；理财遵循"存款自愿，取款自由"原则，可自由支配。

（4）收益性方面：就保险而言，一旦发生保险事故，可以获得远高于保费的保险赔偿金；就理财而言，获益主要体现在本金及利息。

任务训练2 区分保险的分类

任务训练目标

通过完成保险的分类任务训练，熟悉保险从不同角度的分类，认识保险行业，从而初步了解各类保险业务。

知识要点

保险产品多种多样，保险分类是从不同角度、按不同标准对保险这一事物所作的不同划分。

一、按保险性质分类

按照保险性质的不同，保险可以分为商业保险和社会保险。广义的保险包括社会保险和商业保险，狭义的保险仅指商业保险。

（一）商业保险

商业保险是以自愿为前提，以盈利为目的，以市场方式经营的保险，保险范围由市场需求和可能确定，由商业保险公司经营。投保人根据合同约定向保险人支付保费，保险人对于合同约定的可能发生的事故因其发生所造成的损失承担赔偿或给付保险金责任。

（二）社会保险

社会保险是指国家通过立法征集保险基金，为劳动者提供基本经济保障的一类保险，是对社会成员在年老、疾病、工伤、失业、生育情况下的基本生活需要给予物质帮助的一种社会保险制度，即国家通过法律途径保障社会成员基本生存的强制性保险。其主要包括劳动者养老、医疗、工伤、失业和生育保险，通常由政府所属保险机构或政府指定的保险机构运作。

二、按实施方式分类

按照实施方式的不同，保险可以分为自愿保险和强制保险。

（一）自愿保险

自愿保险又称任意保险，是指投保人和保险人在平等自愿的基础上，通过订立保险合同建立起保险关系。通常商业性保险均属于自愿保险。自愿保险的特点集中表现为保险双方互有选择权，自主决定是否建立保险关系。

（二）强制保险

强制保险又称法定保险，是指国家或政府根据法律、法令或行政命令，在投保人和保险人之间强制建立起保险关系。强制保险可以减少营销费用，最大限度地扩大承保面，避免业务逆选择，使大数法则充分发挥作用。因此，国家对影响全局利益的生命与财产一般实施强制保险。例如社会保险一般属于强制保险，我国依据《中华人民共和国道路交通安全法》实施的机动车交通事故责任强制保险属于强制保险等。

三、按保险标的分类

按照保险标的的不同，保险可以分为财产保险和人身保险。

（一）财产保险

广义的财产保险，是以财产及其相关利益作为保险标的，在保险期间保险人对于因保险合同约定的保险事故发生所造成的保险标的的损失承担经济赔偿责任的一种保险。广义的财产保险包括财产损失保险、责任保险和信用保证保险。

1. 财产损失保险

财产损失保险即狭义的财产保险，是以各类物质财产作为保险标的，在保险期间因保险事故的发生致使保险标的所遭受的损失由保险人承担经济赔偿责任。包括海上保险、火灾保险、货物运输保险、工程保险、农业保险等。

2. 责任保险

责任保险是以被保险人依法应负的民事损害赔偿责任或经过特别约定的合同责任为保险标的的一种保险。其保险标的是被保险人对第三者依法应负的民事损害赔偿责任或经过特别约定的合同责任。包括公众责任保险、产品责任保险、职业责任保险和雇主责任保险。

3. 信用保证保险

信用保证保险是一种以经济合同所规定的有形财产或预期应得的经济利益为保险标的的一种保险。信用保证保险是一种担保性质的保险。按担保对象的不同，信用保证保险可分为信用保险和保证保险两种。

信用保险是权利人要求保险人担保对方（被保证人）的信用的一种保险。信用保险的投保人为信用关系中的权利人，由其投保他人的信用，例如卖方（权利人）担心买方不付款或不能如期付款而要求保险人保险，保证其在遇到上述情况而受到损失时，由保险人给予赔偿，如出口信用保险等。

保证保险是被保证人根据权利人的要求，请求保险人担保自己的信用的一种保险。保证保险的保险人代被保证人向权利人提供担保，如果由于被保证人不履行合同义务或者有犯罪行为，致使权利人受到经济损失，由保险人负赔偿责任。保证保险主要有两种形式：一是履约保证保险；二是忠诚保证保险。

（二）人身保险

人身保险的保险标的是人的身体或生命，以生存、年老、伤残、疾病、死亡等人身风险为保险事故，被保险人在保险期间因保险事故的发生或生存到保险期满，保险人依照合同对被保险人给付约定保险金。人身保险包括人寿保险、健康保险和意外伤害保险等。

我国《保险法》将保险业务分为财产保险与人身保险，这是我国保险法对保险所作的总体划分。这种划分，主要因为这两类保险在保险标的、合同性质上的差别，以及在保险金额确定依据、费率厘定依据、责任准备金提存方式、赔付方式、保险期限、保险利益、业务管理等方面存在一系列的差异。

四、按承保方式分类

按照承保方式的不同，保险可以分为原保险、再保险、重复保险和共同保险。

（一）原保险

原保险是指投保人与保险人之间直接签订保险合同确立保险关系，投保人将危险损失转移给保险人。原保险是投保人对原始风险的纵向转移，即风险的第一次转移。日常大量的保险属于原保险。

（二）再保险

再保险又称分保，是指保险人将其所承保的业务的一部分或全部，分给另一个或几个保险人承担，即对保险人的保险。分出保险业务的人称为分出人，接受保险业务的人称为分入人。再保险是原始保险人对原保险业务的纵向第二次风险转移。再保险与原保险的目的和实质相同，都是为了分散风险和实现经济补偿。

（三）重复保险

重复保险是指投保人对同一保险标的、同一保险利益和同一保险事故分别向两个以上保险人订立保险合同，其保险金额之和超过保险标的价值的保险。例如海上货物运输保险，投保人与发货方、收货方两方所在地的保险公司同时签保，保险金额之和超过保险价值，即为重复保险。

（四）共同保险

共同保险又称共保，指由两个或两个以上的保险人同时承保同一保险标的、同一保险利益和同一保险事故，而保险金额之和不超过保险价值的保险。共同保险风险转嫁方式是保险人对原始风险的首次横向转移。当发生损失赔偿时，赔偿款按保险人各自承保的保额比例分摊。

五、按承保的风险分类

按照承保的风险不同，保险可以分为单一风险保险和综合风险保险。

（一）单一风险保险

单一风险保险是指保险合同仅对某种风险的损失承担保险责任，例如人身伤残保险。

（二）综合风险保险

综合风险保险是指在同一个保险合同中对多种风险的损失均承担保险责任，例如财产保险综合险。

六、按保障的主体分类

按照保障的主体不同，保险可以分为团体保险和个人保险。

（一）团体保险

团体保险指以团体名义签保向其内部成员提供的保险。通常由集体统一办理，签一份保险合同，其成员平等享有保险利益。

（二）个人保险

个人保险指以个人名义签约办理的保险。

七、按国外保险法规定分类

国外保险法一般将保险分为寿险和非寿险。这种划分的依据主要是这两类保险的精算技术不同，寿险厘定纯费率和计提责任准备金的基础是经验生命表和预定利率；而非寿险厘定纯费率的基础为保额损失率。此外，二者在保险期限、投资管理、税收政策等方面也有一定差异。

（一）寿险

寿险包括死亡保险、年金保险、生死合险等。

（二）非寿险

非寿险指除寿险以外的所有保险，包括六类财产保险以及人身保险中的意外伤害保险和健康医疗保险。

 任务训练3 保险的职能和作用

任务训练目标

通过完成保险的职能和作用任务训练，熟记保险的职能与作用，增强对保险职业的喜爱，能向客户宣传保险的功效。

知识要点

一、保险的职能

（一）保险的基本职能

1. 财产保险的补偿职能

保险是在特定灾害事故发生时，在保险的有效期和保险合同约定的责任范围以及保险金额内，按其实际损失金额给予补偿。通过补偿使得已经存在的社会财富因灾害事故所致的实际损失在价值上得到补偿，在使用价值上得以恢复，从而使社会再生产过程得以连续进行。这种补偿既包括对被保险人因自然灾害或意外事故造成的经济损失的补偿，也包括对被保险人依法应对第三者承担的经济赔偿责任的经济补偿，还包括对商业信用中违约行为造成经济损失的补偿。

案例分析

某粮油商贸公司火灾理赔案例

2023年3月21日下午5时，一家位于山西的粮油商贸公司发现其某库区突发火灾，火势蔓延迅速，导致库区内存储的商品严重受损。这场火灾不仅影响了公司的正常运营，还造成了巨大的财产损失。灾害发生后，该公司立即向保险公司报案，迅速启动了理赔流程。保险公司接到报案后，迅速派遣理赔专员前往事故现场进行勘查，评估火灾造成的具体损失。后续根据保险公司要求，该商贸公司提供了火灾事故证明、财产损失清单以及相关的购买凭证和库存记录。经过快速而严谨的审核流程，保险公司确认了理赔责任，决定向该粮油商贸公司支付赔款235万元。

［案情分析］

这个案例充分展示了在财产损失情况下，保险公司如何通过快速响应、专业服务和支持，帮助客户有效应对危机，减少损失影响，体现了保险帮助客户快速恢复生产、维护社会稳定的积极作用。

2. 人身保险的给付职能

人身保险的保险金给付职能是指在保险事故发生时，保险人根据保险合同约定的保险金额进行给付。

案例分析

未雨绸缪买多份保险，一朝患病获赔49万元

2023年初，一纸诊断书彻底打碎了原本宁静祥和的美好生活。客户张先生，46周岁，被确诊为肺癌，噩耗如晴天霹雳般击垮了这个家庭。

据了解，张先生并没有像多数人那样由于治疗费用问题犹豫着生与死的抉择。此前，张先生曾投保中国人寿"国寿福提前给付重大疾病保险"和"国寿如E康悦百万医疗保险"等多份保险，几年间累计交保费8.69万元。这几款投保险种能为他的治疗提供强有力的经济保障，张先生顿时感觉生活又充满了希望的曙光。因此，张先生毫不犹豫决定积极配合治疗，坚持化疗并使用新兴治疗手段靶向治疗抗击癌症。正因如此，张先生还能继续陪伴在妻子、女儿、父母的身边。2024年4月，张先生经过一年的抗癌治疗，最终因医治无效不幸去世。在与病魔斗争的日子里，保险公司赔付的保险金使张先生的治疗得以延续，使他一直病有所医、医有钱保，继续陪伴了家人一年的时光。一年期间共计接收保险金赔付金额49万元。张先生的离世，因生前的未雨绸缪没有拖累这个家庭，没有因为自己的疾病给家庭带来沉重负担，没有因为治疗花销欠下巨额债务，而是给妻子和家人留下了一张张保单，以另一种方式继续守护着这个家庭。用保险编织人生的"保护网"，托起一个家庭的希望。

（二）保险的派生职能

随着保险内容的丰富和保险种类的发展，保险的职能也有了新的发展，在保险基本职能的基础上，产生了派生职能。保险的派生职能主要有以下几项。

1. 防灾防损职能

防灾防损是风险管理的重要内容，由于保险的经营对象是风险，因此保险本身也是风险管理的一项重要措施。保险企业为了稳定经营，要对风险进行分析、预测和评估，看哪些风险可作为承保风险，哪些风险可以进行时空上的分散等。

① 保险经营从承保到理赔，要对风险进行识别、衡量和分析，因此，保险公司积累了大量的损失统计资料，其丰富的专业知识有利于开展防灾防损工作，进而履行其防灾防损的社会职责。

② 从保险自身的经营稳定和收益角度来讲，保险公司通过积极防灾防损，可减少保险的风险损失，增强其财务的支付能力，并增加保险经营效益。

③ 保险公司加强防灾防损工作，能积极有效地提高投保人的风险管理意识，从而促使其加强防灾防损工作。可见，防灾防损是保险的一个派生职能。

2. 资金融通的职能

资金融通的职能是指将形成的保险资金中的闲置部分重新投入社会再生产过程中。保险公司为了稳定保险经营，必须保证保险资金的保值与增值，这就要求保险人对保险资金进行运用。保险资金的运用不仅有其必要性，而且也是可能的。一方面，保险保费收入与赔付支出之间存在时间差；另一方面，保险事故的发生不都是同时的，保险人收取的保险费不可能一次全部赔付出去，也就是保险人收取的保险费与赔付支出之间存在数量差和时间差。这些都为保险资金的融通提供了可能。保险资金融通要坚持合法性、流动性、安全性及效益性的原则。随着经济的发展，特别是金融创新的日新月异，保险资金融通职能发挥的空间非常广阔，保险业已在金融市场中占据非常重要的地位，是资产管理和股市的重要参与者。

（三）社会管理职能

保险的社会管理职能不同于国家对社会的直接管理，而是通过保险内在的特性，促进经济社会的协调以及社会各领域的正常运转和有序发展。保险的社会管理职能是在保险业逐步发展成熟并在社会发展中的地位不断提高和增强之后衍生出来的一项功能。保险的社会管理职能主要体现在以下几个方面。

1. 社会保障管理

社会保障被誉为"社会的减震器"，是保持社会稳定的重要条件。保险是社会保障体系的重要组成部分，在完善社会保障体系方面发挥着重要作用。一方面，商业保险可以为城镇职工、个体工商户、农民和机关事业单位等没有参与社会保险制度的劳动者提供保险保障，有利于扩大社会保障的覆盖面；另一方面，保险具有产品灵活多样、选择范围广等特点，可以为社会提供多层次的保障服务，提高社会保障水平，减轻政府在社会保障方面的压力。社会保险与商业保险具有很强的制度融合性和互补性。社会保险是一种政府主导行为，具有强制性和非营利性；商业保险则以市场化的运作机制，具有自愿性和灵活性。通过开办商业补充保险，可以为群众提供更高层次和更高保障水平的保险保障。同时，保险公司还可以利用自身专业化服务管理能力提供经办服务，协助政府管理社会事务，控制医疗费用不合理上涨。

目前，我国商业保险主要从哪些方面参与社会保障体系建设呢？主要是发展契约型个人养老保险、团体养老保险，医疗保险、重大疾病保险、护理保险等健康保险，以及意外伤害保险，提供企业年金受托管理、账户管理、投资管理等服务；与社会保险经办机构合作开办补充医疗保险；受托经办基本社会保险管理服务；农村小额人身保险以及面向农民工、特困职工、计划生育家庭等开展的养老、大病医疗、意外伤害等保障型业务。

2. 社会风险管理

风险无处不在，防范、控制风险和减少风险损失，是全社会的共同任务。保险公司从开发产品、制定费率到承保、理赔的各个环节，都直接与灾害事故打交道，不仅具有识别、衡量和分析风险的专业知识，而且积累了大量风险损失资料，为全社会风险管理提供了有力的数据支持。同时，保险公司能够积极地配合有关部门做好防灾防损工作，并通过采取差别费率等措施，鼓励投保人和被保险人主动做好各项预防工作，降低风险发生的概率，实现对风险的控制和管理。

3. 社会关系管理

通过保险应对灾害损失，不仅可以根据保险合同约定对损失进行合理补偿，而且可以提高事故处理的效率，减少当事人可能出现的各种纠纷。由于保险介入灾害处理的全过程，参与到社会关系的管理之中，逐步改变了社会主体的行为模式，为维护政府、企业和个人之间正常、有序的社会关系创造了有利条件，减少了社会摩擦，起到了"社会润滑剂"的作用，大大提高了社会运行的效率。

4. 社会信用管理

完善的社会信用制度是建设现代市场体系的必要条件，也是规范市场经济秩序的治本之策。最大诚信原则是保险经营的基本原则，保险公司经营的产品实际上是一种以信用为基础、以法律为保障的承诺，在培养和增强社会的诚信意识方面具有潜移默化的作用。同时，保险公司在经营过程中可以收集企业和个人的履约行为记录，为社会信用体系的建立和管理提供重要的信息资料，实现社会信用资源的共享。

保险三大功能中，经济补偿是其最基本的功能，是保险区别于其他行业的最根本特征。资金融通功能是在经济补偿功能的基础上发展起来的，是保险金融属性的具体体现，也是实现社会管理功能的重要手段。正是由于保险具有资金融通功能，才使保险业成为国际资本市场中的重要资产管理者，特别是通过管理养老基金，使保险成为社会保障体系的重要力量。现代保险的社会管理功能是保险业发展到一定程度并深入社会生活的诸多层面之后产生的一项重要功能。社会管理功能的发挥，在许多方面都离不开经济补偿和资金融通功能的实现。

同时，保险社会管理功能的逐步发挥，将为经济补偿和资金融通功能的发挥提供更加广阔的空间。因此，保险的三大功能之间既相互独立，又相互联系、相互作用，形成了一个统一、开放的现代保险功能体系。

二、保险的作用

保险的作用是保险职能的发挥而产生的影响和效果。在不同的社会发展时期，由于保险所处的经济条件不同，保险职能在人们的实践中表现的效果也不一样，所以，保险的作用也不尽相同。保险的作用主要体现在以下几个方面。

（一）保险在微观经济中的作用

保险在微观经济中的作用主要是指保险作为经济单位或个人风险管理的财务手段所产生的经济效应。

1. 有利于受灾企业及时恢复生产

通过投保企业财产保险，可以保障企业在遭受自然灾害、意外事故时，能够及时获得保险补偿，从而迅速恢复生产。同时，为防止因灾害事故发生而导致营业中断造成预期利润受损，企业还可购买企业业务中断保险或利润损失保险等险种予以预防，以保障企业的经济生命得到延续，社会生产得以正常进行。

2. 有利于企业加强经济核算

保险作为企业风险管理的财务手段之一，能够把企业不确定的巨额灾害转化为固定的少量的保险费支出，并摊入企业的生产成本或流通费用，这是完全符合企业经营核算制度的。因为企业通过交付保险费，把风险损失转嫁给保险公司，不仅不会因灾损而影响企业经营成本的均衡，而且还可以保证企业财务成果的稳定。

3. 有利于企业加强风险管理

保险补偿固然可以在短时间内迅速消除或减轻灾害事故的影响因素，但就物质净损失而言，仍旧是一种损失。而且保险企业也不可能从风险损失中获得额外的利益。因此，防范风险于未然是企业和保险公司利益一致的行为。保险公司常年与各种灾害事故打交道，积累了丰富的风险管理经验，不仅可以向企业提供各种风险管理经验，而且通过承保时的风险调查与分析、承保期内的风险检查与监督等活动，尽可能消除风险的潜在因素，达到防灾防损的目的。此外，保险公司还可以通过保险合同的约束和保险费率杠杆调动企业防灾防损的积极性，共同搞好风险管理工作。

4. 有利于安定人民生活

家庭是劳动力再生产的基本单位，家庭生活安定是人们从事生产劳动、学习、休息和社会活动的基本保证。但是，自然灾害和意外事故对于家庭来说同样是不可避免的，参加保险也是家庭风险管理的有效手段。家庭财产保险可以使受害家庭恢复原有的物质生活条件。当家庭成员尤其是工资收入者，遭遇生、老、病、死、残等意外的或必然的事件时，人身保险可以得到有效的给付，能对家庭的正常经济生活起到保障作用。

5. 有利于民事赔偿责任的履行

人们在日常生活活动和社会活动中，不可能完全排除民事侵权或其他侵权而发生民事赔偿案件。具有民事赔偿责任风险的单位或个人可以通过交纳保险费的办法将此风险转嫁给保险公司，以维护被侵权人的合法权益，使其顺利获得民事赔偿。有些民事赔偿责任由政府采取立法的形式强制实施，如机动车交通事故责任强制保险等。

（二）保险在宏观经济中的作用

保险在宏观经济中的作用是保险职能的发挥对全社会和国民经济总体所产生的经济效应。具体表现在以下几个方面。

1. 有利于社会再生产的正常进行

社会再生产过程由生产、分配、交换和消费四个环节组成，它们在时间上是连续的，在空间上是均衡的，但是，再生产过程的这种连续性和均衡性会因遭遇各种灾害事故而被迫中断和失衡。保险经济补偿能及时和迅速地对这种中断和失衡发挥修补作用，从而保证社会再生产的连续性和稳定性，保证社会再生产的顺利进行。

2. 有利于国民经济稳定发展

国民经济稳定发展，是目前我国发展的第一要务。保险的资金融通职能，在一定程度上为我国的经济发展提供了重要的资金支持。根据资本市场统计，无论在国外还是国内，保险基金都是资本市场上最大的机构投资者之一。

另外，在发生灾害事故时，如果企业参加了保险，财产损失将得到保险补偿，恢复生产和经营就有了资金保证，也就保证了我国财政收入的基本稳定，确保了我国国民经济的稳定发展。

3. 有利于扩大经济交往活动

保险在对外经济贸易交往中是必不可少的环节，按照国际惯例，进出口贸易都必须办理保险。保险费与商品的成本价和运费构成进出口商品价格的三要素。具体操作是，出口商品时争取用到岸价格，即由卖方在本国保险公司投保，就可以赚取到保险外汇收入；相反，在进口商品时争取用离岸价格，由买方在本国保险公司投保，则可减少保险外汇支出。可见，积极争取进口货物在本国办理保险，是平衡或增加外汇收入的一个途径，否则将会导致外汇保险费的外流。

4. 推动科学技术向现实生产力转化

科学技术对经济发展的促进作用如今体现得越来越明显，科技进步逐渐成为经济发展最主要的推动力。采用新技术可以提高企业的劳动生产率，使产品升级换代，扩大市场份额。企业发展的一个趋势是把新产品的研发摆在最重要的位置上。但对新技术的开发，企业也不是没有顾虑，主要原因是开发新技术要面临风险。保险可以解除企业的后顾之忧，为开辟新的生产领域，采用新技术、新工艺、新材料以及试制新产品提供经济保障，促进科学技术的推广应用。因此，保险公司所提供的保障，有利于开发新技术、新产品，推动科技发展。

5. 有助于稳定社会生活

一般来说，人们的温饱有了保障，社会就相对比较稳定。广义的保险中所包含的养老保险、医疗保险、失业保险、工伤保险及各种商业保险的建立和配合，发挥着社会稳定器的作用，使广大百姓免除了后顾之忧，获得了温饱保障，保证了最低生活条件。众人之心相对稳定，社会也就相对稳定。

任务二　了解保险的产生与发展

 任务训练1　熟悉保险的产生和发展

保险的产生和发展

 任务训练目标

通过完成保险的产生与发展任务训练，了解海上保险、火灾保险、人身保险、责任保险、保证保险和再保险产生与发展的过程。

知识要点

一、海上保险的产生与发展

海上保险是各类保险中起源最早的一种，这同海上贸易发展和海上风险较大的缘故是分不开的。

（一）海上保险的萌芽——共同海损

公元前2000年，在地中海从事海上贸易的商人，往往自发地结成船队一起漂洋过海，到异国他乡做生意。许多载货船只在海上航行中因遭遇风暴袭击或触礁而沉没。要使船舶在海上遭遇风浪不致倾覆，最有效的援救办法是抛弃部分货物，减轻船的载重量。但被抛弃货物的商人，往往倾家荡产。人们无力阻止灾害的发生，也无法事先防止或避免这种损失，只好寻找事后妥善处理的方法。经验告诉他们，为了使被抛弃货物的商人能从其他得益各方获得补偿，当时在地中海航海商人中间有一个共同遵循的原则，即"一人受损、众人分摊"。这既能保障受灾者的生活来源，又能维持其继续经营的条件。这一原则被公元前916年在罗得岛上制定的《罗地安海商法》采用，并正式规定为："凡因减轻船只载重投弃入海的货物，如为全体利益而损失的，须由全体分摊归还。"这条规定被沿袭下来，被称为"共同海损分摊原则"。

（二）海上保险的雏形——船舶和货物抵押借款

随着海上贸易的发展，出现了船舶抵押借款和货物抵押借款形式。船舶抵押借款最初起源于船舶航行在外急需用款时，船长以船舶及船上货物向当地商人抵押借款，以获得继续航海的资金。由于航海在当时是一种很大的冒险，所以这种借款所采用的办法是：如船舶安全到达，本利偿还；如果船舶中途沉没，债权即告消失。由于债主承担了船舶航行安全的风险，因此，它的利息就要比一般借款高得多，这种高出一般利息的部分，实质就是最早形式的海上保险费。船长在用船舶作抵押时，抵押品中也有将货物包括在内的，也有单用货物作抵押的。货物抵押借款的办法与船舶借款相同，船舶沉没后，借款等于预先支付了赔款。

（三）现代海上保险的产生与发展

现代海上保险是由古代的船货抵押借款思想逐渐演化而来的，世界上第一份具有现代意义上的海上保险单诞生于意大利。11世纪末，意大利商人控制了东方和西方的中介贸易。在经济繁荣的意大利北部城市，商人之间已经出现类似现代形式的海上保险。这些商人和高利贷者将他们的贸易、汇兑票据与保险的习惯做法带到他们所到之处。现在世界上发现的最古老的保险单，是一个名叫乔治·勒克维伦的热那亚商人，在1347年10月23日出具的一张船舶航程保单，承担"圣·克勒坦"号从热那亚至马乔卡的保险。这一保单的措辞类似一种虚设的借款，它规定船舶在安全到达以前，贷款人（即保险人）承担风险及负责还款，船舶如在6个月内安全到达，借款合同即告失效。

15世纪以后，随着新航线的开辟，货物运输逐渐由地中海沿岸迁移。到了16世纪，世界保险的交易中心逐渐转移到英国。1568年12月22日，经伦敦市长批准设立了第一家皇家交易所，为海上保险提供了交易场所，也改变了从伦巴第商人沿袭下来的一日两次在露天广场交易的习惯。到了16世纪下半叶，经英国女王特许在伦敦皇家交易所内建立了保险商会，专门办理保险单的登记事宜。1720年经英国女王批准，英国的"皇家交易"和"伦敦"两家保险公司正式成为经营海上保险的专业公司。1871年在英国成立劳合社，它是由1688年爱德华·劳埃德在伦敦塔街附近开设的咖啡馆演变发展而成立的。1691年，劳埃德咖啡馆从伦敦塔街迁至伦巴第街，不久成为船舶、货物和海上保险交易中心。1774年，劳合社迁至皇家交易所，但仍沿用劳合社的名称，专门经营海上保险，成为英国海上保险交易中心。19世纪初，劳合社海上保险承保额已占伦敦海上保险市场的90%。1871年，英国国会批准了《劳埃德法案》，使劳合社成为一个正式的团体，从而打破了伦敦保险公司和皇家交易所专营海上保险的格局。1906年，英国国会通过的《海上保险法》规定了一个标准的保单格式和条款，它又被称为劳合社船舶和货物标准保单，被世界上许多国家沿用。1911年的法令取消了劳合社成员只能经营海上保险的限制，允许其成员经营一切保险业务。

知识拓展

劳合社

劳合社是英国的一家保险人组织。该组织不直接经营保险业务，只是为其会员提供交易场所和有关服务，是世界上由个人承保保险业务的唯一组织。劳合社是由爱德华·劳埃德（Edward Lloyd，约1648—1713年）经营的一家咖啡馆发展起来的。这家咖啡馆开办于1688

年，位于伦敦泰晤士河畔，出版过《劳埃德新闻》和《劳合动态》等报纸，是当时从事远洋航运的船东、船长、商人、高利贷者、经纪人交换航运信息的场所。由于这里海事航运信息灵通，许多海上保险的承保人和经纪人便以此作为经营保险业务的中心。

劳合社由其社员选举产生的一个理事会来管理，下设理赔、出版、签单、会计、法律等部，并在100多个国家设有办事处。该社为其所属承保人制定保险单、保险证书等标准格式，此外还出版有关海上运输、商船动态、保险海事等方面的期刊，向世界各地发行。

劳合社作为一个商业组织，仅接受它的经纪人招揽的业务，换句话说，劳合社的承保代理人代表辛迪加不与保险客户即被保险人直接打交道，而只接受保险经纪人提供的业务。保险经纪是技术性业务，经纪人是受过训练的专家，他们精通保险法和业务，有能力向当事人建议何种保险单最符合其需要。保险客户不能进入劳合社的业务大厅，只能通过保险经纪人安排投保。经纪人在接受客户的保险要求以后，准备好一些投保单，上面写明被保险人的姓名、保险标的、保险金额、保险险别和保险期限等内容，保险经纪人持投保单寻找到一个合适的辛迪加，并由该辛迪加的承保代理人确定费率，认定自己承保的份额，然后签字。保险经纪人再拿着投保单找同一辛迪加内的其他会员承保剩下的份额。如果投保单上的风险未"分"完，他还可以与其他辛迪加联系，直到全部保险金额被完全承保。最后，经纪人把投保单送到劳合社的保单签印处。经查验核对，投保单换成正式保险单，劳合社盖章签字，保险手续至此全部完成。

劳合社历来规定每个社员要对其承保的业务承担无限的赔偿责任，但由于劳合社近年累计亏损，现已改为有限的赔偿责任。20世纪90年代，劳合社的业务经营和管理进行了整顿和改革，允许接受有限责任的法人组织作为社员，并允许个人社员退社或合并转成有限责任的社员。因此改革后的劳合社，其个人承保人和无限责任的特色逐渐淡薄，但这并不影响劳合社在世界保险业中的领袖地位。

在历史上，劳合社设计了第一张盗窃保险单，为第一辆汽车和第一架飞机出具保单，近年又是计算机、石油能源保险和卫星保险的先驱。劳合社设计的条款和保单格式在世界保险业中有广泛的影响，其制定的费率也是世界保险业的风向标。劳合社承保的业务包罗万象。劳合社对保险业的发展，特别是对海上保险和再保险作出的杰出贡献是世界公认的。进入21世纪后，具有保险风向标的英国劳合社陆续在中国设立机构，开展保险业务。

二、火灾保险的产生与发展

火灾保险起源于1118年冰岛设立的互助社，该社对火灾及家畜死亡损失负赔偿责任。17世纪初，德国盛行互助性质的火灾救灾协会制度，1676年，第一家公营保险公司——汉堡火灾保险局由46个协会合并宣告成立。但真正的火灾保险产生于英国。1666年，伦敦城一栋居民住宅发生火灾，迅速蔓延成大火，几乎将半个伦敦城化为灰烬，大火整整烧了五天才逐渐熄灭。此次火灾给百姓的人身和财产造成巨大损失，20多万人流离失所，无家可归。这场特大火灾促成了英国第一家火灾保险商行的成立。1667年，一个名叫尼古拉斯·巴蓬的牙科医生独资开办了一家火灾保险公司，办理住宅火灾保险。巴蓬的火灾保险公司根据房屋的结构计算保险费，规定木结构的房屋费率为5%，瓦砾结构的房屋费率为2.5%。这种差别费率被沿用至今，巴蓬被称为"现代火灾保险之父"。

1710年，波凡创立了伦敦保险人公司，后改称太阳保险公司，接受不动产以外的动产保险，营业范围遍及全国。18世纪末到19世纪中期，英、法、德等国相继完成了工业革命，机器生产代替了原来的手工操作，物质财富大量集中，人们对火灾保险的需求也更为迫切。这一时期火灾保险发展异常迅速，火灾保险公司的形式以股份公司为主。进入19世纪，在欧洲和美洲，火灾保险公司大量出现，承保能力有很大提高。1871年芝加哥一场大火造成1.5亿美元的损失，其中保险公司赔付1亿美元，可见当时火灾保险的承保面之广。随着人们的需求增加，火灾保险所承保的风险也日益扩展，承保责任由单一的火灾扩展到地震、洪水、风暴等非火灾危险，保险标的也从房屋扩大到各种固定资产和流动资产。

三、人身保险的产生与发展

商业人身保险的产生与海上保险的发展是分不开的。15世纪，随着海外贸易和海上保险的发展，产生了对贩运的奴隶和船员的人身保险。当时，欧洲的奴隶贩子把运往美洲的非洲奴隶当作货物进行投保，后来船上的船员也可投保。如遇到意外伤害，由保险人给予经济补偿，这些应该是人身保险的早期形式。到16世纪，开始了对旅客的人身保险。这一时期，人身保险业务中出现了投机性现象，有人以与自己毫不相干的他人为对象投保赌博性人身保险，对此，保险合同中规定投保人必须对被保险人生命具有可保利益，这是人身保险制度进步和完善的一个标志。

17世纪中叶，意大利银行家伦佐·佟蒂设计了一项《联合养老法》，后来简称为《佟蒂法》，并于1689年正式实行。《佟蒂法》规定每人交纳300法郎，筹集起总额140万法郎的资金，保险期满后，规定每年由国库支付10%的利息。并按年龄把认购人分成若干群体，对年龄大些的，分息就多些。《佟蒂法》的特点就是把利息付给该群体的生存者，如该群体成员全部死亡，则停止给付。这个办法相当于现在的联合生存者终身年金保险。这些办法是欧洲各国政府带着财政目的强制推行的，以聚财为主要目的，所以引起了人们的不满和反对，难以长久存在。另外，这些方案的费用并没有科学、精确的计算方法，难以达到公平、合理。

随着商品经济的发展，越来越多的学者开始对人身保险计算问题进行研究，其中最著名的就是英国的数学家、天文学家埃德蒙·哈雷。他在1693年以西里西亚的布雷斯劳市的市民死亡统计为基础，编制了第一张生命表，精确表示了每个年龄的死亡率，反映了不同人群的生命风险及其规律。生命表和生命年金理论的研究，特别是生命表的编制完成，是人寿保险发展史上的一个里程碑，它为寿险精算技术和现代人寿保险制度奠定了科学的数理基础，提供了寿险计算的依据。18世纪40年代至50年代，辛普森根据哈雷的生命表，编制成依死亡率增加而递增的费率表。之后，陶德森依照年龄差等计算保费，并提出了"均衡保险费"的理论，从而促进了人身保险的发展。1762年成立的伦敦公平保险社才是真正根据保险技术基础而设立的人身保险组织。

四、责任保险的产生与发展

责任保险的出现远晚于其他险种，它的兴起是近100年的事。责任保险承保的是被保险人对第三方的民事赔偿责任。早在19世纪法国《拿破仑法典》中就已经出现民事损害赔偿责任的规定，这也奠定了责任保险产生的法律基础。早期的责任保险出现于19世纪的英国。最早的责任保险是英国铁路乘客保险公司在1855年第一次向铁路部门提供铁路承运人责任保障；1870年，建筑工程公众责任保险问世；1875年，马车第三者责任保险开始出现；1880年出现雇主责任保险；1885年，英国北方意外保险公司签发了一张"药剂师过失责任"保险单，被认为是世界上第一张职业责任保险单。后来，由于机动车辆的生产，1895年出现了汽车第三者责任保险。1900年，保险公司开始承保产品责任保险，如承保酒商因啤酒含砷而引起的民事赔偿责任。进入20世纪，由于经济的发展、法治的健全与人们法律意识的增强，责任保险的快速发展也体现在保险市场的不断发展和完善上。

五、保证保险的产生与发展

随着资本主义商业信用的普遍发展和道德危险的频繁出现，保证保险应运而生。1702年，英国设立了雇主损失保险公司，开创了忠诚保证保险。1840年，保证社成立。1842年英国保证公司成立。美国于1876年在纽约开办了忠诚保证保险。

目前，保证保险已成为资本主义经济生活中不可缺少的一个险种，西方国家的保险公司对货物的买卖、租赁、工程承包等合同都可以提供保证保险的服务。

六、再保险的产生与发展

随着海上航运事业的繁荣，原保险人承担的保险责任也越来越大，一旦发生特大事故，往往会造成极大的财务困难，甚至倾家荡产，所以他们有了风险分散的需要，于是保险人产生了再保险的需求。1370年7月12日，一位叫格斯特·克鲁丽杰的意大利保险商，承保自意大利热那亚到荷兰斯卢丝之间的航程，把地中海这段相对安全的航程责任留给自己，而把风险相对较大的航程责任转让给其他保险人。这种方式类似于现在的再保险，因此也被公认为是再保险的最早起源。进入15、16世纪，欧亚和美洲有许多新航线开辟，海上贸易也进一步发展，世界贸易中心也从地中海沿岸转移到大西洋沿岸经济发达的地区，保险和再保险也由意大利转入这些国家，并且快速发展。17世纪初，英国皇家保险交易所和劳合社开始经营再保险业务。1681年，法国国王路易十六曾公布法令，规定"保险人可以将自己承保的保险业务向他人进行再保险"。18世纪，荷兰鹿特丹的保险公司于1720年将承保到西印度的海上保险向伦敦市场再保险；丹麦的皇家特许海上保险公司于1726年成立后从事再保险；德国的汉堡于1731年颁布法令允许经营再保险业务。由于政府的支持、各种法律法规的出台，欧洲国家的再保险业务得到了大力发展，再保险形式上由最初的临时再保险发展为更有约束力的合约再保险，也出现了许多专门经营再保险业务的专业再保险公司。再保险的发展也为保险市场的顺利发展提供了保障。

任务训练2 我国保险业的产生和发展

新中国保险业
的发展

 任务训练目标

通过完成我国保险业的产生和发展任务训练，熟悉中国保险业的产生和发展过程。

知识要点

在本训练任务中，我们将我国保险业的发展以1949年中华人民共和国成立为界，分旧中国和新中国两个阶段进行阐述。

一、旧中国的保险业

我国现代意义上的保险是随着帝国主义的入侵而输入的。19世纪初，当时的清政府还处于闭关锁国的状态，而英国已率先完成了工业革命，英国人用坚船利炮敲开了旧中国的大门。同时，英国的保险商也开始抢占中国市场。1805年，英国保险商在广州开设了主要经营海上保险业务的谏当保安行，也叫广州保险会社（后于1841年迁往中国香港）。1835年，在香港设立保安保险公司（裕仁保险公司），并在广州设立了分支机构。其后，英国的太阳保险公司和巴勒保险公司均在上海设立了分公司。1887年，怡和洋行在上海设立了保险部。在英商抢占中国市场的同时，一些民族资产阶级提出了"非振兴实业不足以图存"的口号，提倡发展自己的民族产业，以抗衡外商金融机构。我国第一家民族资本保险企业是1865年成立的上海华商义和公司保险行，它的成立标志着我国民族保险业的诞生。此后，有一批民族资本的保险公司成立。1875年12月，李鸿章授意轮船招商局集资20万两白银在上海创办了我国第一家规模较大的船舶保险公司——保险招商局。1876年，在保险招商局开办一年业务的基础上，又集股本25万两白银设立了仁和保险招商局。1885年保险招商局被改组为业务独立的仁和保险公司和济和保险公司，主要承办招商局所有的轮船和货物运输保险业务。1887年合并为仁济和保险公司，其业务范围也从上海转向内地，承办各种水险和火灾保险业务。当时经营较好、规模较大的人寿保险公司为1912年由吕岳泉发起创办的华安合群保寿公司。

20世纪20年代至30年代，有30多家民资保险公司宣告成立，至1935年增至48家。据统计，到1949年5月，上海约有中外保险公司400家，其中华商保险公司126家。与此同时，再保险业务得到了一定的发展，1933年6月在上海成立了唯一经营再保险业务的华商联合保险股份有限公司。第一家由华商组成的华商联合保险股份有限公司开始经营再保险业务。抗日战争期间，由于和外商的分保关系中断，又不愿意与日本的保险公司合作，民族保险公司先后成立了久联、太平、大上海、中保、华商联合等分保集团。抗日战争胜利后，民族再保险业务主要有中央信托局、中国再保险公司、华商联合保险公司。但总的来说，再保险业务基本上由外商垄断，民族保险公司的再保险公司自留额低，保费大量外流。中华人民共和国成立前夕，国民经济濒临崩溃，通货膨胀率居高不下，保险市场陷入巨大的混乱之中，许多民族保险公司不得不宣告破产。

总体上说，旧中国保险业的基本特征是保险市场主要为外国资本保险公司控制，保险业发展起伏较大，也未形成完整的市场体系和监管体系。

二、新中国保险业的发展

新中国保险事业的发展是伴随着中华人民共和国的成立和社会主义经济建设的历程而进行的。中华人民共和国成立70多年来，中国保险事业经历了不同的发展阶段。

（一）新中国保险业的建立阶段

1949年8月，全国财经工作会议做出了建立国营保险公司的决定。1949年9月25日至10月6日，经过紧张的筹备，第一次全国保险工作会议在北京西交民巷举行，会议讨论了一系列人民保险事业发展的方针政策问题。1949年10月20日，中国人民保险公司（PICC）（简称人保）在北京正式成立，这是新中国第一家国家保险机构，标志着新中国保险事业的开始。

（二）新中国保险业的发展阶段

1978年12月中共十一届三中全会召开，会议决定进行经济体制改革，提出"对内改革、对外开放"的口号。在这一大好历史背景下，为了适应社会主义现代化建设和对外开放的需要，1979年2月召开的中国人民银行全国行长会议及时做出了恢复国内保险业务的重大决策。1979年11月19日，第一届全国保险会议在北京召开，会议对1980年恢复国内保险业务的工作进行了具体部署，并提出大力发展涉外业务。自此，中国保险业进入了全面恢复和快速发展时期。1986年，中国人民银行首先批准设立了新疆生产建设兵团农牧业保险公司（2002年改为中华联合保险公司），这也标志着我国保险市场由中国人民保险公司垄断的格局被打破。1987年，中国交通银行及其分支机构开始设立保险部，经营保险业务，1991年，在此基础上组建并成立了中国太平洋保险公司，成为第二家全国性综合保险公司。1988年，平安保险公司在深圳成立，并于1992年更名为中国平安保险公司，成为第三家全国性综合保险公司。新中国的保险业进入全面恢复发展时期。

（三）新中国保险业的逐步开放阶段

党的十四大的召开和1992年邓小平"南方谈话"，确立了社会主义市场经济体制，开启了我国改革开放和现代化建设的新时代。在这一历史背景下，中国保险业开始了对外开放的试点。1992年，美国友邦保险公司获准在上海设立分公司后，一批外国保险公司先后进入我国保险市场，设立子公司或合资公司。与此同时，天安保险等中资保险公司相继成立，保险市场主体显著增加。保险市场主体数量的增加，扩大了保险业的市场供给，改变了由少数几个国内保险公司垄断市场的格局，促进了保险业的有效竞争，并为中资保险公司向外资保险公司学习借鉴经验提供了有利条件。1995年10月1日，《中华人民共和国保险法》颁布实施，标志着我国保险业进入有法可依、依法经营的新阶段。1998年，为加强保险监管，党中央、国务院决定成立中国保险监督管理委员会，赋予保监会行业主管和市场监管职责。这是我国保险发展史上的一个重要里程碑。2018年，中国保险监督管理委员会与中国银行业监督管理委员会合并为中国银行保险监督管理委员会，中国保险业监管进入新的阶段。

（四）保险业的深度改革与全面发展阶段

中国于2001年正式加入WTO，承诺进一步开放保险市场，这促使保险业加快了与国际接轨的步伐，外资保险公司进入中国市场门槛降低，带来了先进的经营理念与技术，推动了行业的竞争与创新。随着中国经济的快速增长和居民收入水平的提高，保险需求激增，保险市场规模不断扩大，寿险、健康保险、财产保险等各类业务均呈现出快速增长态势。保险公司积极开发新产品，如投资型保险、互联网保险等，以满足市场需求，同时提升服务质量，加强客户服务体验。保险资金运用渠道拓宽，保险公司在资本市场中的影响力增强，保险资金开始在基础设施建设、债券市场等多个领域发挥作用，成为重要的长期资金来源。大数据、云计算、人工智能等现代信息技术在保险业的广泛应用，推动了保险产品的个性化、销售流程的线上化、理赔服务的智能化，提升了行业整体的运营效率和服务水平。以众安在线为代表的互联网保险公司成立，标志着保险业正式步入数字化时代。通过互联网平台提供便捷的保险服务，吸引了大量年轻用户群体。在国家"十四五"规划和2035年远景目标纲要中，保险业被赋予了服务国家战略、支持实体经济发展、保障民生改善等多重任务，强调了保险业在构建新发展格局中的重要作用。面对气候变化、人口老龄化等全球性挑战，保险公司正积极开发绿色保险、养老保险等产品，强化社会责任，推动保险业向更加可持续、包容的方向发展。

知识拓展

国家金融监督管理总局，是在中国银行保险监督管理委员会基础上组建的国务院直属机构。2023年3月，中共中央、国务院印发了《党和国家机构改革方案》，决定在中国银行保险监督管理委员会基础上组建国家金融监督管理总局，不再保留中国银行保险监督管理委员会。2023年5月18日上午9点，国家金融监督管理总局在北京金融街15号正式揭牌。这意味着运行了5年的银保监会正式退出历史舞台。与此同时，"国家金融监督管理总局"官方网站也正式启用。至此，我国金融监管体系从"一行两会"迈入"一行一总局一会"（人民银行、国家金融监督管理总局、证监会）新格局。

任务训练3 认知保险业发展趋势

任务训练目标

通过完成认知保险业发展趋势任务训练，分析保险业发展特征，展望未来保险业的发展趋势。

知识要点

一、世界保险业的发展趋势

（一）国际保险业发展迅速，在金融业和经济发展中的地位不断提升

从20世纪90年代至今，世界经济保持稳步健康增长。与此同时，世界保险业发展迅速，在整个世界经济中的作用日益突出，呈现出持续增长的势头，并远远高于同期全球GDP的增长速度。保险业在世界经济中的地位进一步提高，作用进一步加强。保险业的迅速发展，使其在国际金融业的地位和作用快速提升。近年来，国际金融资产结构的重要变化是银行资产占金融业资产的比重逐步下降，保险和其他非银行金融机构资产的比例大幅度提高，保险业的发展又快于其他非银行金融机构，保险公司日益成为金融业重要的组成部分。

（二）新兴市场国家保险业发展迅速，但全球保险业非均衡增长的基本格局尚未改变

近年来，新兴市场国家的保险业增长强劲，在国际保险业中的占比逐年提高。另一方面，虽然新兴市场国家的保险业得到了长足的发展，但其总量还较小，世界保险业北美、欧洲、日本为中心的三足鼎立之势格局尚未发生明显的变化。工业化国家保险市场虽然已经接近饱和，增长速度逐渐放缓，但其绝对主导地位并未动摇。预计未来十年，新兴国家在全球市场中的份额将强劲攀升。

（三）新型风险不断出现，巨灾风险日益加大，保险业面临巨大挑战

进入21世纪以来，人类前进的步伐不断加快。经济发展、技术进步、全球化进程，我们面对的是一个快速发展变化着的世界。世界在变，社会在变，保险业面对的风险也在不断变化。电脑系统故障、环境污染、金融危机、老龄化带来的养老医疗负担、全球气候变化甚至恐怖主义袭击等，传统的风险在变化，新型的风险不断涌现。保险业面临着巨大的挑战，也面临着广阔的发展机遇。

（四）保险业的购并重组愈演愈烈，混业经营方兴未艾

全球经济一体化进程加快，各国经济交往更加密切，生产要素相互融合、渗透的趋势进一步加强，保险市场的进入障碍逐渐减弱。法律和监管制度障碍的取消，对国际保险业的兼并具有重要影响。通过兼并形成较大的保险集团，从而使金融资源得到更合理的配置，降低交易成本，减少经营费用。同时，兼并可使公司在更大的地域范围内优化分支机构，开辟新的营销渠道，共享技术和信息资源，扩大产品组合，可承担更高更复杂的风险。

二、我国保险业的发展趋势

"十三五"时期，我国保险业回归本源稳健发展，深化改革重点突破，大幅提升了服务

实体经济的能力，并在改善民生保障方面取得了显著成效。顺应中华民族伟大复兴的战略全局，"十四五"时期我国保险业的发展将呈现以下几方面趋势。

（一）保险需求空间会进一步上升

我国保险市场仍将处于中高速发展阶段。一方面，我国经济发展长期向好、居民收入稳步增长，庞大的人口规模、较快的老龄化趋势与较高的储蓄率，这些都激发了保险需求持续扩大。另一方面，保险业供给侧结构性改革不断深化，供给与需求的匹配度提高，将不断激发新的发展动力。

2020年11月，《中共中央关于制定国民经济和社会发展第十四个五年规划和二〇三五年远景目标的建议》发布。这份顶层设计的建议文件中，共有4处15次提及保险，涉及长期护理保险、商业医疗保险、农业保险、巨灾保险、重大疾病医疗保险、基本医疗保险、基本养老保险、失业保险、工伤保险、存款保险、社会保险公共服务平台、多支柱养老保险体系等。

（二）服务品质与创新的提升

市场成熟促使消费者对保险产品和服务的需求更加多样化、个性化，促使保险公司提供更加精细化、定制化的解决方案。品牌、价格、服务将成为市场竞争的关键，个性化、全方位的服务将成为保险公司的核心竞争力。保险行业需要不断推进产品、营销、管理、技术等多方面的创新，以适应市场变化，提升竞争力。

（三）保险业的数字化转型加速

在新时代背景下，保险业的数字化转型已成为不可逆转的趋势，对于提升行业竞争力、满足消费者需求、优化服务模式具有重要意义。大数据、云计算、人工智能、区块链等先进技术的集成应用，正在重塑保险行业的业务流程，从产品设计、销售、承保、理赔到客户服务等全链条数字化转型使保险公司能够提供更加个性化、即时化的服务，通过智能推荐系统、自助服务平台等提升用户体验，增强客户黏性。利用数据分析技术，保险公司能更精准地识别风险、评估损失、预防欺诈，同时自动化流程极大提高了业务处理效率，降低了运营成本。数字化转型推动了保险产品的快速迭代和创新，保险公司通过与科技公司、医疗机构、汽车制造商等跨行业合作，共建数字化生态系统，拓宽了服务边界，实现保险与生活场景的深度融合。

（四）要求从业人员更加专业化

在国内外同行竞争的背景下，客观上对保险从业人员提出了更高的要求，各商业保险公司将更加重视人才的培养，既要培养适应国内保险业务发展需要的核保师、核赔师、精算师、专业人才，更要培养精通国际保险惯例、参与国际保险市场竞争的外向型人才。只有这样，才能在竞争中立于不败之地。

（五）国际化进程加速

随着外资保险公司更深层次地参与中国市场，国际化竞争加剧，外资参与度增加。同时，我国的保险市场正在与国际规则接轨，保险市场的国际化要求国内保险企业在经营管理上更加符合国际标准和惯例，促进国际金融市场与国内市场的深度融合。

中国保险业正处在由规模扩张向质量提升转变的关键时期，未来的发展将更加注重服务质量和创新能力的提升，强化专业化队伍建设，并在国际化进程中寻求新的增长点。在政策引导、市场需求增加和技术进步的共同推动下，保险业将迎来更加广阔的发展空间，为社会经济的稳定发展和人民生活水平的提高提供更强有力的保障和支持。

项目
小结

① 保险是处理风险的一种方法，是一种以经济保障为基础的金融制度；它通过收取保险费的方法，建立保险基金；以合同安排的形式，由大多数人来分担少数人的损失，实现保险购买者的风险转移。

② 保险与相似制度既有联系，又有区别。保险自身的特征包括互助性、法律性、经济性、商品性和科学性。

③ 从不同的角度可以将保险分为不同的种类。按照性质，保险分为商业保险和社会保险，本教材主要指商业保险；按照实施方式，保险分为自愿保险和强制保险；按照保险标的，保险分为财产保险和人身保险，这也是我们国家目前保险业务的划分依据；按照承保方式，保险分为原保险、再保险、重复保险和共同保险；另外还有一些其他划分方式。

④ 保险职能和作用是保险特有的功能及发挥的作用。保险的职能包括基本职能、派生职能和社会管理职能。保险的作用有宏观作用和微观作用，对国民经济发展起到了保驾护航的作用，对个人和家庭发挥了经济补偿和保险金给付的功能，让我们的生活因保险更美好。

⑤ 从最早的海上保险，到火灾保险和人身保险，以及后来的责任保险与保证保险、再保险的出现，反映了保险业的产生与发展历程。目前，保险已经成为世界各国经济发展的稳定器，每个家庭风险转移的财务安排。

 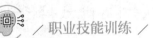 职业技能训练

【训练目标】

通过主观题叙述和客观题分析与演练，理解保险，明确保险的意义，区分保险的种类，运用保险知识将个人、家庭、企事业单位面临的可保风险通过保险转移风险。

【训练任务】

准确描述保险含义，区分保险的种类，辨别可保风险，通过自主探究、小组合作等方法完成保险职业技能实训任务。具体任务如下。

一、名词解释

保险　商业保险　财产保险　人身保险　再保险　重复保险　共同保险　可保风险

二、单项选择题

1. "保险是一种财务安排"的特性表现得最为明显的险种是（　）。

A. 人寿保险　　　　B. 财产保险　　　　C. 信用保险　　　　D. 再保险

2. 从法律角度看，保险是一种（　）。

A. 风险转移　　　　B. 财务安排　　　　C. 合同行为　　　　D. 损失分摊

3. 既具有储蓄和投资的作用，又具有理财特征的是（　）。

A. 财产保险　　　　B. 人寿保险　　　　C. 信用保险　　　　D. 再保险

4. 符合保险人承保条件的特定风险称为（　）。

A. 可保风险　　　　B. 客观风险　　　　C. 特殊风险　　　　D. 政治风险

5. 纯粹风险引起的事故构成保险危险的（　）。

A. 结果   B. 原因   C. 基础   D. 前提

6. 可保风险应该使大量标的均有遭受损失的可能。这一条件表明大量的性质相近、价值相近的风险单位面临（   ）。

A. 纯粹的风险   B. 对等的风险

C. 巨额的风险   D. 同样的风险

7. 风险不能使大多数的保险对象同时遭受损失。这一条件表明损失的发生具有（   ）。

A. 分散性   B. 规律性   C. 可测性   D. 稳定性

8. 保险通过集合多数人的保费，补偿少数人的损失，体现出保险的（   ）。

A. 补偿性   B. 互助性   C. 可测性   D. 规律性

9. 用以补偿或给付因自然灾害、意外事故和人体自然规律所致的经济损失、人身损害及收入损失，并由保险公司筹集、建立起来的专项货币基金是（   ）。

A. 公积金   B. 保险费   C. 保险基金   D. 保障基金

10. 就人身保险准备金而言，主要以（   ）形式存在。

A. 赔款准备金   B. 未到期责任准备金

C. 预留准备金   D. 总准备金

11. 保险的法律性主要体现在（   ）上。

A. 保险索赔   B. 保险合同   C. 保险监管   D. 保险纠纷

12. 由一些具有共同要求和面临同样风险的人自愿组织起来，以预交风险损失补偿分摊金的一种保险形式是（   ）。

A. 重复保险   B. 团体保险   C. 社会保险   D. 互助保险

13. 国家或政府通过立法形式，采取强制手段对全体公民或劳动者因遭遇年老、疾病、生育、工伤、失业等社会特定风险而暂时或永久失去劳动能力、失去生活来源或中断劳动收入时的基本生活需要提供经济保障的一种制度是（   ）。

A. 团体保险   B. 互助保险   C. 社会保险   D. 重复保险

14. 人身保险与社会保险同以建立（   ）作为提供经济保障的物质基础。

A. 保险赔偿金   B. 保险保证金   C. 保险偿付能力   D. 保险基金

15. 人身保险的经营主体必须是（   ）。

A. 商业保险公司   B. 社会团体   C. 政府机构   D. 基金公司

16. 人身保险是依合同实施的（   ），保险关系的建立是以保险合同的形式体现的。

A. 单方行为   B. 民事行为   C. 社会行为   D. 政府行为

17. 社会保险的实施具有（   ）的特点。

A. 公平性   B. 自愿性   C. 强制性   D. 互利性

18. 救济包括民间救济和政府救济。民间救济由（   ）提供。

A. 法律机构   B. 事业单位   C. 个人或单位   D. 政府

19. 保险人与投保人之间直接签订保险合同而建立保险关系的一种保险是（   ）。

A. 重复保险   B. 共同保险   C. 再保险   D. 原保险

20. 在各类保险中最早的险种是（   ）。

A. 火灾保险   B. 人身保险   C. 财产保险   D. 海上保险

三、多项选择题

1. 保险的基本职能有（   ）。

A. 分散风险   B. 融通资金   C. 损失补偿   D. 经济给付

E. 防灾防损

2. 保险的特征包括（　　）。

A. 经济性　　　　　　B. 商品性　　　　　C. 互助性

D. 法律性　　　　　　E. 科学性

3. 按风险转移方式分类，保险分为（　　）。

A. 共同保险　　　　　B. 重复保险　　　　C. 原保险

D. 再保险　　　　　　E. 转分保

4. 保险的宏观作用主要体现在（　　）。

A. 保障社会再生产顺利进行

B. 有助于财政、信贷收支计划的顺利实现

C. 平衡或者增加外汇收入

D. 有助于高新技术的推广应用

E. 有利于安定人民生活

5. 下列构成可保风险的条件有（　　）。

A. 风险须有可预测性

B. 风险发生具有不确定性

C. 风险须具有大量性

D. 风险须具有变异性

E. 风险不能使大量同类标的同时遭受损失

四、判断题

1. 劳合社是世界著名的保险公司之一。（　　）

2. 再保险、重复保险和共同保险都是对同一风险由两个以上的保险人来承担赔偿责任。（　　）

3. 保险密度是指按全国人口计算的人均保费收入。（　　）

4. 第一张生命表是由辛普森于1693年编制的。（　　）

5. 保险的基本职能包括分散风险、损失补偿和防灾防损。（　　）

6. 保险和救济都是双方的法律行为。（　　）

五、思考与讨论

1. 学生分成小组，讨论保险与储蓄有何区别。

2. 调查所在城市有哪些保险公司，选择两家保险公司（财险、寿险各一家），了解其销售哪些产品，分别属于哪类保险业务。

3. 2013年12月8日前后，我国25个省份、104个城市遭遇"霾伏"。据报道，受雾霾天气影响，上海、江苏、浙江、河北等地均发生较为严重的交通事故，全国各大机场出现大面积的航班延误或取消。雾霾天咨询人身意外险、航班延误保险的客户明显增加，尤其是航班延误保险。旅客投保航班延误保险，可获得航班延误险理赔。如某航空公司规定，只要交纳20元参保，如航班延误超过4小时，最高可获赔600元；行李延误超过8小时，最高可获赔1000元；如因不可抗力导致航班取消，旅客也可以获赔600元。学生分组讨论，分析航班延误保险的可行性。

六、案例分析

严重烧伤危在旦夕，预赔百万解客户燃眉之急

2019年6月，冯先生到修理站维修汽车时，工作人员操作不当引发重大火灾，导致冯先生全身90%烧伤，20%深二度，70%三度，陷入重度休克，随后被紧急送医治疗。家属闻讯也迅速赶到医院。然而，医院的巨额治疗费用让他们顿时傻了眼，甚至一天就需要几万元的

治疗费用来维持冯先生的生命。

一场突如其来的变故让冯先生的家庭陷入了困境，家人除了需要照顾严重烧伤的他外，还要四处筹款支付后续不菲的治疗费用。首期押金都很难支付，更何况上百万的后续治疗费用。这时，他们想起了平安健康险e生保的预赔服务，怀着试一试的心情申请了预赔。与此同时，平安健康险公司通过新闻也得知了这起重大事件，第一时间启动排查，不到一天的时间健康险的业务员就与冯先生家属取得联系，即刻启动预赔响应机制，短短几天，健康险加急完成了预赔服务，迅速将百万元汇到了冯先生的账户中，同时健康险成立专案小组，派出专人进行事件跟踪，时刻关心着冯先生一家人。冯先生家属由衷地感慨："没想到当初也就每天7毛钱买的e生保，现在能赔这么多。这么严重的烧伤，要是得不到及时治疗就真的危险了。"

学生分成小组，讨论分析此案例中保险起到的作用有哪些？

项目二答案

项目三
保险合同

案例导入
对重大疾病的认定不应苛求治疗方式，
应作出有利于被保险人的解释

2021年3月9日，常某在某保险公司处投保了重大疾病保险，保险金额80000元。条款约定心脏瓣膜手术属于重大疾病之一。2023年4月常某因病住院治疗，诊断为房间隔缺损、三尖瓣关闭不全。常某在全麻状态下行"房间隔缺损修补术，三尖瓣成形术"。

常某出院后以患重大疾病为由向保险公司申请理赔，保险公司认为房间隔缺损属于先天性疾病，不属于保险责任范围；常某实施切开心脏进行的瓣膜置换和修复手术是为了治疗房间隔缺损，并不是为了治疗三尖瓣关闭不全，故保险公司拒绝理赔。常某遂向法院提起诉讼，要求被告某保险公司支付重大疾病保险金80000元。本案中常某能否获得保险公司的赔付呢？

任务一　全面认识保险合同

任务训练1　认识保险合同

任务训练目标

通过完成认识保险合同的任务训练，能运用保险合同的相关知识，区分保险合同的种类，辨别保险合同单证形式的用途，并可以在保险合同订立、履行、变更和终止时加以正确应用。

知识要点

一、保险合同的定义及特征

（一）保险合同的定义

合同是民事主体之间设立、变更、终止民事法律关系的协议。它是商品经济发展的产物，并随着商品经济的发展不断完善，是现代民事、商业活动的基础。保险是一种商业行为，这种商业行为的基础就是保险合同。我国《保险法》第十条规定："保险合同是指投保人与保险人约定保险权利义务关系的协议。"其中"保险权利义务关系"主要是指投保人为取得保险保障，与保险人协商约定的在保险合同保障期间双方相互之间权利与义务的关系。

（二）保险合同的特征

保险合同属于合同的一种，因此具有一般合同共有的法律特征，即合同的当事人必须具有民事行为能力。它是合同当事人双方意思表示一致的法律行为；它必须符合法律的有关规定等。除此之外，保险合同又是一种特定的合同类型，因此具有一些不同于一般合同的特征。

1. 保险合同是最大诚信合同

任何合同的约定，都是双方当事人讲诚实信用的结果。《中华人民共和国民法典》第七条规定："民事主体从事民事活动，应当遵循诚信原则，秉持诚实，恪守承诺。"由于保险双方信息的不对称性，保险合同对诚信的要求远远高于其他合同。因为，保险标的在投保前或投保后均在投保人的控制之下，而保险人通常只是根据投保人的告知来决定是否承保以及承保条件。此外，投保人对保险标的的过去情况、未来的事项也要向保险人作出保证。所以，投保人的道德因素和信用状况对保险人经营来说关系很大。同时，保险经营的复杂性和技术性使得保险人在保险关系中处于有利地位，而投保人处于不利地位。这就要求保险人在订立保险合同时，应向投保人说明保险合同的内容；在约定的保险事故发生时，要履行赔偿或给付保险金的义务等。因此，保险合同较一般合同对当事人诚实信用的要求更加严格。保险合同的确定，更需要保险双方以最大诚意并恪守合同约定的权利和义务。我国的《保险法》第五条明确规定："保险活动当事人行使权利、履行义务应当遵循诚实信用原则。"

2. 保险合同是有条件的双务合同

按照合同当事人双方的权利义务关系划分，合同可分为双务合同和单务合同。双务合同是指当事人双方均享有权利，同时承担义务的合同。一方的权利就是另一方的义务，权利与义务相对应。反之，只有合同一方享有权利，而另一方仅负有义务的合同叫单务合同。保险合同是双务合同，保险合同的双务体现为投保人及被保险人必须以承担一定的义务即交纳保险费为条件，才可能享有相应的权利；保险人也必须以承担损失补偿责任为条件，才能享有相应的收取保险费的权利。义务与权利互为因果，互为条件。保险合同中，投保人的基本义务是交纳保险费，也是被保险人获得保险保障的代价，与此相应的权利是在保险风险发生导致损失时，使被保险人获得经济补偿。保险人的基本权利是收取保险费，与此对应的是承诺承保风险发生时向被保险人或者受益人给付保险金的义务，这种义务也是保险人收取保险费的代价。

3. 保险合同是射幸合同

"射幸"就是偶然、不确定的意思。射幸合同是指双方当事人在签订合同时，不能确定各自利益或结果的协议。保险合同的射幸性主要表现在保险人的赔偿或给付责任在合同订立时尚不能确定，而有赖于保险事故的发生。在合同有效期内，如果发生保险事故，导致保险标的损失时，则被保险人从保险人那里得到的赔偿金额可能远远超出其所支出的保险费；反之，如果无损失发生，则投保人只付出保险费而得不到保险人的任何赔偿或给付。保险人的情况则与此相反，当发生保险事故时，保险人所赔付的金额可能远远大于其所收到的保险费；如果不发生保险事故，则只收取保险费而无须赔付。在保险合同中，实际上是投保人以交付保险费为代价，将一个可能发生损失的危险事故转移给保险人承担，但危险事故只是将来可能发生，也可能不发生，即保险人是否需要履行赔偿或给付保险金的责任取决于偶然的、不确定的保险事故的发生。

保险合同的射幸性特点是保险风险的偶然性所决定的，在财产保险合同中体现较为突出。而在人身保险合同中，由于保险标的的特殊性以及赔付概率的相对稳定性，使得射幸性特征并不明显。就一份保险合同而言具有射幸性，但是对于全部保险合同而言，就不存在射幸性。

4. 保险合同是附和合同

合同的条款先由当事人的一方拟订，另一方只有接受或不接受该条款的选择，不能就该条款进行修改或变更，这样的合同是附和合同。保险合同属于附和合同。它的基本条款和保险费率通常是国家保险监管机构制定或由保险人事先拟定。投保人对此类条款，或者同意接受，或者不同意接受，一般没有修改某项条款的权利。如果有必要修改或变更合同的某项内容，通常也只能采用保险人事先准备的附加条款或附属保单。

5. 保险合同是有偿合同

根据合同当事人双方的受益情况，可将合同分为有偿合同和无偿合同。有偿合同是指因为享有一定的权利而必须偿付一定对价的合同。享有合同权利而不必偿付代价的，称为无偿合同。保险合同是有偿合同，即以投保人支付保险费作为对价换取保险人对风险的保障。投保人与保险人的对价是相互的，投保人的对价是向保险人支付保险费，保险人的对价是承担投保人转移的风险。

6. 保险合同是要式合同

所谓要式合同，是指必须具有特定的形式才能成立的合同。根据我国《保险法》第十三条规定："投保人提出保险要求，经保险人同意承保，保险合同成立。保险人应当及时向投保人签发保险单或者其他保险凭证。保险单或者其他保险凭证应当载明当事人双方约定的合同内容。当事人也可以约定采用其他书面形式载明合同内容。"

二、保险合同的分类

根据保险合同的不同特点，可以从不同角度进行分类。

（一）按照当事人订立合同的意愿分类

1. 自愿性保险合同

自愿性保险合同是指保险合同双方当事人在自愿原则的基础上签订保险合同。投保人可以自由选择是否投保、向哪一家保险公司投保、投保的金额、保险期限；保险人也可以决定是否承保、承保的金额、承保的条件、费率水平等。商业保险合同大多数属于自愿性保险合同。

2. 强制性保险合同

强制性保险合同是指保险合同是根据国家有关法律法规签订的。强制性保险的特点是只要在法令规定范围内的保险对象，都必须依法参加保险；保险金额按国家相关法律统一规定；保险人和投保人必须按有关法律规定，履行自己的义务和享有权利。如机动车交通事故责任强制保险。

（二）按照保险标的不同分类

1. 财产保险合同

财产保险合同是以财产及其有关利益为保险标的的保险合同。当保险事故发生并造成物质及其利益损失时，通过保险补偿其损失的价值，达到保障的功能。财产保险合同大多数属于损失补偿性质的合同，保险人的责任以补偿被保险人的实际损失为限，且不超过保险金额。

2. 人身保险合同

人身保险合同是以人的寿命和身体为保险标的的保险合同。由于人的生命和身体不能用货币衡量，所以人身保险的保险金额是由投保人和保险人双方约定的。除健康保险合同中的医疗费用合同外，人身保险合同属于给付性保险合同。

（三）按照保险合同的保障性质分类

1. 补偿性保险合同

补偿性保险合同的特征是，保险事故发生所造成的后果表现为被保险人有经济损失，并且可以用货币衡量。保险人只是补偿被保险人的经济损失，使其恢复到以前的状态，不会获得额外的利益。财产保险合同和健康保险合同中的医疗费用合同都属于补偿性保险合同。

2. 给付性保险合同

给付性保险合同的特征是，保险事故发生不一定造成损失，即使造成损失，也不能或很难用货币衡量损失金额。因此，双方当事人在保险合同中约定，只要约定的保险事故发生，保险人就按照约定的保险金额给付保险金，而不必考虑被保险人有无经济损失以及损失金额。人身保险的许多险种均属于定额给付保险，特别是寿险。因为人的生命和身体本身是不能用经济价值来衡量的，只能依据双方确定的保险金额来给付保险金。

（四）按照保险金额与保险价值的关系分类

1. 足额保险合同

足额保险合同是指保险金额与保险价值相等的保险合同。订立足额保险合同后，当保险标的发生全部损失时，保险人按保险金额全部赔偿；如果发生部分损失，保险人按照实际损失赔偿。

2. 不足额保险合同

不足额保险合同是指保险金额小于保险价值的保险合同。订立不足额保险合同后，当保险标的发生全部损失时，保险人按约定的保险金额进行赔偿，其与保险价值的差额部分由被保险人自己承担；如果保险标的遭受部分损失，保险人按照实际损失和保险保障程度赔偿。我国《保险法》第五十五条第四款规定："保险金额低于保险价值的，除合同另有约定外，保险人按照保险金额与保险价值的比例承担赔偿保险金的责任。"

3. 超额保险合同

超额保险合同是指保险金额超过保险价值的保险合同。由于超额保险容易引起道德风险，因此，各国对超额保险都有严格的规定。我国《保险法》第五十五条第三款规定："保险金额不得超过保险价值。超过保险价值的，超过部分无效，保险人应当退还相应的保险费。"

（五）按照保险标的的价值是否在保险合同中事先约定分类

1. 定值保险合同

定值保险合同是指在订立保险合同时，投保人和保险人事先约定保险标的的价值并在保险单中载明的保险合同。定值保险合同成立后，一旦发生保险事故，就应以事先确定的保险价值作为保险人确定赔偿金数额的计算依据。如果保险事故造成保险标的的全部损失，无论该保险标的的实际损失如何，保险人均应按合同所约定的保险金额赔偿，不再对保险标的的重新估价；如果保险事故仅造成保险标的的部分损失，则只需要确定损失的比例。该比例与保险价值的乘积，就是保险人应支付的赔偿金额。在保险实务中，以字画、邮票和古玩等不易确定价值的艺术珍品为保险标的的财产保险合同一般为定值保险合同。在国际保险市场上，由于运输货物的市场价格在起运地、中途和目的地都不相同，为保障被保险人的实际利益，避免赔款时由于市价差额而带来纠纷，习惯上也采用定值保险合同。

保险趣事　《蒙娜丽莎》是欧洲文艺复兴时期意大利著名画家达·芬奇的优秀代表作品。它是一幅全世界公认的杰出肖像画，也是一幅把科学知识、艺术幻想和现实主义完美结合起来的经典之作。为了防止此画被盗，卢浮宫博物馆为它投保了上亿元的定值保险。

2. 不定值保险合同

不定值保险合同指投保人和保险人在订立保险合同时不事先约定保险标的的保险价值，仅载明保险金额作为保险事故发生后赔偿最高限额的保险合同。在不定值保险合同条件下，一旦发生保险事故，保险人需估算保险标的的实际价值，并以此作为保险人确定赔偿金数额的计算依据。一般情况下，保险事故发生后，受损保险标的的实际价值以保险事故发生时当地同类财产的市场价格来确定，但保险人对保险标的所遭受损失的赔偿不得超过合同所约定的保险金额。如果实际损失大于保险金额，保险人的赔偿责任仅以保险金额为限。如果实际损失小于保险金额，足额保险的，则保险人赔偿实际损失；不足额保险的，保险人按照保险保障程度来赔偿。在保险实务中，如果没有特别约定，大多数财产保险合同都是不定值保险合同。

（六）按照合同承担风险责任的方式分类

1. 单一风险合同

单一风险合同是指只承保一种风险责任的保险合同。

2. 综合风险合同

综合风险合同是指承保两种及以上的多种特定风险责任的保险合同。这种保险合同必须把承保的风险责任一一列举，只要损失是由于所保风险造成的，保险人就负责赔偿。

3. 一切险合同

一切险合同是指保险人承保的风险是合同中列明的除不保风险之外的一切风险的保险合同。所谓一切险合同并非意味着保险人承保一切风险，即保险人承保的风险仍然是有限制的，只不过这种限制采用的是列明除外不保风险的方式。在一切险合同中，保险人并不列举规定承保的具体风险，而是以"责任免除"条款确定其不承保的风险。也就是说，凡未列入责任免除条款中的风险均属于保险人承保的范围。

（七）按照承保方式分类

1. 原保险合同

原保险合同是指投保人与保险人订立的保险合同。原保险合同是投保人将保险风险转移给保险人，由保险人承担风险损失，保障被保险人的经济利益。在原保险合同中，明确规定了原保险人与被保险人之间的权利和义务。原保险合同体现了风险责任的首次转嫁关系。

2. 再保险合同

再保险合同是指原保险人将其所承保的全部或部分风险和责任向其他保险人进行投保而签订的保险合同。再保险合同的主体是保险人和再保险人。再保险合同体现了风险责任的再次转嫁关系。

任务训练2　区分保险合同要素

任务训练目标

通过完成区分保险合同要素的任务训练，能运用保险合同的主体、客体和内容相关知识，根据订立保险合同要素，能够用自己的语言描述保险合同当事人和关系人的区别，并在保险实践中加以正确运用。

知识要点

一、保险合同的主体

保险合同的主体是指参加保险合同法律关系当中的自然人和法人，包括保险合同当事人与关系人。直接参与保险合同的订立与履行的是保险合同的当事人，如保险人、投保人；没有直接参与保险合同的订立，但是与保险合同发生重要关系的是保险合同的关系人，如被保险人、受益人。

（一）保险合同的当事人

保险合同的当事人是指参与签订保险合同，按合同约定享有权利并承担义务的人。保险合同是投保人与保险人约定保险权利和义务关系的协议，因此，保险合同的当事人是保险人和投保人。

1. 保险人

我国《保险法》第十条第三款规定："保险人是指与投保人订立保险合同，并按照合同约定承担赔偿或者给付保险金责任的保险公司。"保险人通常是经营保险的各种组织。保险人必须具备以下条件。

（1）保险人须具备法定资格。保险人常以各种经营组织形式出现。因保险经营的特殊性，各国法律都对保险人从业的法律资格作出专门规定。大多数国家规定只有符合国家规定的条件，并经政府批准的法人方可经营保险，成为保险人，并在执照规定的范围内经营保险。如果保险人不具有法人资格，所订立的合同无效。但也有少数特例，如英国劳合社的承保社员，是经国家批准，具有完全民事行为能力，符合一定的资产、信誉要求的自然人来作为保险人经营保险业务的。

我国《保险法》第六十七条、六十八条、六十九条等对保险人所须具备的法定资格做了较为严格的规定。保险人必须是依照法定条件和程序设立的保险公司。《保险法》第九十五条明确规定了保险公司的业务范围。保险公司应按照分业经营的原则，在金融监督管理部门核定的业务范围内从事保险活动并接受监管。简言之，只有依法设立的保险公司，并在核定的业务范围内，才有资格订立保险合同，成为保险人。

（2）保险人须以自己的名义订立保险合同。保险人须是依法设立的保险公司。保险公司只有以自己的名义与投保人订立保险合同后，才能成为保险合同的当事人。

（3）保险人须依照保险合同承担保险责任。订立保险合同的目的在于使保险人在合同约定的保险期限内，对于发生的保险事故承担赔偿或给付保险金的责任。这也是保险人最主要、最基本的合同义务。

2. 投保人

我国《保险法》第十条第二款规定："投保人是指与保险人订立保险合同，并按照保险合同负有支付保险费义务的人。"投保人与被保险人是不是同一人，要根据具体的保险合同情况而定。作为保险合同当事人的投保人，可以是自然人，也可以是法人，但必须具备下列条件。

（1）投保人应具有民事权利能力和民事行为能力。民事权利能力是指民事主体依法享有民事权利和承担民事义务的资格；民事行为能力是指民事主体通过自己的行为行使民事权利或者履行民事义务的能力。这是保险合同主体合格的法律条件，不论法人和自然人，都必须具备此条件。法人的民事权利能力始于设立，终于消灭。其民事行为能力与民事权利能力完全一致。

（2）投保人必须对保险标的具有保险利益。保险利益是指投保人（或者被保险人）对保险标的具有法律上承认的利益。我国《保险法》第十二条规定："人身保险的投保人在保险合同订立时，对被保险人应当具有保险利益。财产保险的被保险人在保险事故发生时，对保险标的应当具有保险利益。"投保人对保险标的不具有保险利益的，保险合同无效。投保人既可以为自己的利益投保，也可以为他人的利益投保。投保人为他人利益投保时必须征得他人同意，并确定保险利益的存在。

（3）投保人必须承担支付保险费的义务。交纳保险费是投保人的主要义务，不论投保人为自己利益或他人利益订立保险合同，都要承担支付保险费的义务。

（二）保险合同的关系人

保险合同的关系人是保险合同当事人之外的与保险合同发生间接关系的人，关系人和保险合同有经济利益关系，但不一定直接参与保险合同的订立，对于保险合同规定的利益享有请求权。包括被保险人和受益人。

1. 被保险人

我国《保险法》第十二条第五款规定："被保险人是指其财产或者人身受保险合同保障，享有保险金请求权的人。投保人可以为被保险人。"当投保人为自己利益投保时，投保人、被保险人为同一人。当投保人为他人利益投保时，须遵守以下规定：被保险人应是投保人在保险合同中指定的人；投保人要征得被保险人同意；投保人不得为无民事行为能力人投保以死亡为给付保险金条件的人身保险。但父母为未成年子女投保的人身保险不受此限制，只是死亡给付保险金额总和不得超过保险监督管理机构规定的限额。财产保险合同中，被保险人可以是自然人，也可以是法人或其他组织；人身保险合同中，被保险人只能是自然人。被保险人应具备如下的条件。

（1）被保险人必须是保险合同保障的人。保险合同订立的经济目的就是当保险事故发生时受损失者能够得到保险保障。只有对保险标的有经济利益的人才有权利获得保险保障。保险标的遭受损失，被保险人才是遭受经济损害的主体。财产保险中，被保险人必须是保险标的的所有权人或其他权利人。人身保险中，被保险人的寿命或身体是保险标的。所以，无论是财产保险还是人身保险，只要发生保险事故，被保险人必定会遭受损害。

（2）被保险人是保险事故发生时遭受损害的人。保险事故一旦发生，被保险人的利益必然受到损害。这一点在财产保险与人身保险中有不同的体现。在财产保险中，被保险人应是财产的所有人或相关的权利人，在保险合同中体现为与保险标的有关的所有人或经济权利人。因此，保险事故发生损失时，其经济利益必然遭受损害。在人身保险中，被保险人是以自己的生命或身体为保险标的的人，保险事故发生时，其自身必然遭受伤害。

（3）被保险人是享有保险金请求权的人。被保险人因保险事故发生遭受损害，便享有要求保险人赔偿或给付保险金的请求权。这在财产保险和人身保险实务中，两者有不同的体现。在财产保险中，保险事故发生通常只是财产损失，被保险人往往安然无恙，由被保险人自己行使保险金请求权；如果被保险人不幸在保险事故中遇难，保险金请求权由其法定继承人行使。在人身保险合同中，生存保险的保险金请求权由被保险人自己行使；但在死亡保险合同中，一旦保险事故发生，即被保险人死亡，则由投保人或被保险人指定的受益人享有赔偿或给付保险金的请求权，没有指定受益人的，由被保险人的法定继承人行使。

2. 受益人

我国《保险法》第十八条规定："受益人是指人身保险合同中由被保险人或者投保人指定的享有保险金请求权的人。投保人、被保险人可以为受益人。"受益人又叫保险金受领人，即保险合同中约定在保险事故发生后享有保险赔偿与保险金请求权的人。

在财产保险合同中，并没有专门的受益人规定。这是因为财产保险的被保险人通常就是受益人。在人身保险合同中，受益人是由被保险人或者投保人指定的享有保险金请求权的人，可以是一人，也可以是数人。受益人与投保人是同一人时，受益人就是合同当事人；否则，受益人是合同关系。

人身保险合同中的受益人应当具备以下两个条件。

（1）受益人必须经被保险人或投保人指定。受益人是被保险人或投保人在人身保险合同中指定的人。由投保人指定受益人的，须经过被保险人同意。我国法律对受益人资格并无限制，可以是自然人，也可以是法人。受益人如果不是被保险人、投保人，则多为与其有利害关系的自然人。

（2）必须是享有保险金请求权的人。受益人享有的保险金请求权，是受益人根据保险合同享有的一项基本权利。人身保险合同中，指定的受益人是一人的，保险金请求权由该人行使，并获得全部保险金；受益人是数人的，保险金请求权由该数人行使，其受益顺序和受益份额由被保险人或投保人确定；未确定的，受益人按照相等份额享有受益权。

人身保险合同中，因投保人订立合同的目的不同，合同约定的受益人也不同：投保人以自己的生命、身体为他人利益而订立保险合同的，投保人是被保险人，受益人是其指定的人；投保人以自己的生命、身体为自己的利益而订立保险合同的，投保人既是被保险人，也是受益人；投保人以他人的生命、身体为自己的利益而订立保险合同的，经被保险人同意后，投保人成为受益人；投保人以他人的生命、身体为他人的利益而订立保险合同时，经被保险人同意，受益人可以是第三人。若投保人变更受益人，必须经被保险人同意。当被保险人死亡时，如果已经确定了受益人，则受益人以外的任何人无权分享保险金，受益人领取的保险金不列入死者的遗产，不得用来清偿死者生前的债务；如果没有确定受益人，或受益人先于被保险人死亡而没有其他受益人，或受益人依法丧失受益权或放弃受益权，也没有其他受益人，则保险金作为被保险人的遗产，由保险人向被保险人的法定继承人履行给付保险金的义务。我国《保险法》对受益人有明确的规定。

知识拓展

《保险法》第三十九条规定："人身保险的受益人由被保险人或者投保人指定。投保人指定受益人时须经被保险人同意。投保人为与其有劳动关系的劳动者投保人身保险，不得指定被保险人及其近亲属以外的人为受益人。被保险人为无民事行为能力人或者限制民事行为能力人的，可以由其监护人指定受益人。"

《保险法》第四十条规定："被保险人或者投保人可以指定一人或者数人为受益人。受益人为数人的，被保险人或者投保人可以确定受益顺序和受益份额；未确定受益份额的，受益人按照相等份额享有受益权。"

《保险法》第四十一条规定："被保险人或者投保人可以变更受益人并书面通知保险人。保险人收到变更受益人的书面通知后，应当在保险单或者其他保险凭证上批注或者附贴批单。投保人变更受益人时须经被保险人同意。"

《保险法》第四十二条规定："被保险人死亡后，有下列情形之一的，保险金作为被保险人的遗产，由保险人依照《中华人民共和国继承法》❶的规定履行给付保险金的义务：（一）没有指定受益人，或者受益人指定不明无法确定的；（二）受益人先于被保险人死亡，没有其他受益人的；（三）受益人依法丧失受益权或者放弃受益权，没有其他受益人的。受益人与被保险人在同一事件中死亡，且不能确定死亡先后顺序的，推定受益人死亡在先。"

《保险法》第四十三条规定："投保人故意造成被保险人死亡、伤残或者疾病的，保险人不承担给付保险金的责任。投保人已交足二年以上保险费的，保险人应当按照合同约定向其他权利人退还保险单的现金价值。受益人故意造成被保险人死亡、伤残、疾病的，或者故意杀害被保险人未遂的，该受益人丧失受益权。"

在保险市场上，为保险合同的订立与履行提供机会、创造条件，提供各种附加服务的是保险合同的辅助人。他们对保险合同的订立和履行有一定影响，但他们不能享有保险合同中的权利，也不承担合同中的义务，因此他们不是保险合同的主体。保险合同的辅助人包括保险代理人、保险经纪人和保险公估人，他们是专门招揽保险业务、赚取佣金或对保险标的进行评估的中介人。保险代理人是指与保险人签订了委托代理合同，在保险人的授权范围内代为办理保险业务，向保险人收取代理手续费的单位或个人，它包括专业代理、兼业代理和个人代理。保险代理人代表着保险人的利益，根据保险人的授权代办保险业务的行为后果由保险人来承担。保险经纪人是基于投保人的利益，为投保人与保险人订立保险合同提供中介服务，并依法收取佣金的单位。保险经纪人的行为后果由经纪人自己承担。保险公估人是接受保险当事人的委托，为其办理保险标的的查勘、鉴定、估损等并予以证明，向委托方收取劳务费的人。他不代表任何一方的利益，完全站在中立的立场提供中介服务。

❓ 想一想　李某为其2岁儿子投保了一份两全保险，受益人为自己，这份保险合同的主体中当事人和关系人分别是谁？

二、保险合同的客体

（一）保险利益是保险合同的客体

客体是指在民事法律关系中主体履行权利和承担义务时共同指向的对象。客体在一般合

---

❶　《中华人民共和国民法典》自2021年1月1日起施行，《中华人民共和国继承法》同时废止。

同中称为标的，即物、行为、智力成果等。保险合同虽属民事法律关系范畴，但它的客体不是保险标的本身，而是投保人对保险标的的所具有的法律上承认的利益，即保险利益。

我国《保险法》第十二条规定："保险利益是指投保人或者被保险人对保险标的的具有的法律上承认的利益。"通常，投保人必须凭借保险利益投保，而保险人必须凭借投保人对保险标的的保险利益才可以接受投保人的投保申请，并以保险利益作为保险金额的确定依据和赔偿依据。此外，保险合同不能保障保险标的的不受损失，而是保障保险标的的受损后投保人或被保险人、受益人的经济利益。一般而言，保险合同成立后，因某种原因保险利益消失，保险合同也随之失效。所以，保险利益是保险合同的客体，是保险合同成立的要素之一，如果缺少了这一要素，保险合同就不能成立。

（二）保险标的是保险利益的载体

保险标的是投保人申请投保的财产及其有关利益或者人的寿命和身体，是确定保险合同关系和保险责任的依据。在不同的保险合同中，保险人对保险标的的范围都有明确规定，即哪些可以承保、哪些不予承保、哪些在一定条件下可以特约承保等。因为不同的保险标的能体现不同的保险利益。而且，保险合同双方当事人订约的目的是实现保险保障，合同双方当事人共同关心的也是基于保险标的上的保险利益。所以，在保险合同中，客体是保险利益，而保险标的则是保险利益的载体。

三、保险合同的内容

保险合同的内容是保险合同当事人之间由法律确认的权利和义务及相关事项。其中保险合同双方的权利和义务通常通过保险合同条款的形式反映出来。

保险合同的内容

（一）保险条款及其分类

保险条款是记载保险合同内容的条文、款目，是保险合同双方享受权利与承担义务的主要依据，一般事先印制在保险单上。

1. 按照保险条款的性质不同分类

（1）基本条款。基本条款是保险人事先拟定并印在保险单上的有关保险合同双方当事人权利和义务的基本事项。基本条款构成保险合同的基本内容，是投保人与保险人签订保险合同的依据，不能随投保人的意愿而变更。

（2）附加条款。附加条款是指保险合同双方当事人在基本条款的基础上，根据需要另行约定或附加的、用以扩大或限制基本条款中所规定的权利和义务的补充条款。附加条款通常也是由保险人事先印制一定的格式，待保险人与投保人特别约定填好后附贴在保险单上，故又称附贴条款。

在保险实务中，一般把基本条款规定的保险人承担的责任称为基本险，附加条款所规定的保险人所承担的责任称为附加险。投保人不能单独投保附加险，而必须在投保基本险的基础上才能投保附加险。

2. 按照保险条款对当事人的约束程度分类

（1）法定条款。法定条款是指由法律规定的保险双方权利和义务的保险条款。

（2）任意条款。任意条款是相对于法定条款而言的，它是指由保险合同当事人在法律规定的保险合同事项之外，就与保险有关的其他事项所做的约定。保险合同当事人可以自由选择任意条款，故又称任选条款。

（二）保险合同的基本事项

我国《保险法》第十八条对保险合同包括的事项做出了具体的规定。保险合同包括的事项如下。

1. 保险人名称和住所

保险人的名称指保险公司的全称，其名称须与保险监督管理机构和工商行政管理机关批准和登记的名称一致。保险人的住所是指保险公司或分支机构的主营业场所所在的地址。由于保单是由保险人印制的，因此保险人的名称和住所已印在上面。

2. 投保人、被保险人、受益人的名称和住所

将保险人、投保人、被保险人和受益人的名称和住所作为保险合同基本条款的法律意义是：明确保险合同的当事人、关系人，确定合同权利义务的享有者和承担者；明确保险合同的履行地点，确定合同纠纷、诉讼管辖。

3. 保险标的

保险标的是指作为保险对象的财产及其有关利益或者人的寿命和身体，它是保险利益的载体。保险标的如果是财产及其有关利益，应包括该保险标的的具体坐落地点，有的还包括利益关系；保险标的如果为人的生命和身体，还应包括被保险人的性别、年龄、职业、健康状况等。只有明确保险标的，才能判明投保人是否具有保险利益。另外，明确保险标的对规定赔偿数额也有重要意义。

4. 保险责任和责任免除

保险责任是指保险合同中载明的保险事故发生后保险人所承担的经济赔偿或给付责任。由于保险人并不对保险标的的所有风险承担责任，而仅对与投保人约定的特定风险承担责任。风险不同，保险责任也不相同，因此承保风险与承担的经济赔偿责任均应在保险合同中予以列明。责任免除是指保险人依照法律规定或合同约定，不承担保险责任的范围，是对保险责任的限制。责任免除条款的内容应以列举方式规定。确定保险责任和责任免除，可以进一步明确保险责任范围，避免保险人过度承担责任，以维护公平和最大诚信原则。

📚 知识拓展

《保险法》第十七条第二款规定："对保险合同中免除保险人责任的条款，保险人在订立合同时应当在投保单、保险单或者其他保险凭证上作出足以引起投保人注意的提示，并对该条款的内容以书面或者口头形式向投保人作出明确说明；未作提示或者明确说明的，该条款不产生效力。"

5. 保险期间和保险责任开始时间

保险期间是指保险人为被保险人提供保障的起止日期，即保险合同的有效期间。保险人仅对保险期间内发生约定的保险事故所造成的损害负赔偿责任。保险期间之外，即使属于保险责任范围，保险人亦不负赔偿责任。保险期间可以按年、月、日计算，也可以按一个运程期、一个工程期或一个生长期间计算。

保险责任开始时间即保险人开始承担保险责任的时间，通常以年、月、日、时表示。保险责任开始的时间应由双方在保险合同中约定。在我国的保险实务中，是以开始承担保险责任之日的零时为具体开始时间的，即"零时起保"，以合同期满日的24时为保险责任终止时间。保险期限及保险责任开始时间的规定，明确了当事人享有权利和承担义务的起止时间，便于合同的履行。由此可见，保险期间和保险责任开始时间是保险合同当事人履行义务的重要根据，不管采取哪种方式约定，必须在保险合同中明确记载。

6. 保险金额

《保险法》第十八条规定："保险金额是指保险人承担赔偿或者给付保险金责任的最高限

额。"保险金额也是计算保险费的依据。保险金额一般不得超出保险标的的保险价值，超出部分无效。在人身保险合同中，一般依据被保险人或者受益人的实际需要和投保人交付保险费的能力等因素，协商确定保险金额。

7. 保险费及其支付办法

保险费是投保人向保险人所支付的费用，作为保险人根据保险合同承担赔偿或者给付保险金责任的对价，投保人支付或者承诺支付保险费是保险合同生效的必要条件。它是保险基金的重要来源，交纳保险费是投保人的基本义务。保险合同应对保险费的数额、交付方式、交付时间和次数作出明确规定。投保人不按保险合同的约定交付保险费，保险人有权不履行赔偿责任。保险费的多少由保险金额、保险费率以及保险期限等因素决定。保险费率的高低又取决于保险责任范围的大小、保额损失率和经营成本等。

8. 保险金赔偿或给付办法

保险金赔偿是保险人在保险标的遭遇保险责任范围内的保险事故导致被保险人经济损失或人身伤亡时，依法履行的义务。

9. 违约责任和争议处理

违约责任是合同当事人未履行合同约定义务或不能完全履行合同约定义务所应承担的法律后果。保险合同关系到当事人的利益，任何一方的违约均可能给对方造成损失。因此，在保险合同中必须明确违约责任，在一定程度上可以防止违约行为的发生。承担违约责任的方式应在保险合同中明确，主要是支付违约金或支付赔偿金。

争议处理是指在发生保险合同纠纷时所采用的处理方式。当保险合同双方发生争议时，首先应当通过协商友好解决；通过协商不能解决争议或者不愿通过协商解决争议的，可以通过仲裁或者诉讼方式解决争议。采取哪种方式解决争议，合同中应有所约定，保险合同通常采取仲裁的方式。

10. 订立合同的年、月、日

订立时间对于核实保险利益是否存在，对双方当事人的权利、义务、法律主张、时间、效力等具有重要意义。

任务二　保险合同业务处理

 任务训练1　保险合同的订立与效力

保险合同的订立、书面形式、成立和生效

 任务训练目标

通过完成保险合同订立与效力的任务训练，运用保险合同订立流程相关知识，根据保险合同订立需要，能够签订保险合同，并判断保险合同的效力。

知识要点

一、保险合同的订立

保险合同的订立是投保人与保险人之间意思表示一致而进行的法律行为。它与订立其他合同一样，需要经过一定的程序。保险合同的订立，须经过投保人提出保险要求和保险人同意承保两个阶段。这两个阶段就是合同实践中的要约和承诺。通常是由投保人提出投保申请，保险人同意后签发保险单或者其他保险凭证。

（一）要约

要约是指一方当事人向另一方当事人提出订立合同的法律行为。提出要约的人称为要约人，接收要约的人称为受约人。受约人可提出新的要约。一个有效的要约应具备三个条件：

① 要约须明确表示订约愿望；

② 要约须具备合同的主要内容；

③ 要约在其有效期内对要约人具有约束力。

保险合同的要约通常由投保人提出。保险公司业务员及其保险代理人等积极主动地向投保人"推销"保险的行为，只能视同为要约邀请，实质上仍然是投保人提出要约，即投保人为要约方。当然也不排除续保时，将保险人向投保人发出续保通知书等行为视同为要约。

（二）承诺

承诺是指受约人在收到要约后，对要约的全部内容表示同意并作出愿意订立合同的意思表示。承诺的人可称为承诺人，承诺人一定是受约人，但受约人不一定是承诺人。承诺应具备以下条件：

① 承诺必须由受约人本人或其代理人作出；

② 承诺不需附带任何条件；

③ 承诺需在要约的有效期内作出。

二、保险合同的形式与构成

（一）保险合同的书面形式

保险合同的订立是经过投保人的要约和保险人的承诺来完成的。投保人提出要约以填写投保单形式来表示，保险人的承诺是以签发暂保单、保险单或保险凭证为证。在保险实务中，由于保险合同条款内容繁杂，无法通过口头简洁地表达，加之有些保险合同期限较长，日后恐因"空口无凭"引起保险双方分歧与争议。所以，在长期的保险实践中，形成了保险合同通常采取书面形式的要求。保险合同大致可以分为以下几种形式。

1. 保险单

保险单简称保单，指保险合同成立后，保险人向投保人（被保险人）签发的正式书面凭证。一般由保险人在保险合同成立时签发，并将正本交由投保人收执，表明保险人已接受投保人的投保申请。保险单签发后，即成为保险合同最主要的组成部分，是保险合同存在的重要凭证，是保险双方当事人享有权利与承担义务的最重要的凭证和依据。

保险单

保险单的内容要完整具体。文意要清楚准确，一般应详细列明保险人与投保人的权利、义务及各种证明双方权利义务的重要事项。根据各类保险业务的特点，保险单的设计风格各有特色，作为保险合同的正式书面凭证，保险单都应包含四大重要事项：声明事项、保险事项、除外事项和条件事项。

知识拓展

我国《保险法》第十三条规定："投保人提出保险要求，经保险人同意承保，保险合同成立。保险人应当及时向投保人签发保险单或者其他保险凭证。保险单或者其他保险凭证应当载明当事人双方约定的合同内容。当事人也可以约定采用其他书面形式载明合同内容。依法成立的保险合同，自成立时生效。投保人和保险人可以对合同的效力约定附条件或者附期限。"

2. 暂保单

暂保单又称临时保单，它是保险人在签发正式保险单之前发出的临时凭证，证明保险人已经接受投保人投保，是一个临时保险合同。其法律效力与正式保险单相同，只是有效期限较短，一般为30天，正式保险单签发后，暂保单自动失效。

暂保单的内容非常简单，一般仅载明投保人与被保险人的姓名、投保险别、保险标的、保险金额、责任范围等重要事项。需要注意的是，签发暂保单并不是订立保险合同的必需程序，暂保单也不是保险合同必不可少的法律文件。

3. 保险凭证

保险凭证又称小保单，是一种简化了的保险单。凭证上不印保险条款，只有有关项目，但其与保险单具有同样的法律效力。凡保险凭证上未列明的内容均以相应的保险单的条款为准，如果保险凭证所记载的内容与相应的保险单有冲突，以保险凭证的内容为准。我国的货物运输保险、团体人寿保险和机动车辆第三者责任保险中，大量使用了保险凭证。使用保险凭证，尤其是在订立预约保险合同的情况下，可以大大方便业务的开展。

4. 其他书面形式

除了以上印刷的书面形式外，保险合同也可以采取其他书面协议形式，如保险协议书、电报、电传、电子数据交换等形式。《保险法》第十三条规定："当事人也可以约定采用其他书面形式载明合同内容。"

在保险合同其他书面形式中，保险协议书是重要的书面形式。当保险标的较为特殊或投保人的要求较为特殊，不能采用标准化的保险单或保险凭证时，可以采用保险协议书的形式。保险协议书是投保人与保险人经协商后共同拟定的书面协议，当事人的权利、义务在协议书中载明，并由当事人双方盖章或签字。

（二）保险合同的构成

上述保险合同的书面形式只是保险合同的组成部分（尽管是最重要的组成部分），而不是保险合同的全部。在订立和履行保险合同过程中形成的所有文件和书面材料都是保险合同的组成部分，包括保险单、保险凭证、投保单；投保人的说明、保证；关于保险标的的风险程度的证明、图表、鉴定报告（如人身保险中被保险人的体检报告）；保险费收据；变更保险合同的申请；发生保险事故的通知、索赔申请、损失清单、损失鉴定；等等。

投保单是保险合同的重要法律文件之一。投保单（又称"要保单"）是投保人向保险人申请订立保险合同的书面要约。投保单一般由保险人按照事先统一的格式印制，通常为表格形式。投保单所列项目因险种不同而有所区别，投保人应按照表格所列项目逐一填写，并回答保险人提出的有关保险标的的情况和事实。投保单一经保险人接受并签章，即成为保险合同的组成部分。

批单（又称"背书"）是保险双方当事人协商修改和变更保险单内容的一种单证，也是保险合同变更时最常用的书面单证。批单实际上是对已签订的保险合同进行修改、补充或增减内容的批注，一般由保险人出具。批单列明变更条款内容事项，须由保险人签章，一般附贴在原保险单或保险凭证上。批单的法律效力优于保险单的同类条款。凡经批改过的内容，均以批单为准；多次批改，应以最后批改的为准。批单也是保险合同的重要组成部分。

随着互联网技术的进步和市场需求的增加，大部分保险公司都推出了电子保单服务。目前，电子保单已经成为保险行业的主流服务形式之一。《中华人民共和国民法典》第四百六十九条规定："以电子数据交换、电子邮件等方式能够有形地表现所载内容，并可以随时调取查用的数据电文，视为书面形式。"可见，电子保单与纸质保单具有同等法律效力。

三、保险合同的成立、有效与生效

（一）保险合同的成立

保险合同的成立是指投保人与保险人就保险合同的主要条款达成一致协议。我国《保险法》第十三条第一款规定："投保人提出保险要求，经保险人同意承保，保险合同成立。"保险合同的成立与一般合同的成立并无差别，需要具备两项要件：第一，存在投保人和保险人这一对双方当事人；第二，投保人和保险人就保险合同的内容、条款意思表示一致。除此之外，保险合同的成立并无其他构成要件。

（二）保险合同的有效

保险合同的有效是指依法已经成立的保险合同，因符合法律规定的条件，可以按照当事人双方意思表示的内容发生相应的法律效果。成立是一种事实判断，而有效是一种价值判断。保险合同的有效一方面要符合一般合同的有效要件，另一方面又因其自身的特殊性，须满足一定的特殊要件。

保险合同的一般有效要件：第一，主体适格。主体适格指投保人和保险人作为保险合同的当事人都应当具备相应的缔约能力。投保人为自然人的，如果本人缔约能力有所缺失，可以由其法定代理人代理。保险人在我国必须是依法设立的从事保险经营活动的公司。第二，意思表示真实。保险合同当事人就保险合同内容条款达成一致，是其内心真实想法的反映，不存在欺诈、胁迫和乘人之危等情形。第三，内容合法。保险合同约定的内容不得违反保险法律的强制性、禁止性规定，也不得违反公共秩序和善良风俗。

保险合同的特殊有效要件：第一，存在可保风险。保险制度是以风险存在为前提的，无风险则无保险。第二，保险费交付的约定。保险合同是双务合同，全体投保人的保险费交纳是保险人在事故发生之时能够进行赔付的先决条件。第三，存在保险利益。第四，死亡保险中的特定要求。其一，以死亡为给付保险金条件的合同，未经被保险人同意并认可保险金额的，合同无效。其二，投保人不得为无民事行为能力人投保以死亡为给付保险金条件的人身保险，保险人也不得承保。父母为其未成年子女投保的人身保险，不受前款规定限制。但是，因被保险人死亡给付的保险金总和不得超过国务院保险监督管理机构规定的限额。第五，财产保险中无超额保险。超额保险是指在财产保险中合同约定的保险金额超过保险价值的保险。《保险法》第五十五条规定：保险金额不得超过保险价值，超过保险价值的，超过部分无效。

（三）保险合同的生效

保险合同的生效是指已经成立且有效的保险合同实际发生其法律效力。生效之后，投保人和保险人就应当即时开始按照约定行使权利和履行义务。《保险法》第十三条规定："依法成立的保险合同，自成立时生效。投保人和保险人可以对合同的效力约定附条件或者附期限。"一般来说，合同一经成立就产生法律效力，即合同生效。但是，保险合同多为附条件、附期限的合同，保险合同成立并不一定标志着保险合同的生效。只有当事人的行为符合所附条件或达到所附期限时，保险合同才能生效。如保险合同订立时，约定保险费交纳后保险合同才开始生效，那么，虽然保险合同已经成立，但要等到投保人交纳保险费后才能生效。我国保险实践中普遍推行的"零时起保制"，就是保险合同的生效时间是在合同成立的次日零时或约定的未来某一日的零时。

任务训练2　保险合同的履行

任务训练目标

通过完成保险合同履行的任务训练，能运用保险合同履行的相关知识，根据保险合同双方当事人的义务，确定当事人履行保险合同。

知识要点

保险合同的履行是指保险合同当事人双方依法全面完成保险合同约定义务的行为。保险合同是双务合同，权利和义务是对等的，一方的权利就是另一方的义务。

一、投保人应履行的义务

（一）交纳保险费义务

交纳保险费是投保人最基本的义务，通常也是保险合同生效的必要条件。是指保险合同成立后，投保人应按合同的约定数额、方式，在合同约定的时间、地点向保险人交纳保险费。我国《保险法》第十四条规定："保险合同成立后，投保人按照约定交付保险费，保险人按照约定的时间开始承担保险责任。"因此，投保人如不尽交纳保险费的义务，保险人可以解除保险合同，并有权要求补交自保险合同成立之日起至保险合同解除期间的保险费。

（二）如实告知义务

如实告知是指投保人在订立保险合同时将保险标的重要事实，以口头或书面形式向保险人作真实陈述。所谓保险标的重要事实是指对保险人决定是否承保及影响保险费率的事实。如实告知是投保人必须履行的基本义务，也是保险人实现其权利的必要条件。我国保险法实行"询问告知"的原则，即投保人对保险人询问的问题必须如实告知，而对询问以外的问题，投保人没有义务告知。投保人或被保险人违反如实告知义务，保险人有权解除保险合同或不承担赔偿或给付责任。

知识拓展

我国《保险法》第十六条规定："订立保险合同，保险人就保险标的或者被保险人的有关情况提出询问的，投保人应当如实告知。投保人故意或者因重大过失未履行前款规定的如实告知义务，足以影响保险人决定是否同意承保或者提高保险费率的，保险人有权解除合同。前款规定的合同解除权，自保险人知道有解除事由之日起，超过三十日不行使而消灭。自合同成立之日起超过二年的，保险人不得解除合同；发生保险事故的，保险人应当承担赔偿或者给付保险金的责任。投保人故意不履行如实告知义务的，保险人对于合同解除前发生的保险事故，不承担赔偿或者给付保险金的责任，并不退还保险费。投保人因重大过失未履行如实告知义务，对保险事故的发生有严重影响的，保险人对于合同解除前发生的保险事故，不承担赔偿或者给付保险金的责任，但应当退还保险费。保险人在合同订立时已经知道投保人未如实告知的情况的，保险人不得解除合同；发生保险事故的，保险人应当承担赔偿或者给付保险金的责任。"

（三）维护保险标的安全的义务

保险合同订立后，财产保险合同的投保人、被保险人应当遵守国家有关消防、安全、生产操作和劳动保护等方面的规定，维护保险标的安全。投保人、被保险人未按约定维护保险标的安全的，保险人有权要求增加保险费或解除保险合同。

知识拓展

《保险法》第五十一条规定："被保险人应当遵守国家有关消防、安全、生产操作、劳动保护等方面的规定，维护保险标的的安全。保险人可以按照合同约定对保险标的的安全状况进行检查，及时向投保人、被保险人提出消除不安全因素和隐患的书面建议。投保人、被保险人未按照约定履行其对保险标的的安全应尽责任的，保险人有权要求增加保险费或者解除合同。保险人为维护保险标的的安全，经被保险人同意，可以采取安全预防措施。"

（四）及时通知义务

及时通知包括保险事故发生前"危险增加"的通知义务和保险事故发生的通知义务。危险增加的通知义务是指保险合同成立后，当保险标的危险程度发生变化，足以影响保险人在订立保险合同时对保险标的危险程度的估计时，投保人应及时通知保险人。保险事故发生的通知义务是指保险合同订立以后，如果发生保险事故，投保人应及时通知保险人。这样，有利于保险人及时勘查现场、确定损失发生原因和程度，以此决定是否向被保险人赔偿和给付保险金。

知识拓展

《保险法》第五十二条规定："在合同有效期内，保险标的的危险程度显著增加的，被保险人应当按照合同约定及时通知保险人，保险人可以按照合同约定增加保险费或者解除合同。保险人解除合同的，应当将已收取的保险费，按照合同约定扣除自保险责任开始之日起至合同解除之日止应收的部分后，退还投保人。被保险人未履行前款规定的通知义务的，因保险标的的危险程度显著增加而发生的保险事故，保险人不承担赔偿保险金的责任。"

《保险法》第二十一条规定："投保人、被保险人或者受益人知道保险事故发生后，应当及时通知保险人。故意或者因重大过失未及时通知，致使保险事故的性质、原因、损失程度等难以确定的，保险人对无法确定的部分，不承担赔偿或者给付保险金的责任，但保险人通过其他途径已经及时知道或者应当及时知道保险事故发生的除外。"

（五）出险施救的义务

保险事故发生后，投保人不仅应积极通知保险人，还应当采取各种必要的措施，积极地施救，避免损失扩大。因投保人未履行施救义务而扩大的损失部分，保险人不负赔偿责任。

知识拓展

《保险法》第五十七条规定："保险事故发生时，被保险人应当尽力采取必要的措施，防止或者减少损失。保险事故发生后，被保险人为防止或者减少保险标的的损失所支付的必要的、合理的费用，由保险人承担；保险人所承担的费用数额在保险标的损失赔偿金额以外另行计算，最高不超过保险金额的数额。"

（六）提供单证义务

保险事故发生后，投保人、被保险人或受益人在行使索赔权利的同时，负有提供所能提供的必要单证的义务。

（七）协助追偿的义务

在财产保险中，保险事故是由第三人行为造成的，保险人在向被保险人履行赔偿保险金后，享有代位求偿权，即保险人有权以被保险人名义向有责任的第三人索赔。

知识拓展

《保险法》第六十条规定："因第三者对保险标的的损害而造成保险事故的，保险人自向被保险人赔偿保险金之日起，在赔偿金额范围内代位行使被保险人对第三者请求赔偿的权利。前款规定的保险事故发生后，被保险人已经从第三者取得损害赔偿的，保险人赔偿保险金时，可以相应扣减被保险人从第三者已取得的赔偿金额。保险人依照本条第一款规定行使代位请求赔偿的权利，不影响被保险人就未取得赔偿的部分向第三者请求赔偿的权利。"

《保险法》第六十一条规定："保险事故发生后，保险人未赔偿保险金之前，被保险人放弃对第三者请求赔偿的权利的，保险人不承担赔偿保险金的责任。保险人向被保险人赔偿保险金后，被保险人未经保险人同意放弃对第三者请求赔偿的权利的，该行为无效。被保险人故意或者因重大过失致使保险人不能行使代位请求赔偿的权利的，保险人可以扣减或者要求返还相应的保险金。"

二、保险人义务的履行

（一）条款解释说明义务

保险人承担说明义务，是因为保险人熟悉保险业务，精通保险合同条款，并且保险合同条款大都由保险人制定。而投保人则常常受到专业知识的限制，对保险业务和保险合同都不甚熟悉，加之对合同条款内容的理解也可能存在偏差、误解，均可能导致被保险人、受益人在保险事故或事件发生后，得不到预期的保险保障。因此，订立保险合同时，保险人应按最大诚信原则，对保险合同条款作出解释说明，使投保人正确理解合同内容，自愿投保。

知识拓展

《保险法》第十七条规定："订立保险合同，采用保险人提供的格式条款的，保险人向投保人提供的投保单应当附格式条款，保险人应当向投保人说明合同的内容。对保险合同中免除保险人责任的条款，保险人在订立合同时应当在投保单、保险单或者其他保险凭证上作出足以引起投保人注意的提示，并对该条款的内容以书面或者口头形式向投保人作出明确说明；未作提示或者明确说明的，该条款不产生效力。"

（二）赔偿或给付保险金的义务

承担保险赔偿或给付保险金义务是保险人依照有关法律、法规及合同约定所应承担的最重要最基本的义务。

1. 保险人承担赔偿或给付的义务范围

其一，保险金。财产保险合同中，根据保险标的的实际损失确定，但最高不得超过合同约定的保险标的的保险价值；人身保险合同中，即为保险合同约定的保险金额。其二，施救费用。其三，争议处理费用。争议处理费用是指被保险人因给第三人造成损害的保险事故而被提起仲裁或诉讼的应由被保险人支付的费用。其四，检验费用。

知识拓展

《保险法》第五十七条规定："保险事故发生后，被保险人为防止或者减少保险标的的损失所支付的必要的、合理的费用，由保险人承担；保险人所承担的费用数额在保险标的的损失赔偿金额以外另行计算，最高不超过保险金额的数额。"

《保险法》第六十四条规定："保险人、被保险人为查明和确定保险事故的性质、原因和保险标的的损失程度所支付的必要的、合理的费用，由保险人承担。"

2. 保险人承担赔偿或给付义务的时限

保险人在收到被保险人或者受益人的赔偿或者给付保险金的请求后，应当及时做出核定，对于属于保险责任的，在与被保险人或者受益人达成有关赔偿或者给付保险金额的协议后10日内，履行赔偿或者给付保险金义务。保险合同对保险金额及赔付期限有约定的，保险人应依照合同的约定，履行赔偿或者给付保险金义务。保险人对其赔偿或者给付赔偿金的数额不能确定的，保险人自收到赔偿或者给付保险金的请求和有关证明、资料之日起60日内，确定最低数额先予支付；待赔偿或者给付保险金的最终数额确定后，支付相应差额。

知识拓展

《保险法》第二十三条规定："保险人收到被保险人或者受益人的赔偿或者给付保险金的请求后，应当及时作出核定；情形复杂的，应当在三十日内作出核定，但合同另有约定的除外。保险人应当将核定结果通知被保险人或者受益人；对属于保险责任的，在与被保险人或者受益人达成赔偿或者给付保险金的协议后十日内，履行赔偿或者给付保险金义务。保险合同对赔偿或者给付保险金的期限有约定的，保险人应当按照约定履行赔偿或者给付保险金义务。保险人未及时履行前款规定义务的，除支付保险金外，应当赔偿被保险人或者受益人因此受到的损失。任何单位和个人不得非法干预保险人履行赔偿或者给付保险金的义务，也不得限制被保险人或者受益人取得保险金的权利。"

《保险法》第二十五条规定："保险人自收到赔偿或者给付保险金的请求和有关证明、资料之日起六十日内，对其赔偿或者给付保险金的数额不能确定的，应当根据已有证明和资料可以确定的数额先予支付；保险人最终确定赔偿或者给付保险金的数额后，应当支付相应的差额。"

（三）及时签发保险单证的义务

保险合同必须是书面形式存在的法律协议。因此，保险合同成立后，及时签发保险单证是保险人的法定义务。保险单证是保险合同成立的证明，也是履行保险合同的依据。在保险实务中，保险单证因其载明保险合同内容而成为保险合同最重要的书面形式。

知识拓展

《保险法》第十三条规定："投保人提出保险要求，经保险人同意承保，保险合同成立。保险人应当及时向投保人签发保险单或者其他保险凭证。保险单或者其他保险凭证应当载明当事人双方约定的合同内容。"

（四）为投保人、被保险人或者再保险分出人保密的义务

保险人或者再保险接受人在办理保险业务中，对投保人、被保险人或者再保险分出人的业务和财产情况及个人隐私，负有保密的义务。因此，为投保人、被保险人或者再保险分出人保密是保险人或者再保险接受人的一项法定义务。

任务训练3 保险合同的变更、中止、终止与争议处理

任务训练目标

学生通过完成保险合同变更、中止、终止与争议处理的任务训练，能运用保险合同的变更和终止的知识，变更和终止保险合同，运用所掌握的保险合同争议处理知识，提出解决保险合同争议的处理办法。

知识要点

一、保险合同的变更

保险合同订立后，双方必须全面履行合同的权利和义务，任何一方无权擅自变更或解除合同。但是，在保险合同有效期内，由于实际情况发生变化，会产生变更合同的要求。各国保险法律都允许保险合同有所变更。我国《保险法》第二十条规定："投保人和保险人可以协商变更合同内容。变更保险合同的，应当由保险人在保险单或者其他保险凭证上批注或者附贴批单，或者由投保人和保险人订立变更的书面协议。"保险合同的变更包括主体变更、客体变更和内容变更。

保险合同的变更、终止

（一）保险合同主体的变更

保险合同主体的变更是指保险合同的当事人和关系人的变更，即保险人、投保人、被保险人或受益人的变更。保险人变更主要是指因保险企业破产、解散、合并、分立等原因导致保险人所承担的全部保险合同责任转移给其他保险人或政府有关基金承担的行为。在保险活动中，保险合同主体的变更最为常见的主要是投保人、被保险人或受益人的变更。而且，在财产保险合同和人身保险合同中情况各不相同。

1. 财产保险合同主体的变更

在财产保险中，由于保险财产的买卖、转让、继承等法律行为而引起保险标的所有权转移，从而引起投保人或被保险人的变更。由于保险合同的主要形式是保险单，因此，投保人或被保险人的变更又会涉及保险单的转让。

对此，有两种不同的做法：一是允许保险单随保险标的所有权的转移而自动转让，因而投保人、被保险人也可随保险标的转让而自动变更，无须征得保险人的同意，保险合同继续有效。如货物运输保险合同，由于货物在运输过程中，不是由被保险人而是由承运人保管，加之货物所有权随着货物运输过程中提单的转移屡次发生转移，因此，保险标的所面临的风险与被保险人没有直接的关系，所以允许保险单随着货物所有权的转移而自动转让，无须保险人的同意就可以变更被保险人。二是保险单的转让要征得保险人的同意方为有效。对大多

数财产保险合同而言，由于保险单不是保险标的的附属物，保险标的所有权转移后，新的财产所有人是否符合保险人的承保条件，能否成为新的被保险人，需要进行考察。在财产保险实务中，为了减少社会成本，保护被保险人的利益，也可以规定保险标的转让时财产保险合同效力的继承和延续，但需要同时规定被保险人的通知义务。

知识拓展

我国《保险法》第四十九条规定："保险标的转让的，保险标的的受让人承继被保险人的权利和义务。保险标的转让的，被保险人或者受让人应当及时通知保险人，但货物运输保险合同和另有约定的合同除外。因保险标的转让导致危险程度显著增加的，保险人自收到前款规定的通知之日起三十日内，可以按照合同约定增加保险费或者解除合同。保险人解除合同的，应当将已收取的保险费，按照合同约定扣除自保险责任开始之日起至合同解除之日止应收的部分后，退还投保人。被保险人、受让人未履行本条第二款规定的通知义务的，因转让导致保险标的的危险程度显著增加而发生的保险事故，保险人不承担赔偿保险金的责任。"

2. 人身保险合同主体的变更

在人身保险合同中，因为被保险人本人的寿命或身体是保险标的，所以被保险人的变更可能导致保险合同终止。因此，人寿保险合同中，一般不允许变更被保险人。

人身保险合同主体变更主要涉及投保人与受益人的变更：一是投保人的变更。只要新的投保人对被保险人具有保险利益，而且愿意并能够交付保险费，无须经保险人同意，但必须告知保险人。但是，如果是以死亡为给付保险金条件的保险合同，必须经被保险人本人书面同意，才能变更投保人。二是受益人的变更。受益人是由被保险人指定的，或经被保险人同意由投保人指定的，其变更主要取决于被保险人的意愿。被保险人或投保人可以随时变更受益人，无须经保险人同意，但投保人变更受益人时须经被保险人同意。无论何时，受益人的变更，要书面通知保险人，保险人收到变更受益人的书面通知后，应当在保险单上批注。

知识拓展

我国《保险法》第四十一条规定："被保险人或者投保人可以变更受益人并书面通知保险人。保险人收到变更受益人的书面通知后，应当在保险单或者其他保险凭证上批注或者附贴批单。投保人变更受益人时须经被保险人同意。"

（二）保险合同客体的变更

保险合同客体变更的原因主要是保险标的的价值增减变化，从而引起保险利益发生变化。保险合同客体的变更，通常是由投保人或者被保险人提出，经保险人同意，加批后生效。保险人往往根据变更后保险合同客体调整保险费率，从而导致保险合同的权利义务的变更。

（三）保险合同内容的变更

保险合同内容的变更是指保险合同主体享受的权利和承担的义务所发生的变更，表现为保险合同条款及事项的变更。《保险法》第二十条规定："投保人和保险人可以协商变更合同内容。"这说明投保人和保险人均有变更保险合同内容的权利。保险人变更保险合同内容主要是修订保险条款。但是，由于保险合同的保障性和附和性的特征，在保险实践中，一般不允许保险人擅自对已经成立的保险合同条款进行修订，因而其修订后的条款只能约束新签单的投保人和被保险人，对修订前的保险合同的投保人和被保险人并不具有约束力。

保险合同内容的变更主要是投保人原因。具体包括：保险标的的数量、价值增减而引起的保险金额的增减；保险标的的种类、存放地点、占用性质、航程和航期等的变更引起风险程度的变化，从而引起保险费率的调整；保险期限的变更；人寿保险合同中被保险人职业、居住地点的变化等。

保险合同内容的变更，一种情况是投保人根据自己的实际需要提出变更合同内容；另一种情况是投保人必须进行变更，如风险程度增加的变更，否则，投保人会因违背合同义务而承担法律后果。

（四）保险合同变更的程序与形式

无论保险合同内容变更还是主体变更，都要遵循法律、法规的程序，采取一定的形式完成。

（1）保险合同变更必须经过一定的程序才可完成。在原保险合同的基础上，投保人及时提出变更保险合同事项的要求，保险人审核，并按规定增减保险费，最后签发书面单证，变更完成。

（2）保险合同变更必须采用书面形式，对原保单进行批注。对此一般要出具批单或者由投保人和保险人订立变更的书面协议，以注明保险单的变动事项。

二、保险合同的中止

保险合同中止是指在保险合同存续期间，由于某种原因的发生而使保险合同的效力暂时失效。在合同中止期间发生的保险事故，保险人不承担赔偿或给付保险金责任。保险合同的中止，在人寿保险合同中最常见。人寿保险合同大多期限较长，由数年至数十年不等，故其保险费的交付大都是分期交纳。如果投保人在约定的保险费交付时间内没有按时交纳，且在宽限期（一般为60天）仍未交纳，则保险合同中止。各国保险法均规定，被中止的保险合同可以在合同中止后2年内申请复效。满足复效条件复效后的合同与原合同具有同样的效力，可以继续履行。

保险合同的中止与复效

三、保险合同的终止

保险合同的终止是指保险合同成立后，因法定的或约定的事由发生，使合同确定的当事人之间权利义务关系不再继续，法律效力完全消灭的法律事实。引起保险合同终止的原因有很多，归纳为以下几方面。

（一）自然终止

保险合同一般都规定一定的保险期限，当保险期限届满，保险人的保险责任即告终止。保险合同约定的保险期间是保险人为被保险人提供保险保障的期间，在保险期间内，有些合同没有发生保险合同约定的保险事故，保险人的保险责任得以一直持续到保险期间的终止。一旦超过约定的保险期间，保险人不再承担保险责任，保险合同也就自然终止，这是保险合同终止的最普遍的原因。

（二）保险人完全履行赔偿或给付义务而终止

在保险合同中，保险人最主要的义务就是承担赔偿或给付保险金的责任。但这种责任不仅有期限的约定，也有数额的限制。只要保险人履行赔偿或给付保险金达到保险合同约定的全部保险金额总数时，无论一次还是多次，均属于保险人已实际履行了其全部保险责任，即保险人的保险合同义务已履行完结，保险合同即告终止。

（三）因保险标的的全部灭失而终止

由于非保险事故发生，保险标的灭失的，保险标的已实际不存在，保险合同自然终止。

在人身保险合同中，被保险人因遭受责任免除的事故而死亡，也属于保险合同自然终止。

（四）因合同主体行使合同终止权而终止

合同主体在合同履行期间，遇有某种特定情况，行使终止合同的权利而使合同终止，而无须征得对方的同意。

知识拓展

《保险法》第五十八条规定："保险标的发生部分损失的，自保险人赔偿之日起三十日内，投保人可以解除合同；除合同另有约定外，保险人也可以解除合同，但应当提前十五日通知投保人。合同解除的，保险人应当将保险标的未受损失部分的保险费，按照合同约定扣除自保险责任开始之日起至合同解除之日止应收的部分后，退还投保人。"

（五）因合同解除而终止

它是指保险合同有效期尚未届满前，合同一方当事人依照法律或约定解除原有的法律关系，提前终止保险合同效力的法律行为。保险合同的解除可以分为约定解除、协商解除、法定解除和裁决解除。

1. 约定解除

合同当事人在订立保险合同时约定，在合同履行过程中，某种情形出现时，合同一方当事人可行使解除权，使保险合同效力终止。

2. 协商解除

在保险合同履行过程中，某种在保险合同订立时未曾预料的情形出现，导致合同双方当事人无法履行各自的责任或合同履行的意义已丧失，通过友好协商，解除保险合同。

3. 法定解除

在保险合同履行过程中，法律规定的解除情形出现时，合同一方当事人或者双方当事人都有权解除保险合同，终止合同效力。

4. 裁决解除

产生解除保险合同纠纷，纠纷当事人根据合同约定或法律规定提请仲裁或向人民法院提起诉讼时，仲裁机构或人民法院裁决解除保险合同。

对于投保人来说，《保险法》第十五条规定："除本法另有规定或者保险合同另有约定外，保险合同成立后，投保人可以解除合同，保险人不得解除合同。"法律之所以给投保人这样的权利，是因为投保人订立保险合同的目的是获得保险保障，但当主观情况发生变化，投保人感到保险合同的履行已经无必要时，则可以解除保险合同。货物运输保险合同和运输工具航程保险合同，保险责任开始后，合同当事人都不得解除保险合同。

四、保险合同争议的处理

保险合同是基于保险双方意思一致而订立的，但是订立合同时只能做一些原则上的规定。保险合同成立以后，由于双方当事人观念不同、经济利益的冲突或者发生了不可预期的因素等，可能会使双方对合同履行时的具体做法产生意见分歧或纠纷，这些分歧是双方对合同条款的理解不同而造成的，有些则是由于双方对享有的权利和履行的义务产生争议。这就需要按一定的程序来处理和解决合同的纠纷。

保险合同出现
争议如何解决

（一）保险合同的解释原则

保险合同的订立应该按照有关法律要求做到条款齐全、文字准确，使之成为保险合同双方履行权利和义务的可靠法律依据。但实际情况错综复杂、千变万化，保险条款不可能把所有细节一一列明，只能在原则上加以规定。保险合同双方往往在主张权利和履行义务时发生争议，这种争议相当部分是由于双方当事人对保险合同条款的解释不同而引起的。保险合同的解释应遵循以下原则。

1. 文义解释原则

文义解释即按合同条款通常的文字含义并结合上下文来解释，既不超出也不缩小合同用语的含义。文义解释是解释保险合同条款的最主要的方法。文义解释要求被解释的合同文句本身具有单一且明确的含义。如果有关术语本来就具有唯一的意思，或联系上下文只能具有某种特定含义，或根据商业习惯通常仅指某种意思，那就必须按照它的本意去理解。

2. 意图解释原则

意图解释是指在无法运用文义解释方式时，通过其他背景材料进行逻辑分析来判断合同当事人订约时的真实意图，由此解释保险合同条款的内容。保险合同的真实内容应是当事人通过协商后形成的一致意思表示。因此，解释时必须尊重双方当时的真实意图。意图解释只适用于合同的条款不恰当、语义混乱，不同的当事人对同一条款所表达的实际意思理解有分歧的情况。如果文字表达清楚，没有含糊之处，就必须按字面解释，不得任意推测。

3. 有利于被保险人或受益人的解释原则

该原则是指当保险合同的当事人对合同条款有争议时，法院或仲裁机构要作出有利于被保险人或受益人的解释。我国《保险法》第三十条规定："采用保险人提供的格式条款订立的保险合同，保险人与投保人、被保险人或者受益人对合同条款有争议的，应当按照通常理解予以解释。对合同条款有两种以上解释的，人民法院或者仲裁机构应当作出有利于被保险人和受益人的解释。"

4. 批注优于正文，后批优于先批的解释原则

保险合同是标准化文本，条款统一，但在具体实践中，合同双方当事人往往会就各种条件变化进一步磋商，对此大多采用批注、附加条款、加贴批单等形式对原合同条款进行修正。当修改与原合同条款相矛盾时，采用批注优于正文、后批优于先批、书写优于打印、加贴批注优于正文批注的解释原则。

5. 补充解释原则

当保险合同条款约定内容有遗漏或不完整时，借助商业习惯、国际惯例、公平原则等对保险合同的内容进行务实、合理的补充解释，以便合同的继续执行。

（二）保险合同争议的处理方式

按照我国法律的有关规定，保险合同争议的解决方式主要有以下几种。

1. 协商

协商是指保险当事人双方在自愿、互谅、实事求是的基础上，对出现的争议直接沟通，友好磋商，消除纠纷，求大同存小异，对所争议问题达成一致意见，自行解决争议的办法。

协商解决争议不仅可以节约时间、节约费用，更重要的是可以在协商过程中，增进彼此了解，强化双方互相信任，有利于圆满解决纠纷，并继续执行合同。

2. 仲裁

仲裁是指由仲裁机构的仲裁员对当事人双方发生的争执、纠纷进行居中调解，并作出裁决。仲裁作出的裁决，由国家规定的合同管理机关制作仲裁决定书。申请仲裁必须以双方自愿基础上达成的仲裁协议为前提。仲裁协议可以是订立保险合同时列明的仲裁条款，也可以是在争议发生前或发生时或发生后达成的仲裁协议。

仲裁机构主要是指依法设立的仲裁委员会，它是独立于国家行政机关的民间团体，而且

不实行级别管辖和地域管辖。仲裁委员会由争议双方当事人协议选定，不受级别管辖和地域管辖的限制。仲裁裁决具有法律效力，当事人必须执行。仲裁实行"一裁终局"的制度，即裁决书作出之日即发生法律效力，一方不履行仲裁裁决的，另一方当事人可以根据民事诉讼的有关规定向法院申请执行仲裁裁决。当事人就同一纠纷不得向同一仲裁委员会或其他仲裁委员会再次提出仲裁申请，也不得向法院提起诉讼，仲裁委员会和法院也不予受理，除非申请撤销原仲裁裁决。

3.诉讼

诉讼是指保险合同当事人的任何一方按法律程序，通过法院对另一方当事人提出权益主张，由人民法院依法定程序解决争议、进行裁决的一种方式。这是解决争议最激烈的方式。

在我国，保险合同纠纷案属民事诉讼法规范。与仲裁不同，法院在受理案件时，实行级别管辖和地域管辖、专属管辖和选择管辖相结合的方式。《中华人民共和国民事诉讼法》第二十五条对保险合同纠纷的管辖法院做了明确的规定："因保险合同纠纷提起的诉讼，由被告住所地或者保险标的物所在地人民法院管辖。"《最高人民法院关于适用〈中华人民共和国民事诉讼法〉的解释》第二十一条规定："因财产保险合同纠纷提起的诉讼，如果保险标的物是运输工具或者运输中的货物，可以由运输工具登记注册地、运输目的地、保险事故发生地的人民法院管辖。"所以，保险合同双方当事人只能选择有权受理的法院起诉。

我国现行保险合同纠纷诉讼案件与其他诉讼案一样实行的是两审终审制，即当事人不服一审法院判决的，可以在法定的上诉期内向高一级人民法院上诉申请再审。第二审判决为最终判决。一经终审判决，立即发生法律效力，当事人必须执行；否则，法院有权强制执行。当事人对二审判决还不服的，只能通过申诉和抗诉程序。

项目小结

① 合同是当事人之间确立、变更或终止民事权利义务关系的协议，保险合同是投保人与保险人约定保险权利与义务关系的协议。

② 保险合同的要素包括合同的主体、客体和内容。保险合同的主体是指与保险合同订立、履行发生关系的当事人和关系人。保险合同的当事人是投保人和保险人；保险合同的关系人是被保险人和受益人。保险合同的客体是指投保人对保险标的具有的保险利益。保险合同的内容通过保险合同条款的形式反映出来。

③ 保险合同的订立需要经过要约和承诺两个环节。保险合同成立不代表保险合同立即生效，保险合同成立是指当事人就保险合同的主要条款达成一致协议。在保险实务中，保险合同是附条件合同，通常，保险合同生效条件满足后才生效，如"零时起保"、交纳首期保费等条件。

④ 保险合同的履行就是双方当事人各自完成保险合同约定义务的行为。投保人要履行的义务有：交纳保险费、如实告知、维护保险标的安全、及时通知、出险施救、提供单证、协助追偿等义务。保险人的义务有：条款解释说明、赔偿或给付保险金、及时签发保险单证和为客户保密的义务。

⑤ 保险合同终止是指保险双方当事人权利与义务关系结束。保险合同终止的情况有：自然终止、保险人完全履行赔偿或给付义务、因保险标的的全部灭失、因合同主体行使合同终止权等。

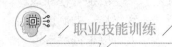 职业技能训练

【训练目标】

通过主观题叙述和客观题分析与演练，理解保险合同的内容，明确保险合同的基本分类，能够进行保险合同订立、履行、变更和终止业务流程操作，提出解决保险合同纠纷的办法。

【训练任务】

准确描述保险合同的含义及特征，辨别保险的基本分类，通过自主探究、小组合作等方法完成保险合同订立、履行、变更和终止等职业技能训练任务。

一、名词解释

保险合同　双务合同　射幸合同　附和合同　被保险人　保险金额　保险标的　保险人　投保人　受益人　保险责任　责任免除　财产保险合同　人身保险合同　损失补偿合同　定值保险合同　不定值保险合同　足额保险合同　不足额保险合同　超额保险合同

二、单项选择题

1. 与保险人订立保险合同，并按照保险合同负有支付保险费义务的人称为（　　）。

　A. 被保险人　　　　　B. 受益人　　　　　C. 承保人　　　　　D. 要保人

2. 保险合同双方发生争议时，解决争议的首选方式为（　　）。

　A. 解释　　　　　　　B. 仲裁　　　　　　C. 协商　　　　　　D. 诉讼

3. 保险合同中，投保人只能做订立或不订立合同的考虑，而就合同的条款内容没有太大的协商余地，该点体现了保险合同的（　　）。

　A. 保障性　　　　　　B. 附和性　　　　　C. 射幸性　　　　　D. 最大诚信性

4. 保险合同是当事人双方因基于不确定的事件取得利益或遭受损失而达成的协议，这体现了保险合同的（　　）。

　A. 保障性　　　　　　B. 附和性　　　　　C. 射幸性　　　　　D. 最大诚信性

5. 保险合同中签订合同的人是（　　）。

　A. 关系人　　　　　　B. 中介人　　　　　C. 当事人　　　　　D. 保险人

6. 在保险合同变更中，合同当事人或合同关系人的变更属于（　　）。

　A. 主体变更　　　　　B. 内容变更　　　　C. 权利变更　　　　D. 标的变更

7. 保险金额高于保险价值的是（　　）。

　A. 定值保险　　　　　B. 不定值保险　　　C. 超额保险　　　　D. 足额保险

8. 负有支付保费义务的人是（　　）。

　A. 被保险人　　　　　B. 受益人　　　　　C. 保险人　　　　　D. 投保人

9. 投保人向保险人申请订立保险合同的书面要约是（　　）。

　A. 投保单　　　　　　B. 保险单　　　　　C. 暂保单　　　　　D. 保险凭证

10. 保险合同终止的最普遍的原因是（　　）。

　A. 人身保险合同因被保险人死亡而终止　　B. 自然期限届满而终止

　C. 财产保险合同因保险标的灭失而终止　　D. 履约终止

11. 保险人对被保险人的损失进行赔偿后保险合同终止，这种情形属于（　　）。

　A. 期满终止　　　　　B. 履约终止　　　　C. 协议终止　　　　D. 特殊终止

12. 按照合同所用语言、文字的含义对合同条款进行解释的原则是（　　）。

A.　有利于投保方的原则　　　　　　　　　B.　整体性原则

C.　意图解释原则　　　　　　　　　　　　D.　文义解释原则

13.　保险人承担赔偿或给付保险金的最大限额称为（　　）。

A.　保险费　　　　　B.　保险金额　　　　C.　责任限额　　　　D.　保险事故

14.　某种财产保险标的的货币表现称为（　　）。

A.　保险价值　　　　B.　保险金额　　　　C.　保险金　　　　　D.　保险费

15.　说明义务是指订立保险合同时，应由（　　）说明保险合同条款内容。

A.　投保人向保险人　　　　　　　　　　　B.　保险人向被保险人

C.　保险人向投保人　　　　　　　　　　　D.　投保人向被保险人

三、多项选择题

1.　保险合同是（　　）。

A.　最大诚信合同　　B.　射幸合同　　　　C.　对价有偿合同　　D.　附和合同

E.　属人合同

2.　下列属于保险合同的当事人的有（　　）。

A.　保险人　　　　　B.　被保险人　　　　C.　投保人　　　　　D.　受益人

E.　保险代理人

3.　保险合同内容的变更主要包括（　　）。

A.　受益人的变更　　B.　保险金额的变更　C.　保险费的变更

D.　保险期限的变更　E.　保险人的变更

4.　以下属于保险合同的关系人的有（　　）。

A.　被保险人　　　　B.　保险人　　　　　C.　投保人　　　　　D.　保险中介人

E.　受益人

5.　保险合同的单证形式有（　　）。

A.　投保单　　　　　B.　保险单　　　　　C.　保险凭证　　　　D.　暂保单

E.　批单

四、判断题

1.　根据我国《保险法》规定，保险人在订立合同时未履行责任免除明确说明义务，该保险合同的责任免除条款无效。（　　）

2.　保险合同的保险金额超过保险价值时，该保险合同无效。（　　）

3.　保险合同的客体是保险利益。（　　）

4.　不足额保险是指合同中约定的保险金额比保险标的出险时的实际价值高。（　　）

五、思考与讨论

1.　缴纳保费是保险合同生效的前提吗？

2.　保险合同成立就意味着生效吗？

六、案例分析

［案例一］重大疾病保险理赔案例

被保险人王某，18岁，2023年11月因身体不适到医院检查，诊断为急性淋巴细胞白血病。2023年12月2日投保人通过某人寿的微信小程序申请理赔，经审核属于保险责任范围，当天保险公司给付75.9万元重大疾病保险金。近年来，白血病的发病率越来越高，尤其是青少年的发病率居高不下。如何规避此类疾病风险成为人们关注的焦点问题，选择投保商业保险成为抵御疾病风险的重要手段之一。本案中投保人保险意识很强，先后为孩子投保多种保险产品，叠加高额保障，提高抵抗风险的能力，为孩子建立全面的风险保障。此重疾险属于给付型保险，确诊后按照合同约定给付保险金。

学生分成小组，讨论分析由此案例得到的启示有哪些。

[案例二] 两全保险和年金保险案例

唐先生于2022年1月2日在某人寿投保了两全保险和年金保险。2019年10月，唐先生被确诊为食管癌，于2023年9月治疗无效身故。2023年11月，受益人向保险公司申请理赔，经审核属于保险责任。2023年12月初，某人寿保险公司向受益人给付303.63万元身故保险金。年金保险是一种商业型养老保险，是对社会基本养老保险的重要补充，有企业年金和个人年金，个人年金由投保人自愿向保险公司购买。两全保险是一种生死都有保障的人寿保险，可保障被保险人的生存领取和死亡给付。本案中投保人通过年金+两全高保障的产品组合，年老时可获得高额生存保险金，保障退休生活质量不下降，身故后可获得高额身故保险金，让家庭经济不陷入困难。

学生分成小组，讨论分析由此案例得到的启示有哪些。

项目三答案

项目四
保险基本原则

案例导入
投保时未履行如实告知义务，保险公司拒赔

某厂45岁员工龚某因患胃癌住院治疗，手术后出院，并正常参加工作。后期，龚某与妻子吴某一同到保险公司投保寿险，办理相关手续。填写投保单时没有申报身患癌症的事实。投保半年后，龚某旧病复发，经医治无效死亡。龚某的妻子以指定受益人的身份，到保险公司请求给付保险金。保险公司在审查提交有关的证明时，发现龚某的死亡病史上，载明其曾患癌症并动过手术，于是拒绝给付保险金。本案应如何处理呢？

任务一　运用最大诚信原则

任务训练1　了解最大诚信原则

任务训练目标

通过完成了解最大诚信原则的任务训练，能运用最大诚信原则相关知识，根据保险合同订立和履行的要求，履行告知义务，在业务操作和合同履行过程中加以正确应用。

知识要点

一、最大诚信原则的含义

任何一项民事活动，各方当事人都应遵循诚信原则。诚信原则是世界各国立法对民事、商事活动的基本要求。在保险合同关系中对当事人诚信的要求比一般民事活动更严格，要求当事人具有"最大诚信"。保险合同是最大诚信合同。最大诚信的含义是指当事人真诚地向对方充分而准确地告知有关保险的所有重要事实，不允许存在任何虚假、欺骗、隐瞒行为。在保险合同订立时要遵守此项原则，在整个合同有效期间和履行合同过程中也都要求当事人具有"最大诚信"。

最大诚信原则的含义可表述为：保险合同当事人订立合同及在合同有效期内，应依法向对方提供足以影响对方作出订约与履约决定的全部实质性重要事实，同时信守合同订立的约定与承诺；否则，受到损害的一方按民事立法规定，可以以此为由宣布合同无效，或解除合同，或不履行合同约定的义务或责任，甚至对因此而受到的损害还可要求对方予以赔偿。

知识拓展

《保险法》第五条规定："保险活动当事人行使权利、履行义务应当遵循诚实信用原则。"

二、规定最大诚信原则的原因

在保险活动中，之所以规定最大诚信原则，主要归因于保险合同的特殊性。

（一）保险经营中信息的不对称性

在保险经营中，无论是保险合同订立时还是保险合同成立后，投保人与保险人对有关保险的重要信息的拥有程度是不对称的。对于保险人而言，投保人转嫁的风险性质和大小直接决定着其能否承保与如何承保。然而，保险标的是广泛而且复杂的，作为风险承担者的保险人却远离保险标的，而且有些标的难以进行实地查勘。而投保人对其保险标的的风险及其有关情况却是最为清楚的。因此，保险人主要根据投保人的告知与陈述来决定是否承保、如何承保以及确定费率。这就使得投保人的告知与陈述是否属实和准确会直接影响保险人的决定。于是要求投保人基于最大诚信原则履行告知义务，对保险标的的有关信息进行披露。对于投保人而言，由于保险合同条款的专业性与复杂性，一般的投保人难以理解与掌握，对保险人使用的保险费率是否合理、承保条件及赔偿方式是否苛刻等也是难以了解的，因此投保人主要根据保险人为其提供的条款说明来决定是否投保以及投保何险种。于是也要求保险人基于最大诚信，履行其应尽的此项义务。

（二）保险合同的附和性与射幸性

保险合同属于典型的附和性合同，所以，为避免保险人利用保险条款中含糊或容易使人产生误解的用词来逃避自己的责任，保险人应履行其对保险条款的告知与说明义务。另外，保险合同又是一种典型的射幸合同，按照保险合同约定，当未来保险事故发生时，由保险人承担损失赔偿或给付保险金责任。由于保险人所承保的保险标的的风险事故是不确定的，而投保人购买保险仅支付较少量的保费，保险标的一旦发生保险事故，被保险人所能获得的赔偿或给付将是保险费支出的数十倍或数百倍甚至更多。因此，就单个保险合同而言，保险人承担的保险责任远远高于其所收取的保费，倘若投保人不诚实、不守信，必将引发大量保险事故，陡然增加保险赔款，使保险人不堪负担而无法永续经营，最终将严重损害广大投保人或被保险人的利益。因此，要求投保人基于最大诚信原则真诚履行其告知与保证义务。

三、最大诚信原则的内容

（一）告知

1. 告知的含义

告知是指合同订立前、订立时及在合同有效期内，要求当事人实事求是、尽自己所知、毫无保留地向对方所作的口头或书面陈述。具体而言，投保人对已知或应知的与风险和标的有关的实质性重要事实，向保险人进行口头或书面的申报；保险人也应把对投保人利害相关的重要条款内容据实告知投保人。投保人与保险人的告知也是投保人与保险人应当履行的义务之一。

所谓实质性重要事实是指那些影响保险双方当事人是否签约、签约条件、是否继续履约、如何履约的每一项事实。对于保险人而言，是指那些影响保险人确定收取保险费的数额或影响其是否承保以及确定承保条件的事实；对于投保人而言，则是指那些会影响其作出投保决定的事实，如有关保险条款、费率以及其他条件等。

2. 告知的内容

在保险合同中，对应各自的权利和义务，保险双方当事人告知的内容各不相同。

（1）投保人告知的内容。投保人的告知通常称为如实告知。投保人应告知的内容包括：① 在保险合同订立前根据保险人的询问，对已知或应知的与保险标的及其危险有关的重要事实如实回答；②保险合同订立后，保险标的危险显著增加应及时通知保险人；③保险标的转让时或保险合同有关事项有变动时，投保人（被保险人或受让人）应通知保险人；④保险事故发生后，投保人应及时通知保险人；⑤重复保险的投保人应将重复保险的有关情况通知保险人。

（2）保险人告知的内容。保险人的告知一般称为明确说明。保险人应告知的内容主要是保险合同条款的内容，尤其是免责条款。保险合同订立时，保险人应主动向投保人说明保险合同条款的内容，尤其应当向投保人明确说明免责条款的含义和具体规定。

知识拓展

我国《保险法》第十六条规定："订立保险合同，保险人就保险标的或者被保险人的有关情况提出询问的，投保人应当如实告知。投保人故意或者因重大过失未履行前款规定的如实告知义务，足以影响保险人决定是否同意承保或者提高保险费率的，保险人有权解除合同。"

《保险法》第十七条规定："订立保险合同，采用保险人提供的格式条款的，保险人向投保人提供的投保单应当附格式条款，保险人应当向投保人说明合同的内容。对保险合同中免除保险人责任的条款，保险人在订立合同时应当在投保单、保险单或者其他保险凭证上作出足以引起投保人注意的提示，并对该条款的内容以书面或者口头形式向投保人作出明确说明；未做提示或者明确说明的，该条款不产生效力。"

3. 告知的形式

在保险合同中，投保人与保险人各自履行告知义务的形式不同。

（1）投保人的告知形式。按照惯例，投保人的告知形式有无限告知和询问回答告知两种。①无限告知是指法律或保险人对告知的内容没有明确性的规定，投保人应将保险标的的危险状况及有关重要事实如实告知保险人；②询问回答告知是指投保人对保险人所询问的问题必须如实回答，对询问以外的问题，投保人可无须告知。在我国，保险立法要求投保人采取询问回答的形式履行其告知义务。

（2）保险人的告知形式。保险人的告知形式有明确列明和明确说明两种。①明确列明是指保险人只需将保险的主要内容明确列明在保险合同之中，即视为已告知投保人；②明确说明是指保险人不仅应将保险的主要内容明确列明在保险合同之中，还必须对投保人进行正确的解释。

在国际保险市场上，一般只要求保险人做到明确列明保险合同，我国则对保险人的告知形式采用明确列明与明确说明相结合的方式，要求保险人对保险合同的主要条款尤其是免除保险人责任的条款，不仅要明确列明，还要对该条款的内容以书面或者口头形式向投保人明确说明。

（二）保证

1. 保证的含义

一般意义的"保证"为允诺、担保。保险中的"保证"是指保险人和投保人在保险合同中约定，投保人或被保险人在保险期限内担保对某种特定事项的作为或不作为或担保其真实性。可见，保险合同保证义务的履行主体是投保人或被保险人。

保证是保险人接受承保或承担保险责任所需投保人或被保险人履行某种义务的条件。由于保险合同的生效是以某种促使风险增加的事实不能存在为先决条件，保险人所收取的保险费也是以被保险风险不能增加为前提，或不能存在其他风险标的为前提，如果被保险人未经保险人同意而进行风险较大的活动，必然会影响保险双方事先确定的等价地位。例如某商店在投保企业财产险时，在合同内承诺不在店内放置危险品，此项承诺即保证。如果没有此项保证，则保险人将不接受承保，或将调整保单所适用的费率。因此，保证是影响保险合同效力的重要因素，保险保证的内容是合同的组成部分。

2. 保证的形式

保证通常分为明示保证和默示保证。

（1）明示保证。明示保证是在保险单中订明的保证。明示保证作为一种保证条款，必须写入保险合同或写入与保险合同一起的其他文件内，如批单等。明示保证通常用文字来表示，以文字的规定为依据。明示保证可以分为确认保证和承诺保证。确认保证事项涉及过去与现在，是投保人或被保险人对过去或现在某一特定事实存在或不存在的保证。例如，某人确认他从未得过重病，意指他在此事项认定以前与认定时他从未得过重病，但并不涉及今后他是否会患重病。承诺保证是指投保人对将来某一特定事项的作为或不作为，其保证事项涉及现在与将来，但不包括过去。例如，某人承诺今后不再吸烟，意为他保证从现在开始不再吸烟，但在此之前他是否吸烟则不予追究。

（2）默示保证。默示保证是指一些重要保证并未在保单中订明，但却为订约双方在订约时都清楚的保证。与明示保证不同，默示保证不通过文字来说明，而是根据有关的法律、惯例及行业习惯来决定。虽然没有文字规定，但是被保险人应按照习惯保证作为或不作为。默示保证实际上是法庭判例影响的结果，也是某行业习惯的合法化。因此，默示保证与明示保证具有同等的法律效力，对被保险人具有同等的约束力。例如，在海上保险合同中通常有三项默示保证，即船舶的适航保证、不改变航道的保证和航行合法的保证。

（三）弃权与禁止反言

1. 弃权

弃权是指保险合同的一方当事人放弃其在保险合同中可以主张的某项权利，通常是指保险人放弃保险合同的解除权与抗辩权。构成弃权必须具备两个条件：首先，保险人须有弃权的意思表示。这种意思表示可以是明示的，也可以是默示的。其次，保险人必须知道有权利存在。

2. 禁止反言

禁止反言（也称为禁止抗辩）是指保险合同一方既已放弃其在合同中的某项权利，日后不得再向另一方主张这种权利。事实上，无论是保险人还是投保人，如果弃权，将来均不得重新主张。但在保险实践中，禁止反言主要用于约束保险人。

弃权与禁止反言常常因保险代理人的原因产生。保险代理人出于增加保费收入以获得更多佣金的需要，可能不会认真审核标的的情况，而以保险人的名义对投保人作出承诺并收取保险费。一旦保险合同生效，即使发现投保人违背了保险条款，也不得解除保险合同。因为代理人放弃了本可以拒保或附加条件承保的权利。从保险代理关系看，保险代理人是以保险人的名义从事保险活动，其在授权范围内的行为所产生的一切后果应由保险人来承担。所以，代理人的弃权行为即视为保险人的弃权行为，保险人不得为此拒绝承担责任。

弃权与禁止反言的限定，不仅可约束保险人的行为，要求保险人为其行为及其代理人的行为负责，同时也维护了被保险人的权益，有利于保险双方权利、义务关系的平衡。

任务训练2　区分违反最大诚信原则的表现形式和法律后果

任务训练目标

通过完成区分违反最大诚信原则的表现形式和法律后果的任务训练，能够运用所掌握的最大诚信原则知识，帮助投保人和保险人履行最大诚信原则。

知识要点

一、违反最大诚信原则的表现形式

（一）投保人或被保险人违反最大诚信原则的情况

在保险业务中，投保人在订立保险合同或整个保险合同存续期间，未将重要事实如实告知保险人，即构成违反告知义务。投保人或被保险人违反告知义务有四种情形。

1. 漏报

漏报即由于疏忽或过失，或者对重要事实误认为是不重要的事实而遗漏，没有进行说明。

2. 误告

误告即对重要事实的申报不准确。由于对重要事实认识的局限性，包括不知道、了解不全面或不准确而导致，并非故意欺骗。

3. 隐瞒

隐瞒即投保人对会影响保险人决定是否承保，或影响承保条件的已知或应知的事实没有如实告知或仅部分告知。

4. 欺诈

欺诈即投保人怀有不良企图，故意作不实告知，或者有意捏造事实，并有欺诈的意图。如在未发生保险事故时谎称发生保险事故。

（二）保险人违反最大诚信原则的情况

① 对责任免除条款未进行明确说明。

② 隐瞒与保险合同有关的重要情况，欺骗投保人，或者拒不履行保险赔付义务。

③ 阻碍投保人履行如实告知义务，或者诱导其不履行如实告知义务。

二、违反最大诚信原则的法律后果

各国法律对违反最大诚信原则的处分是区别对待的。一是要区分其动机是无意还是有意。对有意的处分比无意的重。二是要区分其违反的事项是否属于重要事实，对重要事实的处分比非重要事实重。

不履行如实告知的后果——论诚信在保险中的重要性

（一）违反告知义务的法律后果

由于保险合同双方当事人各自履行告知义务的形式和告知的内容不同，因而双方违反最大诚信原则而导致的法律后果也各不相同。

1. 投保人违反告知义务的法律后果

投保人（包括投保人、被保险人和受益人）违反告知义务的法律后果主要包括：①故意不履行如实告知义务。如果投保人故意隐瞒事实，不履行告知义务，保险人有权解除保险合同；若在保险人解约之前发生保险事故造成保险标的损失，保险人可以不承担赔偿或给付责任，同时也不退还保险费。②重大过失不履行如实告知义务。如果投保人违反告知义务的行为是因重大过失、疏忽所致，其未告知的事项足以影响保险人决定是否同意承保或者提高保险费率，保险人有权解除合同；如果未告知的事项对保险事故的发生有严重影响，保险人可以解除保险合同；对在合同解除之前发生的保险事故所致损失，保险人不承担赔偿或给付责任，但可以退还保险费。③编制虚假事故原因或扩大损失程度。保险事故发生后，投保人、被保险人或受益人以伪造、变造的有关证明、资料或其他证据，编造虚假的事故原因或者扩大损失程度的，保险人对其虚报的部分不承担赔偿或给付保险金的责任。④未就保险标的危险程度显著增加的情况通知保险人。在财产保险中，被保险人未按保险合同约定，将财产保险的保险标的的危险显著增加的情况及时通知保险人，对因保险标的的危险程度显著增加而发生的保险事故，保险人不承担赔偿保险金的责任。

对投保人违反告知义务的行为，不管投保人或被保险人的动机如何，都会给保险人利益带来不同程度的损害。因此，各国保险法律原则上规定，只要违反了告知义务，保险人有权宣告合同无效或不承担赔偿责任。

知识拓展

我国《保险法》第十六条规定："订立保险合同，保险人就保险标的的或者被保险人的有关情况提出询问的，投保人应当如实告知。投保人故意或者因重大过失未履行前款规定的如实告知义务，足以影响保险人决定是否同意承保或者提高保险费率的，保险人有权解除合同。……投保人故意不履行如实告知义务的，保险人对于合同解除前发生的保险事故，不承担赔偿或者给付保险金的责任，并不退还保险费。投保人因重大过失未履行如实告知义务，对保险事故的发生有严重影响的，保险人对于合同解除前发生的保险事故，不承担赔偿或者给付保险金的责任，但应当退还保险费。"

《保险法》第四十九条规定：保险标的转让的，保险标的的受让人承继被保险人的权利和义务。"保险标的转让的，被保险人或者受让人应当及时通知保险人，但货物运输保险合同和另有约定的合同除外。因保险标的的转让导致危险程度显著增加的，保险人自收到前款规定的通知之日起三十日内，可以按照合同约定增加保险费或者解除合同。保险人解除合同的，应当将已收取的保险费，按照合同约定扣除自保险责任开始之日起至合同解除之日止应收的部分后，退还投保人。被保险人、受让人未履行本条第二款规定的通知义务的，因转让导致保险标的的危险程度显著增加而发生的保险事故，保险人不承担赔偿保险金的责任。"

《保险法》第二十七条规定："未发生保险事故，被保险人或者受益人谎称发生了保险事故，向保险人提出赔偿或者给付保险金请求的，保险人有权解除合同，并不退还保险费。投保人、被保险人故意制造保险事故的，保险人有权解除合同，不承担赔偿或者给付保险金的责任；除本法第四十三条规定外，不退还保险费。保险事故发生后，投保人、被保险人或者受益人以伪造、变造的有关证明、资料或者其他证据，编造虚假的事故原因或者夸大损失程度的，保险人对其虚报的部分不承担赔偿或者给付保险金的责任。"

《保险法》第一百七十四条规定："投保人、被保险人或者受益人有下列行为之一，进行保险诈骗活动，尚不构成犯罪的，依法给予行政处罚：（一）投保人故意虚构保险标的，骗取保险金的；（二）编造未曾发生的保险事故，或者编造虚假的事故原因或者夸大损失程度，骗取保险金的；（三）故意造成保险事故，骗取保险金的。保险事故的鉴定人、评估人、证明人故意提供虚假的证明文件，为投保人、被保险人或者受益人进行保险诈骗提供条件的，依照前款规定给予处罚。"

案例分析

2022年8月22日，刘某某因肺恶性肿瘤在医院住院4天，并在此前有多次购药、诊断历史。2022年11月3日，刘某某之子刘某作为投保人，以刘某某为被保险人，通过手机APP向某人寿保险股份有限公司提交电子版人身保险投保书，在投保过程中，刘某对电子投保书中设置的健康告知栏中健康询问事项全部进行了否定勾画。2023年6月，刘某某因病住院治疗，被诊断为右肺鳞癌，同年8月16日死亡。其后，刘某向某人寿保险股份有限公司提出理赔申请，双方因此发生纠纷，刘某起诉至人民法院。

[案情分析]

人民法院经审理认为：保险活动当事人行使权利、履行义务应当遵循诚实信用原则。本案中，从刘某某购药、就诊、其子刘某投保的全过程来看，刘某在投保时对刘某某的身体状况是明知的。在此情况下，其在投保书中设定的健康告知栏仍进行了全否定性的勾画，导致某人寿保险股份有限公司在保险合同订立的过程中未能了解刘某某的真实身体情况，严重影响了该公司的承保决定，遂对刘某要求保险公司给付保险金的诉讼请求未予支持。

2. 保险人未尽告知义务的法律后果

保险人未尽告知义务的法律后果主要包括：①未尽责任免除条款明确说明义务的法律后果。如果保险人在订立合同时未履行责任免除条款的明确说明义务，该责任免除条款无效。②隐瞒与保险合同有关的重要情况的法律后果。

知识拓展

《保险法》第十七条规定："对保险合同中免除保险人责任的条款，保险人在订立合同时应当在投保单、保险单或者其他保险凭证上作出足以引起投保人注意的提示，并对该条款的内容以书面或者口头形式向投保人作出明确说明；未作提示或者明确说明的，该条款不产生效力。"

《保险法》第一百一十六条及第一百六十一条中规定：保险公司及其工作人员在保险业务活动中存在欺骗投保人、被保险人或者受益人，对投保人隐瞒与保险合同有关的重要情况等，由保险监督管理机构责令改正，处五万元以上三十万元以下的罚款；情节严重的，限制其业务范围、责令停止接受新业务或者吊销业务许可证。

（二）违反保证的法律后果

任何不遵守保证条款或保证约定、不信守合同约定的承诺或担保的行为，均属于违反保证。保险合同涉及的所有保证内容都是重要的，无须判定其重要性，投保人与被保险人都必须严格遵守无误。如有所违背与破坏，其后果一般有两种情况：一是保险人不承担赔偿或给付保险金责任；二是保险人有权解除保险合同。

与告知不同，保证是对某个特定事项的作为与不作为的保证，不是对整个保险合同的保证，因此在某种情况下，违反保证条件只部分地损害了保险人的利益，保险人只应就违反保证部分解除保险责任，拒绝承担履行赔偿义务。例如，保险合同中订有要求被保险人外出时必须将门窗关闭和锁闭的保证条款，某被保险人违反了该项保证条款致使保险事故发生。对此，保险人应仅就此违反的保证事项而拒绝赔偿被保险人的损失，但不能就此解除保险合同。被保险人破坏保证而使合同无效时，保险人无须退还保费。

案例分析

某厂向保险公司投保财产保险，其中在保证事项中载明"保险期间在建筑物内不吸烟"。在保险合同有效期内该厂发生火灾，火灾原因被认定为未熄灭的烟头所致。被保险人提出索赔后，保险人以被保险人违反保证条款为由拒绝赔偿。问：保险公司的拒赔理由是否合理？

[案情分析]

因为违反保证的后果是严重的，只要违反保证条款，不论这种违反行为是否给保险人造成损害，也不管是否与保险事故的发生有因果关系，保险人均可解除合同，并不承担赔偿或给付保险金责任。在本案例中，引起火灾的原因为未熄灭的烟头，而保证条款中载明在建筑物内不吸烟，所以保险公司不承担赔偿责任。

任务二　认识保险利益原则

任务训练1　区分保险利益原则的构成条件

任务训练目标

通过完成保险利益原则的任务训练，能够运用保险利益原则知识，确认保险合同是否有效，并能够正确应用。

案例分析

能为故宫博物院投保吗？

某一外地游客到北京旅游，在游览了故宫博物院后，出于爱护国家财产的动机，自愿交付保险费为故宫博物院投保。该游客的投保是否可行？为什么？

[案情分析]

该游客对故宫博物院没有保险利益，因而其投保行为不可行。因为只有投保人对保险标的具有法律上承认的经济利益时，保险关系才能成立。

知识要点

一、保险利益的概念与确定条件

（一）保险利益的概念

保险利益又称可保利益，是指投保人或被保险人对保险标的所具有的法律上承认的利益。它体现了投保人或被保险人与保险标的之间的经济上的利害关系。

知识拓展

《保险法》第十二条规定："人身保险的投保人在保险合同订立时，对被保险人应当具有保险利益。财产保险的被保险人在保险事故发生时，对保险标的应当具有保险利益。"

（二）保险利益的确定条件

保险利益是保险合同是否有效的必要条件。确认某一项利益是否构成保险利益必须具备三个条件。

1. 保险利益必须是合法的利益

保险合同是一种民事法律行为，因此，保险利益必须是符合法律规定，符合社会公共秩序要求，为法律认可并受到法律保护的利益。例如，在财产保险中，投保人对保险标的的所有权、占有权、使用权、收益权或对保险标的所承担的责任等，必须是依照法律、法规、有效合同等合法取得、合法享有、合法承担的利益，因违反法律规定或损害社会公共利益而产生的利益，不能作为保险利益。例如，因盗窃、走私、贪污等非法行为所得的利益不得作为投保人的保险利益而投保，如果投保人以非法律认可的利益投保，则保险合同无效。

2. 保险利益必须是经济上的利益

所谓经济上的利益就是指投保人或被保险人对保险标的的利益必须是可以通过货币计量的利益。因为保险保障是通过货币形式的经济补偿或给付来实现其职能的，因此投保人或被保险人的利益必须能够用货币来计量，否则保险人的承保和补偿就难以进行。保险不能补偿被保险人遭受的非经济上的损失，如精神损失。经济上的利益比较广泛，所有权、债权和担保物权都有可能产生经济上的利益。这些利益，可以基于法律的规定而产生，也可以基于合同的约定而产生。

3. 保险利益必须是能确定的利益

保险利益必须是一种确定的利益，是投保人对保险标的在客观上或事实上已经存在或可以确定的利益。这种利益是可以用货币形式估价，而且是客观存在的利益，不是当事人主观臆断的利益。这种客观存在的确定利益包括现有利益和期待利益。现有利益是指在客观上或事实上已经存在的经济利益；期待利益是指在客观上或事实上尚未存在，但根据法律、法规、有效合同的约定等可以确定在未来某一时期内将会产生的经济利益。在投保时，现有利益和期待利益均可作为确定保险金额的依据；但在受损索赔时，这一期待利益必须已成为现实利益才属于索赔范围，保险人的赔偿或给付，以实际损失的保险利益为限。

二、保险利益原则及其对保险经营的意义

（一）保险利益原则的含义

保险利益原则是指在签订保险合同和履行保险合同的过程中，投保人或被保险人对保险标的必须具有保险利益。如果投保人对保险标的不具有保险利益，保险人可以解除合同；保险合同生效后，投保人或被保险人失去了对保险标的的保险利益，保险合同随之失效（人身保险合同除外）；保险标的发生保险责任事故，只有对该标的具有保险利益的人才具有索赔资格，但是所得到的赔偿或给付的保险金不得超过其保险利益额度，不得因保险而获得额外利益。

（二）确定保险利益原则的意义

1. 从根本上划清保险与赌博的界限

保险与赌博均是基于偶然事件的发生而获益或受损。但是，赌博是完全基于偶然因素，通过投机取巧牟取不当利益的行为，有人为了侥幸图谋暴利，不惜一切代价去冒险，甚至以他人的损失为代价。因为赌博将确定的赌注变成了不确定的输赢，增加了甚至创造了风险，导致了社会的不安定，因而为各国法律所禁止。如果保险关系不是建立在投保人对保险标的具有保险利益的基础上，而是投保人可以就任一标的投保，那么必将助长人们为追求获得远远高于其保险费支出的赔付数额而利用保险进行投机的行为，这类行为无异于赌博，是不利于社会公共利益的。保险利益的确定，要求投保人或者被保险人对保险标的必须具有保险利益，而且只有在经济利益受损的条件下才能得到保险金赔付，从根本上划清了保险与赌博的界限，对维护社会公共利益、保证保险经营的科学性具有重要意义。

2. 防止道德风险的产生

这里所谓的道德风险是指被保险人或受益人为获取保险金赔付而违反道德规范，甚至故意促使保险事故发生或在保险事故发生时放任损失扩大。由于保险费与保险赔偿或给付金额的悬殊，如果不以投保人或者被保险人对保险标的具有保险利益为保险合同有效条件，将诱发投保人或被保险人为牟取保险赔款而故意破坏保险标的的道德风险，引发犯罪动机与犯罪行为。保险利益原则的限定，杜绝了无保险利益保单的出现，从而有效地控制了道德风险，保障了被保险人生命与财产的安全。

3. 界定保险人承担赔偿或给付责任的最高限额

保险合同保障的是被保险人的保险利益，补偿的是被保险人的经济利益损失。保险保障就是要保证被保险人因保险事故而遭受经济损失时得到及时的赔付，但不允许被保险人通过保险获得额外的利益。即保险人的赔偿金额不得超过保险利益，否则被保险人将因保险而获得超过其损失的经济利益，这既有悖于保险经营活动的宗旨，也易于诱发道德风险，助长赌博、犯罪等行为。以保险利益作为保险人承担赔偿或给付责任的最高限额，既能保证被保险人能够获得足够的、充分的补偿，又不会使被保险人因保险而获得超过损失的额外利益。因此，保险利益原则可以为保险赔偿数额的界定提供科学合理的依据。

任务训练2 区分不同险种的保险利益

任务训练目标

通过区分不同险种的保险利益任务训练，运用保险利益原则知识，区分不同险种的保险利益，并能够正确判断保险利益时效。

知识要点

一、保险利益原则在财产保险中的应用

1. 财产保险的保险利益的确定

财产保险合同保障的并非财产本身，而是财产中所包含的保险利益。该保险利益是投保人或者被保险人对保险标的具有某种利害关系而产生的，这种利害关系一般指的是因法律上或契约上的权利或责任而产生的利害关系。即凡因财产发生风险事故而蒙受经济损失或因财产安全而得到利益或预期利益者，均具有财产保险的保险利益。具体包括以下几点。

（1）财产所有人、经营管理人对其所有的或经营管理的财产具有保险利益。例如，公司法定代表对公司财产具有保险利益；房主对其所有的房屋具有保险利益；货物所有人对其货物具有保险利益。

（2）财产的抵押权人对押权财产具有保险利益。对财产享有抵押权的人，对抵押财产具有保险利益。抵押是债的一种担保，当债权不能得以清偿时，抵押权人有从抵押的财产价值中优先受偿的权利。但是，在抵押贷款中，抵押权人对抵押财产所具有的保险利益只限于他所贷出款项的额度，而且，在债务人清偿债务后，抵押权人对抵押财产的权益消失，其保险利益也就随之而消失。

案例分析

某银行将借款单位抵押给它的一栋房屋投保，保单约定保险期限从2023年1月1日至2023年12月31日。银行于2023年11月底收回全部借款，不料房屋于12月30日被大火焚毁。问：银行能否获得保险公司的赔偿？

[案情分析]

因为银行在发生保险事故时对保险标的（即房屋）已经没有保险利益，所以它不能获得保险公司的赔偿。

（3）财产的保管人、货物的承运人、各种承包人、承租人等对其保管、占有、使用的财产，在负有经济责任的条件下具有保险利益。

（4）经营者对其合法的预期利益具有保险利益。如因营业中断导致预期的利润损失、租金收入减少、票房收入减少等，经营者对这些预期利益都具有保险利益。

2. 财产保险的保险利益时效

一般情况下，财产保险的保险利益必须在保险合同订立时到损失发生时的全过程中存在。当保险合同生效时，如果投保人无保险利益，那么该合同就是自始无效合同。如果损失发生时，被保险人的保险利益已经终止或转移出去，也不能得到保险人的赔偿。但是在海上货物运输保险中，买方在投保时往往货物所有权还未到手，而货权的转移是必然的，为了便于保险合同的订立，此时保险利益不必在保险合同订立时存在，但当损失发生时，被保险人必须具有保险利益。

知识拓展

《保险法》第四十八条规定："保险事故发生时，被保险人对保险标的不具有保险利益的，不得向保险人请求赔偿保险金。"

3. 财产保险的保险利益变动

保险利益的存在并非一成不变，由于各种原因常使保险利益发生转移和消灭等变化。保险利益的转移是指在保险合同有效期间，投保人将保险利益转移给受让人，经保险人同意并履行合同变更的相关手续后，原保险合同继续有效。保险利益消灭是指投保人或被保险人对保险标的的保险利益随保险标的的灭失而消灭。

在财产保险中，为了减少社会成本，保护被保险人的利益，也可以规定保险标的转让时财产保险合同的继承和延续。在保险实务中，因保险标的的易主发生所有权让与时，所有权人或者受让人应及时通知保险人。此外，当被保险人死亡时，保险利益可依法转移给继承人；当被保险人破产时，其财产便转移给破产债权人和破产管理人，破产债权人和破产管理人对该财产具有保险利益。

知识拓展

《保险法》第四十九条规定："保险标的转让的，保险标的的受让人承继被保险人的权利和义务。保险标的转让的，被保险人或者受让人应当及时通知保险人，但货物运输保险合同和另有约定的合同除外。"

二、保险利益原则在责任保险中的应用

责任保险的保险标的是被保险人对他人的财产损失或人身伤亡依法（或合同）应承担的民事损害的经济赔偿责任。因而，投保人与其所应负的民事损害赔偿责任之间的法律关系便构成了责任保险的保险利益。即凡是法律、行政法规或合同所规定的应对他人的财产损失或

人身伤亡负有经济赔偿责任者，都可以投保责任保险。

① 各种固定场所的所有人或经营人，诸如饭店、商店、影剧院等，对其顾客、观众等人身伤害或财产损失，依法承担经济赔偿责任的，具有保险利益，可投保公众责任险。

② 各类专业人员，如医师、律师、设计师等，由于工作上的疏忽或过失致使他人遭受损害而依法承担经济赔偿责任的，具有保险利益，可投保职业责任险。

③ 制造商、销售商等，因商品质量或其他问题给消费者造成人身伤害或财产损失，依照法律承担经济赔偿责任的，具有保险利益，可投保产品责任险。

④ 雇主对雇员在受雇期间因从事与职业有关的工作而患职业病或伤、残、死亡等依法应负担医药费、工伤补贴、家属抚恤等而具有保险利益，可投保雇主责任险。

三、信用保险、保证保险的保险利益确定

信用保险的保险标的是各种信用行为。在经济交往中，权利人与义务人之间基于各类经济合同而存在经济上的利益关系。当义务人因种种原因不能履约时，会使权利人遭受经济损失。因而，权利人对义务人的信用具有保险利益。而义务人对自身的信用具有当然的保险利益。当权利人对义务人的信用有担心时，可以以义务人的信用为标的购买信用保险；权利人也可以要求义务人以自己的信用为标的购买保证保险。一般而言，义务人大多是应权利人的要求而以自己的信用为标的购买保证保险。如在债权债务关系中，债权人对债务人的信用具有保险利益，可以投保信用保险；而债务人对自身的信用也具有保险利益，如果债权人有要求，可投保保证保险。

四、保险利益原则在人身保险中的应用

1. 人身保险的保险利益的确定

人身保险的保险标的是人的生命或身体，只有当投保人对被保险人的寿命或身体具有某种利害关系时，他才对被保险人具有保险利益。即当被保险人生存及身体健康时，才能保证其投保人具有的经济利益；反之，如果被保险人死亡或伤残，将使其投保人遭受经济损失。人身保险中的保险利益体现在下面几种情况。

（1）为自己投保。当投保人为自己投保时，投保人对自己的寿命或身体具有保险利益，因其自身的安全健康与自己的利益密切相关。

（2）为他人投保。当投保人为他人投保时，即投保人以他人的寿命或身体为保险标的进行投保时，保险利益的形成通常基于三种情况：①亲密的血缘关系。投保人对与其具有亲密血缘关系的人，法律规定具有保险利益。这里的亲密血缘关系主要是指父母与子女之间、亲兄弟姐妹之间、祖父母与孙子女之间。但不能扩展为较疏远的家族关系，如叔侄之间、堂（表）兄弟姐妹之间等。②法律上的利害关系。投保人对与其具有法律利害关系的人具有保险利益。如婚姻关系中的配偶双方；不具有血缘关系，但具有法定扶养、抚养、赡养关系的权利义务方，如养父母与子女之间。③经济上的利益关系。投保人对与其具有经济利益关系的人具有保险利益，如债权人与债务人之间、保证人与被保证人之间、雇主与其重要的雇员之间等。例如，在债权债务关系中，债务人的死亡对债权人的切身利益有直接影响，因此债权人对债务人具有保险利益，但以其具有的债权为限。

📚 知识拓展

《保险法》第三十一条规定："投保人对下列人员具有保险利益：（一）本人；（二）配偶、

子女、父母；（三）前项以外与投保人有抚养、赡养或者扶养关系的家庭其他成员、近亲属；（四）与投保人有劳动关系的劳动者。除前款规定外，被保险人同意投保人为其订立合同的，视为投保人对被保险人具有保险利益。"

《保险法》第三十四条第一款规定："以死亡为给付保险金条件的合同，未经被保险人同意并认可保险金额的，合同无效。"

2. 人身保险的保险利益时效

与财产保险不同，人身保险的保险利益必须在保险合同订立时存在，保险事故发生时是否具有保险利益并不影响合同效力。

之所以要求在保险合同订立时必须具有保险利益，是为了防止产生道德风险，进而危及被保险人生命或身体安全。此外，由于人身保险具有长期性、储蓄性的特点，一旦投保人对被保险人失去保险利益，保险合同就失效，从而使被保险人失去保障。而且领取保险金的受益人是由被保险人指定的，如果合同订立之后，因保险利益的消失而使受益人丧失了在保险事故发生时所应获得的保险金，无疑会使该权益处于不稳定的状态之中。所以，人身保险的保险利益是订立保险合同的必要前提条件，而不是给付的前提条件。保险事故发生时，无论投保人存在与否，也无论投保人是否具有保险利益，保险人均按合同中约定的条件给付保险金。

知识拓展

《保险法》第三十一条第三款规定："订立合同时，投保人对被保险人不具有保险利益的，合同无效。"

3. 人身保险的保险利益变动

在人身保险中，投保人对被保险人的保险利益分为两种情况，即被保险人的保险利益专属投保人和非专属投保人。如果人身保险合同为债权债务关系而订立，这时被保险人的保险利益专属于投保人（债权人），当投保人死亡时，保险利益可由投保人的合法继承人继承；如果人身保险合同为特定的人身关系而订立，如血缘关系、抚养关系等，这时被保险人的保险利益非专属投保人，保险利益一般不得转移。

案例分析

顾先生和钱女士于2020年6月份结婚。2020年8月，钱女士为顾先生购买了一份重大疾病保险，指定受益人为钱女士。2023年3月，顾先生和钱女士离婚。2023年5月26日，顾先生因交通事故死亡，之后顾先生的家人持保险合同、保险事故证明资料向保险公司提出理赔申请。

经保险公司审理查明，本保险事故发生在保险合同有效期内且属保险责任范围，保险公司应当给付保险金。保险公司同时发现，保险合同的受益人为顾先生前妻钱女士，因此决定该保险金应由钱女士申请。顾先生的家人提出异议，认为顾先生与钱女士已经离婚，不再有任何关系，仍由钱女士受益，不是顾先生的本意，认为保险金应由继承人领取。

根据人身保险利益的有关规定，保险公司应当给付保险金给钱女士还是顾先生的家人？

[案情分析]

根据《保险法》第十二条规定，"人身保险的投保人在保险合同订立时，对被保险人应当具有保险利益"，这就说明保险利益原则只强调投保人在保险合同订立时对被保险人具有保险利益即可，而不要求保险合同履行的整个过程。在本案例中，钱某于2020年投保时，与被保险人（其丈夫）存在保险利益关系，虽然在被保险人因保险事故死亡时已不存在保险利益，但不影响其获得保险金给付。因此，保险金应给付给钱女士。

任务三　运用近因原则

任务训练　近因原则的应用

究竟谁的错
——正确认识
近因原则

任务训练目标

通过完成近因原则的应用的任务训练，能判断保险事故与保险标的损失之间的因果关系，判断是否属于保险责任，做出保险人是否赔偿的决定。

案例分析

同难兄弟，为何理赔不同？

某公司组织员工进行省内旅游。车在高速公路上飞速行驶时发生车祸，公司员工张某和王某双双受了重伤，被送往医院。张某因颅脑受到重度损伤，且失血过多，抢救无效，于两小时后身亡。王某在车祸中丧失了一条大腿，失血很多，在急救中因急性心肌梗死，于第二天死亡。事前公司为全体员工购买了人身意外伤害保险，保险金额10万元，意外发生后，该公司即向保险公司报案并提出理赔申请。保险公司调查后得出理赔结论：给付张某死亡保险金10万元，给付王某意外伤残保险金5万元。问：为何张某和王某的理赔不同？

［案情分析］

本案例中，导致张某死亡的原因为颅脑受到损伤且失血过多，颅脑受伤且失血过多的近因为车祸，属于意外伤害保险的保险责任，所以保险公司按死亡对张某进行保险金给付。

导致王某死亡的原因为急性心肌梗死，急性心肌梗死不属于意外伤害保险的保险责任，故保险公司不能对王某进行死亡保险金给付，但王某丧失一条腿造成伤残是因意外所致，所以保险公司应对王某进行伤残保险金给付。

知识要点

一、近因原则的概念

近因原则是判断保险事故与保险标的损失之间的因果关系，从而确定保险赔偿责任的一项基本原则。在保险实践中，对保险标的损害是否进行赔偿是由损害事故发生的原因是否属于保险责任来判断的。

（一）近因

近因是指在风险和损害之间，导致损害发生的最直接、最有效、起决定作用的原因，而不是指时间上或空间上最近的原因。例如，船舶因遭受鱼雷的袭击而进水，导致沉没。若以时间上最接近沉船事故为理由而判定海水的进入为近因是不合理的。因此，当损失的原因有两个以上，且各个原因之间的因果关系尚未中断的情况下，其最先发生并造成一连串损失的原因即为近因。

（二）近因原则的含义

近因是一种原因，近因原则是一种准则。根据近因的标准去判定多个原因中哪个是近因、哪个是远因的准则就是近因原则。

在保险实务中，近因原则是通过判明风险事故与保险标的的损失之间的因果关系，以确定保险责任的一项基本原则。具体来说，近因原则的基本含义是：一是规定近因的认定方法；二是在风险与保险标的损失的关系中，如果近因属于被保风险，保险人就应负赔偿责任。也就是说，当被保险人的损失是直接由于保险责任范围内的事故造成时，保险人才给予赔付；近因若属于除外风险或未保风险，保险人不负赔偿责任。

二、近因原则的应用

（一）近因的认定方法

认定近因的关键是确定风险因素与损害之间的关系，确定这种因果关系的方法有两种。

一是从最初事件出发，按逻辑推理，判断下一个事件可能是什么；再从可能发生的第二个事件，按照逻辑推理判断最终事件即损失是什么。如果推理判断与实际发生的事实相符，那么，最初事件就是损失的近因。

二是从损害开始，按顺序自后往前推，每一个阶段按照"为什么这一事件会发生"的思路来找出前一事件。如果追溯到最初的事件且没有中断，那么最初事件即为近因。例如，暴风吹倒了电线杆，电线短路引起火花，火花引燃房屋，导致财产损失。对此，我们无论运用上述哪一种方法，都会发现此案例中的暴风、电线杆被刮倒、电线短路、火花、起火之间具有必然的因果关系，因而财产受损的近因——暴风，也就随之确定了。

（二）近因的认定与保险责任的确定

近因原则的运用主要体现在判断是否承担保险责任的环节。近因判断的正确与否，关系到保险双方当事人的切身利益。但是，在保险实务中，由于导致损失的原因多种多样，对近因的认定和保险责任的确定也是非常复杂的。因此，如何确定损失近因，要根据具体情况作具体分析。

1. 单一原因

即损失由单一原因造成。如果事故发生所致的损失的原因只有一个，那么这一原因就是损失的近因。如果这个近因属于保险风险，保险人应对损失负赔偿责任；如果这个近因是除外风险，保险人则不予赔付。例如企业投保财产保险综合险，如果厂房、机器由于火灾而损毁，保险人承担赔偿责任。如某人投保人身意外伤害保险，后来不幸死于癌症。由于其死亡的近因是癌症，癌症是人身意外伤害保险的除外风险，所以保险人不承担保险责任。

2. 多种原因同时并存发生

即损失由多种原因造成，且这些原因几乎同时发生，无法区分时间上的先后顺序。如果损失的发生有同时存在的多种原因，且对损失都起决定性作用，则它们都是近因。而保险人是否承担赔付责任，分为两种情况：第一，如果这些原因都属于保险风险，则保险人承担赔付责任；相反，如果这些原因都属于除外风险，保险人则不承担赔付责任。第二，如果这些原因中既有保险风险，也有除外风险，保险人是否承担赔付责任要看损失结果是否容易分解，即区分损失的原因。对于损失结果可以分别计算的，保险人只负责保险风险所致损失的赔付；对于损失结果难以划分的，保险人一般不予赔付。如某企业运输两批货物，第一批投保了水渍险，第二批投保了水渍险并加保了淡水雨淋险，两批货物在运输中均遭受了雨淋而受损。对于第一批货物而言，由于损失结果难以分别计算，而其投保了水渍险，因而得不到保险人的赔偿。这是因为水渍险通常只负责赔偿因咸水（如海水）浸泡导致的损失，而不包括淡水（如雨水）浸泡或其他类型的损失。对于第二批货物而言，虽然损失结果也难以划分，但由于损失的原因属于保险风险，所以保险人应予以赔偿。

3. 多种原因连续发生

即损失是由若干个连续发生的原因造成，且各原因之间的因果关系没有中断。如果损失的发生是由具有因果关系的连续事故所致，保险人是否承担赔付责任，分为两种情况：第一，如果这些原因中没有除外风险，则这些原因即为损失的近因，保险人应负赔偿责任。第二，如果这些原因中既有保险风险，也有除外风险，则要看损失的前因是保险风险还是除外风险。如果前因是保险风险，后因是除外风险，且后因是前因的必然结果，则保险人应承担赔付责任；相反，如果前因是除外风险，后因是保险风险，且后因是前因的必然结果，则保险人不承担赔付责任。例如，一艘装有皮革与烟草的船舶遭受海难，大量的海水侵入使皮革腐烂，海水虽未直接浸泡包装烟草的捆包，但由于腐烂皮革的恶臭气味，致使烟草变质而使被保险人受损。根据分析，海难中海水侵入是皮革腐烂损失的近因，而由于海难与烟草的损失之间存在着必然的不可分割的因果关系，所以烟草损失的近因也是海难，而非皮革的恶臭气味。

4. 多种原因间断发生

即损失是由间断发生的多种原因造成的。如果风险事故的发生与损失之间的因果关系由于另外独立的新原因介入而中断，则该新原因即为损失的近因。如果该新原因属于保险风险，则保险人应承担赔付责任；相反，如果该新原因属于除外风险，则保险人不承担赔付责任。例如在人身意外伤害保险中，被保险人在交通事故中因严重的脑震荡而诱发癫狂与抑郁交替症。在治疗过程中，医生叮嘱其在服用某药物时切忌进食干酪。但是，被保险人却未遵医嘱，服该药时又进食了干酪，终因中风而亡，据查中风确系该药与干酪所致。在此案中，食用相忌的食品与药物所引起的中风死亡，已打断了车祸与死亡之间的因果关系，食用干酪为中风的近因，故保险人对被保险人中风死亡不承担赔偿责任。

做一做 2023年6月16日，某单位为职工蔡某投保人身意外伤害综合保险。2023年12月10日晚，蔡某在工作中左足意外碰伤，进而左下肢大面积肿胀。2024年1月17日，蔡某住院治疗，医院诊断为"糖尿病2型，左足外伤及急性坏疽"，当日实行左大腿中下1/3截肢术，同月31日出院。事后，蔡某请求保险公司给付意外医疗保险金和意外伤残保险金。保险公司受理后，要求被保险人进行法医学伤残鉴定。鉴定结论为：蔡某截肢的原因系糖尿病病发周围血管病变引起的足部坏疽。问：意外是截肢的近因吗？你认为保险公司是否应该理赔？为什么？

任务四 了解损失补偿原则

任务训练1 区分损失补偿原则的应用

任务训练目标

通过完成损失补偿原则的应用的任务训练，能运用保险补偿原则的补偿限度，根据保险合同约定，确定保险人赔偿金的额度。

 案例分析

李某于2023年6月1日购买一栋别墅，价值250万元，同月5日，李某向A保险公司购买了房屋保险，保险期限为1年，保险金额为250万元，并于当日交清了保险费。2024年1月23日，李某将该别墅以260万元的价格卖给周某，李某并没有经A保险公司办理批单手续。2024年3月10日，因意外发生巨大火灾，房屋全部被烧毁。

（1）若李某向A保险公司索赔，保险公司是否赔偿？为什么？

（2）若周某向A保险公司索赔，保险公司是否赔偿？为什么？

[案情分析]

（1）保险公司可以拒赔。因为：一是被保险人违反了最大诚信原则，别墅转让时没有向保险公司告知，没办理批单手续，保险合同失效；二是被保险人李某对该别墅已经不存在保险利益，则保险合同自别墅转让时起失效。

（2）保险公司可以拒赔。因为：周某同A保险公司没有保险关系，不是被保险人。

🌐 知识要点

一、损失补偿原则的含义及意义

（一）损失补偿原则的含义

损失补偿原则的含义包含两层：一是只有保险事故发生造成保险标的毁损致使被保险人遭受经济损失时，保险人才承担损失补偿的责任，否则，即使在保险期限内发生了保险事故，如果被保险人没有遭受损失，就无权要求保险人赔偿。这是损失补偿原则质的规定。二是被保险人可获得的补偿量仅以其保险标的遭受的实际损失为限，即保险人的补偿恰好能使保险标的在经济上恢复到保险事故发生之前的状态，而不能使被保险人获得多于或少于损失的补偿，尤其是不能让被保险人通过保险获得额外的利益。这是损失补偿原则量的限定。损失补偿原则主要适用于财产保险以及其他补偿性保险合同，即财产损失保险、责任保险、信用保证保险和一部分健康保险都属于补偿性保险，但是人寿保险和意外伤害保险不适用该原则。

损失补偿原则体现了保险的宗旨。坚持这一原则对于维护保险双方的正当权益，防止被保险人通过保险赔偿而得到额外利益，避免道德风险的产生具有重要的意义。

（二）坚持损失补偿原则的意义

① 坚持损失补偿原则有利于实现保险的基本职能。补偿损失是保险的基本职能之一，损失补偿原则恰好体现了保险的基本职能，损失补偿原则的质的规定和量的限定都是保险基本职能的具体反映。也就是说，如果被保险人由于保险事故遭受的经济损失不能得到补偿，就违背了保险的宗旨。损失补偿原则约束保险人必须在合同约定条件下承担保险保障的义务，履行保险赔偿责任；对被保险人而言，该原则保证了其正当权益的实现。

② 坚持损失补偿原则有利于防止被保险人通过保险赔偿获得额外利益，减少道德风险。损失补偿原则的质的规定在于有损失则赔偿，无损失则不赔偿；其量的限定将使被保险人因

损失所获得的补偿不能超过其所受到的实际损失，使被保险人只能获得与损失发生前相同的经济利益水平的赔偿。因此，该原则可以防止被保险人利用保险而额外获利，有效抑制了道德风险的发生。

二、影响保险补偿的因素

坚持损失补偿原则，保险人在履行赔偿责任时，必须把握以下三个限度，以保证被保险人既能恢复失去的经济利益，又不会由于保险赔偿而额外获得利益。

（一）实际损失

当投保财产遭受保险责任范围内的损失时，保险人按合同规定承担赔偿责任，其支付的保险赔款不得超过被保险人的实际损失。例如，孙先生的汽车于2022年12月5日投保了车辆损失险和盗抢险，投保时按新车价确定保险金额为15万元，保险期限为一年。2023年7月18日该车被盗，属于保险责任，而此时该车的实际价值为13.8万元，尽管保险金额为15万元，保险公司只能赔付13.8万元。

▼ **做一做**　某台摄像机投保时的市价为11万元，在保险有效期内发生全损，发生保险事故时的市价跌至8万元，保险公司应该赔偿多少？

（二）保险金额

保险金额是保险人承担赔偿责任的最高限额，也是保险人收取保险费的基础和依据，所以保险人对被保险人的赔偿不能超过保险金额。例如，王某的房屋投保时按其市场价值确定保险金额为38万元，在保险期间，发生火灾，造成全损。全损时的市场价值为45万元，但因保单上的保险金额为38万元，所以被保险人只能得到38万元的赔偿。

（三）保险利益

保险利益是保险保障的最高限度，保险赔偿不得超过被保险人对遭受损失财产所具有的保险利益。发生保险事故造成损失后，被保险人在索赔时，首先必须对受损标的具有保险利益，而保险人的赔付金额也必须以被保险人对该标的所具有的保险利益为限。例如，张某独立经营一辆货运卡车，投保时卡车的保险价值和保险金额为20万元，保险期限为一年。投保4个月后，将卡车的50%转让给李某，投保7个月后卡车全损。保险人只赔付张某10万元的损失。

三、损失补偿原则的例外

损失补偿原则虽然是保险的一项基本原则，但在保险实务中有一些例外情况不适用损失补偿原则。

（一）人身保险

由于人身保险的保险标的是无法估计的人的生命或身体，其保险利益也是无法估价的，被保险人发生伤残、死亡等事件对其本人及家庭所带来的经济损失和精神上的痛苦都不是保险金所能弥补的，保险金只能在一定程度上帮助被保险人及其家庭缓解由于保险事故的发生而带来的经济困难，所以人身保险合同不是补偿性合同，而是定额的给付性合同。损失补偿原则不适用于人身保险。

（二）定值保险

定值保险是指保险合同双方当事人在订立保险合同时，约定保险标的的价值，并以此确定保险金额，视为足额保险。当保险事故发生时，保险人不论保险标的损失时的市价如何，即不论保险标的的实际价值大于还是小于保险金额，均按损失程度十足赔付。补偿原则不适用于定值保险。因为在定值保险中，保险赔偿可能超过实际损失。

（三）重置价值保险

重置价值保险是指以被保险人重置或重建保险标的所需费用或成本确定保险金额的保险。一般财产保险是按保险标的的实际价值投保，发生损失时，按实际损失赔付，使受损的财产恢复到原来的状态，由此恢复被保险人失去的经济利益。但是，由于通货膨胀、物价上涨等因素，有些财产即使按实际价值足额投保，保险赔款也不足以进行重置或重建。为了满足被保险人对受损的财产进行重置或重建的需要，保险人允许投保人按超过保险标的实际价值的重置或重建价值投保，发生损失时，按重置费用或成本赔付。这样就可能出现保险赔款大于实际损失的情况，所以重置价值保险也是损失补偿原则的例外。

 任务训练2　熟悉损失补偿的派生原则

 任务训练目标

通过完成损失补偿的派生原则的任务训练，能够运用派生原则的相关知识，解决代位追偿和重复保险分摊问题。

知识要点

一、代位原则

代位原则是指在财产保险中，保险标的发生保险事故造成推定全损，或者保险标的由于第三者责任导致保险损失，保险人按照合同的约定履行赔偿责任后，依法取得对保险标的的所有权或者对保险标的的损失负有责任的第三者的追偿权。

（一）保险代位原则的含义与意义

代位即取代他人的某种地位。保险代位指的是保险人取代投保人对第三者的求偿权（又称"追偿权"）或对标的的所有权。保险人以自己的名义行使代位求偿权。

保险代位原则是指保险人依照法律或保险合同约定，对被保险人所遭受的损失进行赔偿后，依法取得向对财产损失负有责任的第三者进行求偿（或追偿）的权利或取得对保险标的的所有权。保险代位原则包括代位求偿权和物上代位权。规定保险代位原则的意义在于以下几点。

1. 防止被保险人因同一损失获取不当利益

当保险标的发生的损害是由第三者的疏忽、过失或故意行为所造成，且该种损害的原因又属于保险责任时，被保险人既可以依据民法向造成损害的第三者要求赔偿，也可以依据保险合同向保险人请求赔偿。这样，被保险人就会因同一损失而获得超过标的实际损失的赔款，从而获得额外利益。同理，当保险标的发生保险事故而致实际全损或推定全损时，在保险人全额赔付情况下，被保险人将标的的损余物资价值进行回收处理后，最终所得款额亦超过其所遭受的实际损失额。这既违背了损失补偿原则，又违背了保险的宗旨，不利于保险及社会的健康发展。代位原则的规定，目的就在于严谨损失补偿原则，防止被保险人获得额外利益。

2. 维护社会公共安全，保障公民、法人的合法权益不受侵害

社会公共安全在法律上要求肇事者对其因疏忽、过失所造成的损失承担经济赔偿责任。如果被保险人因从保险人处获得赔偿而不追究责任者的经济赔偿责任，就会使肇事责任者逍

遥法外，有违社会公平，而且也容易助长他人肇事行为的发生，干扰社会安全秩序。

3. 有利于被保险人及时获得经济补偿，尽快恢复生产，安定生活

保险事故发生后，如果肇事责任者限于经济条件而无力承担对被保险人的经济赔偿责任时，将会直接影响被保险人正常的生产和生活。而按照保险代位原则，保险人先向被保险人支付赔款，有利于被保险人及时获得经济补偿，尽快恢复生产，安定生活。从另一方面说，被保险人向保险人请求赔偿也是保险合同赋予其最基本的权利。

（二）保险代位原则的内容

保险代位原则的内容包括代位求偿权（权利代位）和物上代位权。

1. 代位求偿权

代位求偿权（又称"代位追偿权"）是指当保险标的因遭受保险事故而造成损失，依法应当由第三者承担赔偿责任时，保险人自支付保险赔偿金之日起，在赔偿金额的限度内，相应取得向对此损失负有责任的第三者请求赔偿的权利。

（1）行使代位求偿权的前提条件。代位求偿权是债权的代位，即保险人拥有代替被保险人向责任方请求赔偿的权利。保险人行使代位求偿权，需要具备三个前提条件：第一，保险标的损失的原因是保险事故，同时又是由于第三者的行为所致。这样的被保险人对保险人和第三者同时存在赔偿请求权，他既可以依据保险合同向保险人要求赔偿，也可以依据法律向第三者要求赔偿。第二，被保险人未放弃向第三者的赔偿请求权。如果被保险人放弃了对第三者请求赔偿的权利，则保险人在赔偿被保险人的损失后就无权行使代位求偿权。第三，保险人取得代位求偿权是在按照保险合同履行了赔偿责任之后。因为，代位求偿权是债权的转移，在此项债权转移之前，被保险人与第三者之间特定的债的关系与保险人无关。保险人只有按照保险合同的规定向被保险人赔付保险金之后，才依法取得对第三者请求赔偿的权利。

（2）代位求偿权的实施对保险双方的要求。行使代位求偿权对保险双方都有一定的要求。就保险人而言，首先，其行使代位求偿权的权限只能限制在赔偿金额范围以内。即如果保险人向第三者追偿到的款项小于或等于赔付给被保险人的款项，那么追偿到的款额归保险人所有；如果追偿所得的款项大于赔付给被保险人的款项，其超过部分应归还给被保险人所有。其次，保险人不得干预被保险人就未取得保险赔偿的部分向第三者请求赔偿。最后，保险人为满足被保险人的特殊需要或者在法律上的费用超过可能获得的赔偿额时，也会放弃代位求偿权。

就投保人而言，不能损害保险人的代位求偿权并要协助保险人行使代位求偿权。第一，如果被保险人在获得保险人赔偿之前放弃了向第三者请求赔偿的权利，那么就意味着放弃了向保险人索赔的权利。第二，如果被保险人在获得保险人赔偿之后，未经保险人同意而放弃对第三者请求赔偿的权利，该行为无效。第三，如果发生事故后，被保险人已经从第三者取得赔偿或者由于被保险人故意或者因重大过失致使保险人不能行使代位请求赔偿的权利的，保险人可以扣减或者要求返还相应的保险金。第四，在保险人向第三者行使代位请求赔偿权时，被保险人应当向保险人提供必要的文件和其所知道的有关情况。

📚 知识拓展

《保险法》第六十条第三款规定："保险人依照本条第一款规定行使代位请求赔偿的权利，不影响被保险人就未取得赔偿的部分向第三者请求赔偿的权利。"

（3）代位求偿权的行使对象。根据代位求偿权的一般原理，任何对保险标的的损失负有

赔偿责任的第三者都可以成为代位求偿权的行使对象。但是，在保险实践中，各国立法都规定保险人不得对被保险人及其一定范围的亲属或雇员行使代位求偿权，除非保险事故是由上述人员故意造成的。因为，如果允许对上述对象行使代位求偿权，被保险人就得不到实际补偿，保险也就失去了意义。

知识拓展

《保险法》第六十二条规定："除被保险人的家庭成员或者其组成人员故意造成本法第六十条第一款规定的保险事故外，保险人不得对被保险人的家庭成员或者其组成人员行使代位请求赔偿的权利。"

（4）代位求偿权的行使范围。保险代位求偿权适用于财产保险合同，而不适用于人身保险合同。对于人身保险合同，其保险标的是人的生命和身体，由于人的生命和身体是无法用一定数额的金钱来衡量的，所以当发生保险事故时，保险人支付的保险金并不具有财产保险合同中的补偿性质，而且也无法达到实际意义上的补偿，因此也就不存在实际损失高于或者低于保险金额的问题，保险人只是履行合同约定的保险金的给付义务。人身保险的被保险人伤残或死亡，被保险人、受益人可以同时得到保险人给付的保险金和第三者负责的赔偿金额，不存在额外获利问题。所以，如果发生第三者侵权行为导致的人身伤害，被保险人可以获得多方面的赔付而无须权益转让，保险人也无权代位追偿。

知识拓展

《保险法》第四十六条规定："被保险人因第三者的行为而发生死亡、伤残或者疾病等保险事故的，保险人向被保险人或者受益人给付保险金后，不享有向第三者追偿的权利，但被保险人或者受益人仍有权向第三者请求赔偿。"

2. 物上代位权

物上代位权是指当保险标的发生保险事故，保险人赔付被保险人全部财产损失后，依法取得该项保险标的的所有权，即代位取得受损保险标的物上的一切权利。

（1）物上代位权的取得一般是通过委付实现的。委付是指当保险标的发生推定全损时，投保人或被保险人将保险标的的一切权益转移给保险人，而请求保险人按保险金额全数赔付的行为。委付是被保险人放弃物权的法律行为，是一种经常用于海上保险的赔偿制度。保险人接受委付后，不仅取得保险标的物上的权利，而且包括标的物项下所应承担的义务。因此，保险人是否接受委付应谨慎从事。

（2）物上代位是一种所有权代位。与代位求偿不同，保险人一旦取得物上代位权，就拥有了该受损标的的所有权。处理该受损标的所得的一切收益归保险人所有，即使该利益超过保险赔款，仍归保险人所有。但在不足额保险中，保险人只能按照保险金额与保险价值的比例取得受损标的的部分权利。

知识拓展

《保险法》第五十九条对物上代位权作出了规定："保险事故发生后，保险人已支付了全部保险金额，并且保险金额等于保险价值的，受损保险标的的全部权利归于保险人；保险金额低于保险价值的，保险人按照保险金额与保险价值的比例取得受损保险标的的部分权利。"

二、重复保险分摊原则

（一）重复保险分摊原则的含义与意义

重复保险分摊原则是在被保险人重复保险的情况下产生的补偿原则的一个派生原则。即在重复保险情况下，被保险人所能得到的赔偿金由各保险人采用适当方法进行分摊，从而所得的总赔偿金额不得超过实际损失额。坚持重复保险分摊原则的意义在于以下几点。

保险买的越多，
得到的赔偿也
会越多吗

1. 有利于确保保险补偿原则的顺利实现

在存在重复保险的情况下，保险事故发生后，若被保险人就同一损失向不同的保险人索赔，就有可能获得超额赔款，这显然是违背损失补偿原则的。因此，确定重复保险的分摊原则可以防止被保险人利用重复保险在保险人之间进行多次索赔，获得多于实际损失额的赔偿金，从而确保了损失补偿原则的顺利实现。

2. 有利于维护社会公开、公平和公正原则

在重复保险的情况下，坚持被保险人的损失在保险人之间进行分摊，必须公开多个保险人就同一危险所承保的份额及其所收取的保费，合理负担相应的保险赔偿责任，从而维护社会公开、公平和公正原则。

知识拓展

《保险法》第五十六条规定："重复保险的投保人应当将重复保险的有关情况通知各保险人。重复保险的各保险人赔偿保险金的总和不得超过保险价值。除合同另有约定外，各保险人按照其保险金额与保险金额总和的比例承担赔偿保险金的责任。重复保险的投保人可以就保险金额总和超过保险价值的部分，请求各保险人按比例返还保险费。重复保险是指投保人对同一保险标的、同一保险利益、同一保险事故分别与两个以上保险人订立保险合同，且保险金额总和超过保险价值的保险。"

（二）重复保险的分摊方法

在重复保险的情况下，保险人如何分摊损失后的赔款，各国做法有所不同。其主要分摊方式包括比例责任分摊、限额责任分摊和顺序责任分摊三种。

1. 比例责任分摊方式

这种分摊方式是指各保险人按其承保的保险金额占所有保险人承保的保险金额总和的比例分摊保险事故造成的损失。其计算公式为：

各保险人承担的赔款＝损失金额×（该保险人的保险金额/各保险人的保险金额之和）

例如，某项财产的保险价值为60万元，投保人与甲、乙保险人分别订立相同的保险合同，保险金额分别是40万元和30万元。

若保险事故造成的实际损失是35万元，那么，根据该种分摊方式，两个保险人的分摊金额分别为：

甲保险人应分摊的赔款＝35×40/70=20（万元）

乙保险人应分摊的赔款＝35×30/70=15（万元）

2. 限额责任分摊方式

这种分摊方式不以保险金额为基础，而是按照各保险人假设在无其他保险人承保的情况

下，单独应承担的赔偿责任限额占各家保险公司赔偿责任限额之和的比例来分摊损失金额。其计算公式为：

各保险人承担的赔款=损失金额×（该保险人的赔偿限额/各保险人的赔偿限额之和）

例如，仍以上例条件为例，在无他人承保的情况下，甲公司应赔偿的责任限额为35万元，乙公司应赔偿的责任限额为30万元，按照他们在无他保的情况下单独应负的限额责任比例分摊，则：

甲公司应分摊的赔款=35×35/（35+30）=18.85（万元）

乙公司应分摊的赔款=35×30/（35+30）=16.15（万元）

3. 顺序责任分摊方式

这种分摊方式是指各保险公司按出单时间顺序赔偿，先出单的公司先在其保额限度内负责赔偿，后出单的公司只在损失额超出前一家公司的保额时，在自身保额限度内赔偿超出的部分。

例如，王某将同一财产就同一险别同时向甲、乙两家保险公司办理了保险，保险金额分别为15万元和20万元，甲公司先出单，乙公司后出单，假如被保财产实际损失16万元，按顺序责任，甲公司赔款额为15万元，乙公司赔款为1万元。

项目小结

① 最大诚信原则要求保险合同当事人在订立合同及在合同有效期内，应依法向对方提供足以影响对方作出订约与履约决定的全部实质性重要事实，同时信守合同订立的约定与承诺；否则，受到损害的一方按民事立法规定，可以以此为由宣布合同无效，或解除合同，或不履行合同约定的义务或责任，甚至对因此而受到的损害要求对方予以赔偿。最大诚信原则的内容包括告知、保证、弃权与禁止反言。无论投保人一方还是保险人一方，违反最大诚信原则都要承担相应的法律后果。

② 保险利益是指投保人或被保险人对保险标的所具有的法律上承认的利益。保险利益是保险合同是否有效的必要条件，同时保险利益必须是合法的利益、经济上的利益、能确定的利益。保险利益原则是指在签订保险合同和履行保险合同过程中，投保人或被保险人对保险标的必须具有保险利益。保险利益原则在财产保险、责任保险、信用保证保险及人身保险中有不同的应用。一般情况下，财产保险的保险利益必须在保险合同订立到损失发生时的全过程中存在；与财产保险不同，人身保险的保险利益必须在保险合同订立时存在，保险事故发生时是否具有保险利益并不影响合同效力。

③ 近因原则是判断保险事故与保险标的的损失之间的因果关系，从而确定保险赔偿责任的一项基本原则。近因是指在风险和损害之间，导致损害发生的最直接、最有效、起决定作用的原因，而不是指时间上或空间上最近的原因。如果近因属于被保风险，保险人就应负赔偿责任；如果近因属于除外风险或未保风险，保险人不负赔偿责任。在保险实务中，导致损失的原因包括：单一原因、多种原因同时并存发生、多种原因连续发生、多种原因间断发生四种情形，要根据具体情况作具体分析。

④ 损失补偿原则是指在保险标的遭受保险责任范围内的损失时，保险

人应当按照合同的约定履行赔偿义务，保险赔偿只能使被保险人恢复到受灾前的经济状况，不能使被保险人获得额外收益。坚持损失补偿原则，保险人在履行赔偿责任时，必须把握三个限度，即实际损失、保险金额和保险利益，以保证被保险人既能恢复失去的经济利益，又不会由于保险赔偿而额外获得利益。同时，损失补偿原则有三个例外，分别是人身保险、定值保险和重置价值保险。

⑤ 损失补偿的派生原则包括代位原则和重复保险分摊原则。其中，代位原则又分为代位求偿和物上代位两种。重复保险的分摊方法包括比例责任分摊方式、限额责任分摊方式和顺序责任分摊方式三种。

 职业技能训练

【训练目标】

通过主观题叙述和客观题分析与演练，理解保险基本原则的内涵，明确保险基本原则的意义，将最大诚信原则、保险利益原则、近因原则和损失补偿原则在保险经营实务中更好地应用。

【训练任务】

准确描述保险基本原则的含义及应用，辨别保险原则对保险经营的影响，通过自主探究、小组合作等方法完成保险基本原则职业技能实训任务。具体任务如下。

一、名词解释

保险利益 重要事实 禁止反言 告知 保证 近因 代位求偿 委付 重复保险 推定全损

二、单项选择题

1. 重复保险分摊原则是派生于保险基本原则中的（ ）。

A. 保险利益原则 B. 最大诚信原则 C. 近因原则 D. 损失补偿原则

2. 王某将某一价值为30万元的汽车为抵押向某银行贷款20万元，银行准备为该汽车投保机动车辆保险，则银行对该汽车的保险利益为（ ）。

A. 30万元 B. 10万元 C. 20万元 D. 50万元

3. 在保险实践中，弃权与禁止反言主要用来约束的保险主体是（ ）。

A. 保险人 B. 被保险人 C. 受益人 D. 投保人

4. 某人以其具有的价值6万元的财产先后向甲、乙两保险公司重复投保，保险金额分别为4万元、6万元，在保险期限内财产损失5万元，按照比例责任分摊方式，甲保险公司应该赔偿（ ）。

A. 2万元 B. 3万元 C. 4万元 D. 5万元

5. 仅要求在投保时具有保险利益的是（ ）。

A. 人寿保险 B. 责任保险 C. 家庭财产保险 D. 海洋货物运输保险

6. 投保人对同一保险标的、同一保险利益、同一保险事故分别向两个以上保险人订立保险合同，且总的保险金额超过保险价值的保险是（ ）。

A. 共同保险 B. 再保险 C. 重复保险 D. 原保险

7. 在确定投保人如实告知的范围时，我国采用（　　）。

A. 无限告知　　　　B. 询问回答告知　　C. 明确说明　　　D. 明确列明

8. 要求在整个保险合同有效期内具有保险利益的是（　　）。

A. 海洋货物运输保险　　　　　　　B. 定期寿险

C. 终身寿险　　　　　　　　　　　D. 机动车辆保险

9. 适用重复保险分摊原则的险种是（　　）。

A. 年金保险　　　　B. 死亡保险　　　C. 财产保险　　　D. 万能寿险

10. 投保人将保险价值为150万元的财产同时向甲、乙两家保险公司投保财产保险综合险，保险金额分别为50万元和150万元。若一次保险事故造成实际损失为80万元，则按照比例责任分摊方式，甲、乙两家保险公司应分别承担的赔款是（　　）。

A. 50万元和30万元　　　　　　　　B. 40万元和40万元

C. 30万元和50万元　　　　　　　　D. 20万元和60万元

11. 对于保险利益的时效，人身保险要求（　　）。

A. 投保时必须具有保险利益

B. 发生保险事故时必须具有保险利益

C. 保险合同有效期内必须具有保险利益

D. 或者投保时具有保险利益，或者发生保险事故时具有保险利益

12. 仅适用于补偿性保险合同的原则是（　　）。

A. 保险利益原则　　B. 最大诚信原则　　C. 赔偿原则　　　D. 近因原则

13. 近因原则是判明风险事故与保险标的损失之间因果关系，以确定保险责任的一项基本原则。所谓近因是（　　）。

A. 时间上与损失最近的原因　　　　B. 空间上与损失最近的原因

C. 造成损失的最先发生的原因　　　D. 造成损失的最直接有效的原因

14. 保险利益为确定的利益是指保险利益（　　）。

A. 已经确定　　　　B. 可以确定　　　C. 不能确定　　　D. A和B均是

15. 某企业投保企业财产险，足额投保，保险金额为100万元，出险时保险财产的保险价值为80万元；当发生全损时，保险人应赔偿（　　）。

A. 100万元　　　　B. 80万元　　　　C. 20万元　　　　D. 40万元

16. 某企业投保企业财产险，保险金额为100万，出险时保险财产的保险价值为120万元。实际受损30万，保险人应赔偿（　　）。

A. 100万元　　　　B. 120万元　　　C. 30万元　　　　D. 25万元

17. 在保险理赔过程中判断是否属于保险责任应遵循的原则是（　　）。

A. 分摊原则　　　　B. 物上代位　　　C. 代位求偿　　　D. 近因原则

18. 保险人行使代位求偿权时，如果依代位求偿取得第三人赔偿金额超过保险人的赔偿金额，其超过部分应归（　　）所有。

A. 保险人　　　　　B. 被保险人　　　C. 第三者　　　　D. 国家

19. 保险利益从本质上说是某种（　　）。

A. 经济利益　　　　B. 物质利益　　　C. 精神利益　　　D. 财产利益

20. 投保人因过失未履行如实告知义务，对保险事故发生有严重影响时，保险人对于保险合同解除前发生的保险事故（　　）。

A. 应承担赔偿或给付保险金的责任

B. 不承担赔偿或给付保险金的责任，并不退还保费

C. 不承担赔偿或给付保险金的责任，但可退还保费

D. 承担部分赔偿或给付保险金的责任

三、多项选择题

1. 对财产保险具有保险利益的人有（　　）。

A. 财产所有人　　　B. 财产受托人　　　C. 财产管理人

D. 财产抵押人　　　E. 财产出租人

2. 重复保险的分摊方法有（　　）。

A. 超额责任分摊　　　B. 限额责任分摊

C. 顺序责任分摊　　　D. 比例责任分摊

四、思考与讨论

1. 保险利益在财产保险和人身保险中的时效有哪些不同？

2. 违反了保证条款，保险合同就失效了吗？为什么？

3. 重复保险时能够获得超过保险价值的赔偿吗？为什么？

五、案例分析

［案例一］王先生在2023年7月10日将其价值25万元的房屋，向保险公司投保了财产保险，保险期限是2023年7月11日零时至2024年7月11日24时。王先生急于用钱，在2024年4月1日将该房屋卖给了胡先生，但没有到保险公司办理相关手续。2024年5月8日，该房屋发生火灾并造成全损。此后，王先生到保险公司报案，请求保险公司赔偿。

问题：此案应如何处理？为什么？

［案例二］张先生家的房屋投保了家庭财产保险，保险期间为2023年5月8日零时至2024年5月8日24时。张先生发现每年春节时经营烟花、鞭炮都非常赚钱，于是在2024年春节到来之际决定将自家民用住宅的房屋改为存放烟花、鞭炮的仓库。此做法也没有通知保险公司。不料，2024年2月4日发生了火灾，尽管全力施救，由于火势太大，造成了很大损失。事故发生后，张先生想到此房屋已向保险公司投保了，于是马上到保险公司报案。

问题：此案应如何处理？为什么？

［案例三］某工厂一台机床投保时按市价确定保险金额为10万元，在保险期间发生了保险事故，造成全部损失，发生保险事故时该机床的市场价为8万元。

问题：保险公司应如何赔偿？说明理由。

［案例四］某项财产的保险价值为40万元，在同一期间，投保人与甲、乙保险人分别订立了险种相同的保险合同，保险金额分别是30万元和20万元。在保险期内发生保险事故，造成损失25万元。

问题：按比例责任分摊方式和限额责任分摊方式分别计算，甲、乙两保险公司各赔偿多少元？

项目四答案

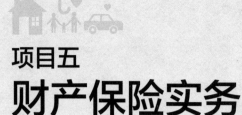

项目五
财产保险实务

案例导入

2023年度我国财产保险发展概况

　　2023年，中国财产保险市场保持稳定增长，保费收入超2万亿元人民币，同比增长8.92%，显示出行业稳健发展和保险需求增长。政策支持与监管导向明确，强调保险业需稳健增长、风险控制和保障民生，推动数字化转型加速，如通过AI、大数据优化保险服务流程，提升效率和客户体验。农业保险与巨灾保险成为亮点，有效保障农户免受自然灾害影响，支持农业稳定。保险业还积极服务于实体经济，如制造业、小微企业，提供风险保障，同时在风险管理、产品创新（如ESG保险）和国际化方面取得进展，外资参与度提升，增强了行业竞争力。整体上，2023年财产保险市场在保障民生、创新驱动、服务经济与国际化等方面表现出色。

任务一　认识财产保险

 任务训练1　掌握财产保险的内涵和特征

财产保险的含义、特征和种类

 ## 任务训练目标

通过完成财产保险的内涵和特征的任务训练，能运用财产保险知识，分析财产保险特征，并在保险实务中加以正确应用。

知识要点

一、财产保险的含义

财产保险，是指保险人对于投保人或者被保险人的财产以及与财产相关的利益，在发生保险责任范围内的灾害事故而遭受经济损失时给予补偿的一种保险。财产保险中所指的财产除了包括一切动产、不动产、固定的或流动的财产以及在制或制成品的有形财产外，还包括运费、预期利润、信用及责任等无形财产。

财产保险是以财产及其相关利益和损害赔偿责任为保险标的，以自然灾害、意外事故为保险责任，以补偿被保险人的经济损失为基本目的的保险。对于财产保险的含义，可以从以下三个方面来理解：第一，财产保险的保险标的是以物质形态、非物质形态存在的财产及其相关利益；第二，财产保险承保的风险一般是各类灾害事故；第三，财产保险是当被保险人因保险事故遭受经济上的损失时，保险人负责赔偿。

1. 广义财产保险和狭义财产保险

广义的财产保险是指包括各种财产损失保险、责任保险、信用保证保险等业务在内的一切非人身保险业务，其保险的保险标的既包括各种有形的物质财产，也包括在物质财产基础上派生出的财产相关利益、责任和信用。狭义的财产保险则仅指各种财产损失保险，它强调保险标的是各种具体的财产物资，如房屋保险、运输工具保险、货物保险、工程保险等。

2. 有形财产保险和无形财产保险

由于财产可以分为有形财产（如生产车间、机械设备、运输工具、库存商品等）与无形财产（如预期利益、权益、责任、信用等），因此财产保险也可以根据承保标的的形态分为有形财产保险和无形财产保险。有形财产保险是指以各种具备实体形态的财产物资为保险标的的财产保险，它在内容上与狭义财产保险业务基本趋于一致；无形财产保险则是指以各种没有实体形态，但是属于投保人或被保险人的合法利益为保险标的的保险，如责任保险、信用保险、利润损失保险业务等。

3. 寿险与非寿险

国际上，通常根据各种保险业务的性质和经营规则，将整个保险业务划分为寿险和非寿险。非寿险是指除寿险之外的一切保险业务的总称，包括广义财产保险与短期人身保险业务。其中短期人身保险主要是短期人身意外伤害保险和短期健康保险。国际上之所以将短期人身保险业务与财产保险一同并入非寿险的范围，主要原因在于它们都具有一定的补偿性质，保险期限较短，财务处理方式与责任准备金计提等方面的业务处理基本一致。将保险分为寿险和非寿险，这是一种国际惯例。

我国《保险法》第九十五条规定："财产保险业务，包括财产损失保险、责任保险、信用保险、保证保险等保险业务……经营财产保险业务的保险公司经国务院保险监督管理机构批准，可以经营短期健康保险业务和意外伤害保险业务。"这充分体现了我国保险行业在财产保险业务运营方面与国际惯例的接轨。

二、财产保险的特征

（一）财产保险承保范围的广泛性

现代财产保险业务的承保范围，涵盖了除自然人的身体与生命之外的近乎一切的风险保险业务，它不仅包含各种差异极大的财产物资，而且包含着各种民事法律风险和商业信用风险等。例如，大到航天工业、核电工程、海洋石油勘探开发，小到家庭或个人财产等，几乎全部可以从财产保险中获得相应的风险保障。

（二）财产保险经营内容的复杂性

无论是从财产保险经营内容的整体出发，还是从某一具体的财产保险业务经营内容出发，其复杂性的特征均十分明显。它主要表现在以下几点。

1. 投保主体复杂

既有法人团体投保，又有居民家庭和个人投保；既可能只涉及单个保险客户，也可能涉及多个保险客户和任何第三者。

2. 保险标的复杂

财产保险的投保标的，包括从普通的财产物资到高科技产品或大型土木工程，从有实体的各种物资到无实体的法律、信用责任乃至政治、军事风险等。

3. 保障过程复杂

在财产保险业务经营中，既要强调保前风险检查、保时严格核保，又须重视保险期间的防灾防损和保险事故发生后的理赔查勘等，承保过程程序多、环节多。

4. 风险管理复杂

对每一笔财产保险业务，保险人客观上均需要进行风险评估、风险选择或风险限制，并需要运用再保险的手段来分散风险。

5. 经营技术复杂

即要求保险人熟悉与各种类型投保标的相关的技术知识。例如，要想获得经营责任保险业务的成功，就必须以熟悉各种民事法律、法规及相应的诉讼知识和技能为前提。

（三）财产保险保险标的的可衡量性

财产保险业务的承保标的，不仅包含着各种差异极大的财产物资，而且包含着各种民事法律风险和商业信用风险等。与此同时，财产保险的保险标的无论归自然人所有还是归法人所有，均有客观而具体的价值标准，都需要用货币来衡量其价值，保险客户可以通过财产保险来获得充分补偿。

（四）财产保险业务性质的补偿性

保险客户投保各种类别的财产保险，目的在于转嫁自己在有关财产物资和利益上的风险，当风险发生并导致保险利益损失时能够获得保险人的补偿；保险人经营各种类别的财产保险业务，则意味着承担起对保险客户保险利益损失的补偿责任。当保险事故发生以后，财产保险讲求损失补偿原则，它强调保险人必须按照保险合同的规定履行赔偿义务，同时也不允许被保险人通过保险获得额外利益。

（五）财产保险单独保险关系的不平等性

就单个保险关系而言，保险双方实际收入与支付在经济价值上可能表现出不平等的现象。一方面，保险人承保每一笔业务都收取保险费，其收取的保险费通常是投保人投保标的实际价值的千分之几或百分之几，而一旦被保险人发生保险损失，保险人往往要付出高于保险费若干倍的保险赔款，表现为保险人的收入与支出的不等性。另一方面，在所有承保业务中，发生保险事故或保险损失的保户毕竟只有少数，对多数保户而言，保险人即使收取了保险费也不存在经济赔偿的问题，表现为投保人的收入与支出的不等性。正是这种单个保险关系在经济价值支付上的不等性，构成了财产保险总量关系等价性的现实基础和前提条件。所以，就某一单独的保险关系而言，强调的是对价，而不是等价。

（六）财产保险业务运行的商业性

一般而言，财产保险业务运行必须服从商品经营的共性理论，严格遵循商品经营所必须遵循的游戏规则，财产保险商品设计、开发、管理和销售的全过程都必须注意其运行过程的商业价值，不符合商品经营原则的业务是对保险商品观的扭曲，没有市场价值的业务是对保险商业运行的破坏。因此，认识和理解财产保险业务的运行是保险商品运行的一个重要组成部分，应当区别财产保险和社会救助及相关行为的关系，立足于商品经营和市场价值的观念来讨论财产保险业务的运行，使财产保险的运行既要符合保险商品经营的法律规定，又要围绕物质财产或经济利益保障的特殊性。

知识拓展

财产保险与政府救济

政府及有关当局的救济作为古老的灾害补偿措施，迄今仍然被各国广泛采用，并且是一种行之有效的补偿制度。财产保险与政府救济作为两种性质不同的灾害补偿机制，是现代社会灾害保障的两个层次，都具有必要性。其根本区别表现如下。

一、性质与目的不同

财产保险具有商业性，即保险双方按照市场经济规律，在自愿成交的条件下开展业务，保险公司开办财产保险业务的直接目的是赚取利润，是一种纯粹的企业行为；而政府救济是依据有关社会保障方面的法律、法规开展的灾害补偿工作，其目的在于帮助受灾的社会成员度过生存危机期，以安定灾区社会秩序，是一项社会保障制度和一种政府行为。

二、权利义务关系不同

在财产保险中，保险公司与保险客户之间是有偿的、双向的权利与义务关系，即保险客户若想获得有关财产物资或利益的风险保障，就必须交纳保险费；而在政府救济中，提供救济与接受救济双方的权利义务关系却具有单向性、无偿性，即政府承担着向遭灾的社会成员提供救济的法定义务，而遭灾的社会成员则享受着接受救济的法定权利而无须承担缴费义务。因此，财产保险体现的是有偿的经济保障关系，政府救济体现的则是无偿的社会救济关系。

三、保障内容不同

在保障内容方面，除自然人的身体与生命属于人身保险而不保外，财产保险可以保障投保人的各种物质损失和利益损失风险，其对投保人的财产及有关利益的保障可以是全面而充分的；而政府救济虽然也对受灾的社会成员因灾受伤的医疗问题给予有限的救助，但不保受灾社会成员的有关利益，所保障的物品亦有明显限制，仅限于受灾社会成员的吃饭、衣被、住房等生存必需资料。可见，财产保险更能为社会成员提供全方位的风险保障服务。

四、保障水平不同

财产保险按照大数法则和损失概率确定保险价格，通过向众多的保险客户筹集保险基金，为保险客户提供高水平的风险保障；而政府救济单纯依靠财政拨款，只能以帮助遭灾的家庭或个人解除灾后生存危机即提供最基本的保障为标准。

任务训练2　区分财产保险险种

任务训练目标

通过区分财产保险险种的任务训练，能运用财产保险分类的相关知识，根据财产保险承保的要求，制订转移财产风险的方案。

知识要点

财产保险的分类是按一定的标准对财产保险商品分组归类，其目的是使人们能够从总体上了解各类财产保险的共性，从个体上掌握各种财产保险的特殊性。

一、财产保险的法定分类

我国《保险法》第九十五条规定，财产保险业务包括财产损失保险、责任保险、信用保险、保证保险等业务。

二、财产保险的理论分类

（一）按实施方式分为自愿保险和强制保险

自愿保险是保险人和投保人在自愿原则基础上通过签订保险合同而建立保险关系的一种保险，如家庭财产保险、企业财产保险、车辆损失保险等。强制保险又称法定保险，是以国家的有关法律为依据而建立保险关系的一种保险，它是通过法律规定强制实行的，如机动交通事故责任强制保险。

（二）按保险价值的确定方式分为定值保险和不定值保险

定值保险是指保险合同当事人将保险标的的保险价值事先约定并在合同中予以载明作为保险金额，在保险事故发生时根据载明的保险价值进行赔偿的保险。该险种通常适用于价值变化较大或不易确定价值的特定物，如字画、古玩或海上运输中的货物。不定值保险是指在保险合同中只载明保险标的的保险金额而未载明保险价值，在保险事故发生时，根据发生时的保险价值对比保险金额予以赔偿的保险。在不定值保险合同中，投保时仅载明保险金额，并以此作为赔偿的最高限额，至于保险标的的保险价值则处于不确定的状态。财产保险大多采用不定值保险。

（三）按保险标的的形态分为有形财产保险和无形财产保险

有形财产保险是以已经存在的现实物质财产及其有关利益为保险标的的保险，如车辆损失险、船舶保险等。无形财产保险是以被保险人因过错行为造成第三者人身伤亡、财产损失，依法应负的民事损害赔偿责任为保险标的的保险，如第三者责任保险、产品责任保险、信用保险等。

除上述之外还有一些常见的分类方法，例如按风险的内容分为火灾保险、地震保险、洪水保险等；按保险业务内容分为企业财产保险、家庭财产保险、营业中断保险、货物运输保险、运输工具保险、工程保险、农业保险、责任保险、保证保险、信用保险等；按承保风险的多少，将财产保险分为单一风险保险和综合风险保险等；按保险保障的范围不同分为财产损失保险、责任保险、信用保证保险和农业保险。

三、财产保险的实用分类

从广义上讲，凡以财产或其有关利益作为保险标的的各种保险都属于财产保险。它既包括狭义的财产保险，即通常是指火灾保险、海上及内陆货物运输保险、运输工具保险以及各种以物质财产为保险对象的保险，又包括农业保险（种植业、养殖业、捕捞业等各种保险）、责任保险（民事损害赔偿的各种保险）、保证保险（违约担保的各种保险）、信用保险（担保对方履行责任的各种保险）等。财产保险体系见图5-1。

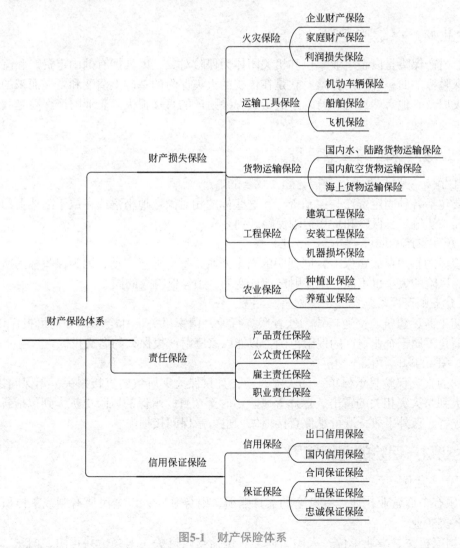

图5-1 财产保险体系

任务二　熟悉企业财产保险实务

任务训练1　认识企业财产保险

企业财产保险的
定义、特征、适用
范围、保险标的

任务训练目标

通过完成认识企业财产保险的任务训练，能运用企业财产保险知识，分析企业面临的财产风险，并为企业制订财产保险方案。

知识要点

一、企业财产保险的定义

企业财产保险是以企事业单位和机关团体为保险对象，以其拥有的固定资产和流动资产等作为保险标的的一种财产保险。它是在传统的火灾保险的基础上演变和发展而来的，主要承保火灾以及其他自然灾害和意外事故造成保险财产的直接损失。企业财产保险是我国财产保险的主要险种。

二、企业财产保险的主要特征

1. 保险标的是陆地上处于相对静止状态的财产

主要包括各种固定资产与流动资产，这些标的相对固定地坐落或存放于陆地上的某个位置，从而与运输工具保险和货物运输保险区别开来。

2. 承保财产的地址不得随意变动

保险标的必须存放在保险合同列明的固定处所，不得随意变动，因为保险标的所处的地点不同，风险的大小也不同。承保财产地址变动，须经保险人的同意。

3. 企业财产保险强调的是保险客户的法人资格

一切工商、建筑、交通运输、饮食服务行业，国家机关，社会团体等均可投保该险种，个体工商户不属于企业财产的保险范围，只能以家庭财产投保人的名义投保。

4. 承保的风险范围不断扩大

最初的火灾保险只承保单一的火灾风险，且只保火灾所致的直接损失，不保间接损失，后来扩大到与火灾相关的雷击、爆炸等风险。时至今日，承保的风险更扩大到包括各种列明的自然灾害、意外事故，既可承保直接损失，也可承保间接损失。

三、企业财产保险的适用范围

（一）投保人范围

① 领有工商营业执照，有健全的会计账册，财务独立，以全民所有制或集体所有制为主体的各类企业。

② 国家机关、事业单位、人民团体等。包括党政机关、工会、共青团、妇联、科研机构、学校、医院、文艺团体等。

③ 以人民币投保，愿意接受财产保险基本险条款的"三资"企业。

④ 有健全会计账册的私营企业。

（二）不可作为投保人范围

① 接受国外来料加工的企业，外国、华侨独资经营的企业，中外合资经营和合作经营的企业，以及通过补偿贸易、引进技术和设备等方法进行的工程和项目承担者。

② 军事机关和部队。

案例分析

到期承租房屋遭火受损，保险公司是否赔偿

A公司向本市一家印刷厂租借了一间100多平方米的厂房作为生产车间，双方在租赁合同中约定租赁期为一年，若有一方违约，则违约方将支付违约金。同年3月6日，该公司向当地保险公司投保了企业财产险，期限为一年。A公司因订单不断，欲向印刷厂续租厂房一年，遭到拒绝，因此A公司只好边维持生产边准备搬迁。次年1月2日至18日间，印刷厂多次与A公司交涉，催促其尽快搬走，而A公司经理多次向印刷厂解释，并表示愿意支付违约金。最后，印刷厂法人代表只得要求A公司最迟在2月10日前交还厂房，否则将向有关部门起诉。2月3日，A公司职员不慎将洒在地上的煤油引燃起火，造成厂房内设备损失215000元，厂房屋顶烧塌，需修理费53000元，A公司于是向保险人索赔。

［案情分析］

本案中厂房内设备属企业财产险的保险责任范围，保险公司理应赔偿其损失，这一点不存在争议，但租借合同已到期，保险公司对是否仍应对厂房屋顶修理费进行赔偿产生了分歧。

第一种意见：租赁合同到期后，A公司对印刷厂厂房已不存在保险利益。

第二种意见：A公司继续违约使用印刷厂厂房期间，厂房屋顶烧塌，即A公司违约行为在先，在保险标的上的利益不合法，保险公司不应给予赔偿。

根据《保险法》第十二条规定，"保险利益是指投保人或者被保险人对保险标的具有的法律上承认的利益"。而在财产保险中，他物权人对依法享有他物权的财产，如承租人对其承租的房屋，享有保险利益。因此本案中，A公司投保时，对厂房具有保险利益，保险合同有效。

本案的关键在于租赁合同期满后，保险合同是否仍具有法律效力。我国2021年1月1日起实施的《中华人民共和国民法典》第一百三十五条规定："民事法律行为可以采用书面形式、口头形式或者其他形式。"本案中，印刷厂法人代表最终同意A公司在2月10日前交还厂房，是印刷厂对A公司租赁合同到期后继续使用厂房行为的认可。而且，如果A公司未因火灾导致厂房屋顶烧塌，就不用支付相应的修理费用，而可将完好的厂房交还印刷厂。从以上两点分析看，保险事故发生时，A公司对厂房这一保险标的具有保险利益。

结论：保险公司应向A公司赔偿215000元的设备损失及53000元的屋顶烧塌修理费。

任务训练2　熟练掌握企业财产保险基本条款

任务训练目标

通过完成企业财产保险基本条款的任务训练，能运用企业财产保险基本条款知识，为企业财产保险设计方案，并可以在保险实务中加以正确应用。

知识要点

一、保险标的选择

企业财产保险的保险标的可以分为可保财产、特约可保财产和不保财产。

（一）可保财产

凡是为被保险人自有或与他人共有而由被保险人负责的财产，由被保险人经营管理或替他人保管的财产，以及具有其他法律上承认的与被保险人有经济利害关系的财产，而且是坐落、存放于保险单所载明地址下的财产，都属可保财产。具体包括以下内容。

（1）房屋及其附属设备（含租赁）和室内装修材料。包括正在使用、未使用或出租、承租的房屋，以及房屋以外的各种建筑物，如船坞、车库等。

（2）机器及设备。包括各种机床、电炉、铸造机械、传导设备以及其他工作机器、设备等。

（3）工具、仪器及生产用具。如切削工具、模压工具，检验、实验和测量用仪器及达到固定资产标准的包装容器等。

（4）管理用具及低值易耗品。如办公、计量、消防用具及其他经营管理用的器具设备。工具、玻璃器皿以及在生产过程中使用的包装容器等不能作为固定资产的各种低值易耗品。

（5）原材料、半成品、在产品、产成品或库存商品、特种储备商品。如各种原料、材料、备品备件、物料用品、副产品、残次商品、样品、展品、包装物等。

（6）账外及已摊销的财产。如简易仓棚、边角料、不入账的自制设备、无偿转移的财产、账上已摊销而尚在使用的低值易耗品等。

此外，建造中的房屋、建筑物和建筑材料等也属于团体财产保险的可保财产。

（二）特约可保财产

特约可保财产是指必须经过保险双方的特别约定，并在保险单上载明才能成为保险标的的财产。这种特别约定包含两层含义：一是取消保险单中对该特约可保财产的除外不保；二是将该项目纳入可保财产范围。团体财产保险中的特约可保财产包括以下几种。

（1）市场价格变化大、保险金额难以确定的财产。如金银、珠宝、玉器、首饰、古玩、邮票、艺术品等。

（2）价值高、危险较特别的财产。如堤堰、水闸、铁路、道路、桥梁、码头这些财产虽不易遭受火灾损失，但常因洪水、地震等危险造成损失。因此，保险人一般将其列为特约可保财产范畴。

（3）危险大，需要提高费率的财产。如矿井、矿坑内的设备和物质等。

（三）不保财产

不保财产是指保险人不予承保或不能在火灾保险项下承保的财产，它包括如下几项。

① 土地、矿藏、森林、水产资源等。

② 货币、有价证券、票证、文件、账册、技术资料、图表等难以鉴定其价值的财产。

③ 违章建筑、非法占有的财产以及正处于紧急状态的财产。

④ 未经收割的农作物及家禽、家畜等家养动物。

二、保险金额的确定

保险金额是保险人对被保险人的保险财产遭受损失时，负责赔偿的最高限额，也是投保人交纳保费的依据。团体财产保险的保险金额，一般都以账面为基础确定，但因财产种类不同，其计算方式也有所不同。在保险实务中将固定资产和流动资产分别确定。

（一）固定资产的保险金额

固定资产的保险金额的确定有三种不同方式。

① 按账面原值投保，即固定资产的账面原值就是该固定资产的保险金额。

② 按重置重建价值投保，即按照投保时重新购建同样的财产所需支出的金额来确定保险金额。

③ 按投保时实际价值协商投保，即根据投保时投保标的所具有的实际价值由保险双方协议确定保险金额。

（二）流动资产的保险金额

流动资产的保险金额有两种确定方式，可供被保险人选择。

① 按被保险人流动资产最近12个月的平均账面余额投保。

② 按被保险人物化流动资产最近账面余额投保。

三、保险费率的选用

企业财产保险的费率，主要根据保险财产的不同种类、占用性质，按危险的大小、损失率的高低和经营费用等因素制定。我国现行的企业财产保险费率是分类级差费率制，具体包括工业险费率、仓储险费率、普通险费率三大类。

（一）工业险费率

工业险费率根据工业企业的产品和所使用的原材料以生产过程中工艺处理的危险程度划分为六级费率。具体包括以下内容。

1. 一级工业险

以钢铁为原材料金属冶炼、铸造及各类重型机械、机器设备制造、钢铁制品、部分纯钢铁制品等工业；耐火材料、水泥、砖石制品等工业。

2. 二级工业险

一般机械零件制造修配工业；以金属为主要原材料，兼用少量塑料及非金属结构零件制造、修配工业；兼有少量喷烘漆等工艺的五金零件制造修配工业。

3. 三级工业险

以部分金属或一般物资为主要原材料的仪器，以及副仪器、轻工、塑料制品、电子、电器、电机仪表、日常生活用品等工业；生产过程比较完全、危险性小的日用化学品工业。

4. 四级工业险

以竹、木、皮毛或一般可燃物资为原材料或以一般危险品进行化合生产并在生产过程中有一定危险性的工业；棉、麻、丝及其制品，塑料、化纤、化学、医药等制造加工工业；以油脂为原料的轻工业；文具、纸制品工业。

5. 五级工业险

以一般危险品及部分特别危险品为主要原料进行化合生产、制氧、挥发性化学试剂以及塑料、染料制造等工业；大量使用以竹、木、草为主要原材料的木器家具、工具、竹器、草编织品制造工业及造纸工业；油布、油纸制品工业。

6. 六级工业险

以特别危险品如硝酸纤维素塑料（俗称赛璐珞）、磷、醚及其他爆炸品为主要原材料进行化合生产的工业；染料工业。

从事制造、修配、加工生产的企业，按工业险确定费率。

（二）仓储险费率

仓储险费率根据仓储的用途、储存的物资及可能遭受损失的危险大小确定，并按其不同危险程度分为四级。

    ① 一般物资；

    ② 危险品；

    ③ 特别危险品专储；

    ④ 金属材料和粮食专储。

（三）普通险费率

普通险费率适用于文教卫生等事业单位、社团法人、商业、农场、火车站、码头等法人团体的财产。财产保险综合险年费率如表5-1所示。

表5-1　财产保险综合险年费率表（按保险金额每千元计算）

类别	号次	占用性质	费率1	费率2
工业类	1	第一级工业	1.60	1.00
	2	第二级工业	2.00	1.50
	3	第三级工业	2.40	2.00
	4	第四级工业	4.00	3.50
	5	第五级工业	6.40	5.00
	6	第六级工业	8.00	7.00
仓储类	7	一般物资	1.50	1.00
	8	危险品	3.00	2.00
	9	特别危险品	5.00	4.00
	10	金属材料、粮食专储	1.00	0.50
普通类	11	社会团体、机关、事业单位	1.60	1.00
	12	综合商业、饮食服务业、商贸、写字楼、展览馆、体育场所、交通运输业、牧场、农场、林场、科研院所、住宅、邮政、电信、供电高压线路、输电设备	2.40	2.00
	13	石油化工商店、液化石油气供应站、杂品商店、废旧物资收购站、修理行、文化娱乐场所、加油站	3.00	3.00

注：费率1适用于华东、中南、西南地区；费率2适用于华北、东北、西北地区。

四、保险责任确定

企业财产保险由于保险责任的范围不同分为基本险、综合险和附加险。

（一）企业财产保险基本险的保险责任

（1）火灾。保险领域中的火灾界定是这样的："火灾"是指在时间或空间上由失去控制的燃烧所造成的灾害。构成火灾责任必须同时具备以下三个条件：一是有燃烧现象，即有光有火焰；二是偶然意外发生的燃烧；三是燃烧失去控制并有蔓延扩大的趋势。仅有燃烧现象并不构成保险中的火灾责任。例如在生产生活中有目的地用火，为了防疫而焚毁玷污的衣物等均属正常燃烧，不属于火灾责任。因烘、烤、烫、烙等造成焦煳变质等损失，既无燃烧现象又无蔓延扩大趋势，也不属于火灾责任。电机、电器、电气设备因使用过度、超电压、碰线、弧花、漏电、自身发热造成本身毁损，不属火灾责任，但如果发生了燃烧并失去控制，蔓延扩大就构成了火灾责任，保险人对电机、电器、电气设备本身的损失负责赔偿。

（2）雷击。雷击是指雷电造成的灾害。雷电为积雨云中、云间或云地之间产生的放电现象。雷击的破坏形式分为直接雷击和感应雷击。直接雷击是指雷电直接击中保险标的造成损失；感应雷击是指由于雷电产生的静电感应或电磁感应，使屋内对地绝缘金属物体产生高电位放出火花引起的火灾，导致电器本身的损毁或因雷电的高压感应致使电器部件的损毁。

（3）爆炸。爆炸分为物理性爆炸和化学性爆炸。物理性爆炸是指由于液体变为蒸气或气体膨胀，压力急剧增加并大大超过容器所能承受的极限压力而发生的爆炸。例如，锅炉、空气压缩机、压缩机气体钢瓶、液体气罐爆炸等。鉴别锅炉、压力容器爆炸事故，通常以劳动部门出具的鉴定为标准。化学性爆炸，是指物体在瞬间分解或燃烧时放出大量的热和气体，并以很大的压力向四周扩散的现象。例如，火药爆炸、可燃性粉尘纤维爆炸、可燃气体爆炸以及各种化学物品的爆炸等。但电子管、热水瓶、轮胎破裂等，不属于爆炸事故。

（4）飞行物体及其他空中运行物体坠落。凡空中飞行或运行物体的坠落，如陨石坠落、空中飞行器、人造卫星坠落，吊车行车在运行时发生物体坠落，造成保险财产损失，都属于保险责任。此外，在施工过程中，因人工开凿或爆炸而致石方、石块、土方飞射或塌下造成保险标的损失，亦视同空中运行物坠落责任，保险人可以先予以赔偿，然后再向负有责任的第三者追偿。建筑物倒塌、坠落、倾倒造成保险标的损失，如果涉及第三者责任，可以先赔偿后追偿。但是对建筑物本身倒塌的损失，不论是否属于保险标的，都不负责赔偿。

（5）被保险人拥有财产所有权的自用的供电、供水、供气设备因保险事故遭受损坏，引起停电、停水、停气（也称"三停"）以致造成保险标的的直接损失。

"三停"损失成立的条件如下。

① 必须是被保险人拥有财产所有权并自己使用的供电、供水、供气设备，包括本单位拥有所有权和使用权的专用设备，以及本单位拥有所有权而与其他单位共用的设备，如发电机、变压器、配电间、水塔、线路、管道等供应设备。如果是被保险人以外的供电、供水、供气部门的设备遭受自然灾害、意外事故或其他原因引起的"三停"，则不属于保险人的责任范围。

② 仅限于因保险事故造成的"三停"损失。

③ 仅限于对被保险人的机器设备、在产品和贮藏物品等保险标的的损坏或报废负责赔偿。例如，印染厂因发生属本项责任范围的停电事故，使生产线上运转的高热烘筒停转，烘筒上的布匹被烧焦；又如药厂因同样情况停电，使冷藏库内的药品变质，均属保险责任。

案例分析

保险财产遭受"三停"损失的赔偿处理

某食品冷冻加工厂与某织布印染厂合资购买装置、共同使用的供电变压器，由于雷击感应损坏，造成两厂突然停电事故，致使食品冷冻加工厂正在负荷运转的投料自动设备受到损坏。同时由于停电时间较长，冷库内温度升高，部分冷冻食品遭受损失。织布印染厂印染车间正运转的高热烘筒因突然停电被迫停转，烘筒上的布匹被烘焦。该两厂全部财产都投保了企业财产保险，及时提出了赔偿的要求。

［案例分析］

符合"三停"所致的损失同时具备的三个条件，属于保险责任，保险公司给予赔偿。

（6）在发生保险事故时，为抢救保险标的或防止灾害蔓延，采取合理的、必要的措施而造成保险标的的损失。例如，在发生火灾时，保险标的在抢救过程中遭受碰破、水渍等损失以及灾后搬回原地途中的损失；因抢救受灾物资而将保险房屋的墙壁、门窗等破坏造成的损失；发生火灾时隔断火道，将未着火的保险房屋拆毁造成的损失；遭受火灾后，为防止损坏的保险房屋、墙壁倒塌压坏其他保险标的而被拆除所致的损失等，保险人都负责赔偿。

（7）保险事故发生后，被保险人为防止或者减少保险标的损失所支付的必要的、合理的费用，由保险人承担。被保险人为防止或者减少保险标的损失所支付的必要的、合理的费用是指施救、抢救、保护费用。

（二）企业财产保险综合险的保险责任

企业财产保险综合险不仅承担财产保险基本险七个方面的责任，还把保险责任扩展到以下12项自然灾害造成保险标的的损失：暴雨、洪水、台风、暴风、龙卷风、雪灾、雹灾、冰凌、泥石流、崖崩、突发性滑坡、地面突然塌陷。

（1）暴雨。暴雨指每小时降雨量达16毫米以上，或连续12小时降雨量达30毫米以上，或连续24小时降雨量达50毫米以上。

（2）洪水。洪水指山洪暴发、江河泛滥、潮水上岸及倒灌。

（3）台风。台风指中心附近最大风力达到12级或12级以上，即风速在每秒32.6米以上的热带气旋。

（4）暴风。暴风指风速在每秒28.3米以上，即风力等级表中的11级风。保险条款的暴风责任扩大至8级，即风速在每秒17.2米以上。

（5）龙卷风。龙卷风是一种范围小而时间短的猛烈旋风。陆地上平均最大风速一般在每秒79～103米，是否构成龙卷风以当地气象站的认定为准。

（6）雪灾。雪灾是指由于平方米雪压超过建筑结构荷载规范规定的标准，以致压塌房屋、建筑物造成保险标的的损失，为雪灾保险责任。

（7）雹灾。雹灾是指因冰雹降落造成的灾害。

（8）冰凌。冰凌是指气象部门称的凌汛，春季江河解冻期时，冰块漂浮遇阻，堆积成坝，堵塞江道，造成水位急剧上升，以致冰凌、江水溢出江道，漫延成灾。陆地上有些地区，如山谷风口或酷寒致使雨雪在物体上结成冰块，成下垂的拉力致使物体毁坏，也属冰凌责任。至于一般的冰冻损失，如露天砖坯冻裂、水管冻裂等都不属于冰凌责任。

（9）泥石流。泥石流是指山地大量泥沙、石块突然暴发的洪流，随大暴雨或大量冰水流出。

（10）崖崩。崖崩是指石崖、土崖受自然风化、雨蚀、崖崩下塌或山上岩石滚下，或大雨使山上沙土透湿而崩塌。

（11）突发性滑坡。突发性滑坡是指斜坡上不稳定的岩体、土体或人为堆积物在重力作用下突然整体向下滑动。

（12）地面突然塌陷。地面突然塌陷是指地壳因自然变异、地层收缩而发生突然塌陷。此外，对于因海潮、河流、大雨侵蚀或在建筑房屋前没有掌握地层情况，地下有孔穴、矿穴，以致地面突然塌陷所致保险标的的损失，也在保险责任范围以内。但因地基不稳固或未按建筑施工要求导致建筑地基下沉、裂缝、倒塌及挖掘作业引起的地面下陷等损失，不在保险责任范围以内。

（三）企业财产保险基本险的责任免除

① 战争、敌对行为、军事行动、武装冲突、罢工、暴动。这类风险均属政治风险，由这类风险引起的保险事故其破坏程度和损失程度难以估计，财产损失率中未包含此项因素，故列为除外责任。

② 被保险人及其代表的故意行为或纵容所致。

③ 核反应、核辐射和放射性污染。

④ 地震、暴雨、洪水、台风、暴风、龙卷风、雪灾、雹灾、冰凌、泥石流、崖崩、滑坡、水暖管爆裂、抢劫、盗窃。

⑤ 保险标的遭受保险事故引起的各种间接损失。间接损失主要指保险事故引起的停工、停业期间支出的工资、各项费用、利润损失及因财产损毁导致的有关收益的损失。如企业保

险事故发生导致企业不能按时履约所承担的赔偿责任。

⑥ 保险标的因本身缺陷、保管不善导致的损毁，保险标的的变质、霉烂、受潮、虫咬、自然磨损、自然损耗、自燃、烘焙所造成的损失。

⑦ 由于行政行为或执法行为所致的损失。这是指各级政府或各级执法机关从国家整体利益出发，下令破坏保险标的所致的损失，属于非常性的行政措施。如政府部门对保险标的的没收、征用、销毁等损失不属于保险责任。

⑧ 其他不属于保险责任范围内的损失和费用。

由于本保险采取列明风险方式确定保险责任，除外责任不可能一一列举。

（四）企业财产保险综合险的责任免除

与基本险的责任免除相比较，综合险除了把基本险第四条除外责任列为保险责任外，还增加了两条除外责任：一是地震所造成的一切损失；二是堆放在露天或罩棚下的保险标的以及罩棚，由于暴风、暴雨造成的损失。其余与基本险相同。

五、赔偿处理

企业财产保险的赔偿方式有两种，一种是现金支付，即保险人向被保险人支付赔款；另一种是重置赔偿，即保险人承担恢复或换置受损保险财产的费用。

企业财产保险赔款计算方法按照保险财产的种类不同以及投保时确定保险金额的方式不同而不同。

（一）固定资产的赔偿计算

1. 全部损失

如果发生保险责任范围内的损失属于全部损失，无论被保险人以何种方式投保，都按保险金额予以赔偿。但受损财产保险金额高于重置重建价值时，其赔偿金额以不超过重置重建价值为准。

2. 部分损失

如果固定资产的损失是部分损失，其赔偿方式为：凡按重建重置价值投保的财产，按实际损失计算赔偿金额；按账面原值投保的财产，如果受损财产的保险金额低于重置重建价值，应根据保险金额按财产损失程度或修复费用占重置重建价值的比例计算赔偿金额；如果受损财产的保险金额相当于或高于重置重建价值，按实际损失计算赔偿金额。以上固定资产赔偿应根据明细账、卡分项计算，其中每项固定资产的最高赔偿金额不得超过其投保时确定的保险金额。

（二）流动资产的赔偿计算方法

流动资产的赔偿计算方法，因为保险金额确定方法不同分为两种。

① 按最近12个月账面平均余额投保的财产发生全部损失，按出险当时的账面余额计算赔偿金额；发生部分损失，按实际损失计算赔偿金额。

② 按最近账面额投保的财产发生全部损失，按保险金额赔偿，如果受损财产的实际损失金额低于保险金额，以不超过实际损失为限，发生部分损失，在保险金额额度内按实际损失计算赔偿金额；如果受损财产的保险金额低于出险当时的账面余额时，应按比例计算赔偿金额，以上流动资产选择部分科目投保的，其最高赔偿金额分别不得超过其投保时约定的该项科目的保险金额。

（三）账外财产和代保管财产的赔偿计算方法

1. 全部损失的赔款计算

根据账外财产和代保管财产的保险金额与保险价值之间的关系不同有两种计算方法：第一，当受损保险标的的保险金额等于或高于保险价值时，保险人的赔款以不超过保险价值为限；第二，当受损保险标的的保险金额低于保险价值时，保险人的赔款以不超过保险金额为限。

2. 部分损失的赔款计算

当受损保险标的的保险金额等于或高于保险价值时，保险人按实际损失赔偿；当受损保险标的的保险金额低于保险价值时，保险人应采取比例赔偿方式，即实际损失或恢复原状所需修理费用乘以保险金额与保险价值的比例计算保险赔款。

（四）施救费用和残值的处理

1. 施救费用

对于施救费用的处理有以下规定：第一，在赔偿金额上以一个保额为限；第二，在赔偿方法上按相同比例计算，如果保险财产的赔款按比例计算，那么施救费用的赔款也按相同的比例计算。计算公式为：施救费用的赔款＝实际支付的施救费用×保险金额/保险价值。

2. 残值的处理

保险人在对保险财产损失计算赔款时，有以下两种处理残值的方法。

第一，作价归被保险人所有。如果是全部损失，保险赔款＝保险价值－残值，或者是保险赔款＝保险金额－残值；如果是部分损失，保险赔款＝实际损失或恢复原状所需修理费用－残值；或者是保险赔款＝实际损失或恢复原状所需修理费用－残值×保险金额/保险价值。

第二，保险人自己收回，不做扣除。

企业财产保险有许多种类，其中企业财产基本险和综合险最普遍。企业财产保险主要是指企业财产基本险和企业财产综合险。基本险与综合险的主要区别在于保险责任和除外责任。

任务三　熟悉家庭财产保险实务

任务训练1　认识家庭财产保险

 任务训练目标

家庭财产保险的概念、特征、基本内容

通过认识家庭财产保险的任务训练，能运用家庭财产保险知识，根据保险业务承保要求，在保险实务中明确家庭财产保险的适用范围，为家庭制定财产保险方案。

知识要点

一、家庭财产保险的概念及特征

（一）家庭财产保险的概念

家庭财产保险是以城乡居民的家庭财产为保险对象的保险。主要保险标的包括房屋及其附属设备、家具、家用电器、衣物等生活资料，以及农村家庭中的农具、已收获的农副产品等。

（二）家庭财产保险的特征

1. 业务分散，额小量大

城乡居民均是以家庭或个人为单位的，不仅居住分散，而且物质财产的积累有限，每一户城乡居民家庭都是保险人的一个展业对象和潜在的保险客户来源。因此，家庭财产保险业务是一种分散性业务，其单个保单的承保额不高，但业务量却很大。

2. 危险结构有特色

家庭财产面临的主要是火灾、盗窃等危险，这种危险结构与团体财产保险有着巨大的差异。因此，保险人需要有针对性地做好危险选择和防灾防损工作。

3. 保险赔偿有特色

保险人对家庭财产保险的赔偿处理一般采取有利于被保险人的第一危险赔偿方式。这种方式将被保险人的财产视为两个部分，第一部分为保险金额部分，也是保险人应当负责的部分；超过保险金额的即为第二部分，它由被保险人自己负责。凡保险金额内的损失全部由保险人负责赔偿，而不需要像团体财产保险那样按照保险金额与投保财产实际价值的比例分摊损失。

4. 险种设计更具灵活性

家庭财产保险业务面向普通的城乡居民，为满足他们的不同需要并使险种真正具有吸引力，保险人不仅提供普通家庭财产保险，还推出具有还本性质的家庭财产两全保险和家庭财产长效还本保险，以及个人贷款抵押房屋保险和投资型家庭财产保险。

二、家庭财产保险条款的基本内容

（一）保险标的的选择

1. 可保财产

可保财产包括：房屋及其附属物；衣着用品、床上用品；家具、用具、室内装修物；家用电器、文化娱乐用品；农村家庭的农具、工具、已收获入库的农产品、副业产品；由投保人代管或者与他人共有而由投保人负责的上述财产。

2. 特约可保财产

投保人必须与保险人特别约定才能投保的财产具有如下的特征。

① 财产的实际价值很难确定，必须由专业鉴定人员或公估部门才能确定价值的财产，如金银、珠宝、玉器、首饰、古玩、古书、字画等。

② 不属于普通的家庭财产，为专业人员在家从事业余研究和发明创造所使用的专业仪器和设备，如无线电测试仪器、专业光学设备等。

3. 不保财产

家庭财产保险中的不保财产具有如下特征。

① 损失发生后无法确定具体价值的财产，如货币、票证、有价证券、邮票、文件、账册、图表、技术资料等。

② 日常生活所必需的日用消费品，如食品、粮食、烟酒、药品、化妆品等。

③ 法律规定不允许个人收藏、保管或拥有的财产，如枪支、弹药、爆炸物品、毒品等。

④ 处于危险状态下的财产。

⑤ 保险人从风险管理的需要出发，声明不予承保的财产。

（二）保险责任和除外责任

1. 保险责任

（1）基本责任。火灾、爆炸；雷电、冰雹、雪灾、洪水、海啸、地震、地陷、崖崩、龙卷风、冰凌、泥石流与空中运行物体的坠落，以及外来的建筑物和其他固定物体的倒塌；暴风或暴雨使房屋主要结构（外墙、屋顶、屋架）倒塌造成保险财产的损失；因防止灾害蔓延或因施救、保护所采取必要的措施而造成保险财产的损失和支付的合理费用等。

（2）特约盗窃责任。是基本责任之外的一种附加责任。经被保险人和保险人双方特别约定，凡放在保险地址室内的保险财产遭受盗窃的损失，或者存放在保险地址屋内、院内的保险自行车遭受盗窃损失的，由保险人负责赔偿。特约盗窃责任需要另行加收保险费。

2. 除外责任

下列原因造成的损失、费用，保险人不承担赔偿责任：①投保人、被保险人及其家庭成员、家庭雇佣人员、暂居人员的故意或重大过失行为；②战争、军事行动、暴动或武装叛乱；③核辐射、核爆炸、核污染及其他放射性污染；④地震、海啸及其次生灾害；⑤行政行为或司法行为。

下列损失、费用，保险人不负责赔偿：①家用电器因使用过度或超电压、碰线、漏电、自身发热等原因所造成的自身损毁，但发生燃烧造成火灾的除外；②保险标的因自身缺陷、变质、霉烂、受潮、虫咬、自然磨损，或保管不善所导致的损失；③保险标的在保险单载明地址的房屋外遭受的损失，但安装在房屋外的空调器和太阳能热水器等家用电器的室外设备除外；④间接损失。

（三）保险期限

家庭财产保险的保险责任期限，采用定期保险方式，主要是一年期保险业务。以约定起保日期的零时起至期满日期的24时止，到期可以续保，另行办理投保手续。当然，家庭财产保险业务中也有长于一年的保险业务，如家庭财产两全保险业务，保险责任期限的长短可以由保险人与被保险人协商。

（四）保险金额

家庭财产保险的保险金额确定方式主要有两种。

一种是房屋及室内附属设备、室内装修，由投保人根据当时实际价值自行确定；室内财产，由投保人根据当时实际价值分项目自行确定；不能分项的财产，按照分项目财产在室内财产的保险金额中所占比例确定。例如，室内财产中的家用电器及文体娱乐用品占40%，衣物及床上用品占30%，家具及其他生活用具占30%。

另一种是由保险人提供以千元为单位设置的不同的保险金额档次，投保人根据自己的经济状况和实际需要进行自主选择，多投多保，少投少保。

（五）保险费率

我国家庭财产保险的保险费率分为基本险费率、附加险费率和短期费率三种。基本险费率是根据财产的实际危险程度确定，可以分为城市、乡镇和农村3类危险等级，每个等级又可以根据财产的实际坐落地点和周围环境划分若干档次；附加险费率是家庭财产兼保附加盗窃所收取的费率，附加盗窃险的费率一般为1‰；短期费率是针对投保家财险后保险期限不足1年或中途就退保的保户涉及的费率表。我国目前开办的家庭财产保险业务实行的是区域范围内的统一费率，在具体的保险人业务区域内，实行无差别费率，费率的标准在2‰～5‰之间。

家庭财产保险赔偿需要什么手续

（六）赔偿处理

现行家庭财产保险规定：房屋及附属设备、室内装潢采用比例责任赔偿方式，室内财产采用第一危险赔偿方式。

1. 房屋及室内附属设备、室内装潢

（1）全部损失。保险金额等于或高于保险价值时，其赔偿金额以不超过保险价值为限；保险金额低于保险价值时，按保险金额赔偿。

（2）部分损失。保险金额等于或高于保险价值时，按实际损失计算赔偿金额；保险金额低于保险价值时，应根据实际损失或恢复原状所需修复费用乘以保险金额与保险价值的比例计算赔偿金额。

房屋及室内附属设备、室内装潢的保险价值为出险时的重置价值。

2. 室内财产

家庭室内财产采用第一危险赔偿方式。第一危险赔偿方式把保险财产价值分为两部分：一部分是与保险金额相等的部分，称为第一危险责任，发生的损失称为第一损失；另一部分为超过保险金额的部分，称为第二危险责任，发生的损失称为第二损失。保险人只对第一危险责任负责，只赔偿第一损失。也就是说，只要损失金额在保险金额之内，保险人都负赔偿责任。赔偿金额的多少，只取决于保险金额与损失价值，而不考虑保险金额与财产价值之间的比例关系。

想一想　家庭财产保险赔偿需要什么手续？

被保险人在向保险公司申请赔偿时，应当提供如下文件：

① 保单号和索赔申请书；

② 被保险人的身份证明；

③ 财产损失、费用清单，发票（或其他保险人认可的财产证明）；

④ 投保人、被保险人所能提供的与确认保险事故的性质、原因、损失程度等有关的其他证明和资料。

任务训练2　熟练掌握家庭财产保险业务

任务训练目标

通过完成家庭财产保险业务的任务训练，熟练掌握家庭财产保险险种和险别，并能够在实际业务中加以应用。

知识要点

一、普通家庭财产保险

普通家庭财产保险期限一般为一年，从保险人与被保险人约定起保之日的零时起，到保险期满之日的24时止。它是期满后被保险人可以续保的常见险种。

（一）普通家庭财产保险的保险标的

普通家庭财产保险是面向城乡居民家庭的基本险种，承保城乡居民存放于固定地址范围且处于相对静止状态下的各种财产物资，凡属于被保险人的房屋及其附属设备、家具、家用电器、非机动交通工具及其他生活资料均可以投保家庭财产保险，农村居民的农具、工具、已收获的农副产品及个体业主的营业用器具、工具、原材料、商品等亦可以投保家庭财产保险。经被保险人与保险人特别约定，并且在保险单上写明属于被保险人代管和共管的上述财产也属于可保财产范围。

（二）普通家庭财产保险的不保财产

对于普通家庭财产保险不保财产，各家保险公司不保财产大致相同，具体需要查看保险条款。例如，以下为某保险公司的家庭财产保险条款中规定的不保财产。

① 金银、珠宝、钻石及制品，玉器、首饰、古币、古玩、字画、邮票、艺术品、稀有金属、手稿、古书籍、收藏性手表等珍贵财物。

② 货币、票证、有价证券、文件、账册、图表、技术资料、电脑软件及电子存储设备和资料。

③ 日用消耗品、机动车、商业性养殖及种植物。

④ 仅用于生产和商业经营活动的房屋及其他财产。

⑤ 用芦席、稻草、油毛毡、麦秆、芦苇、竹竿、帆布、塑料布、纸板等为外墙、屋顶的简陋屋棚及柴房、禽畜棚；与保险房屋不成一体的厕所、围墙。

⑥ 政府有关部门征用、占用的房屋，违章建筑、危险建筑、非法占用的财产。

⑦ 其他不属于保险条款约定内的家庭财产。

（三）普通家庭财产保险承保的风险责任

① 自然灾害和意外事故类。包括火灾、爆炸、雷电、冰雹、雪灾、洪水、海啸、地震、地陷、崖崩、龙卷风、冰凌、泥石流、空中物体的坠落，以及外来建筑物和其他固定物体的倒塌，暴风或暴雨使房屋的主要结构倒塌。

② 实施救助所致的损失和费用类。被保险人在上述自然灾害或意外事故发生时，为了防止灾害蔓延或因施救、保护保险财产所采取必要措施而造成保险财产的实际损失，以及花费的合理、必要的费用，均由保险人负责赔偿。

（四）普通家庭财产保险的除外责任

① 对于战争、军事行动、暴力行为，核辐射和污染造成的损失。

② 被保险人或有关人员的故意行为使电机、电器、电气设备因使用过度而超电压、碰线、弧花、走电、自身发热造成本身的损失。

③ 存放于露天的保险财产，用芦席、稻草、油毡、麦秸、芦苇、帆布等材料为外墙、屋顶、屋架的简陋屋棚遭受暴风雨后的损失，以及虫蛀、鼠咬、霉烂、变质、家禽走失或死亡等，不负赔偿责任。

案例分析

家财被盗未及时报案，保险公司拒赔合理吗？

李某出差回家后，发现家庭财产被盗。于是，他迅速到派出所报案。经公安人员现场勘查，发现有1万多元的财物被盗走。10多天后此案还没告破，这时李某才想起自己参加了家庭财产保险。于是，他急匆匆手持保单来到保险公司要求索赔。保险公司以出险后未及时通知为由拒赔。

[分析结论]

"及时通知"是指被保险人应尽快通知保险公司，以便及时到现场勘查定损。家财险案件应在24小时内通知保险公司。

为什么李某投保了家庭财产保险，却不能获得赔偿呢？这是因为李某在家庭财产被盗后，虽然及时向公安部门报了案，却忽视了向保险公司报出险通知，使本该履行的及时通知义务迟延履行。

《保险法》规定"投保人、被保险人或者受益人知道保险事故发生后，应当及时通知保险人"，这里的"及时通知"是指被保险人应尽快通知保险人，以便及时到现场勘查定损。通知的方式可以是口头方式，也可以是书面形式。"及时通知"是被保险人应尽的义务，同时，被保险人向保险公司索赔也是有时间限制的。如果被保险人没有履行此项义务，保险公司可免除保险责任。

家庭财产保险条款还专门就被保险人"及时通知"义务进行了明确规定，即被保险人必须在知道保险事故发生后，保护好现场，并在24小时内通知保险公司。否则，保险公司有权不予赔偿。

结论：保险公司拒绝赔偿是按照法规及合同规定处理，是合理的。

[案例启示]

目前，家庭财产保险已成为城乡百姓首选的一大险种，其覆盖面较广。此案给我们每个参加家庭财产保险的被保险人带来三个警示：

一是要树立家财出险后"及时通知"的意识，做到处事不慌。一方面要向公安部门报案，另一方面也要向保险公司报险，做到"两报"都不误。这样保险公司人员就可及时进行现场核实定损，为后期理赔奠定基础。

二是家财出险后，要注意在24小时内到保险公司"报险"，以免超过规定时效而引发双方在理赔中的纠纷。

三是要注意通知的方式。出险后，被保险人要迅速找出保单，亲自去所投保的保险公司"报险"，或者打电话及时告知保险公司。只有这样，才能避免上文中李某的后果，使家庭财产得到有效保障。

二、家庭财产两全保险

（一）家庭财产两全保险的含义

家庭财产两全保险是一种兼具经济补偿和到期还本双重性质的长期性的家庭财产保险。保险公司用被保险人所交保险储金的利息作为保险费收入，不论被保险人在保险期间有无获得赔偿金额，在保险期满时将原交保险储金全部如数退还被保险人。

（二）家庭财产两全保险的保险责任

家庭财产两全保险的保险财产、保险责任与普通家庭财产保险相同。

（三）家庭财产两全保险金额的确定

家庭财产两全保险是采取按份数确定保险金额的方式，投保份数的多少可根据自己家庭财产的实际价值确定，最少不得少于一份。

（四）保险储金的计算

保险储金计算的依据是普通家庭财产保险对应的费率和当时的银行存款利率，其计算公式是：

$$保险储金＝保险费／年利率$$
$$保险费＝保险金额×费率$$
$$利率＝一年期定期存款利率×（1-代扣利息税率）$$

三、家庭财产长效还本保险

家庭财产长效还本保险是在家庭两全保险基础上的改进，其具体做法是：投保时收取储金，合同终止或退保时退还，以1年或3年为一期，到期时若被保险人不申请退保，保险单自动续转。该保险业务形式将家庭财产两全保险单所规定的保险期限进行了调整，只列明保险责任的开始时间，不规定保险责任的结束时间，其保险期限的结束只有一个条件：投保人只能在保险单生效1年后的任何时间宣布终止保险合同，保险人则退还其以保险费形式交纳的储金。如果投保人不要求保险人退还这笔储金，则保险合同长期有效。

四、家庭财产附加险

（一）家庭财产综合保险附加盗抢险

以某保险公司的家庭财产保险附加盗抢保险规定为例。

1. 保险责任

被保险人存放于保险单所载明地址内的保险标的，由于遭受外来人员盗抢（指盗窃或抢劫），并已经公安部门确认为盗抢行为所致的直接损失，保险人按照本附加险合同的约定负责赔偿。

2. 责任免除

下列损失、费用，保险人不负责赔偿。

① 保险标的因外人无明显盗窃痕迹、窗外钩物行为所致的损失。

② 保险标的因门窗未锁而遭盗窃所致的损失。

③ 保险标的因被保险人的雇佣人员、同住人、寄宿人盗窃所致的损失。

④ 保险财产在存放处所无人居住或无人看管超过六十天的情况下遭受的盗窃损失。

⑤ 保险标的在保险单所载明的保险地址的房屋外遭受的盗抢损失，但安装在房屋外的空调器和太阳能热水器等家用电器的室外设备除外。

3. 保险金额

除另有约定外，附加险保险金额以主险对应的各分项保险金额为限，具体金额以保险单载明为准。

4. 赔偿处理

① 保险标的发生盗抢事故后，被保险人应立即向当地公安部门如实报案，并同时通知保险人。

② 被保险人向公安部门报案，并提供相关公安部门出具的盗抢证明材料后，方可向保险人办理索赔手续。

（二）家庭财产综合保险附加家用电器用电安全保险

以某保险公司的家庭财产保险附加家用电器用电安全保险规定为例。

1. 保险责任

在保险期间内，因下列原因致使电压异常而引起被保险人家用电器的直接损毁，保险人按照本附加险合同的约定负责赔偿。

① 供电线路因遭受家庭财产保险主险保险合同责任范围内的自然灾害和意外事故。

② 供电部门或施工失误。

③ 供电线路发生其他意外事故。

2. 责任免除

由于下列原因造成的损失，保险人不负赔偿责任。

① 被保险人的故意行为以及违章用电、偷电或错误接线造成家用电器的损毁，保险人不负责赔偿。

② 本附加险合同约定的免赔额或按本附加险合同中载明的免赔率计算的免赔额，保险人不负责赔偿。

3. 保险金额

保险金额以投保家庭财产保险主险合同中家用电器的保险金额为限，具体保险金额以保险单载明为准。

（三）家庭财产综合保险附加管道破裂及水渍保险

以某保险公司的家庭财产保险附加管道破裂及水渍保险规定为例。

1. 保险责任

在保险期间内，因被保险人室内的自来水管道、下水管道和暖气管道（含暖气片）突然破裂致使水流外溢或邻居家及公共区域漏水、下水道堵塞反水造成被保险人的保险财产（包括管道自身损失）的损失，保险人按照本附加险合同的约定负责赔偿。

2. 责任免除

由于下列原因造成的损失，保险人不负赔偿责任。

① 因被保险人私自改动原管道设计致使管道破裂造成家庭财产的损失，保险人不负责赔偿。

② 按本附加险合同约定的免赔额或按本附加险合同中载明的免赔率计算的免赔额，保险人不负责赔偿。

3. 保险金额

保险金额以投保家庭财产保险主险合同中的保险金额为限，具体金额以保险单载明为准。

（四）家庭财产综合保险附加现金、首饰盗抢保险

以某保险公司的家庭财产保险附加现金、金银珠宝盗抢保险规定为例。

1. 保险标的

本保险合同的保险标的为被保险人所有或使用并存放于保险单载明地址房屋内的现金、金银珠宝（包括首饰、贵金属）。

2. 保险责任

在保险期间内，保险单载明的保险标的由于遭受外来人员盗抢（指盗窃或抢劫），并已经公安部门确认为盗抢行为所致丢失的直接损失，保险人按照本附加险合同的约定负责赔偿。

3. 责任免除

下列损失、费用，保险人不负赔偿。

① 因未锁房门致使保险标的遭受盗窃的损失。

② 因窗外钩物行为所致的损失。

③ 被保险人的家庭成员、家庭雇佣人员、暂居人员盗抢或者纵容他人盗抢而造成的损失。

4. 保险金额

本附加险保险金额以投保家庭财产盗抢保险的保险金额为限，具体金额以保险单载明为准。

五、投资保障型家庭财产保险

投资保障型家庭财产保险集普通家庭财产保险的保障性和储蓄型家庭财产保险的还本性特点外，又兼具投资功能，还附加责任保障。该产品的引入，是保险产品金融性的一种衍生，是财产保险的保障性与金融性的融合。这种产品的创新，是在目前金融环境中对保险产品消费者投资偏好的一种兑现，有利于保险消费者潜在保险消费意识的开发。目前市场畅销的有："财产保障＋责任保障＋储蓄"型；"财产保障＋投资收益"型；"财产保障＋收益与银行利率联动"型。这些创新型家庭财产保险具有如下优势。

（一）保障范围大大拓展

被保险人自有的房屋及房屋内装潢、家具、用具、床上用品、服装、家用电器、文化娱乐用品，无一例外地纳入了可投保的范围；手提电脑、手机、古玩收藏品、高级时装，这些出

现在老百姓家庭财产名单之列的品种，也被"一网打尽"。同时对其他特约财产也可以投保。

（二）投保额成倍提高

保额二三十万元很常见，有的甚至取消了上限，完全以家庭所拥有的财产估值。

（三）销售渠道多样化

保险公司通过与银行、邮局、街道、小区等方面合作，方便老百姓就近投保。

（四）投资性能增强

随着投资型财险的不断创新，集保障性、储蓄性、投资性于一身的投资型财险，既能使被保险人获得保险保障，还能使投保人收回保障金本金，并确保获得高于银行同期存款利率的投资回报。与同期银行储蓄存款相比，除了保险保障外，还可以调整利率，随银行同期利率的调整而同幅度调整并分段计算，并具有随时退保赎回功能。

产品展示

1. "金牛"投资保障型家庭财产保险

"金牛"投资保障型家庭财产保险属于固定分红型家庭财产保险，其保障范围广泛，包括火灾、爆炸等除地震以外的各种自然灾害和意外事故，客户也可以根据需要，选择入室盗抢、管道破裂和水渍等特约责任；居民家庭最为关心的现金、金银、珠宝、玉器、钻石、首饰等贵重物品将受到保障；"金牛"产品具有投资功能，集保险保障与资金投资于一体；"金牛"产品收益稳定，客户的投资收益按固定收益率计算，投资风险完全由保险公司承担，客户享有稳定可靠的收益保证。

"金牛"投资保障型家庭财产保险，投保人每份只需交纳2000元人民币的保险投资基金，即可获得每份每年15000元的保险保障，5年后可以领取本金并获得每份263元的投资收益。保险人的保费从投资收益中获得，无须另外交付保费，就能获得连续5年的保险保障。保险期满后，投保人还可获得包括投资收益在内的期满给付金。不论保险人的投资收益是否达到承诺的回报率，保险人都按照合同约定的固定收益率按时支付固定的投资回报。

这款保险集投资、增值、保险功能于一体，非常适合银行存款者、中老年群体等稳健型投资者以及平时工作繁忙、无暇打理资金的企事业单位的白领人士。

2. "金锁"家庭财产综合保险

"金锁"家庭财产综合保险包括"金锁"组合型保险和"金锁"自助型保险两种。"金锁"组合型保险是由综合险和附加险相互搭配组合而成的，有家安保险、家顺保险、家康保险、家泰保险4种款式。"金锁"自助型保险由综合险和附加险组成，综合险包括房屋及附属设备、室内装潢和室内财产3部分，附加险有盗抢保险、附加家用电器用电安全保险、附加管道破裂及水渍保险、附加现金及首饰盗抢保险、附加第三者责任保险、附加自行车盗窃险等。投保人可根据需要自由组合搭配投保。

3. 安居综合保险

安居综合保险是一种面向城乡居民家庭或个人的家庭财产保险综合保险。其特点是险种具有组合性，保险客户可以根据自身需要加以选择。作为家庭财产和责任险的综合体，该险种共分为A、B、C、D 4种类型，4种类型条款承保的标的和承保的风险有所区别，由投保人自主选择投保。

保险责任：安居综合保险的保险责任包括家庭财产保险与家庭责任保险两大部分，分为A、B、C、D 4款，其保险范围逐渐扩大。D款保障范围最广，除一般责任之外还对现金、金银、珠宝、玉器、首饰予以保障。

　　保险金额：保险金额有两种规格，分别为人民币1万元和5万元。其中家庭财产险保险金额为保单最高赔偿限额的70%；对第三者经济赔偿责任为最高赔偿限额的30%。

　　保险费率：A、B、C、D4种类型年费率分别为1‰、1.2‰、1.8‰和2.5‰，是一种低费率的综合保障业务。

　　保险期限：保险期限为1年。

　　安居综合保险的最大特点是被保险人的可选择性和保险标的、保险责任等的逐步扩展性，它能够满足不同的保险客户的风险保障需求。其中A、B两种类型承保的责任范围适中，符合保险客户一般的家庭财产和责任保险需求；C、D两种类型包含的责任内容较广，可以满足保险客户更广泛的风险保障需求。

任务四　熟悉机动车辆保险实务

任务训练1　认识机动车辆保险

任务训练目标

　　通过完成认识机动车辆保险的任务训练，熟练掌握机动车辆保险相关的专业名词，理解其真正含义，掌握其独有特点，并可以在保险实务中加以正确应用。

知识要点

一、机动车辆保险的概念

　　机动车辆保险是承保以动力装置驱动或牵引，上道行驶的供人员乘用或者用于运送物品以及进行工程专项作业的轮式车辆因遭受自然灾害和意外事故造成车辆本身的损失，以及车辆在使用过程中因意外事故致使他人遭受人身伤亡或财产直接损失依法应负担的经济赔偿责任的保险。

　　机动车辆保险在国外称为汽车保险，产生于19世纪末，世界上最早的汽车保险单于1895年在英国诞生。第二次世界大战后，由于汽车的普及，道路交通事故已成为普遍性的社会危险，促使各国将包括汽车在内的各种责任列入强制保险的范围，使得汽车保险在全球迅速发展。

知识拓展

我国的机动车辆保险

　　至2023年，中国机动车辆保险市场呈现出强劲且持续发展的态势，其特点归纳如下。

　　市场规模稳定增长：2022年，车险保费总收入达到8210亿元，占财产保险市场的55.22%，维持主导位置。2023年第一季度，保费收入增至2087亿元，同比增长6.21%，标志着车险市场的持续活力。

市场集中度高：尽管2020年CR3（前三大保险公司市场份额总和）已达68.58%，2021年进一步上升，预示2023年头部保险公司依然主导市场，竞争格局紧张。

保单量攀升：2019年至2022年间，保单数量从49738万件跃升至59199万件，显示车险覆盖面扩大，伴随汽车保有量增加。

数字化、智能化转型：2023年，车险行业加速融入数字化、智能化，采用大数据、AI技术优化核保、理赔流程，不仅提升了服务效率，也极大改善了用户体验。

综上所述，中国机动车辆保险市场在2023年保持了其规模的稳步增长，市场集中度高，保单量显著增长。同时，通过积极采纳数字化和智能化策略，不断推动服务升级，以满足日益增长的市场需求和提升顾客满意度。

二、机动车辆保险的特点

（一）保险危险具有不确定性与难测性

由于机动车辆在路上行驶，流动性大，行程不固定。对保险人而言，无疑增加了危险事故与保险损失的不确定性和难以预测性。

（二）保险赔偿方式以修复为主

在机动车辆保险业务实践中，保险车辆损失多数是部分损失，保险人常要求被保险人将受损失的车辆送到指定的修理厂修理以恢复原来的行驶功能。但对全部损失仍以现金方式赔偿。

（三）保险费采取无赔款优待方式

为了鼓励被保险人及其允许的合格驾驶人员严格遵守交通规则，安全行车，保险人对保险期限内安全行驶、没有发生保险赔偿的车辆在续保时给予保险费优待，理赔次数多的车辆加费承保。优待的标准为行业标准，表5-2为2020年9月商车险改革后的优待系数标准。

表5-2 商车险优待系数表

优待系数	出险情况
0.5	4年及以上无赔
0.6	3年无赔
0.7	2年无赔、3年1次
0.8	上年无赔、2年1次、3年2次
1	新车、1年1次、2年2次、3年3次
1.2	1年2次、2年3次、3年4次
1.4	1年3次、2年4次、3年5次
1.6	1年4次、2年5次、3年6次
1.8	1年5次、2年6次、3年7次
2	1年6次、2年7次、3年8次

（四）保险单属于不定值保险形式

机动车辆损失险的保险金额，既可以按重置价值即投保时同类机动车辆的市场价格确定，也可以由双方协商确定，或者可以按车辆的使用年限通过计算确定，或者按新车价值确定。但是发生保险事故造成车辆全部损失时，必须核定保险车辆的实际价值，以此决定赔偿金额。

（五）保险赔偿鼓励按责免赔方式

2020年新车险费率改革后，在基本不增加消费者保费支出的原则下，支持行业拓展商业车险保障责任范围。但为了加强被保险人及其驾驶人员履行对保险车辆的维护与保养义务，增强安全驾驶意识，减少灾害事故的发生，投保人在投保时可以附加绝对免赔率附加险，绝对免赔率为5%、10%、15%、20%，由投保人和保险人在投保时协商确定，具体以保险单载明为准。被保险机动车发生主险约定的保险事故，保险人按照主险的约定计算赔款后，扣减特约条款约定的免赔，即主险实际赔款=按主险约定计算的赔款×（1−绝对免赔率）。对照不同免赔率，车险保费对应下降。

（六）保险期内可以多次获得赔偿

在保险期限内，不论发生一次或多次部分损失或费用支出，只要每次赔款加免赔金额之和未达到保险金额，保险责任仍然有效。

知识拓展

发达国家的汽车保险

汽车保险最早诞生于英国，发达国家汽车保险市场在悠久历史与坚实基础上持续进化，其特点与实践更加成熟和多元化，具体表现为以下几点。

保险费率动态优化与个性化定制：近年来，发达国家汽车保险市场进一步深化费率自由化改革，利用大数据、人工智能等先进科技手段，实现了费率计算的实时动态调整与高度个性化。除了传统的风险因素，保险公司现在还能考虑驾驶行为、车辆使用频率、社交媒体行为指标等非传统数据，为每位客户提供更为精确的费率定制。这一变革不仅促进了保险公司的成本效率，也为消费者提供了更公平合理的保费定价，进一步推动了保险市场的优胜劣汰。

市场细分深化与产品创新：市场细分趋势进一步深化，保险公司不仅根据传统因素定制产品，还在探索结合智能互联汽车数据、环保驾驶习惯评分等新型因子，推出诸如基于使用量的保险（UBI, Usage-Based Insurance）、绿色保险等创新产品。这些创新不仅贴合了消费者多样化的需求，也促进了安全驾驶文化的形成，以及环境保护意识的提升。

强制性第三者责任保险与社会保护网的强化：进入2023年，发达国家普遍通过法律强制执行汽车第三者责任保险，并不断完善相关制度以保障受害者权益。例如，部分国家引入或升级了无保险驾驶人赔偿基金，确保即使在未投保、逃逸或保险公司无力赔付的情况下，受害者也能获得及时有效的经济援助。同时，一些国家开始探索电子化、自动化的理赔流程，利用技术手段加快赔偿速度，减轻受害者负担，进一步稳固社会安全网。

发达国家的汽车保险市场在费率个性化、产品创新以及法律保障方面展现出了更为成熟和高效的面貌，持续引领全球保险行业的现代化发展。

任务训练2　熟练理解机动车辆保险合同条款

任务训练目标

通过完成机动车辆保险合同条款的任务训练，能运用机动车辆保险合同条款知识，根据机动车辆保险承保要求，在保险实务中加以正确应用。

 ## 知识要点

一、机动车辆保险的保险责任和责任免除

（一）机动车损失险的保险责任与责任免除

1. 机动车损失险的保险责任

① 保险期间内，被保险人或被保险机动车驾驶人在使用被保险机动车过程中，因自然灾害、意外事故造成被保险机动车直接损失，且不属于免除保险人责任的范围，保险人依照本保险合同的约定负责赔偿。

② 保险期间内，被保险机动车被盗窃、抢劫、抢夺，经出险地县级以上公安刑侦部门立案证明，满60天未查明下落的全车损失，以及因被盗窃、抢劫、抢夺受到损坏造成的直接损失，且不属于免除保险人责任的范围，保险人依照本保险合同的约定负责赔偿。

③ 发生保险事故时，被保险人或驾驶人为防止或者减少被保险机动车的损失所支付的必要的、合理的施救费用，由保险人承担；施救费用数额在被保险机动车损失赔偿金额以外另行计算，最高不超过保险金额。

2. 机动车损失险的责任免除

（1）保险责任范围内，下列情况下，不论任何原因造成被保险机动车的任何损失和费用，保险人均不负责赔偿。

① 事故发生后，被保险人或驾驶人故意破坏、伪造现场，毁灭证据。

② 驾驶人有下列情形之一者：

交通肇事逃逸；

饮酒、吸食或注射毒品、服用国家管制的精神药品或者麻醉药品；

无驾驶证，驾驶证被依法扣留、暂扣、吊销、注销期间；

驾驶与驾驶证载明的准驾车型不相符合的机动车。

③ 被保险机动车有下列情形之一者：

发生保险事故时被保险机动车行驶证、号牌被注销的；

被扣留、收缴、没收期间；

竞赛、测试期间，在营业性场所维修、保养、改装期间；

被保险人或驾驶人故意或重大过失，导致被保险机动车被利用从事犯罪行为。

（2）下列原因导致的被保险机动车的损失和费用，保险人不负责赔偿。

① 战争、军事冲突、恐怖活动、暴乱、污染（含放射性污染）、核反应、核辐射；

② 违反安全装载规定；

③ 被保险机动车被转让、改装、加装或改变使用性质等，导致被保险机动车危险程度显著增加，且未及时通知保险人，因危险程度显著增加而发生保险事故的；

④ 投保人、被保险人或驾驶人故意制造保险事故。

（3）下列损失和费用，保险人不负责赔偿。

① 因市场价格变动造成的贬值、修理后因价值降低引起的减值损失；

② 自然磨损、锈蚀、腐蚀、故障、本身质量缺陷；

③ 投保人、被保险人或驾驶人知道保险事故发生后，故意或者因重大过失未及时

通知，致使保险事故的性质、原因、损失程度等难以确定的，保险人对无法确定的部分，不承担赔偿责任，但保险人通过其他途径已经知道或者应当及时知道保险事故发生的除外；

④ 如违反下列规定，导致无法确定的损失，即因保险事故损坏的被保险机动车，修理前被保险人应当会同保险人检验，协商确定维修机构、修理项目、方式和费用。无法协商确定的，双方委托共同认可的有资质的第三方进行评估；

⑤ 车轮单独损失，无明显碰撞痕迹的车身划痕，以及新增加设备的损失；

⑥ 非全车盗抢、仅车上零部件或附属设备被盗窃。

（二）机动车第三者责任险的保险责任和责任免除

1. 机动车第三者责任险的保险责任

① 保险期间内，被保险人或其允许的驾驶人在使用被保险机动车过程中发生意外事故，致使第三者遭受人身伤亡或财产直接损毁，依法应当对第三者承担的损害赔偿责任，且不属于免除保险人责任的范围，保险人依照保险合同的约定，对于超过机动车交通事故责任强制保险各分项赔偿限额的部分负责赔偿。

② 保险人依据被保险机动车一方在事故中所负的事故责任比例，承担相应的赔偿责任。

被保险人或被保险机动车一方根据有关法律法规选择自行协商或由公安机关交通管理部门处理事故，但未确定事故责任比例的，按照下列规定确定事故责任比例：

被保险机动车一方负主要事故责任的，事故责任比例为70%；

被保险机动车一方负同等事故责任的，事故责任比例为50%；

被保险机动车一方负次要事故责任的，事故责任比例为30%。

涉及司法或仲裁程序的，以法院或仲裁机构最终生效的法律文书为准。

2. 机动车第三者责任险的责任免除

保险车辆造成下列人身伤亡和财产损毁，不论在法律上是否应当由被保险人承担赔偿责任，均不属于本保险的责任范围，保险人概不负责赔偿。包括：被保险人或其允许的驾驶人所有或代管的财产；私有、个人承包车辆的被保险人或其允许的驾驶人及其家庭成员，以及他们所有或代管的财产；本车上的一切人员和财产。其中，本车上的一切人员和财产是指意外事故发生时，本保险车辆上的一切人员和财产。这里包括车辆行驶中或车辆未停稳时非正常下车的人员，以及吊车正在吊装的财产。

（1）下列情况下，不论任何原因造成的人身伤亡、财产损失和费用，保险人均不负责赔偿。

① 事故发生后，被保险人或驾驶人故意破坏、伪造现场，毁灭证据。

② 驾驶人有下列情形之一者：

交通肇事逃逸；

饮酒、吸食或注射毒品、服用国家管制的精神药品或者麻醉药品；

无驾驶证，驾驶证被依法扣留、暂扣、吊销、注销期间；

驾驶与驾驶证载明的准驾车型不相符合的机动车；

非被保险人允许的驾驶人。

③ 被保险机动车有下列情形之一者：

发生保险事故时被保险机动车行驶证、号牌被注销的；

被扣留、收缴、没收期间；

竞赛、测试期间，在营业性场所维修、保养、改装期间；

全车被盗窃、被抢劫、被抢夺、下落不明期间。

（2）下列原因导致的人身伤亡、财产损失和费用，保险人不负责赔偿。

① 战争、军事冲突、恐怖活动、暴乱、污染（含放射性污染）、核反应、核辐射；

② 第三者、被保险人或驾驶人故意制造保险事故、犯罪行为，第三者与被保险人或其他致害人恶意串通的行为；

③ 被保险机动车被转让、改装、加装或改变使用性质等，导致被保险机动车危险程度显著增加，且未及时通知保险人，因危险程度显著增加而发生保险事故的。

（3）下列人身伤亡、财产损失和费用，保险人不负责赔偿。

① 被保险机动车发生意外事故，致使任何单位或个人停业、停驶、停电、停水、停气、停产、通信或网络中断、电压变化、数据丢失造成的损失以及其他各种间接损失；

② 第三者财产因市场价格变动造成的贬值，修理后因价值降低引起的减值损失；

③ 被保险人及其家庭成员、驾驶人及其家庭成员所有、承租、使用、管理、运输或代管的财产的损失，以及本车上财产的损失；

④ 被保险人、驾驶人、本车车上人员的人身伤亡；

⑤ 停车费、保管费、扣车费、罚款、罚金或惩罚性赔款；

⑥ 超出《道路交通事故受伤人员临床诊疗指南》和国家基本医疗保险同类医疗费用标准的费用部分；

⑦ 律师费，未经保险人事先书面同意的诉讼费、仲裁费；

⑧ 投保人、被保险人或驾驶人知道保险事故发生后，故意或者因重大过失未及时通知，致使保险事故的性质、原因、损失程度等难以确定的，保险人对无法确定的部分，不承担赔偿责任，但保险人通过其他途径已经知道或者应当及时知道保险事故发生的除外；

⑨ 因保险事故损坏的第三者财产，修理前被保险人应当会同保险人检验，协商确定维修机构、修理项目、方式和费用，无法协商确定的，双方委托共同认可的有资质的第三方进行评估，因被保险人违反此约定，导致无法确定的损失；

⑩ 精神损害抚慰金；

⑪ 应当由机动车交通事故责任强制保险赔偿的损失和费用。

保险事故发生时，被保险机动车未投保机动车交通事故责任强制保险或机动车交通事故责任强制保险合同已经失效的，对于机动车交通事故责任强制保险责任限额以内的损失和费用，保险人不负责赔偿。

（三）机动车车上人员责任险的保险责任和责任免除

1. 机动车车上人员责任险的保险责任

① 保险期间内，被保险人或其允许的驾驶人在使用被保险机动车过程中发生意外事故，致使车上人员遭受人身伤亡，且不属于免除保险人责任的范围，依法应当对车上人员承担的损害赔偿责任，保险人依照本保险合同的约定负责赔偿。

② 保险人依据被保险机动车一方在事故中所负的事故责任比例，承担相应的赔偿责任。

被保险人或被保险机动车一方根据有关法律法规选择自行协商或由公安机关交通管理部门处理事故，但未确定事故责任比例的，按照下列规定确定事故责任比例：

被保险机动车一方负主要事故责任的，事故责任比例为70%；

被保险机动车一方负同等事故责任的，事故责任比例为50%；

被保险机动车一方负次要事故责任的，事故责任比例为30%。

涉及司法或仲裁程序的，以法院或仲裁机构最终生效的法律文书为准。

2. 机动车车上人员责任险的责任免除

（1）下列原因导致的人身伤亡、财产损失和费用，保险人不负责赔偿。

① 战争、军事冲突、恐怖活动、暴乱、污染（含放射性污染）、核反应、核辐射；

② 第三者、被保险人或驾驶人故意制造保险事故、犯罪行为，第三者与被保险人或其他致害人恶意串通的行为；

③ 被保险机动车被转让、改装、加装或改变使用性质等，导致被保险机动车危险程度显著增加，且未及时通知保险人，因危险程度显著增加而发生保险事故的。

（2）下列原因导致的人身伤亡，保险人不负责赔偿。

① 战争、军事冲突、恐怖活动、暴乱、污染（含放射性污染）、核反应、核辐射；

② 被保险机动车被转让、改装、加装或改变使用性质等，导致被保险机动车危险程度显著增加，且未及时通知保险人，因危险程度显著增加而发生保险事故的；

③ 投保人、被保险人或驾驶人故意制造保险事故。

（3）下列人身伤亡、损失和费用，保险人不负责赔偿。

① 被保险人及驾驶人以外的其他车上人员的故意行为造成的自身伤亡；

② 车上人员因疾病、分娩、自残、斗殴、自杀、犯罪行为造成的自身伤亡；

③ 罚款、罚金或惩罚性赔款；

④ 超出《道路交通事故受伤人员临床诊疗指南》和国家基本医疗保险同类医疗费用标准的费用部分；

⑤ 律师费，未经保险人事先书面同意的诉讼费、仲裁费；

⑥ 投保人、被保险人或驾驶人知道保险事故发生后，故意或者因重大过失未及时通知，致使保险事故的性质、原因、损失程度等难以确定的，保险人对无法确定的部分，不承担赔偿责任，但保险人通过其他途径已经知道或者应当及时知道保险事故发生的除外；

⑦ 精神损害抚慰金；

⑧ 应当由机动车交通事故责任强制保险赔付的损失和费用。

二、机动车辆保险的保险金额确定

（一）机动车损失险的保险金额

保险金额按投保时被保险机动车的实际价值确定。投保时被保险机动车的实际价值由投保人与保险人根据投保时的新车购置价减去折旧金额后的价格协商确定或其他市场公允价值协商确定。折旧金额可根据保险合同列明的参考折旧系数表（表5-3）确定。

表5-3　参考折旧系数表

车辆种类	月折旧系数			
	家庭自用	非营业	营业	
			出租	其他
9座以下客车	0.60%	0.60%	1.10%	0.90%
10座以上客车	0.90%	0.90%	1.10%	0.90%
微型载货汽车	—	0.90%	1.10%	1.10%
带拖挂的载货汽车	—	0.90%	1.10%	1.10%
低速货车和三轮汽车		1.10%	1.40%	1.40%
其他车辆	—	0.90%	1.10%	0.90%

折旧按月计算，不足一个月的部分，不计折旧。最高折旧金额不超过投保时被保险机动车新车购置价的80%。

折旧金额＝新车购置价 × 被保险机动车已使用月数 × 月折旧系数

（二）机动车第三者责任保险的赔偿限额

每次事故的责任限额，由投保人和保险人在签订保险合同时协商确定。主车和挂车连接使用时视为一体，发生保险事故时，由主车保险人和挂车保险人按照保险单上载明的机动车第三者责任保险责任限额的比例，在各自的责任限额内承担赔偿责任。

（三）机动车车上人员责任保险的赔偿限额

驾驶人每次事故责任限额和乘客每次事故每人责任限额由投保人和保险人在投保时协商确定。投保乘客座位数按照被保险机动车的核定载客数（驾驶人座位除外）确定。

三、机动车辆保险的赔偿处理

（一）机动车损失险的赔款计算

1. 全部损失

赔款＝保险金额－被保险人已从第三方获得的赔偿金额－绝对免赔额

2. 部分损失

被保险机动车发生部分损失，保险人按实际修复费用在保险金额内计算赔偿：

赔款＝实际修复费用－被保险人已从第三方获得的赔偿金额－绝对免赔额

3. 施救费

施救的财产中，含有保险合同之外的财产，应按保险合同保险财产的实际价值占总施救财产的实际价值比例分摊施救费用。

（二）机动车第三者责任险的赔款计算

① 当（依合同约定核定的第三者损失金额－机动车交通事故责任强制保险的分项赔偿限额）× 事故责任比例等于或高于每次事故责任限额时：

赔款＝每次事故责任限额

② 当（依合同约定核定的第三者损失金额－机动车交通事故责任强制保险的分项赔偿限额）× 事故责任比例低于每次事故责任限额时：

赔款＝（依合同约定核定的第三者损失金额－机动车交通事故责任强制保险的分项赔偿限额）× 事故责任比例

（三）机动车车上人员责任险的赔款计算

① 对每座的受害人，当（依合同约定核定的每座车上人员人身伤亡损失金额－应由机动车交通事故责任强制保险赔偿的金额）× 事故责任比例高于或等于每次事故每座责任限额时：

赔款＝每次事故每座责任限额

③ 对每座的受害人，当（依合同约定核定的每座车上人员人身伤亡损失金额－应由机动车交通事故责任强制保险赔偿的金额）× 事故责任比例低于每次事故每座责任限额时：

赔款＝（依合同约定核定的每座车上人员人身伤亡损失金额－应由机动车交通事故责任强制保险赔偿的金额）× 事故责任比例

其中机动车第三者责任险和机动车车上人员责任险，保险人按照《道路交通事故受伤人员临床诊疗指南》和国家基本医疗保险的同类医疗费用标准核定医疗费用的赔偿金额。未经保险人书面同意，被保险人自行承诺或支付的赔偿金额，保险人有权重新核定。不属于保险人赔偿范围或超出保险人应赔偿金额的，保险人不承担赔偿责任。

四、机动车辆保险的保险期限

机动车辆保险的保险期限通常为一年，自保险单载明之日起，到保险期满日24时止。对于当天投保的车辆，起保时间应为次日零时，期满续保需另办手续。此外，允许短期保险。

五、机动车辆保险费率

（一）车辆损失险保险费

确定机动车辆保险费率时一般应考虑从车因素、从人因素、其他因素。

从车因素主要包括：车辆种类、厂牌型号、车辆用途、车辆新旧、车辆安全配置、行驶区域、排气量、停放地点。

从人因素主要包括：投保人（驾驶人）的性别、年龄、驾龄、违章肇事记录、索赔记录、婚姻状况、职业、健康状况、个人嗜好和品行，驾驶人数量。

其他因素主要包括：多辆车优惠，奖惩制度，免赔规定，再保险情况，通货膨胀，货币的时间价值，法律、法规及政策，附带或配套服务措施（提供增值服务、延伸服务和公益服务等）。

商车险保费厘定标准公式为：保费＝基准保费×费率调整系数。其中，基准保费＝基准纯风险保费/目标赔付率，目标赔付率＝1－附加费用率，费率调整系数＝自主定价系数×无赔款优待系数×交通违法系数。

其中，基准纯风险保费、无赔款优待系数、交通违法系数应使用行业基准。附加费用率预定、逐单手续费率上限、自主定价系数范围遵照监管机构相关要求执行。保险公司应按照保险费率与标的风险、经营成本相匹配的原则，合理确定自主定价系数、附加费用率及手续费率等，并对产品进行利润测试。

如果保险期不满1年，应按短期费率计收保险费。短期费率分为两类：按日计费和按月计费。按日计费适用于被保险人新购置的车辆的投保，以统一续保日期，其计算公式为：应交保险费＝年保费×（保险天数/365）。

（二）第三者责任险的保险费

① 第三者责任保险的保险费是根据车辆种类、使用性质按投保人选择的赔偿限额档次从费率表中查出其保险费收费标准，它是一种固定保险费。

② 机动车辆第三者责任险的固定保费是指按不同车辆种类和使用性质对应的第三者责任险每次最高赔偿限额，分为六个档次：5万元、10万元、20万元、50万元、100万元和100万元以上，且最高不超过1000万元。

③ 第三者责任险的保险费按投保时确定的每次事故最高赔偿限额对应的固定保费收取。每次事故最高赔偿限额不超过100万元时，则按照基本险费率表中列明的公式计收；当投保人要求投保的每次事故最高赔偿限额超过100万元时，其投保的赔偿限额应是50万元的整数倍，且最高不得超过1000万元。此时的第三者责任险固定保险费计算方法如下：

保险费＝$N \times A \times [(1.05-0.025)/2]$

式中，A＝同档次限额为100万元时的第三者责任险保费；N＝投保限额/50。

（三）机动车车上人员责任险保险费

根据中国精算师协会发布的《机动车商业保险示范产品基准纯风险保费表（2020版）》中的规定，机动车车上人员责任险保险费的计算方式如下。

① 根据车辆使用性质、车辆种类、驾驶人/乘客查询纯风险费率，以吉林省为例，各车种车上人员责任保险纯风险费率见表5-4。

② 计算公式如下。

驾驶人基准纯风险保费＝每次事故责任限额×纯风险费率

乘客基准纯风险保费＝每次事故每人责任限额×纯风险费率×投保乘客座位数

表5-4 吉林省机动车、特种车、摩托车、拖拉机车上人员责任保险纯风险费率表

车辆使用性质	车辆种类	驾驶人	乘客
家庭自用汽车	6座以下	0.21%	0.13%
	6～10座	0.20%	0.13%
	10座以上	0.20%	0.13%
企业非营业客车	6座以下	0.22%	0.13%
	6～10座	0.20%	0.12%
	10～20座	0.20%	0.12%
	20座以上	0.21%	0.13%
党政机关、事业团体非营业客车	6座以下	0.20%	0.12%
	6～10座	0.19%	0.11%
	10～20座	0.19%	0.11%
	20座以上	0.20%	0.12%
非营业货车	2t以下	0.24%	0.14%
	2～5t	0.24%	0.14%
	5～10t	0.24%	0.14%
	10t以上	0.24%	0.14%
	低速载货汽车	0.24%	0.14%
出租、租赁营业客车	6座以下	0.26%	0.16%
	6～10座	0.21%	0.12%
	10～20座	0.22%	0.13%
	20～36座	0.22%	0.13%
	36座以上	0.22%	0.13%
城市公交营业客车	6～10座	0.36%	0.13%
	10～20座	0.38%	0.14%
	20～36座	0.43%	0.16%
	36座以上	0.43%	0.16%
公路客运营业客车	6～10座	0.22%	0.13%
	10～20座	0.23%	0.14%
	20～36座	0.26%	0.16%
	36座以上	0.26%	0.16%
营业货车	2t以下	0.40%	0.25%
	2～5t	0.40%	0.25%
	5～10t	0.40%	0.25%
	10t以上	0.40%	0.25%
	低速载货汽车	0.40%	0.25%

续表

车辆使用性质	车辆种类	驾驶人	乘客
特种车	特种车型一	0.30%	0.19%
	特种车型二	0.30%	0.19%
	特种车型三	0.30%	0.19%
	特种车型四	0.30%	0.19%
摩托车	50mL及以下	0.33%	0.33%
	50～250mL（含）	0.33%	0.33%
	250mL以上及侧三轮	0.33%	0.33%
拖拉机	兼用型拖拉机14.7kW及以下	0.33%	0.33%
	兼用型拖拉机14.7kW以上	0.33%	0.33%
	运输型拖拉机14.7kW及以下	0.33%	0.33%
	运输型拖拉机14.7kW以上	0.33%	0.33%

任务训练3　区分机动车辆保险险种

机动车辆保险
投保指南

任务训练目标

通过完成区分机动车辆保险险种的任务训练，能运用机动车辆保险合同险种知识，区分机动车辆保险的险种险别，并根据客户保险保障需求，为客户选择机动车辆保险险种。

知识要点

机动车辆保险一般包括商业保险和机动车交通事故责任强制保险，商业保险包括基本险和附加险两部分。

一、机动车辆商业保险险种

（一）机动车辆商业保险基本险

机动车辆商业保险基本险分为车辆损失险、第三者责任险、车上人员责任险（司机责任险和乘客责任险）。

1. 车辆损失险

车辆损失险是指保险车辆遭受保险责任范围内的自然灾害或意外事故，造成保险车辆本身损失，保险人依照保险合同的规定给予赔偿。车辆损失险是车辆保险中用途最广泛的险种。

2. 第三者责任险

第三者责任险是指被保险人允许的合格驾驶员在使用保险车辆过程中发生意外事故，致使第三者遭受人身伤亡和财产的直接损毁，依法应当由被保险人支付的赔偿金额，保险人依照保险合同的约定给予赔偿。但因事故产生的善后工作，由被保险人负责处理。

3. 车上人员责任险

投保了本保险的机动车辆在使用过程中，发生意外事故，致使保险车辆上所载货物遭受直接损毁和车上人员的人身伤亡，依法应由被保险人承担的经济赔偿责任，以及被保险人为减少损失而支付的必要合理的施救、保护费用，保险人在保险单所载明的该保险赔偿限额内计算赔偿。

知识拓展

机动车辆保险投保指南

办理机动车辆保险投保时，请务必带好以下所需证件，并做好如下工作：

① 机动车辆行驶证；

② 续保车辆，需带上年度保单正本；

③ 新保车辆，需带齐车辆合格证及购车发票；

④ 投保单的内容，需由投保人本人按照所要投保的项目认真填写无误后，在投保人签章处签章；

⑤ 当您拿到保险单正本后，请您务必对保单的内容进行核对，如有问题及时更正；

⑥ 新车行驶证下发后，请您立即电告保险公司登记正式车牌号码，以确保维护您的权益；

⑦ 当您投保时，请您认真阅读保险条款中的保险责任、责任免除等内容，以便您更好地了解您的保险保障权益；

⑧ 如果保险单记载内容发生变更，请及时告知保险公司。

（二）机动车辆商业保险附加险

机动车辆商业保险附加险的险种有：附加绝对免赔率特约条款、附加车轮单独损失险、附加新增加设备损失险、附加车身划痕损失险、附加修理期间费用补偿险、附加发动机进水损坏除外特约条款、附加车上货物责任险、附加精神损害抚慰金责任险、附加法定节假日限额翻倍险、附加医保外用药责任险、附加机动车增值服务特约条款。

未投保基本险的，则不得投保相应的附加险。附加险条款解释与基本险条款解释相抵触之处，以附加险条款解释为准，未尽之处，则以基本险条款解释为准。

1. 附加绝对免赔率特约条款

绝对免赔率为5%、10%、15%、20%，由投保人和保险人在投保时协商确定，具体以保险单载明为准。

被保险机动车发生主险约定的保险事故，保险人按照主险的约定计算赔款后，扣减本特约条款约定的免赔。即：

主险实际赔款＝按主险约定计算的赔款×（1−绝对免赔率）

2. 附加车轮单独损失险

投保了机动车损失保险的机动车，可投保此附加险。

（1）保险责任。保险期间内，被保险人或被保险机动车驾驶人在使用被保险机动车过程中，因自然灾害、意外事故或被盗窃、抢劫、抢夺，导致被保险机动车未发生其他部位的损失、仅有车轮（含轮胎、轮毂、轮毂罩）单独的直接损失，且不属于免除保险人责任的范围，保险人依照本附加险合同的约定负责赔偿。

（2）责任免除

① 车轮（含轮胎、轮毂、轮毂罩）的自然磨损、锈蚀、腐蚀、故障、本身质量缺陷；

② 未发生全车盗抢，仅车轮单独丢失。

（3）保险金额。保险金额由投保人和保险人在投保时协商确定。

（4）赔偿处理

① 发生保险事故后，保险人依据本条款约定在保险责任范围内承担赔偿责任。赔偿方式由保险人与被保险人协商确定，可采取现金赔付或实物赔付。

② 赔款 = 实际修复费用 − 被保险人已从第三方获得的赔偿金额。

③ 在保险期间内，累计赔款金额达到保险金额，本附加险保险责任终止。

3. 附加新增加设备损失险

投保了机动车损失保险的机动车，可投保本附加险。

（1）保险责任。保险期间内，投保了本附加险的被保险机动车因发生机动车损失保险责任范围内的事故，造成车上新增加设备的直接损毁，保险人在保险单载明的本附加险的保险金额内，按照实际损失计算赔偿。

（2）保险金额。保险金额根据新增加设备投保时的实际价值确定。新增加设备的实际价值是指新增加设备的购置价减去折旧金额后的金额。

（3）赔偿处理。发生保险事故后，保险人依据本条款约定在保险责任范围内承担赔偿责任。赔偿方式由保险人与被保险人协商确定，可采取现金赔付或实物赔付。

赔款 = 实际修复费用 − 被保险人已从第三方获得的赔偿金额。

4. 附加车身划痕损失险

投保了机动车损失保险的机动车，可投保本附加险。

（1）保险责任。保险期间内，被保险机动车在被保险人或被保险机动车驾驶人使用过程中，发生无明显碰撞痕迹的车身划痕损失，保险人按照保险合同约定负责赔偿。

（2）责任免除

① 被保险人及其家庭成员、驾驶人及其家庭成员的故意行为造成的损失；

② 因投保人、被保险人与他人的民事、经济纠纷导致的任何损失；

③ 车身表面自然老化、损坏，腐蚀造成的任何损失。

（3）保险金额。保险金额为2000元、5000元、10000元或20000元，由投保人和保险人在投保时协商确定。

（4）赔偿处理

① 发生保险事故后，保险人依据本条款约定在保险责任范围内承担赔偿责任，赔偿方式由保险人与被保险人协商确定，可采取现金赔付或实物赔付。

赔款 = 实际修复费用 − 被保险人已从第三方获得的赔偿金额

② 在保险期间内，累计赔款金额达到保险金额，本附加险保险责任终止。

5. 附加修理期间费用补偿险

投保了机动车损失保险的机动车，可投保本附加险。

（1）保险责任。保险期间内，投保了本条款的机动车在使用过程中，发生机动车损失保险责任范围内的事故，造成车身损毁，致使被保险机动车停驶，保险人按保险合同约定，在保险金额内向被保险人补偿修理期间费用，作为代步车费用或弥补停驶损失。

（2）责任免除。下列情况下，保险人不承担修理期间费用补偿：

① 因机动车损失保险责任范围以外的事故而致被保险机动车的损毁或修理；

② 非在保险人认可的修理厂修理时，因车辆修理质量不合要求造成返修；

③ 被保险人或驾驶人拖延车辆送修期间。

（3）保险金额。本附加险保险金额 = 补偿天数 × 日补偿金额。补偿天数及日补偿金额由投保人与保险人协商确定并在保险合同中载明，保险期间内约定的补偿天数最高不超过

90天。

（4）赔偿处理。全车损失，按保险单载明的保险金额计算赔偿；部分损失，在保险金额内按约定的日补偿金额乘以从送修之日起至修复之日止的实际天数计算赔偿，实际天数超过双方约定修理天数的，以双方约定的修理天数为准。

保险期间内，累计赔款金额达到保险单载明的保险金额，本附加险保险责任终止。

6. 附加发动机损坏除外特约条款

投保了机动车损失保险的机动车，可投保本附加险。

保险期间内，投保了本附加险的被保险机动车在使用过程中，因发动机进水后导致的发动机的直接损毁，保险人不负责赔偿。

7. 附加车上货物责任险

投保了机动车第三者责任保险的营业货车（含挂车），可投保本附加险。

（1）保险责任。保险期间内，发生意外事故致使被保险机动车所载货物遭受直接损毁，依法应由被保险人承担的损害赔偿责任，保险人负责赔偿。

（2）责任免除

① 偷盗、哄抢、自然损耗、本身缺陷、短少、死亡、腐烂、变质、串味、生锈，动物走失、飞失、货物自身起火燃烧或爆炸造成的货物损失；

② 违法、违章载运造成的损失；

③ 因包装、紧固不善，装载、遮盖不当导致的任何损失；

④ 车上人员携带的私人物品的损失；

⑤ 保险事故导致的货物减值、运输延迟、营业损失及其他各种间接损失；

⑥ 法律、行政法规禁止运输的货物的损失。

（3）责任限额。责任限额由投保人和保险人在投保时协商确定。

（4）赔偿处理

① 被保险人索赔时，应提供运单、起运地货物价格证明等相关单据。保险人在责任限额内按起运地价格计算赔偿；

② 发生保险事故后，保险人依据本条款约定在保险责任范围内承担赔偿责任，赔偿方式由保险人与被保险人协商确定，可采取现金赔付或实物赔付。

8. 附加精神损害抚慰金责任险

投保了机动车第三者责任保险或机动车车上人员责任保险的机动车，可投保本附加险。

在投保人仅投保机动车第三者责任保险的基础上附加本附加险时，保险人只负责赔偿第三者的精神损害抚慰金；在投保人仅投保机动车车上人员责任保险的基础上附加本附加险时，保险人只负责赔偿车上人员的精神损害抚慰金。

（1）保险责任。保险期间内，被保险人或其允许的驾驶人在使用被保险机动车的过程中，发生投保的主险约定的保险责任内的事故，造成第三者或车上人员的人身伤亡，受害人据此提出精神损害赔偿请求，保险人依据法院判决及保险合同约定，对应由被保险人或被保险机动车驾驶人支付的精神损害抚慰金，在扣除机动车交通事故责任强制保险应当支付的赔款后，在本保险赔偿限额内负责赔偿。

（2）责任免除

① 根据被保险人与他人的合同协议，应由他人承担的精神损害抚慰金；

② 未发生交通事故，仅因第三者或本车人员的惊恐而引起的损害；

③ 怀孕妇女的流产发生在交通事故发生之日起30天以外的。

（3）赔偿限额。本保险每次事故赔偿限额由保险人和投保人在投保时协商确定。

（4）赔偿处理。本附加险赔偿金额依据生效法律文书或当事人达成且经保险人认可的赔付协议，在保险单所载明的赔偿限额内计算赔偿。

9. 附加法定节假日限额翻倍险

投保了机动车第三者责任保险的家庭自用汽车，可投保本附加险。

保险期间内，被保险人或其允许的驾驶人在法定节假日期间使用被保险机动车发生机动车第三者责任保险范围内的事故，并经公安部门或保险人查勘确认的，被保险机动车第三者责任保险所适用的责任限额在保险单载明的基础上增加一倍。

10. 附加医保外用药责任险

投保了机动车第三者责任保险或机动车车上人员责任保险的机动车，可投保本附加险。

（1）保险责任。保险期间内，被保险人或其允许的驾驶人在使用被保险机动车的过程中，发生主险保险事故，对于被保险人依照中华人民共和国法律（不含港澳台地区法律）应对第三者或车上人员承担的医疗费用，保险人对超出《道路交通事故受伤人员临床诊疗指南》和国家基本医疗保险同类医疗费用标准的部分负责赔偿。

（2）责任免除。下列损失、费用，保险人不负责赔偿：

① 被保险人的损失在相同保障的其他保险项下可获得赔偿的部分；

② 所诊治伤情与主险保险事故无关联的医疗、医药费用；

③ 特需医疗类费用。

（3）赔偿限额。赔偿限额由投保人和保险人在投保时协商确定，并在保险单中载明。

（4）赔偿处理。被保险人索赔时，应提供由具备医疗机构执业许可的医院或药品经营许可的药店出具的、足以证明各项费用赔偿金额的相关单据。保险人根据被保险人实际承担的责任，在保险单载明的责任限额内计算赔偿。

11. 附加机动车增值服务特约条款

投保了机动车保险后，可投保本特约条款。

本特约条款包括道路救援服务特约条款、车辆安全检测特约条款、代为驾驶服务特约条款、代为送检服务特约条款共四个独立的特约条款，投保人可以选择投保全部特约条款，也可以选择投保其中部分特约条款。保险人依照保险合同的约定，按照承保特约条款分别提供增值服务。

二、机动车交通事故责任强制保险

道路交通事故导致的人员伤亡在我国乃至全世界均排在意外伤亡的首位。21世纪以来，我国城乡平均每年发生道路交通事故50多万起，每年因车祸丧生的人数有10万人左右，因车祸受伤者更是高达几十万人，直接经济损失年均数以百亿元乃至上千亿元计。由此可见，机动车辆的第三者责任风险是巨大的，对公众的人身与财产安全构成了严重的威胁。为了维护公众的利益，机动车辆第三者责任保险在许多国家成为法定保险业务。

交强险的概念和内容

（一）交强险的概念和意义

《机动车交通事故责任强制保险条例》（以下简称《条例》）规定：机动车交通事故责任强制保险（本小节简称交强险）是由保险公司对被保险机动车发生道路交通事故造成受害人（不包括本车人员和被保险人）的人身伤亡、财产损失，在责任限额内予以赔偿的强制性责任保险。

交强险是社会公益性很强的险种，车主投保了它之后，一旦发生交通事故，将由保险公司向受害第三方及时地提供赔偿。这对保障公民合法权益、维护社会稳定具有重要意义。

交强险是我国第一个通过国家立法的形式予以强制实施的保险险种，是一项全新的保险制度，于2006年7月1日起施行。它的保障对象涉及每一个道路通行者，与普通老百姓切身利益密切相关。实行交强险制度，首要目标就是通过国家法律强制手段，提高机动车第三方责任险的覆盖面，保证交通事故中受害人最大可能地获得及时和基本的保障。

（二）交强险的突出特点

《条例》立足现实，着眼长远，既结合了中国当前经济社会发展水平和能力，又充分借鉴了国外先进经验，具有较强的针对性和鲜明的特点。

1. 突出以人为本

将保障受害人得到及时、有效的赔偿作为首要目标。《条例》规定，被保险机动车发生道路交通事故造成本车人员和被保险人以外的受害人人身伤亡、财产损失的，由保险公司依法在交强险责任限额范围内予以赔偿。

2. 体现奖优罚劣

通过经济手段提高驾驶员守法合规意识，促进道路交通安全。《条例》要求逐步建立交强险与道路交通安全违法行为和道路交通事故的信息共享机制，实现保险费率与交通违章挂钩。安全驾驶者可以享有优惠的费率，经常肇事者将负担高额保费。

3. 坚持社会效益

保险公司经营交强险不以营利为目的，且交强险业务必须与其他业务分开管理、实行单独核算。保险监督管理机构将定期予以核查，以维护广大消费者的利益。

4. 实行商业化运作

交强险条款费率由保险公司制定，保险监督管理机构按照交强险业务总体上"不亏不盈"的原则进行审批，保险公司自主经营自负盈亏。

（三）交强险的主要内容

1. 合同主体

根据《条例》第二条规定，在中华人民共和国境内道路上行驶的机动车的所有人或管理人应当投保交强险。交强险合同成立后，投保人也可以成为被保险人。被保险人是受交强险保险合同保障的人，即被保险机动车辆发生交通事故导致第三者受损而依法应承担责任、依交强险合同享有保险金请求权的人。

承保人即保险人，是经营交强险保险业务时收取保险费和在保险事故发生后负责赔付保险金的人，通常是指依法成立且有经营交强险资格的保险公司。

2. 保障对象

根据《条例》，交强险的保障对象是被保险机动车致害的交通事故受害人，但不包括被保险机动车本车人员及被保险人。交强险的保障内容包括受害人的人身伤亡和财产损失。

3. 赔偿项目与责任限额

（1）死亡伤残赔偿项目与医疗费用赔偿项目（表5-5）。

表5-5　交强险死亡伤残和医疗费用赔偿项目

死亡伤残赔偿项目	医疗费用赔偿项目
丧葬费、死亡补偿费、受害人亲属办理丧葬事宜支出的交通费用、残疾赔偿金、残疾辅助器具费、护理费、康复费、交通费、被扶养人生活费、住宿费、误工费，被保险人依照法院判决或者调解承担的精神损害抚慰金	赔偿医药费、诊疗费、住院费、住院伙食补助费，必要的、合理的后续治疗费、整容费、营养费

（2）赔偿限额。交强险责任限额是指被保险机动车发生道路交通事故，保险公司对每次

保险事故所有受害人的人身伤亡和财产损失所承担的最高赔偿金额（表5-6）。

表5-6 交强险责任限额表

赔偿限额种类	有责	无责
死亡伤残赔偿限额	180000元	18000元
医疗费用赔偿限额	18000元	1800元
财产损失赔偿限额	2000元	100元
共计	200000元	19900元

4. 除外责任

下列损失和费用，交强险不负责赔偿和垫付：

① 因受害人故意造成的交通事故的损失。

② 被保险人所有的财产及被保险机动车上的财产遭受的损失。

③ 被保险机动车发生交通事故，致使受害人停业、停驶、停电、停水、停气、停产、通信或者网络中断、数据丢失、电压变化等造成的损失，以及受害人财产因市场价格变动造成的贬值、修理后因价值降低造成的损失等其他各种间接损失。

④ 因交通事故产生的仲裁或者诉讼费用以及其他相关费用。

5. 保险费率

根据《条例》规定，交强险实行统一的保险条款和基础保险费率。保险监督管理机构按照交强险业务总体上不盈利不亏损的原则审批保险费率，并监管保险人对保险费率进行适时调整。目前，交强险费率按机动车种类、使用性质分为家庭自用汽车、非营业客车、营业客车、非营业货车、营业货车、特种车、摩托车和拖拉机八种类型。

6. 保险期间

《条例》规定，交强险的保险期间为1年，以保险单载明的起止时间为准。仅有四种情形下，投保人可以投保1年以内的短期交强险：

① 境外机动车临时入境的。

② 机动车临时上道路行驶的。

③ 机动车距规定的报废期限不足1年的。

④ 国务院保险监督管理机构规定的其他情形。

7. 保险赔偿处理

① 保险事故发生后，保险人按照国家有关法律法规规定的赔偿范围、项目和标准以及交强险合同的约定，并根据国务院卫生主管部门组织制定的《道路交通事故受伤人员临床诊疗指南》和国家基本医疗保险标准，在交强险的责任限额内核定人身伤亡的赔偿金额。

② 因保险事故造成受害人人身伤亡的，未经保险人书面同意，被保险人自行承诺或支付的赔偿金额，保险人在交强险责任限额内有权重新核定。因保险事故损坏的受害人财产需要修理的，被保险人应当在修理前会同保险人检验，协商确定修理或者更换项目、方式和费用。否则，保险人在交强险责任限额内有权重新核定。

③ 被保险机动车发生涉及受害人受伤的交通事故，因抢救受害人需要保险人支付抢救费用的，保险人在接到公安机关交通管理部门的书面通知和医疗机构出具的抢救费用清单后，按照国务院卫生主管部门组织制定的《道路交通事故受伤人员临床诊疗指南》和国家基本医疗保险标准进行核实。对于符合规定的抢救费用，保险人在医疗费用赔偿限额内支付。被保险人在交通事故中无责任的，保险人在无责任医疗费用赔偿限额内支付。

8. 垫付与追偿

被保险机动车发生交通事故，造成受害人受伤需要抢救的，保险人在接到公安机关交通管理部门的书面通知和医疗机构出具的抢救费用清单后，按照国务院卫生主管部门组织制定的《道路交通事故受伤人员临床诊疗指南》和国家基本医疗保险标准进行核实。对于符合规定的抢救费用，保险人在医疗费用赔偿限额内垫付。被保险人在交通事故中无责任的，保险人在无责任医疗费用赔偿限额内垫付。对于其他损失和费用，保险人不负责垫付和赔偿，具体如下。

① 驾驶人未取得驾驶资格的。

② 驾驶人醉酒的。

③ 被保险机动车被盗抢期间肇事的。

④ 被保险人故意制造交通事故的。

（四）交强险与第三者责任险的区别

1. 保险属性不同

交强险属于强制保险，体现在所有车辆必须参保，有经营资格的保险公司不得拒保，否则都会面临高额的经济处罚。其从条款制定、费率厘定到投保、承保都有一定的强制性。交强险的强制性，保险公司经营交强险实际执行了社会管理职能，实行"不亏不盈"的原则，是一种准社会保险；而第三者责任险则以营利为目的，由投保人和保险人双方自愿签订保险合同。

2. 赔偿原则不同

第三者责任险采取的是过错责任原则，即根据当事人的违章行为与交通事故之间的因果关系，以及违章行为在交通事故中的作用，认定当事人的交通事故责任及赔偿责任；而交强险采取的是"无过错责任"原则，即只要发生道路交通事故并造成对方损失，不论事故方有无过错都要承担赔偿责任。

3. 赔偿范围不同

交强险的保险责任广泛涵盖了道路交通风险，且不设免赔率和免赔额，除外责任很少，无论被保险人在事故中有无过错，对造成的第三者损失均可请求保险给付；第三者责任险则有责任免除事项和免赔率（额），仅对被保险人应依法承担的责任部分的损失进行赔偿。同时商业保险均规定了详细的除外责任，出现除外责任中列明的事故保险公司是有权拒赔的。

4. 赔偿限额不同

被保险人在使用被保险机动车过程中发生交通事故，致使受害人遭受人身伤亡或者财产损失，依法应当由被保险人承担的损害赔偿责任，保险人按照交强险合同的约定对每次事故的赔偿限额分为三项：死亡伤残赔偿限额为180000元；医疗费用赔偿限额为18000元；财产损失赔偿限额为2000元。被保险人无责任时，无责任死亡伤残赔偿限额为18000元；无责任医疗费用赔偿限额为1800元；无责任财产损失赔偿限额为100元。

商业第三者责任险的责任限额较高，分为若干档次。第三者责任险的保额不分项，依法应由被保险人承担的赔偿，保险公司均会依据保险合同在限额内承担，而不是分项赔付。车主如果希望有较好的保障，都应在购买交强险后，购买商业第三者责任险作为补充。

5. 经营性质不同

交强险业务具有社会公益性特点，因此保险公司经营该项业务不以营利为目的，并实行单独核算。"不亏不盈"原则具体体现在保险公司在厘定交强险费率时不应加入利润因子。而商业第三者责任险是以营利为目的，无须与其他车险险种分开管理、单独核算。

任务五　认知船舶保险和飞机保险

任务训练1　熟悉船舶保险业务

任务训练目标

通过完成船舶保险业务的任务训练，能运用船舶保险相关知识，区分船舶保险的种类，区分船舶保险的险种险别，并在保险实务中加以正确应用。

知识要点

一、船舶保险的概念

船舶保险是以各种类型船舶为保险标的的保险。其中，船舶是指能漂浮和航行于海洋、江河及其他可通航水域的任何形状的物体，并能自由地有控制地将货物或旅客从一个港口运往另一个港口的浮动物体。从通常定义来讲，船舶是浮于水面上的物体，船舶是供航行使用的，船舶是机具，是一定的构成物。船舶保险承保的船舶以民用船舶为主。

二、船舶保险的特点

按照传统的习惯，船舶保险与货物运输保险都属于海上保险范畴，但是，与货物运输保险相比较，船舶保险的特点如下。

（一）保险周期长

货物运输保险一般只承保货物在运输过程中的危险，而船舶保险可以承保从船舶建造下水开始，直到船舶营运以至停泊和最后报废拆船为止的整个过程的危险。

（二）补偿范围广

船舶保险比货物运输保险的保障范围要广泛得多。它既要保船体（船壳）、机器、设备、燃料、供给品，还保与船舶有关的利益、费用和责任。

（三）危险集中

船舶保险涉及一个危险单位的价值比货物运输保险相对集中，船舶发生损失往往会出现巨额赔款。

（四）风险控制尤为重要

货主对运输途中的货物安全是无法控制的，而船舶所有人对于船舶无论在航行途中或停泊期间，始终是在其雇佣的经理人员和船长、船员的操纵下，这些雇佣人员又是受船东直接支配和掌握的。因而，船舶所有人的经营作风、管理水平和信誉对保险船舶的安全会有直接影响。

三、船舶保险的险种

我国的船舶保险分为远洋船舶保险、沿海内河船舶保险和船舶建造保险三大类。

（一）远洋船舶保险

远洋船舶保险承保船舶，包括其船壳、救生艇、机器、设备、仪器、索具、燃料和物料因保险责任范围内的危险事故发生所致的损失。按照保险责任不同分为全损险和一切险两种，一切险的承保范围要比全损险大，但承保的风险是相同的。

1. 全损险

全损险承保因下列原因造成的被保险船舶的全部损失。

① 海上风险。

② 火灾或爆炸。

③ 来自船外的暴力盗窃或海盗行为。

④ 抛弃货物。

⑤ 核装置或反应堆发生的故障或意外事故。

⑥ 船员疏忽或过失所致的损失。

2. 一切险

一切险除承保全损险责任范围内的风险所致被保险船舶的全部损失外，还负责因这些风险造成的船舶的部分损失，以及碰撞责任、共同海损分摊、救助费用和施救费用。

？ 想一想　船舶一切险的保险责任都包含什么？

1. 全部损失。全部损失包括被保险船舶由于遭受保险风险而造成的实际全损和推定全损。保险人对全部损失的赔偿以保险金额为限，并且不扣除免赔额。

2. 部分损失。部分损失是指被保险船舶由于遭受保险风险而造成的不属于全部损失的损失。保险人在保险金额的限度内负责船舶的部分损失，如果船舶在保险期限内接连发生两次或多次事故造成部分损失，累计损失额超过保险金额，但只要每次损失的金额不超过保险单载明的保险金额限度，保险人仍予负责赔偿，不过在赔付时应按每次事故扣除免赔额。

3. 碰撞责任。碰撞责任是指被保险船舶由于航行疏忽或过失造成与其他船舶碰撞或触碰任何固定的、浮动的物体或其他物体所引起的被撞第三者的财产损失或人身伤亡，在法律上应负的赔偿责任。保险人负责被保险船舶因碰撞所承担的民事损害赔偿责任，包括被撞船舶的损失或修理费用、救助费用，被撞船舶所载货物的灭失及费用，或由于被撞船舶造成污染或污染所产生的责任或费用。但保险人对碰撞所引起的人身伤亡、疾病，清除障碍物或残骸、残货、其他物品和任何固定的、浮动的物体以及其他物体，延迟损失或间接费用，不予负责赔偿。

4. 共同海损和救助。船舶一切险条款明确规定，如被保险船舶发生共同海损损失，被保险人可获得这种损失的全部赔偿，而无须行使向其他各方索取分摊额的权利。共同海损的理算应按有关合同规定或适用的法律或惯例理算，如运输合同无此规定，应按《北京理算规则》或其他类似规则规定办理。条款还规定，当所有分摊方无法为被保险人，或当被保险船舶空载航行并无其他分摊利益时，共同海损理算应按《北京理算规则》或明文同意的类似规则办理，如同各分摊方不属于同一人一样。这是为了鼓励空载航行的被保险船舶在遇险时尽力抢救，保险人同意对此种损失和费用按共同海损的原则进行理算，以避免承担全部损失的赔偿责任。在核定共同海损和救助费用时，如出现保险金额低于约定价值或低于共同海损分摊价值时，保险人要按船舶的共同海损分摊价值的比例承担赔偿责任。如果救助费用是船舶或与船舶有关的利益方所引起的，通常列为共同海损费用，参加共同海损分摊。

5. 施救费用。我国船舶一切险条款规定，由于承保风险造成船舶损失或船舶处在危险之中，被保险人为防止或减少根据本保险可以得到赔偿的损失而付出的合理费用，保险人应予以赔付。施救费用是一种单独费用。因此，保险人对施救费用的赔偿不受船舶本身损失、碰撞责任、共同海损分摊和救助费用等赔偿金额的限制，但不得超过船舶的保险金额。如果船舶的保险价值高于保险金额，施救费用应按比例赔偿。

6. 其他费用。首先，由于船舶碰撞事故或第三者过失造成被保险船舶受损，被保险人或保险人对第三者提出诉讼或抗辩引起的法律诉讼费用，可由保险人负责赔偿。其次，为确定保险责任范围的损失进行检验、查勘等合理费用，包括船舶搁浅后检验船底的费用，也可由保险人负责赔偿。

（二）沿海内河船舶保险

沿海内河船舶保险承保在中华人民共和国境内合法登记注册从事沿海、内河航行的船舶，包括船体、机器、设备、仪器和索具因保险责任范围内的危险事故发生所致的损失。分为全损险和一切险两种。

1. 全损险

全损险承保因下列原因造成的被保险船舶的全部损失。

① 八级以上（含八级）大风、洪水、地震、海啸、雷击、崖崩、泥石流、冰凌。

② 火灾、爆炸。

③ 碰撞、触碰。

④ 搁浅、触礁。

⑤ 由于上述一至四款灾害或事故引起的倾覆、沉没。

⑥ 船舶失踪。

2. 一切险

一切险承保全损险列举的六项原因所造成保险船舶的全损或部分损失以及所引起的下列责任和费用。

（1）碰撞、触碰责任。保险船舶在可航水域碰撞其他船舶或触碰码头、港口设施、航标，致使上述货物发生的直接损失和费用，包括被碰撞船舶上所载货物的直接损失，依法应当由被保险人承担的赔偿责任。对每次碰撞、触碰责任仅负责赔偿金额的四分之三，但在保险期限内一次或累计最高赔偿额以不超过船舶保险金额为限。属于本船舶上的货物损失，本保险不负赔偿责任。非机动船舶不负碰撞、触碰责任。但保险船舶由承保的拖船拖带时，可视为机动船舶。

（2）共同海损、救助及施救。本保险负责赔偿依照国家有关法律或规定应当由保险船舶摊负的共同海损。除合同另有约定外，共同海损的理算办法应按《北京理算规则》办理。保险船舶在发生保险事故时，被保险人为防止或减少损失而采取施救及救助措施所支付的必要的、合理的施救或救助费用、救助报酬，由本保险人负责赔偿。但共同海损、救助及施救三项费用之和的累计最高赔偿额以不超过保险金额为限。

（三）船舶建造保险

船舶建造保险承保从保险船舶建造开工之日至保险船舶建成交付订货人或船舶所有人时止的物资和机械设备因保险责任范围内的危险事故发生所致的损失。

船舶建造保险的保险责任规定，对保险船舶的下列损失、责任和费用负责赔偿。

（1）保险船舶在船厂建造、试航和交船过程中，包括建造该船所需的在保险价值内的一切材料、机械和设备在船厂范围内装卸、运输、保管、安装以及船舶下水、进出坞、停靠码头过程中，由于下列原因所造成的损失和费用：

① 自然灾害或意外事故。

② 工人、技术人员、船长、船员及引水人员的疏忽过失和缺乏经验造成的损失。

③ 船壳和设备机件的潜在缺陷。

④ 因船台、支架和其他类似设备的损坏或发生故障。

⑤ 保险船舶任何部分因设计错误而引起的损失。

⑥ 在保险船舶下水失败后为重新下水所产生的费用。

⑦ 为确定保险责任范围内损失所支付的合理费用，以及对船舶搁浅后为检查船底而支付的费用，即使没有损失，保险公司也予以负责。

（2）对于下列责任和费用，也负责赔偿。

① 共同海损牺牲和分摊。

② 救助费用。

③ 发生碰撞事故后，保险船舶对被碰撞船舶及其所载货物、浮动物件、船坞、码头或其他固定建筑物损失和延迟、丧失使用的损失以及施救费用、共同海损和救助费用依法应负的赔偿责任，但以保险船舶的保险金额为限。

④ 保险船舶遭受保险条款责任范围内的损失事故后引起的清除保险船舶残骸的费用、对第三者人身伤亡的赔偿责任，可以按本公司保障与赔偿条款的有关规定给予赔偿，但以保险船舶的保险金额为限。

⑤ 在发生碰撞或其他事故后，被保险人在事先征得本公司书面同意后，为争取限制赔偿责任所支付的诉讼费用。

⑥ 保险船舶的保险金额如低于保险价值，本公司对本条款所列各项的责任或费用，按保险金额和保险价值的比例计算赔偿。

任务训练2　熟悉飞机保险业务

任务训练目标

通过熟悉飞机保险业务的任务训练，能运用飞机保险业务知识，区分飞机保险的险种险别，并在保险实务中加以正确应用。

知识要点

一、飞机保险的概念

飞机保险是以飞机及其有关的法律责任等为保险标的的一种保险。自1911年劳合社开出了世界上第一张飞机保险单，飞机保险随着飞机制造业和航空业的发展而迅速发展起来。国际上的飞机保险有多个险别，通常有机身险、第三者责任险、旅客法定责任险、机场责任险、产品责任险、机组人员人身意外险、丧失执照险、飞机表演责任险和塔台指挥人员责任险等。就其承保的内容看，飞机保险具有综合保险的特点。我国的飞机保险起步较晚，但是发展势头强劲，在财产保险领域中占据一定的地位。

二、飞机保险的特点

飞机保险与其他运输工具保险比较，其特点主要体现在以下两个方面。

① 危险分布具有时效性。即航空危险发生率最高的是在起飞和着陆阶段，其中又有75%以上的航空事故是因为飞行员的错误判断引起的。

② 保险的标的价值高，损失风险大。这决定了保险公司对飞机保险业务需要采取集团共保的方式或再保险的方式来分散危险并稳定经营。

三、飞机保险的险种

我国的飞机保险参照国际上的做法，分为基本险和附加险两类。

（一）基本险

基本险包括飞机机身险、飞机第三者责任险和旅客责任保险三种。

1. 飞机机身险

飞机机身险承保飞机本身在飞行或滑行及在地面时因意外事故造成的损失或损坏。如飞机因坠落、碰撞、失火、灭失、失踪等造成全损或部分损失以及清除残骸等费用，由保险人负责赔偿。

（1）保险责任。保险人在承保机身险时，对保险责任通常采用条款列举法列举。

飞机损失分为飞行、滑行、地面和停航四个阶段，保险责任范围分为包括地面及飞行在内的一切险、不包括飞行在内的一切险、不包括飞行和滑行在内的一切险三种。

一切险的责任范围包括因火灾、雷击、爆炸、碰撞、风暴、偷窃等原因造成的损失，保险人对此负责赔偿。不过，对因战争、敌对行为或武装冲突、被劫持或被第三者破坏等原因造成的飞机机身损失，以及飞机不符合适航条件而飞行、被保险人故意行为导致的损失和飞机任何部件的自然磨损、制造及机械缺陷、飞机受损后的各种间接损失和费用，保险人不负赔偿责任。

（2）保险金额。机身险采用定值保险的方式，为控制风险，保险人在实务经营中往往采取两种办法：一是采用分摊条款，对部分损失的赔偿加以限制，如损失外壳的赔偿不超过保额的40%等；二是对费率进行调整。机身险的保险费率主要根据历年的损失率对不同型号的飞机使用不同的费率。如中国国内航线飞行的机身险费率：喷气式飞机的费率为1.50%，螺旋桨式飞机为2.5%，直升机为5%。此外，由于飞机在飞行中的风险要大于地面风险，若飞机进行正常维修或停航连续超过规定时间时，还有退费的规定。如果所保飞机全年未发生赔款，可退回全年保险费的25%；如虽发生赔款，但赔款低于保险费的30%，可退回全年保险费的15%；如果赔款已逾（或已达到）保险费的30%，则不退费。

2. 飞机第三者责任险

飞机第三者责任险与机动车辆第三者责任险是一致的，它主要承保飞机在营运中由于坠落或因飞机上坠人、坠物而造成第三者的人身伤亡或财产损失，应由被保险人承担的赔偿责任。但属于由被保险人支付工资的机内、机场工作人员，以及被保险飞机上的旅客的人身伤亡或财产损失，保险人不负责赔偿或者不能在此险种内赔偿。由于航空事故对第三者造成的人身伤亡或财产损失往往无法预料，如飞机坠毁在化工厂或油库所在地时可能造成数亿元的直接经济损失，而保险人又不能承担无限责任。因此，保险人一般对此规定一个赔偿限额作为承担第三者责任险的最高赔偿标准。

3. 旅客责任保险

旅客责任保险一般属于法定责任保险，主要是以航空旅客为保险对象的，承保由于航空公司在营运过程中造成的乘客人身伤亡和行李损失且依法应承担的经济赔偿责任。

（二）附加险

附加险包括飞机承运货物责任保险和飞机战争、劫持险两种。

1. 飞机承运货物责任保险

飞机承运货物责任保险，又称为承运人航空货物运输责任保险、空运货物赔偿责任保险，承保装载于被保险飞机上已经办理托运手续的货物，从交运时起至目的地交付收货人或办妥转运手续时止的过程中发生的损失和因延迟造成的损失，根据法律或合同规定应由承运人承担的赔偿责任。

2. 飞机战争、劫持险

（1）含义。飞机战争、劫持险承保由于战争、敌对行为或武装冲突，拘留、扣押、没收、被劫持或被第三者破坏造成被保险飞机的直接损失和费用，以及引起被保险人对第三者或旅客应负的法律责任。

（2）保险时效。保险人对被保险飞机因拘留、扣押、没收所致损失的索赔必须从损失发生日起满3个月后才予受理；保险双方均可以在48小时前通知对方注销保险责任；当发生由于敌对袭击的原子弹、氢弹或其他核武器爆炸时，保险责任即自动终止。

任务六 熟悉货物运输保险实务

任务训练1 认识货物运输保险

任务训练目标

通过完成认识货物运输保险的任务训练，能运用货物运输保险合同知识，区分货物运输保险的险种险别，并在保险实务中加以正确应用。

知识要点

一、货物运输保险的概念

货物运输保险是指以各种运输工具承运的货物作为保险标的，承保货物因自然灾害或意外事故而遭受的损失的一种财产保险。

货物运输保险是为了满足生产实践中的需求应运而生的。所以，保险的分类标准也产生于社会实践，并随着实践的发展而发展，不同的历史时期有着不同的分类标准。由于分类标准的不同，以不同标准划分的货物运输保险种类的名称或形式也就不同。譬如，以保险价值分类，货物运输保险可以分为定值保险和不定值保险；以保险期限分类，货物运输保险可以分为航程保险、定期保险和混合保险等；以承保方式分类，货物运输保险可以分为逐笔保险、预约保险、流动保险和总括保险等；以运输方式分类，货物运输保险又可以分为海上货物运输保险、陆上货物运输保险、航空货物运输保险和邮包保险等。

二、货物运输保险的特点

货物运输保险的保险标的是运输过程中的各种货物，相较于一般的财产保险有如下的一些特征。

（一）承保的标的具有流动性

货物运输保险所承保的货物是处于流动或运行状态下的物资，它不受固定地点的限制，出险也往往在保险合同签订地之外，保险人通常要建立异地代理检验或理赔制度才能经营此类保险业务。

（二）保险合同可以背书转让

与其他财产保险中规定保险合同不能自由转让不同，货物运输保险合同可以随着货物所有权的转移而自由转移，即它在实践中往往被看成是提货单的附属物，随着提货单的转移而转移，不需要保险人事先同意。这种现象是货物运输保险中特有的现象。

（三）保险期限具有航程性

货物运输保险通常不是采取一年期的定期制，而是采用航程保险单，即通常所说的"仓至仓条款"（Warehouse to Warehouse Clause，W/W）确定货物运输保险责任期限的依据，它一般规定保险人的责任起讫以约定的运输途程为准，从起运地的仓库到目的地的仓库整个运输过程即为一个保险责任期。

（四）保险保障范围具有广泛性

普通财产保险负责被保险财产的直接损失，以及采取在施救过程中正常发生的施救费用、合理保护所产生的费用等。货物运输保险除了上述的损失和费用外，还有承担货物在运输的过程中因破碎、渗漏、包装破裂、遭遇盗抢以及整件货物提货不着从而引起的被保险人损失。此外，按照有关惯例，货主应分摊的共同海损也予以负责。

🔖 任务训练2 认识海洋货物运输保险

📋 任务训练目标

通过完成认识海洋货物运输保险的任务训练，能运用海洋货物运输保险知识，区分海洋货物运输保险的险种险别，并在保险实务中加以正确应用。

🌐 知识要点

海洋货物运输保险，简称"水险"，是指保险人对于货物在运输途中因海上自然灾害、意外事故或外来原因而导致的损失负赔偿责任的一种保险。海洋货物运输保险的保险责任是以海轮作为主体来考虑的。

一、海洋货物运输保险的种类

（一）海上货物运输保险

海上货物运输保险是海洋货物运输保险中最主要的一种。承保货物在海上运输过程中因自然灾害、意外事故或外来原因造成的损失。

目前，世界上大多数国家的海上货物运输保险的险别主要有平安险、水渍险和一切险三种。我国基本上也是这样划分的。

📚 知识拓展

平安险、水渍险和一切险的比较

平安险（Free from Particular Average，FPA），按其英文原意解释，是仅对全部损失和共同海损负赔偿责任。但是经过多次修改和补充，目前平安险的保险责任已经超过仅对全损赔偿的范围，主要责任有三项：①对于自然灾害（恶劣气候、雷电、海啸、地震、洪水）造成的单独海损不赔，但对全部损失要赔；②对于意外事故所造成的单独海损和全部海损都要赔;③对于在海上意外事故发生前后,由于海上自然灾害所造成的单独海损也要负责赔偿。因此,平安险一般适用于低值、裸装的大宗货物,如矿砂、钢材、铸铁制品等。

水渍险（With Particular Average, WA 或 WPA）的保险责任是在平安险的基础之上,加上被保险货物由于海上自然灾害所造成的部分损失。可见,水渍险的保险责任大于平安险的保险责任,与此相适应,水渍险的保险费率要高于平安险。

一切险（All Risks,简称 AR）的保险责任,除包括平安险和水渍险的所有责任外,还包括被保险货物在海上运输途中由于各种外来原因所造成的全部损失或部分损失。一切险保险责任中所指的"外来原因"并非运输途中的一切外来原因,而是以一般附加险种的 11 种外来风险为限,即偷窃提货不着险、淡水雨淋险、短量险、混杂玷污险、渗漏险、碰撞破损险、串味险、受潮受热险、钩损险、包装破裂险、锈损险等。简单地说,一切险的保险责任范围是平安险、水渍险和一般附加险的总和。一切险的保险责任范围最大,提供的保险保障比较充分,各类货物都适用,特别是粮油食品、纺织纤维类商品和精密仪器仪表等都应投保一切险。

（二）海上运输冷藏货物保险

海上运输冷藏货物保险承保海运冷藏货物因自然灾害、意外事故或外来因素造成冷藏货物的损失和腐败。这种保险分为冷藏险和一切险两种。它是海洋货物运输保险的一种专门保险。

（三）海上运输散装桐油保险

海上运输散装桐油保险也是海洋货物运输保险的一种专门保险,它承保海上运输的散装桐油,不论任何原因造成的短少、渗漏、玷污和变质的损失。

二、海洋货物运输保险的责任期限

海洋货物运输保险的责任期限,是指保险人承担保险责任的起讫期限。在我国海洋货物运输保险的基本险中,保险期限均采用"仓至仓条款",规定了保险人对被保险货物所承担责任的空间范围,即从货物运离保险单所载明的起运地发货人的最后一个仓库或储存地,到货物运抵保险单所载明的目的地收货人的第一个仓库或储存地为止。根据我国《海洋运输货物保险条款》的规定,保险人的保险责任起讫分为正常运输和非正常运输两种。

（一）正常运输情况下保险责任的起讫

正常运输是指按照正常的航程、航线行驶并停靠港口,包括途中正常的延迟和正常的转船,其过程自被保险货物运离保险单所载明的起运地发货人的最后一个仓库或储存处所开始,直到货物到达保险单所载明的目的地收货人的第一个仓库或储存处所为止。举个例子说明,某批被保险货物需先经汽车、火车运输,最后在起运港装海轮,如果这批货物从汽车上卸入铁路仓库等待装火车的时候,铁路仓库失火,货物被烧毁,保险公司将负责赔偿,因为造成损失的风险事故发生在正常的运输范围内。另外,货物运往打包厂进行加工整理打包,即使加工厂是处于发货人仓库去装船港的途中,如果打包厂失火造成了货物的损毁,保险公司可不负任何赔偿责任,因为货物在加工厂打包期间不属于正常运输的范围。

按照保险条款规定,在正常运输情况下,海洋货物运输保险的责任起讫以"仓至仓条款"为依据。一旦货物到达收货人的第一个仓库或储存地,保险责任即行终止。在保险实务中,由于被保险货物所运往的目的地有的在卸货港,有的在内陆,保险人对保险责任的终止也有不同的规定。

① 被保险货物运抵卸货港并全部卸离海轮后,但未被收货人立即运到自己的仓库,保

险责任可以从货物全部卸离海轮时起算满60天终止。若在60天内货物到达收货人仓库，保险责任即终止。

② 被保险货物运抵卸货港，卸货港即为目的地，收货人提货后并不将货物运往自己的仓库，而是将货物进行分配、分派或分散运转，那么保险责任就从开始分配时终止。

③ 如果被保险货物以内陆某指定仓库为目的地，收货人提货后将其运到内陆目的地自己的仓库，保险责任即行终止。如果收货人提货后没有将货物直接运往自己在内陆目的地的仓库，而是先行存入另一仓库，然后在这个仓库对货物进行分配、分派或分散转运，即使其中一部分货物运到了保单所载明的内陆目的地的最后仓库，先行存入的某一仓库即视为收货人的最后仓库，保险责任在货物到达该仓库时即行终止。

第②、③项规定同时受第①项规定的限制，即货物全部卸离海轮后，时间已满60天，无论该项规定发生与否，保险责任即先行终止。

（二）非正常运输情况下保险责任的起讫

非正常运输是指在运输过程中由于遇到被保险人无法控制的情况，致使被保险货物无法运往原定的卸载港而在中途被迫卸货、重装或转运，以及由此而发生的运输延迟、绕航或运输合同终止等非正常的情况。根据条款规定，在非正常情况下，保险公司要求被保险人在获知货物被迫卸货、重装或转运等情况时，及时通知保险人，并酌情收取部分费用后，原保险单继续有效。但是，保险单继续有效的责任期限要按下列规定处理。

① 被保险货物如在非保险单所载明的目的地出售，保险责任至交货时即行终止，但不论任何情况，保险责任期限均以被保险货物在卸货港离海轮满60天为限。

② 被保险货物如在上述60天期限内继续运往保险单所载明的原目的地或是其他的目的地时，保险责任仍然按照正常运输情况下规定的"仓至仓条款"内容办理。

三、海洋货物运输保险的保险金额和保险费率

海洋货物运输保险一般为定值保险，也就是以当事人所持有的"保险利益"为限，以"约定保险价值"作为保险金额。通常"约定保险价值"是由货物价值、预付运费、保险费、其他费用以及预期利润的全部加和作为计算的标准。在国际贸易实务中，由于国际贸易价值条件不同，保险金额的计算也就不相同。下面就国际贸易中几种常见的价格条件来说明保险金额的实际计算。

? 想一想 怎样理解CIF、CFR、FOB三种价格术语？

CIF，即"到岸价格"条件，明确规定货物价格中已包括成本、保险费和运费，它是国际贸易货物价格条件中最常见的一种。按照这种条件交易时，货物所需要的运输工具及保险，应由卖方负责办理，并负担费用。

CFR，即为成本加运费价格条件，又称离岸加运费价格条件。在这种价格条件下，卖方负责租船订舱，并将货物装上船及支付运费，负担装船以前的一切风险和费用，而由买方办理有关保险并支付保险费。按照CFR价格条件成交的货物，卖方需要在将货物装上船后立即向买方发出装船通知。

FOB又称"离岸价格"，是指装运港船上交货价格条件。

（一）保险金额CIF条件下的计算

《中华人民共和国海商法》及国际贸易惯例一般都规定海上货物运输保险的保险金额可在CIF价格的基础上适当加成。按照国际商会的有关规定，一般是10%。这样计算的目的是保障货主在货物发生损失时，在获得货物本身的损失补偿之外，还能够获得其支付的运费、

保险费、开证费、来往函电费、融资利息以及合理的预期利润损失的补偿。另外，保险人还可以根据不同的货物、不同地区进口价格与当地市场价之间的差价、不同的经营费用和预期利润水平，约定不同的加成率，但是也要适度，不能太高，否则可能会造成保险人的误解而拒绝承保或是大幅度增加保险费，可见结果是不利的。

对于CIF价格条件下的保险费，《国际贸易术语解释通则》作出了如下一些规定。

① 应由卖方负责办理保险，实质上是为买方代办。

② 货物装船后的一切风险转移到买方承担，在运输途中若发生损失，应由买方向保险人或承运人索赔，与卖方无关。

③ 卖方必须自费向信誉卓著的保险人投保，投保险别为平安险，保险金额应按CIF价格的110%加成计算。

④ 对于盗窃、渗漏、破碎、淡水雨淋或其他特别险，由买卖双方协商并约定是否需要加保；如买方需要投保战争险，卖方可以代为投保，但保险费用由买方承担。

以CIF价格条件作为保险金额的计算公式是：

保险金额 = CIF价格 × （1+加成率）

比如，某出口商品的CIF价格为1000美元，加成10%投保，其保险金额为：

保险金额 = 1000 × （1+10%）= 1100（美元）

（二）保险金额在CFR条件下的计算

在CFR条件下计算的海上货物运输保险金额应该以CIF价格为计算基础，因此，买方投保时需要首先将CFR价格换算成CIF价格，然后再加成计算保险金额。CFR价格换算成CIF价格的计算公式是：

CIF = CFR/[1-（1+加成率）× 保险费率]

保险金额 = CIF × （1+加成率）

= CFR/[1-（1+加成率）× 保险费率]×（1+加成率）

（三）保险金额在FOB条件下的计算

FOB价格条件下，买方所负担的费用和风险是从货物装船以后即行开始的，因此买方需按规定办理海上货物运输保险。保险公司其实是对被保险货物自从起运港越过船舷之后即开始生效，承担的是对买方在货物上船之后在承保范围之内的危险所造成的损失。针对货物自发货人仓库运至发货码头的风险损失，保险公司不负责赔偿，因此这一期间的风险，卖方应自行办理保险。

保险金额 = FOB × （1+运费率）/（1-保险费率）

（四）我国海上货物运输保险的保险费率的组成

我国海上货物运输保险的保险费率一般由基本险费率、附加险费率和逾龄船加费费率构成。

1. 基本险费率

基本险费率根据一般货物和指明货物的不同而有区别。一般的货物，即未被列入指明货物中的货物。一般货物费率适用于所有货物。一般货物费率按不同的运输方式分为海运、陆运、空运和邮包4种。海运的一般费率按险别分为平安险、水渍险和一切险三类，陆运、空运和邮包的一般货物费率按险别各分为陆运险或空运险或邮包险和一切险两类。另外，由于地域的不同，即便是同一险别的费率也有所不同。

由于指明货物的损失率相对比较高，所以针对指明货物的基本费率都比一般货物要高。指明货物又可以分为八类：粮油食品及土畜产、轻工品、纺织类、五金矿产类、工艺品、机械设备、化工品和危险品。需要按指明货物计收保费的，应在指明货物加费费率表上的货物栏内写明，并在备注栏内注明扣除免贴率或加贴条款等有关规定。凡是指明货物费率表中所列明的货物，在计算保险费率的时候均需在一般货物的费率基础上加上该指明货物的加费。

2. 附加险费率

海上货物运输战争险、罢工险需要同时加保时，只按战争险费率计收保险费；如果仅仅加保罢工险，也只能按照战争险收费。其他一般附加险的费率除了费率表另有规定的，都按一切险费率另外计收。如果投保舱面险，其费率按平安险或水渍险的费率另外计收，其他特殊附加险费率根据具体加保的险别加费。

3. 逾龄船加费费率

惯例中，15年以上船龄的老船被视为逾龄船舶，保险人对于这类船舶载运的货物需要加费承保，加费的标准按照老船加费费率表的规定办理。

最后，在计算海上货物运输保险的费率时，需要把基本险费率、附加险费率和逾龄船加费费率都加和求总。计算公式如下：

总保险费率＝一般货物基本险费率＋指明货物基本险费率＋附加险费率＋逾龄船加费费率。

四、海洋货物运输保险的赔偿处理

（一）索赔

我国《海洋运输货物保险条款》规定，被保险人在向保险人索赔时，必须提供下列单证：保险单正本、提单、发票、装箱单、磅码单、货损货差证明、检验报告及索赔清单以及向第三者责任方追偿的有关文件等。

由于海上运输货物流动性强，海上事故复杂、多发，海上运输航程长等特点，因此索赔时效被充分重视。《中华人民共和国海商法》第二百六十四条规定：根据海上保险合同向保险人要求保险赔偿的请求权，时效期间为二年，自保险事故发生之日起计算。

（二）理赔

保险人在确定保险标的的损失属于保险责任范围后进行赔偿处理。赔偿计算的方法因赔案的情况不同而有所区别，一般分为全部损失、部分损失、费用损失等。

1. 全部损失赔偿金额的计算

海上货物运输保险中，保险标的一般都是采用以全部约定保险价值作为保险金额投保，部分投保的情况很少见。在货物发生全部损失的情况下，无论是实际全损还是推定全损，其赔偿金额都是该被保险人的全部保险金额。发生部分全损的情况则按照损失比例赔偿。

2. 部分损失赔偿金额的计算

货物遭受部分损失时，其赔偿金额的计算因货物种类、损失性质不同而采用各种不同的计算方法。

（1）货物数量损失的情况。货物数量损失的赔偿，是根据货物运抵目的地时数量的灭失或短少的情况计算的，其赔偿金额就是按照灭失或短少的部分比例分摊的保险金额。

（2）货物质量损失的情况。在货物呈现损坏状态运抵目的地的情况下，可通过检验人与保险人联合审定受损货物的原因与程度，并与被保险人商定货物的损害率。相关的计算公式如下：

赔偿金额＝保险金额×损害率

3. 费用损失赔偿金额的计算

（1）施救费用的赔偿金额计算情况。施救费用指当保险标的遭遇保险责任范围内的灾害事故时，被保险人或其代理人、受雇人和受让人等采取措施抢救保险标的，以防止损失的扩大，其中因采取施救措施而支出的费用。保险标的受损，经被保险人施救，即使保险标的仍然全损，保险人对施救费用仍予以负责。但是保险人对保险标的本身的赔偿和施救费用的责任最多为一个保额，即两者之和不能超过两个保额。

（2）救助费用的赔偿金额计算情况。救助费用指当保险标的遭遇保险责任范围内的灾害事故时，由保险人和被保险人以外的第三者采取救助行动而支付的费用。保险人对救助费用的赔偿责任须同保险标的本身的赔偿责任结合起来，不得超过保险金额，而且要按保险金额与被救价值的比例承担应负的赔偿责任。

（3）特别费用损失的赔偿金额计算。特别费用是运输工具在海上遇难后，在中途港或避难港将保险货物起陆、存仓以及运送货物所产生的费用。由被保险人或其代理人、受雇人、受让人实际支出的金额，在赔偿时受以下两种限制：一是已经损失的费用必须是保险单承保危险而产生的从属费用，赔偿时与作为货物自身损失的单独海损一起计算；二是特别费用损失的金额与货物损失的金额合计超过保险金额时，保险人的赔偿金额须以保险金额为限。

4. 受损货物残值的计算

在海上货物运输保险赔偿中，残值处理是很正常的情况。所谓残值是指经保险人赔偿后的受损物资，其残值尚有一定的价值，包括全部损失赔偿后被保险货物的残存部分及其包装；或部分损失赔偿后经配置或修理换下的被保险货物的部件等。受损货物的残值主要可以通过保险人与被保险人协商、市价估值、公估拍卖等方式来确定。

任务训练3　熟练掌握国内水路、陆路货物运输保险

任务训练目标

通过完成国内水路、陆路货物运输保险的任务训练，能运用国内水路和陆路货物运输保险知识，为客户提供此项保险业务的操作，并在保险实务中加以正确应用。

知识要点

一、国内水路、陆路货物运输保险的保险责任及除外责任

（一）保险责任

我国国内水路、陆路货物运输保险分为基本险和综合险两种。

1. 基本险的保险责任

水路及陆路货运险基本险的责任是指被保险货物在运输过程中因下列原因而遭受的损失，保险人负赔偿责任。

① 因火灾、爆炸、雷电、冰雹、暴风、暴雨、洪水、地震、海啸、地陷、崖崩、滑坡、泥石流所造成的损失。

② 由于运输工具发生碰撞、搁浅、触礁、沉没、出轨或隧道、码头坍塌所造成的损失。

③ 在装货、卸货或转载时，因遭受不属于包装质量不善或装卸人员违反操作规程所造成的损失。

④ 按国家规定或一般惯例应分摊的共同海损的费用。

⑤ 在发生上述火灾事故时，因纷乱而造成的货物散失以及因施救或保护货物所支付的直接而合理的费用。

2. 综合险的保险责任

在投保综合的货运险下，保险人除了要承担基本险责任外，还要负责赔偿下列损失。

① 因受震动、碰撞、挤压而造成破碎、弯曲、凹瘪、折断、开裂或包装破裂致使货物散失的损失。

注意，这里的碰撞与基本险中的碰撞是不同的。这里的碰撞是指货物在运输工具上或存放在车站、码头上时与其他物体碰撞造成的损失。比如，船上的集装箱与船舷发生碰撞而造成的损失。

② 液体货物因受震动、碰撞或挤压致使所用容器（包括封口）损坏而渗漏的损失，或用液体保藏的货物因液体渗漏而造成保藏货物腐烂变质的损失。

③ 遭受盗窃或承运人责任造成的整件提货不着的损失。

④ 符合安全运输规定而遭受雨淋所致的损失。

（二）除外责任

由于下列原因造成被保险货物的损失，保险人均不负赔偿责任：战争或军事行为；核事件或核爆炸；被保险货物本身的缺陷或自然损耗以及由于包装不善所致的损失；被保险人的故意行为或过失；其他不属于保险责任范围的损失。

二、国内水路、陆路货物运输保险的保险期限

国内水路、陆路货物运输保险的保险责任起讫期限为：自签发保险凭证和保险货物运离起运地发货人的最后一个仓库或储存处所时起，至该保险凭证上该货物的目的地收货人在当地的第一个仓库或储存处所时终止。但保险货物运抵目的地后，如果收货人未及时提货，则保险责任的终止期最多延长至以收货人接到"到货通知单"后的15日为限（以邮戳日期为准）。保险责任开始的标志是：保险人或其代理人"签发了"保险凭证，以及被保险货物"运离"起运地发货人的最后一个仓库或储存处所，两个条件必须同时具备，否则保险责任不能生效。

三、国内货物运输保险的保险金额和保险费率

（一）保险金额

国内货物运输保险为了避开运输货物的流动性和出险地点的不确定性造成的货物价值变动，在确定保险金额的时候通常采用"定值保险"的办法。即确定保险赔偿的最高限额，在发生实际损失的时候，按照实际损失的程度进行比例赔偿。

根据保险条款规定，国内水路、陆路货物运输保险的保险金额通常由货物价格加运杂费的求和计算确定。其中，货价是指货物的发票价格，是购货方为取得货物所有权付出的经济代价；运杂费则包括运输费、包装费、搬运费及保险费等，这些费用的实际金额如果计算有困难，也可以用估计数。

（二）保险费率

国内货物运输保险的保险费率，取决于货物在保险有效期内可能遭受损毁的危险程度。能够对国内货物运输保险产生影响的因素，主要有以下几种。

1. 按运输方式划分

运输方式分为直运、联运、集装箱运输等。不同的运输方式必然导致运输过程中存在的风险不同，相应的保险费率自然也就不同了。采用联运的方式，由于在运输途中要变更运输工具就相应增加卸载、装载等中间环节，从而增加货物装卸过程中的危险，所以自然要增收一定比例的保险费。在货物运输保险的业务实践中，保险人一般规定联运险的保险费率按其

所用运输工具中费率最高的一种作为标准确定。集装箱运输货物的危险程度则较小，所以通常情况下按照货物运输保险费率表规定的标准减免50%。

2. 按运输工具划分

火车、船舶、汽车等运输工具在运输过程中遇到的风险不同，因此费率也就不同。通常对于水运保险再按照江河、沿海以及船舶的种类区分费率。

3. 按货物的性质划分

货物的性质不同，出险的可能性也不同，如易燃、易爆、易腐、易碎物品的危险程度高，费率自然就要高些。因此，费率表上根据货物的性质把保险货物分为一般货物、一般易损货物、易损货物、特别易损货物等，并且另有货物分类表，以便确定每种货物的实际费率。

4. 按运输途程划分

路程的时间长短、途程的运输环境都会对保险费率产生影响，分为本省、外省、本埠等，而且要考虑到水流的缓急、季节、气候等因素。如凡在长江上游（宜昌以上）及其他水流湍急的江河运输的货物，一律按费率表规定另加1‰的费率。

5. 按保险险别划分

国内水路、陆路货物运输保险"基本险"承担的保险责任小于"综合险"，所以基本险的保险费率要低于综合险的费率。

四、国内货物运输保险的赔偿处理

（一）足额投保

在足额投保的情况下，即直接按货价确定保险金额，保险公司根据实际损失按起运地货价计算赔偿；按货价加运杂费确定保险金额的，保险人根据实际损失按起运地货价加运杂费计算赔偿金额。但保险金额也是赔偿上限。

（二）不足额投保

在不足额投保的情况下，即保险金额低于货价时，保险公司对货物损失的赔偿金额及支付的施救费用，分别按保险金额与货价的比例计算赔偿。赔偿的计算公式如下：

赔偿金额＝损失金额 × 保险金额/起运地货价

（三）施救费用

施救费用的计算公式如下：

应赔偿的施救费用＝施救费用 × 保险金额/起运地货价

知识拓展

国内货物运输保险索赔应该提供的凭证

国内货物运输保险的保险标的发生风险事故的时候，被保险人只有提供了以下的有关单证，才能向保险公司申请索赔。

① 保险单、运单（货单）、提货单、发货票；

② 承运部门签发的货运记录、交接验收记录、货物鉴定书；

③ 收货单位的入库记录、检验报告、损失清单及施救费用支出等的单据。

保险公司接到上述单证后，应迅速核定应否赔偿，并根据现场查勘情况定责、定损。我国货物运输保险规定："货物运抵保险凭证所载明的目的地的收货人在当地的第一仓库或储存所时起，收货人应在十天内向当地保险机构申请并会同检验受损的货物，否则保险人不予受理。"保险人在接到被保险人事故报案及索赔单证之后，应该及时审定责任，并及时将是否赔偿的审议结果通知被保险人。保险公司一旦与被保险人商定了保险赔偿金额之后，最长不能超过10天就应该向被保险人支付赔偿金。

?　想一想　赔偿处理的过程中要注意哪些问题？

① 保险人对货物的直接损失和施救的费用应该分别计算，并各以不超过保险金额为限。任何保险责任范围内的损失，根据法律规定或有关约定，应当由承运人或其他第三者负责赔偿一部分或全部的损失，被保险人应首先向承运人或其他第三者索赔。如果被保险人提出要求，保险公司也可以先予赔偿。但是，如果被保险人向保险人索赔，则应该在获得赔款之后签发权益转让书，即把可以向责任一方要求索赔的权利全部转让给保险人。

② 代位追偿。货物发生保险责任时保险人先行赔付，被保险人还有协助追偿的义务。

③ 残值折价后应从赔偿中扣除，并归被保险人所有。

④ 被保险人的索赔时效规定为180天，与承运部门规定的索赔期是一致的。

任务七　熟悉工程保险实务

任务训练1　认识工程保险

任务训练目标

通过完成认识工程保险的任务训练，能运用工程保险知识，根据保险公司工程保险承保要求，明确工程保险的适用范围。

知识要点

一、工程保险的概念

工程保险是对于进行中的工程项目及各种运行中的机器设备本身所面临的各种风险提供的保险服务。工程保险的保险范围不仅包括工程本身的物质财产的损失，还包括由于运行过程中的工程项目对于第三者所造成的损害赔偿责任。工程保险本身不仅包括了火灾保险的风险责任，还包括了责任保险的风险责任。

二、工程保险的特点

工程保险是一种财产保险和责任保险的综合保险。与普通财产保险相比较，工程保险属于财产保险的领域，但是它与普通的财产保险相比具有显著的特点。

（一）工程保险承保的风险具有特殊性

① 工程保险既承保被保险人财产损失的风险，还同时承保被保险人的责任风险。

② 承保的风险标的中的大部分处于自然环境暴露于风险中，抵御风险的能力大大低于普通财产保险的标的。

③ 在建工程在施工过程中始终处于一种动态的过程，各种风险因素错综复杂，风险程度加大。

（二）工程保险的保障具有综合性

工程保险针对承保风险的特殊性提供的保障具有综合性，工程保险的主要责任范围一般由物质损失部分和第三者责任部分构成。同时，工程保险还可以针对工程项目风险的具体情况，提供运输过程中、工地外储存过程中、保证期过程中等针对各类风险的专门保障。

（三）工程保险的被保险人具有广泛性

普通财产保险的被保险人的情况较为单一，但是，由于工程建设过程中的复杂性可能涉及的当事人和关系方较多，包括业主、主承包商、分包商、设备供应商、设计商、技术顾问、工程监理等，他们均可能对工程项目拥有保险利益，成为被保险人。

（四）工程保险的保险期限具有不确定性

普通财产保险的保险期限是相对固定的，通常是一年。而工程保险的保险期限一般是根据工期确定的，往往是几年，甚至十几年。与普通财产保险不同的是，工程保险的保险期限的起止点也不是确定的具体日期，而是根据保险单的规定和工程的具体情况确定的。为此，工程保险采用的是工期费率，而不是年度费率。

（五）工程保险的保险金额具有变动性

工程保险与普通财产保险的另一个不同特点是：财产保险的保险金额在保险期限内是相对固定不变的，但是工程保险的保险金额在保险期限内是随着工程建设的进度不断增长的。所以，在保险期限内的任何一个时间点，保险金额是不同的。

📚 知识拓展

建筑行业是一个高风险的行业，资金投入大、建设工期长、技术要求高，在建造过程中往往会遇到许多意想不到的风险。无论是台风、暴雨、洪水等天灾，还是工程设计、施工技术上的人祸，都会给工程所有人或工程承包商带来巨大的损失。上海浦东某工地在开挖时，由于连续暴雨，加上围护墙设计上出现的问题，造成了围护墙滑移，基坑内地表受挤隆起，造成直接经济损失400多万元。由此可见，工程保险可以为建筑业的健康发展起到保驾护航的作用。

🔰 任务训练2　熟练掌握工程保险业务

📄 任务训练目标

通过完成工程保险业务的任务训练，能运用工程保险知识，熟练掌握工程保险的产品种类，并可以在保险实务中加以运用。

🌐 知识要点

一、建筑工程保险

（一）建筑工程保险的含义

建筑工程保险简称"建工险"，主要承保各项土木工程建筑在整个建筑期间，由于发生保险事故造成被保险工程项目物质损失、列明费用损失以及被保险人对第三者人身伤害或财产损失引起的经济赔偿责任。因此，建筑工程保险是一种包括财产损失保险和责任保险在内的综合性保险。

（二）建筑工程保险的保险责任与除外责任

1. 保险责任

（1）物质损失部分。在保险期间内，保险财产在列明的工地范围内，由于保险单列明的责任免除项目以外的任何自然灾害或意外事故造成的物质损失，保险人均负责赔偿。物质损失的保险责任所规定的自然灾害的定义为：地震、海啸、雷电、飓风、台风、龙卷风、风暴、暴雨、洪水、水灾、冻灾、冰雹、地崩、山崩、雪崩、火山爆发、地面下陷下沉及其他人力不可抗拒的破坏力强大的自然现象。

物质损失的保险责任所规定的意外事故的定义为：包括火灾和爆炸在内的不可预料的以及被保险人无法控制并造成物质损失或人身伤亡的突发性事件。

（2）第三者责任部分。第三者责任险的保险责任是指在保险期限内，因发生与保险单所承保的工程直接相关的意外事故，并且引起工地内及邻近区域的第三者人身伤亡、疾病或财产损失，依法应由被保险人承担的民事损害赔偿责任，保险人可以按照保险条款的规定予以赔偿。

对于被保险人因上述原因而支付的诉讼费用，以及事先经保险人书面同意的其他费用，保险人亦负责赔偿。

2. 除外责任

（1）物质损失部分。设计错误引起的损失和费用；自然磨损、内在或潜在缺陷、物质本身变化、自燃、自热、氧化、锈蚀、渗漏、鼠咬、虫蛀、大气变化、正常水位变化或其他渐变原因造成的保险项目自身的损失和费用；因原材料缺陷或工艺不善引起的保险项目本身的损失以及为换置、修理或矫正这些缺点错误所支付的费用；非外力引起的机械或电气装置的本身损失，或施工用机具、设备、机械装置失灵造成的本身损失；维修保养或正常检修的费用；档案、文件、账簿、票据、现金、各种有价证券、图表资料及包装物料的损失；盘点时发现的短缺；领有公共运输行驶执照的或已由其他保险予以保障的车辆、船舶和飞机的损失；除非另有约定，在被保险工程开始以前已经存在或形成的位于工地范围内或其周围的属于被保险人的财产的损失；除非另有约定，在保险单规定的保险期限终止以前，保险项目中已由工程所有人签发完工验收证书或验收合格或实际占有或使用或接收的部分。

（2）第三者责任部分。保险单物质损失保险责任项下或应该在该项下予以负责的损失及各种费用；由于震动、移动或减弱支撑而造成的任何财产、土地、建筑物的损失，以及由此造成的任何人身伤害和物质损失；工程所有人、承包人或其他关系方或他们所雇佣的在工地现场从事与工程有关工作的职员、工人以及他们的家庭成员的人身伤亡或疾病；工程所有人、承包人或其他关系方或他们所雇佣的职员、工人所有的或由其照管、控制的财产发生的损失；领有公共运输行驶执照的车辆、船舶、飞机造成的事故；被保险人根据与他人的协议应支付的赔款或其他款项。

（3）物质损失部分和第三者责任部分的总责任免除。类似战争行为、敌对行为、武装冲突、恐怖活动、谋反、政变引起的任何损失、费用和责任；政府命令或任何公共当局的没收、征用、销毁或毁坏；罢工、暴动、民众骚乱引起的任何损失、费用或责任；被保险人及其代表的故意行为和重大过失引起的损失、费用或责任；核裂变、核聚变、核武器、核材料、核辐射及放射性污染引起的损失、费用和责任；大气、土地、水污染及其他各种污染引起的任何损失、费用和责任；工程部分停工或全部停工引起的任何损失、费用和责任；罚金、延误、丧失合同及其他后果损失；保险单明细表或有关条款中规定的应由被保险人自行负担的免赔额。

（三）建筑工程保险的保险项目及保险金额确定

1. 物质损失部分

（1）建筑工程。建筑工程包括永久性和临时性工程及物料。它主要是指建筑工程合同内规定建筑的建筑物主体、建筑物内的装修设备、配套的道路设备、桥梁、水电设施等土木建筑项目，存放在施工场地的建筑材料设备和临时工程。该项保险项目的保险金额为承包工程合同的总金额，即建成该项工程的实际造价，包括设计费、材料费、设备费、施工费、运杂费、保险费、关税、其他税项及有关费用。

（2）施工机具设备。它是指配置在施工场地，作为施工用的机具设备。如吊车、叉车、挖掘机、压路机、搅拌机等。建筑工程的施工机具一般为承包人所有，应专项承包，该保险项目保险金额按重置价值确定。

（3）业主提供的物料及项目。它是指未包括在上述建筑工程合同金额之中的业主提供的物料及负责建筑的项目。这部分财产保额以财产的重置价值确定。

（4）清除残骸费用。它是指保险标的受到损坏时，为拆除受损标的和清理灾害现场、运走废弃物等，以便进行修复工程所发生的费用。一般单独投保，大的工程项目不超过合同价格或工程概算价格的5%，小的工程不超过工程合同价格或概算价格的10%。

（5）工程所有人或承包人在工地上现成的建筑物及其他财产。此项财产指不属于承保的建筑工程范围内，工程所有人或承包人所有的或其保管的工地内原有的现成建筑物或财产。该项保额可由保险人与被保险人协商确定，但不能超过投保标的的实际价值。

上述各项保险金额之和，构成建筑工程保险物质损失部分的总保险金额。

2. 第三者责任

工程施工中可能发生的对第三者人身或财产造成的伤害或损失的赔偿责任难以预料，所以对第三者赔偿责任没有设保险金额，只确定赔偿限额，由保险双方根据工程风险的情况协商确定。一般包括人身伤亡的每人赔偿限额、人身伤亡的总限额、财产损失赔偿限额及总赔偿限额。

（四）建筑工程保险的费率

① 业主提供的物料及项目、场地清理费、工地内已有的建筑物，所有人或承包人在工地的其他财产等，为一个总的费率，整个工期实行一次性费率。

② 建筑用机器、装置及设备为单独的年度费率，如保险不足1年，则按短期费率计收保险费。

③ 第三者责任险，实行整个工期一次性费率。

④ 保证期费率，实行整个保证期的一次性费率。

（五）建筑工程保险的赔偿处理

1. 物质损失的赔偿处理

（1）可以修复的部分损失。以将保险财产修复至其基本恢复受损前状态的费用扣除残值后的金额为准，但若修复费用等于或超过保险财产损失前的价值时，采取推定全损的处理方式。

（2）全部损失或推定全损。以保险财产损失前的实际价值扣除残值后的金额为准，保险人一般不接受被保险人的委付申请。

（3）施救费用。被保险人为减少损失而采取必要措施所产生的合理费用，由保险人在保险金额限度内予以赔偿。

2. 第三者责任的赔偿处理

建工险的第三者指除保险人和所有被保险人以外的单位及人员，不包括被保险人和其他承包人所雇用的在现场从事施工的人员。如果一项工程有数个被保险人，为了避免被保险人之间相互追究第三者责任，经保险人同意，被保险人可申请加贴共保交叉责任条款。根据这一条款，保险人对保险单所载每一个被保险人均视为单独保险的被保险人，对他们之间的相互责任所引起的索赔，保险人均视为第三者责任赔偿，不再向负有赔偿责任的被保险人进行追偿。

二、安装工程保险

（一）安装工程保险的含义

安装工程保险简称"安工险"，专门承保新建、扩建或改造的工矿企业的机器设备或钢结构建筑物在整个安装、调试期间由于保险责任内的风险造成保险财产的物质损失、列明费用损失及安装期间造成的第三者财产损失或人身伤亡引起的经济赔偿责任的保险。

（二）安装工程保险的保险责任与除外责任

我国安装工程保险的保险责任与建工险的保险责任完全相同，分别按照物质损失和第三者责任予以明确规定，强调承保列明的责任免除项目的损失和责任，这里就不再赘述。

我国安装工程保险的责任免除比建工险的责任免除增加了一项，即由于超负荷、超电压、碰线、电弧、漏电、短路、大气放电及其他电气原因造成电气用具本身的损失。

（三）安装工程保险的保险项目

物质损失部分如下所述。

（1）安装项目。安装项目作为安装工程保险的主要保险项目，包括安装的机器设备、装置、物料、基础工程（地基、基座）以及工程所需的各种临时设施，如水、电、照明、通信设施。

（2）土木建筑工程项目。土木建筑工程项目是指新建、扩建厂矿必须有的项目，如厂房、仓库、水塔、道路、办公室、宿舍、食堂等。

（3）安装施工机具设备。

（4）工地内现成财产。

（5）清除残骸费用。

（四）安装工程保险的保险金额、保险费率与赔偿处理

我国安工险的保险金额、保险费率与赔偿处理与建工险的确定方式大致相同。

项目小结

① 财产保险是指保险人对于投保人或者被投保人的财产以及与财产相关的利益，因发生保险责任范围内的灾害事故而遭受经济损失时给予补偿的一种保险。本项目中的财产保险属于狭义的财产保险范畴，即财产损失保险。

② 财产保险业务包括：财产损失保险、责任保险、信用保险等业务。财产保险公司可经营下列全部或部分业务：企业财产损失保险、家庭财产损失保险、建筑工程保险、安装工程保险、货物运输保险、机动车辆保险、船舶保险、飞机保险、航天保险、核电站保险、能源保险、保证保险、信用保险、农业保险及经国务院保险监督管理机构批准的其他财产保险业务等。

③ 企业财产保险是以企事业单位和机关团体为保险对象，以其拥有的固定资产和流动资产为保险标的的一种财产保险。家庭财产保险是以城乡居

民的家庭财产为保险对象的保险。两者都属于火灾保险范畴。

④ 目前，我国机动车辆保险占财产保险中的比重最大，机动车辆保险改革后，主险主要包括机动车损失险、机动车第三者责任险、机动车车上人员责任险共三个独立的险种，投保人可以选择投保全部险种，也可以选择其中部分险种。

⑤ 船舶保险是以各类船舶及其附属设备为保险标的的保险。船舶保险承保船舶在保险期间整个过程的船舶损失、碰撞责任和有关费用三类保障责任，是运输工具保险中的一个重要险种。船舶保险可分为远洋船舶保险、沿海内河船舶保险和船舶建造保险三大类。

⑥ 飞机保险是以飞机及其有关的法律责任等为保险标的的一种保险。我国的飞机保险分为基本险和附加险两类。

⑦ 货物运输保险是指以各种运输工具承运的货物作为保险标的，承保货物因自然灾害或意外事故而遭受的损失的一种财产保险。按照运输工具的不同，货物运输保险可分为铁路货物运输保险、水路货物运输保险、航空货物运输保险、公路货物运输保险以及其他运输工具（如管道）货物运输保险。

⑧ 工程保险是承保建筑安装工程期间一切意外物质损失和对第三人经济赔偿责任的保险。包括建筑工程一切险与安装工程一切险，属综合性保险。

职业技能训练

【训练目标】

通过主观题叙述和客观题分析与演练，理解财产保险的内涵，明确财产保险的基本分类，掌握企业财产保险业务、家庭财产保险业务、机动车辆保险险种承保和理赔业务、各类运输保险业务的主要内容和工程保险业务的主要内容。

【训练任务】

准确描述财产保险的含义及特征，辨别财产保险的基本分类，通过自主探究、小组合作等方法完成财产保险职业技能实训任务，准确描述机动车辆保险的含义、特征及基本分类，完成运输保险实务的职业技能实训任务。具体任务如下。

一、名词解释

企业财产保险　家庭财产保险　机动车辆保险　机动车第三者责任保险　机动车交通事故责任强制保险　飞机保险　船舶保险　货物运输保险　工程保险

二、单项选择题

1. 财产保险综合险与基本险的主要区别在于对（　　）的规定不同。

A. 保险期限　　　　　B. 保险金额　　　　　C. 保险标的　　　　　D. 保险责任

2. 企业财产保险可保财产不包括（　　）。

A. 原材料　　　　　B. 半成品　　　　　C. 在产品　　　　　D. 码头

3. 对于我国企业财产保险的费率，分类不正确的是（　　）。

A. 工业险　　　　　B. 仓储险　　　　　C. 普通险　　　　　D. 运输险

4. 某企业投保其财产保险，保险金额为100万元，出险时保险财产的保险价值为120万元。实际遭受损失30万元，保险人应赔偿（　　）。

A. 100万元　　　　B. 120万元　　　　C. 30万元　　　　D. 25万元

5. 凡城乡居民、单位职工、夫妻店、家庭手工业者等个人及家庭成员的自有财产以及代他人保管或与他人共有的财产，都可以投保（　　）。

A. 财产保险　　　B. 房屋保险　　　C. 家庭财产保险　　　D. 固定资产保险

6. 普通家庭财产保险的可保财产不包括（　　）。

A. 房屋　　　　　B. 室内装修　　　C. 金银　　　　　D. 衣物

7. 家庭财产保险对室内财产的损失一般采用（　　）赔偿方式。

A. 第一危险　　　B. 比例　　　　　C. 限额　　　　　D. 定值

8. 机动车辆损失保险的保险责任不包括（　　）。

A. 碰撞责任　　　B. 非碰撞责任　　C. 自燃　　　　　D. 救护费用支出

9. 车辆损失险投保车辆不包括（　　）。

A. 汽车　　　　　B. 电瓶车　　　　C. 彩车　　　　　D. 拖拉机

10. 根据我国机动车辆保险条款的规定，下面属于车辆损失保险的责任免除的情况有（　　）。

A. 轮胎爆裂导致保险车辆撞到树上造成本车车身损失

B. 保险车辆所载货物将房屋撞塌砸坏本车车身造成本车损失

C. 保险车辆所载货物撞击车身造成本车损失

D. 保险车辆在行驶中平行坠落造成本车损失

11. 车辆保险的保险人较为广泛地采取（　　）方式作为赔偿手段。

A. 修理　　　　　B. 更换　　　　　C. 重置　　　　　D. 现金支付

12. 机动车交通事故责任强制保险是一种强制性险种，于（　　）开始施行。

A. 2006年5月1日　　　　　　　　B. 2006年7月1日

C. 2006年10月1日　　　　　　　 D. 2007年1月1日

三、判断题

1. 企业财产保险可保财产不包括原材料。（　　）

2. 企业财产保险特约可保财产不包括机器及设备。（　　）

3. 企业财产保险费率的分类，采用分类级差费率制度。（　　）

4. 企业财产保险的赔偿方式采取比例赔偿方式。（　　）

5. 财产保险基本险对火灾造成的损失，保险人不负赔偿责任。（　　）

6. 企业财产保险的三种保险金额确定方式不包括账面净值。（　　）

7. 车辆损失险的附加险不包括车上人员责任险。（　　）

8. 卫星保险不属于运输工具保险。（　　）

9. 建筑工程险的被保险人有业主、承包人、分承包人、技术顾问及其他关系方。（　　）

10. 国内货物运输保险基本险的责任范围不包括整件提货不着的损失。（　　）

11. 国内货物运输保险的保险货物运抵目的地后，如果收货人未及时提货，则保险责任的终止期最多延长至收货人接到到货通知单后的15天（以邮戳日期为准）。（　　）

四、思考与讨论

1. 企业财产保险的特征及内容。

2. 家庭财产保险的特征及内容。

3. 家庭财产保险室内财产的赔偿计算方法。

4. 货物运输保险的概念和特点是什么？

5. 海洋货物运输保险的保障范围是什么？

五、案例分析

［案例一］李某为其家庭财产向保险公司投保了普通家庭财产保险。保险期限自2022年5月8日至2023年5月7日，保险金额为83000元。在2023年春节期间，李某8岁的儿子独自在家，将藏在家里的烟花爆竹翻出玩耍，将一个花炮点燃，花炮在屋里乱窜喷火，其余烟花爆竹被相继点燃。所幸李某之子逃出门去，只受皮肉之伤。当火被扑灭后，李某清点财产时，发现衣服、被褥、家用电器、家具等均受不同程度的损坏，经核定，损失为38450元。保险公司认为，根据《家庭财产保险条款》规定，被保险人及其家庭成员的故意行为，属于本保险的除外责任。火灾是李某之子故意行为所致，因此保险公司不承担赔偿责任。

问题：

1. 家庭财产险保险损失如何赔付？

2. 你认为该案应如何处理？依据何在？

［案例二］某皮件厂于2022年从国外购进一台自动化生产设备，进入车间厂房后一直没有使用。次年2月11日，该厂向保险公司投保了财产保险综合险，其中该引进设备作为固定资产按原值93500元投保。5月31日，一名职工在喷漆时不小心丢弃了一枚小小的烟蒂，酿成了一场大火。该厂认为，既然投保财产保险综合险时该设备按账面原值确定的保额，而该设备遭受火灾后恐已无法修复，即便能够修复，费用也将接近或者超过修复后的价值，应按推定全损处理，保险公司应按93500元予以赔偿。保险公司邀请了几名专家，会同该厂的技术人员及财会人员共同对该受损设备进行全面彻底的技术鉴定。结果发现，该设备内部的一些部件的损坏并不严重，利用国内出售的相应部件可以修复或更换，修复后其性能不会低于原产品，费用只需要5610元。据此，保险公司不同意按全损处理，而只赔付5610元修复费。该厂不同意保险公司的做法，认为此设备的购置价为93500元，且按此价投保财产保险综合险，虽然价格比国内同类产品高得多，毕竟是厂家购置这台设备付出的代价，保险公司不按"代价"损失程度进行赔偿，如何体现对被保险人的损失实施补偿呢？

问题：请分析保险公司的处理方法正确吗？说明理由。

［案例三］2023年10月，王某与刘某合伙经营汽车运输业务，王某出资4000元，刘某出客车一辆，雇佣驾驶员李某为其开车。二人到保险公司为该客车投保了车辆损失险和第三者责任险，保险期限为一年。当年12月1日，王某退出，由刘某独立经营。12月20日，因驾驶员李某身体不适，刘某委托有驾驶证的马某开车送旅客至某风景区。旅客下车后，马某倒车不慎将旅客徐某撞伤，徐某被送至医院治疗，花费2400元。之后刘某迅速向保险公司报案，并提出赔偿要求。

问题：保险公司是否需要赔付？并分析理由。

项目五答案

项目六
责任保险和信用保证保险实务

能力目标　◇　学生通过责任保险和信用保证保险项目的学习，能够运用责任保险和信用保证保险知识，分析日常生活中遇到的责任保险和信用保证保险的案例。

知识目标
◇　明确责任保险的概念、特征和基本内容。
◇　掌握公众责任保险的概念、种类。
◇　了解产品责任保险、职业责任保险和雇主责任保险的概念和种类。
◇　掌握信用保险和保证保险的概念、特征与区别。

案例导入　　　　　　　未购意外险的旅游出行

　　2023年4月24日，游客张某随某旅行社参加"厦门—鼓浪屿—武夷山"双飞6日游，4月27日至武夷山。由于当地旅行社使用的旅游车脚踏板胶皮不牢固，张某滑倒摔伤，经当地医院医生检查确诊为骶骨骨折，花费医疗费用6562元，游客张某回沈阳后还需要继续治疗。经核实，游客张某本次出行为节省费用支出，并未购买短期意外伤害保险，因此对本次伤害所需的医疗费用十分担忧。经确认，该旅行社已于2023年1月1日在某财产保险公司投保了旅行社责任保险，保险期限一年，保险金额为国内旅游每人赔偿限额10万元，出入境旅游每人赔偿限额20万元。本案中的游客张某能否获得保险公司的赔付呢？

任务一 全面认知责任保险并学会区分其不同的险种

任务训练1 全面认知责任保险

任务训练目标

通过完成全面认知责任保险的任务训练，能运用责任保险的相关知识，明确责任保险在产生与发展基础、承保标的、承保方式、补偿对象以及赔偿处理中的特征，学会区分责任保险的承保范围、保险责任和除外责任。

知识要点

一、责任保险的概念

责任保险是指以被保险人依法对第三者应承担的民事损害赔偿责任作为保险标的的保险。赔偿责任是指公民或法人因疏忽行为或过失行为损害他人财产和人身而依法应对受害人承担的民事损害赔偿责任。责任保险承保的民事责任主要包括违约责任和侵权责任，违约责任即违反合同的民事责任，侵权责任即违反法律规定的民事责任。

责任保险作为一种独立的保险业务，始于19世纪的欧美国家，20世纪70年代以后在工业化国家迅速发展。责任保险的产生与发展壮大，被西方国家保险界称为整个保险业发展的第三阶段，也是最后阶段。由此可见，责任保险在保险业中的地位很高，它既是法律制度走向完善的结果，同时又是保险业直接介入社会发展进步的具体表现。

二、责任保险的特征

责任保险与一般财产保险具有共同的性质，即都属于赔偿性保险。它们的共同点是均以大数法则为数理基础，经营原则一致，经营方式相近，均是对被保险人经济利益损失进行补偿。虽然责任保险属于广义财产保险的范畴，但本质上还是具有与一般财产保险不同的特点。

（一）责任保险产生与发展基础的特征

一般财产保险产生与发展的基础，是自然风险与社会风险的客观存在和商品经济的产生与发展；而责任保险产生与发展的基础不仅是各种民事法律风险的客观存在，还需要法律制度的不断完善，其中法治的健全与完善是责任保险产生与发展最为直接的基础。

由于人们在社会中的行为都在一定法律制度的规范之内，所以才可能因触犯法律而造成他人的财产损失或人身伤害时必须承担经济赔偿责任。因此，只有存在对某种行为以法律形式确认并应负经济上的赔偿责任时，有关单位或个人才会想到通过保险来转嫁这种风险，责任保险的必要性才会被人们认识、接受；只有规定对各种责任事故中的致害人进行严厉处罚的法律原则，才会促使可能发生民事责任事故的有关各方自觉地参加到各种责任保险中去。事实上，当今世界责任保险最发达的国家或地区，同时是各种民事法律制度最完备、最健全的国家或地区。它表明责任保险产生与发展的基础是健全的法律制度，尤其是民法和各种专门的民事法律与经济法律制度。

（二）责任保险承保标的特征

一般财产保险承保的保险标的均是有实体的各种财产物资；而责任保险承保的是被保险人的侵权责任和经过特别约定的合同责任，没有实体的标的。对投保人而言，其责任风险可能是几百元，也可能是数十亿元，这在事前是无法预料的，保险人对所保的各种责任风险及其可能导致的经济赔偿责任也无法采用保险金额的方式来确定。但若在责任保险中没有赔偿额度的限制，保险人自身就会陷入经营风险之中。因此，保险人在承保责任保险时，通常对每一种责任保险业务要规定若干等级的赔偿限额，由被保险人自己选择；被保险人选定的赔偿限额便是保险人承担赔偿责任的最高限额，超过限额的经济赔偿责任只能由被保险人自行承担。可见，责任保险承保的标的是没有实体的各种民事法律风险，保险人承担的责任只能采用赔偿限额的方式确定。

（三）责任保险承保方式的特征

责任保险的承保方式具有多样化的特征。从责任保险的经营实践来看，它在承保时一般根据业务种类或被保险人的要求，采用独立承保、附加承保或与其他保险业务组合承保的方式承保业务。

在独立承保方式下，保险人签发专门的责任保险单，如公众责任保险、产品责任保险等。采取独立承保方式承保的责任保险业务，是责任保险的主要业务来源。

在附加承保方式下，保险人签发责任保险单的前提是被保险人必须参加了一般的财产保险，即一般财产保险是主险，责任保险则是没有独立地位的附加险。如建筑工程保险中的第三者责任保险，一般被称为建筑工程保险附加第三者责任保险。附加承保的责任保险在业务性质和业务处理方面，与独立承保的各种责任保险是完全一致的，只是承保的形式不同而已。

在组合承保方式下，责任保险既不必签订单独的责任保险合同，也无须签发附加或特约条款，只需要参加该财产保险便能使相应的责任风险得到了保险保障。如船舶的责任保险就是与船舶财产保险组合而成的。

（四）责任保险补偿对象的特征

在一般财产保险的经营实践中，保险人的补偿对象都是被保险人，其赔偿的保险金也是完全归被保险人或其受益人所有，均不会涉及第三者。而各种责任保险却与此不同。责任保险的直接补偿对象是被保险人，间接补偿对象是第三者，即受害人。当保险事故发生后，受害人有权向被保险人索赔，被保险人有权向保险人索赔。保险人既可以直接对受害人支付赔款，也可以在被保险人赔偿受害人后将赔款支付给被保险人。因此，尽管责任保险中承保人的赔款是支付给被保险人的，但这种赔款实质上是对被保险人之外的受害方即第三者的补偿。因此，责任保险直接保障的是被保险人的利益，间接保障的是受害人的利益，体现了责任保险的双重保障机制。

（五）责任保险赔偿范围及赔偿处理特征

1. 责任保险的赔偿范围

责任保险的赔偿范围一般包括两方面：第一，保险人负责赔偿被保险人对第三者造成的人身伤害与财产损失依法应负的赔偿责任。但是，保险人只对第三者财产的直接损失负责赔偿，对于间接损失一般不予负责。第三者人身伤害的赔偿范围可以包括第三者死亡及丧葬费用、残疾与医疗费用等。第二，因赔偿纠纷引起的诉讼、律师费用及其他事先经保险人同意支付的费用。

知识拓展

我国《保险法》第六十六条规定："责任保险的被保险人因给第三者造成损害的保险事故而被提起仲裁或者诉讼的，被保险人支付的仲裁或者诉讼费用以及其他必要的、合理的费用，除合同另有约定外，由保险人承担。"

2. 责任保险的赔偿处理特征

与一般的财产保险业务相比，责任保险的赔偿要复杂得多，具有以下特征。

① 每一起责任保险的赔案出现，均以被保险人对第三方的损害并依法应承担经济赔偿责任为前提条件，从而必然要涉及受害的第三者。这就表明，责任保险的赔偿处理并非像一般财产保险或人身保险赔案一样只是保险双方的事情。

② 责任保险的承保以法律制度的规范为基础，责任保险的赔案处理也是以法院的判决或执法部门的裁决为依据，从而需要更全面地运用法律制度。

③ 责任保险赔款最后并非归被保险人所有，而是实质上支付给了受害人。

从上述分析中，可以发现责任保险是具有自身鲜明特色的保险业务，在责任保险经营实践中，必须注意区分其与一般财产保险和人身保险的区别，把握责任保险自身特有的规律。

三、责任保险的基本内容

（一）承保范围

责任保险的适用范围十分广泛，适用于一切可能造成他人财产损失与人身伤亡的各种单位、家庭或个人。具体而言，责任保险的适用范围包括如下几个部分。

① 各种公众活动场所的所有者、经营管理者。

② 各种产品的生产者、销售者、维修者。

③ 各种运输工具的所有者、经营管理者或驾驶员。

④ 各种需要雇用员工的法人或个人。

⑤ 各种提供职业技术服务的单位。

⑥ 城乡居民家庭或个人。

（二）保险责任

责任保险的保险责任一般包括以下两项内容。

① 被保险人依法对造成他人财产损失或人身伤亡应承担的经济赔偿责任。这一责任是基本的保险责任，以受害人的损害程度及索赔金额为依据，以保险单上的赔偿限额为最高赔付额，由保险人予以赔偿。

② 因赔偿纠纷引起的由被保险人支付的诉讼、律师费用及其他事先经过保险人同意支付的费用。保险人承担上述责任的前提条件是责任事故的发生应符合保险条款的规定，包括事故原因、发生地点、损害范围等，均应审核清楚。

（三）除外责任

责任保险的除外责任一般包括以下内容。

① 被保险人故意行为所致的各种损害后果。

② 战争、军事行动及罢工等政治事件造成的损害后果。

③ 核事故风险导致的损害后果（投保核责任保险例外）。

④ 被保险人家属、雇员的人身伤害或财产损失（投保雇主责任保险的除外）。

⑤ 被保险人所有、占有、使用或租赁的财产，或由被保险人照顾、看管或控制的财产损失。

⑥ 被保险人的合同责任（经过特别约定者除外）。

（四）赔偿限额与免赔额

责任保险承保的是被保险人的经济赔偿责任，而不是有固定价值的标的。因此，保险单均不规定保险金额而仅规定赔偿限额，即保险人所承担赔偿责任的最高限额。因此，不论何种责任保险，均无保险金额的规定，而是采用在承保时由保险双方约定赔偿限额的方式来确定保险人承担的责任限额，凡超过赔偿限额的索赔仍须由被保险人自行承担。赔偿限额作为保险人承担赔偿责任的最高限额，通常有以下几种类型。

① 每次责任事故或同一原因引起的一系列责任事故的赔偿限额。又可以分为财产损失赔偿限额和人身伤亡赔偿限额两项。

② 保险期内累计的赔偿限额。也可以分为累计的财产损失赔偿限额和累计的人身伤害赔偿限额。

③ 在某些情况下，保险人也将财产损失和人身伤亡两者合为一个限额，或者只规定每次事故和同一原因引起的一系列责任事故的赔偿限额，而不规定累计赔偿限额。

责任保险的免赔额通常是绝对免赔额，即无论受害人的财产是否全部损失，免赔额内的损失均由被保险人自己负责赔偿。

（五）保险费率

责任保险费率的制定通常根据各种责任保险的危险大小及损失率的高低来确定。不同的责任保险种类，制定费率时所考虑的因素亦存在差异，但从总体上看，保险人在制定责任保险费率时，主要考虑的影响因素包括：被保险人的业务性质及其产生意外损害赔偿责任可能性的大小，法律制度对损害赔偿的规定，赔偿限额的高低，承保区域的大小，每笔责任保险业务量以及同类业务的历史损失等。

 任务训练2　区分不同的责任保险险种

任务训练目标

通过完成区分不同的责任保险险种的任务训练，能区分责任保险的不同种类，分析日常生活中遇到的责任风险属于哪一类，应投保哪种责任保险。

知识要点

一、公众责任保险

（一）公众责任与公众责任保险的概念

1. 公众责任

公众责任又称第三者责任、公共责任或综合责任，是指公民、企事业单位、机关、团体因自身的疏忽或过失等侵权行为，致使他人的人身或财产受到损害而依法应承担的经济赔偿责任。公众责任的构成，以在法律上负有经济赔偿责任为前提，其法律依据是各国的民法及各种法规制度。

2. 公众责任保险

公众责任保险又称普通责任保险或综合责任保险，是指以损害公众利益的民事赔偿责任为保险标的的责任保险。公众责任保险承保的民事赔偿责任，可以是侵权责任，也可以是合同责任。公众责任保险承保的合同责任通常需要特别约定。

公众责任保险适用范围极其广泛，既可以承保不同行业的企业和团体在生产、经营活动中因意外事故造成他人人身伤害和财产损失应承担的赔偿责任，也可以承保家庭或个人在日常生活中因意外事故造成他人人身伤害和财产损失应承担的赔偿责任。凡是被保险人对他人造成的人身伤害和财产损失，都可以在公众责任保险中得到赔偿。公众责任风险是普遍存在的，如商场、宾馆、展览馆、影剧院、运动场、动物园等各种公共场所，都可能发生意外事故，造成公众的人身伤害或财产损失。因此，分散和转移公众责任风险，是公众责任保险产生并得到迅速发展的基础。

（二）公众责任保险的内容

1. 保险责任

根据保险单列明范围，在保险期限内发生意外事故引起被保险人在法律上应承担的赔偿金额，保险人负责赔偿。其承保的责任有两项：一是被保险人对意外事故造成第三者的人身伤害（包括疾病、残疾、死亡）和财产的损害应承担的经济赔偿责任；二是被保险人因发生损害事故而支出的有关法律诉讼费用。

2. 除外责任

由于公众责任保险适用范围非常广泛，所以很难制定出一张适合所有保险条款和保险市场的除外责任表。

这里列举几种国际上常见的除外责任：

① 可以用其他专业保单承保的责任。如航空保险、海上保险、机动车辆保险等。

② 由于核燃料、核废料或核爆炸引起的责任。

③ 战争、暴乱等后果责任。

④ 由被保险人照顾、监护或控制的财产的损失责任。

⑤ 包括在产品质量保证范围内的有缺陷产品的回收、修理或置换费用责任。

目前，我国的公众责任保险主要用于场所责任，保单的除外责任规定较多，主要包括：

① 被保险人的合同责任，除非该合同责任同时构成法律责任。

② 被保险人的雇员所遭受的人身伤害；被保险人或其雇员或其代理人照管、控制的财产的损失。

③ 被保险人或其雇员因经营活动一直使用的任何物品、土地、房屋和建筑物的损失。

④ 下列原因造成的损失或伤害责任：保险单未列明的属于被保险人的或以其名义使用的任何牲畜、脚踏车、机动车、火车、船舶、飞机、电梯、起重机及其他升降装置；火灾、地震、爆炸、洪水、烟熏和水污；任何类型的中毒或不洁的食物或饮料；大气、土地、水污染及其他污染；由被保险人作出的或认可的医疗措施或医疗建议。

⑤ 由于震动、移动或减弱支撑引起的土地或财产损失的责任。

⑥ 战争、内战等行为引起的后果责任；罢工等行为直接或间接引起的后果责任。

⑦ 被保险人及其代表的故意行为或重大过失。

⑧ 核风险引起的责任。

⑨ 罚款或惩罚性赔款。

⑩ 被保险人自行负担的免赔额。

以上所列除外责任可以概括为三类：一是不能承保的风险，即绝对除外责任，如战争、核风险等；二是不能在公众责任保险中承保，但可以在其他保险中承保的风险，如被保险人的雇员所遭受的人身伤害；三是一般责任险保单不予承保，但经过特别约定并加收保费后能够承保的风险，如被保险人的合同责任等。

3. 责任期限

公众责任保险保单的承保责任期限按保险双方当事人约定的时间为始终点，多以"期内发生式"为承保基础。如果责任事故发生和导致损害事实之间有一段相隔的时间，只要责任事故发生时间是在保单有效期间，即使伤残或损失是在保单终止日期之后发现的，保险人仍须承担赔偿责任。

4. 保险费率和保险费

（1）保险费率的厘定。公众责任保险费率的厘定一般不采用固定的费率表，主要需要考虑被保险人的具体风险因素。按照国际公众责任保险惯例，保险人通常按照每次事故的基本赔偿限额和免赔额分别制定人身伤害和财产损失两项费率。如果基本赔偿限额和免赔额发生增加或减少，保险费率也适当增减，但并非按比例增减。另外，保险人还要重点考虑的因素包括：被保险人的业务产生损害赔偿责任可能性的大小、被保险人的风险类型、被保险人的管理水平与管理效果及以往损失赔偿记录。

（2）保险费的计算。公众责任保险计算保费的方法是多种多样的。国外对商店、旅馆等公共场所一般按营业场所的面积计算保费；工厂通常按全年工资总额计算保费；修理、建筑、服务行业多按全年业务总收入计算保费；当然，也可以将两种或多种方式结合起来计算保费。计算公众责任保险保费的全部基础是：被保险人经营活动的规模、承保的工作人员（包括被保险人的雇员等）总数、正常的工作量（业务量）以及雇员的工资总额等。

我国公众责任保险的费率是以每次事故累计赔偿限额和业务性质分类的，以赔偿限额乘以适当费率计收保费。在实务中，为了简化保险费计算手续，通常采取按不同承保对象收取固定保险费的做法。

5. 赔偿限额和免赔额

（1）赔偿限额。公众责任保险赔偿限额的高低由保险双方当事人根据可能发生的赔偿责任风险的大小协商确定。通常，人身伤害的赔偿限额和财产损失的赔偿限额分项制定，也可以将人身伤害和财产损失合并为一个赔偿限额。

通常，对每次责任事故或年责任事故的累计赔偿金额的限制性规定如下。

① 每次责任事故（或事件）的赔偿限额。有的保单规定的赔偿限额适用于一次责任事故。一次责任事故可以是一个最初原因引起的一系列后果。在一个保单有效期内，保单对所有保险事故（或事件）都负责赔偿，每次所付金额不超过合同赔偿限额，无累计最多赔偿金额限制。

② 保单的累计赔偿限额。有的公众责任保险保单除了规定每次事故（或事件）的保单赔偿限额外，同时规定保单的累计赔偿限额，即保单在一个有效期（通常为1年）内能够负责的最高赔偿限额。如果保险期间发生了多次保险事故，当累计赔偿责任超过保单的累计赔偿限额时，保险人对超过部分不予负责。

（2）免赔额。公众责任保险一般有免赔额的规定。免赔额的确定以承保业务的风险大小为依据，并在保单上注明。按保障内容划分，免赔额可以分为人身伤害免赔额和财产损失免赔额，也有的将人身伤害和财产损失合并为一个免赔额。按损失情况划分，免赔额分为一次事故免赔额和累计免赔额。在保险实务中，免赔额可能是交叉规定的。例如，按一次事故规定免赔额，并分别规定一次事故中人身伤害的免赔额和一次事故中财产损失的免赔额。

我国的公众责任保险仅对财产损失责任的赔偿规定免赔额，对人身伤害责任的赔偿并无免赔额的规定。我国规定的免赔额为绝对免赔额，即免赔额以内的损失均由被保险人承担。

（三）公众责任保险的主要险种

公众责任保险是责任保险中的主要业务之一，适用范围极其广泛，保险种类较多。它包括场所责任保险、综合公共责任保险、承包人责任保险和承运人责任保险，它们共同构成了公众责任保险的业务体系。

1. 场所责任保险

场所责任保险承保固定场所因存在结构上的缺陷或管理不善，或被保险人在被保险场所进行生产经营活动时因疏忽发生意外事故，造成他人人身伤害或财产损失且依法应由被保险人承担的经济赔偿责任。场所责任保险是公众责任保险中业务量最大的险种。如宾馆责任保险、展览会责任保险、电梯责任保险、车库责任保险、机场责任保险以及各种公众体育、娱乐活动场所责任保险等均属于场所责任保险。

2. 综合公共责任保险

综合公共责任保险承保被保险人在任何地点因非故意行为或活动所造成的他人人身伤害或财产损失依法应负的经济赔偿责任。该险种除承担一般公众责任外，还承担着包括合同责任、产品责任、业主及工程承包人的预防责任、完工责任及个人伤害责任等危险。因此，它是一种以公众责任为主要承保风险的综合性公共责任保险。

3. 承包人责任保险

承包人责任保险承保承包人的损害赔偿责任，主要适用于承包各种建筑工程、安装工程、修理工程施工任务的承包人。适用于各种建筑工程、装卸作业及修理行业等。

4. 承运人责任保险

承运人责任保险承保承担各种客、货运输任务的部门或个人在运输过程中可能发生的损害赔偿责任，主要包括旅客责任保险、货物运输责任保险等险种。与一般公众责任保险不同的是，承运人责任保险保障的责任风险实际上是处于流动状态中的责任风险，但因其运行途径是固定的，有时也可以视为固定场所的责任保险业务。

知识拓展

镜头一：中国某市一个三星级宾馆，一位客人在出一楼大厅时，一头撞到了玻璃门上，顿时额头上起了一个大包。客人的第一反应是感觉很尴尬、很丢人，红着脸走出了宾馆的大门。

镜头二：同样是在这个三星级宾馆，另一位客人出一楼大厅时，也是一头撞到了玻璃门上，并在额头上撞起了一个包。这位客人回过神后的第一反应是查看玻璃门上是否有任何图案、文字等警示性标志，在确认并没有相关的警示标志之后，他第一时间找到大堂经理，提出索赔。最终，经过协商，宾馆对这位客人给予了适当赔偿。

实际上，这就是一个非常典型的公众责任案例。因为在这一案例中，宾馆未在玻璃门上贴警示标志是造成客人撞伤额头的一个重要因素，因此，一旦客人以此为由提出索赔，宾馆是应当给予赔偿的。而公众责任保险实际上所承保的就是类似的民事法律责任。简单地说，就是被保险人可以通过购买公众责任保险，将本来应当由自己承担的公众赔偿责任转嫁给保险公司来赔偿，从而保障企业经营的稳定。

也许大家都会注意到，在麦当劳、肯德基等快餐厅消费时，经常可以发现这样一些细节：热饮杯口或薯条袋口会有警示"防烫"的标记，而拖洗未干的地板上也会竖一块牌子提示"防滑"，甚至擦得透明的玻璃门窗也会贴上花纹、字迹作提示。国内一些管理较规范的营业场所也都有类似的提示，设置这些提示的主要目的就是防范公众责任风险，避免顾客不小心撞上发生意外。实际上，公众责任是非常普遍的，存在于经营场所的每一个细微环节之中。也可以这么说，只要是公共场所都不同程度地存在着公众责任隐患。如儿童在游乐设施里玩耍，经常会发生一些磕、碰、刮、挤等事故；在餐馆就餐时，食客不小心被滚烫的菜汤烫伤；在洗浴中心洗澡时不慎跌倒受伤；到商场购物时被玻璃门划伤……如果经营单位没有对这些风险隐患进行告知和提示，顾客发生意外时，经营者就要负相应的民事责任。这经常会给经营者带来不必要的纠纷，有时甚至会严重影响到经营者的经济利益及正常的经营活动。而实际上，经营者完全可以通过购买公众责任保险将部分责任转移给保险公司，由保险公司进行赔偿。

二、产品责任保险

（一）产品责任与产品责任保险的概念

1. 产品责任

产品责任是指产品生产者或销售者等因该产品的缺陷致使消费者遭受人身伤害或财产损失时应承担的经济赔偿责任。最初的产品责任是一种合同责任，即产品生产者、销售者等不履行或不适当履行合同中规定的产品质量义务，而给消费者造成损害时应承担的赔偿责任。它以合同为基础和条件，受害者只有与生产者具有直接的合同关系，才能就缺陷产品造成的人身伤亡和财产损害，对生产者或销售者等提出赔偿请求。此外，合同中的损害还包括产品本身的损害及由此引起的其他经济损失。

随着经济活动的日益复杂，产品的合同责任已不能适应社会经济的发展需要，于是产品侵权责任便应运而生。产品侵权责任是指产品生产者、销售者等因产品缺陷而侵害消费者人身、财产权利并造成损害时依法应负的民事赔偿责任。它不以生产者、销售者等与受害消费者有直接合同关系为前提条件。产品侵权责任主要赔偿缺陷产品引起的人身伤害、财产损失，一般不赔偿缺陷产品本身损失。产品侵权责任不受合同关系的限制，即便是消费者与生产者、销售者等之间没有合同关系存在，也能够就其所受损害提出赔偿请求。因此，产品侵权责任成为产品责任中不可缺少的重要组成部分。

2. 产品责任保险

产品责任保险是指承保制造商、销售者或修理商因制造、销售或修理的产品有缺陷，造成他人人身伤害或财产损失，依法应承担的赔偿责任的保险。产品责任保险的目的在于保护产品的制造商、销售商或修理商免受因其产品的使用造成他人人身或财产损害而承担赔偿责任的损失。

在产品责任关系中，产品制造者、销售者、修理者是产品责任关系的责任方，都可以投保产品责任保险；而产品用户、消费者或公众是产品责任关系中的受害方，也是产品责任有关的法律法规所保障的对象。因此，产品责任保险适用于生产商、出口商、进口商、批发商、零售商及修理商等一切可能对产品责任事故造成损害负有赔偿责任的人。

（二）产品责任保险的内容

1. 保险责任

产品责任保险的保险责任主要包括以下两项。

第一，在保险有效期内，被保险人生产、销售、分配或修理的产品发生事故，造成用户、消费者或其他任何人的人身伤害或财产损失，依法应由被保险人承担的损害赔偿责任，保险人在保险单规定的赔偿限额内予以赔偿。

保险人所承担的产品责任事故，须具有意外、偶然的性质，而非被保险人事先所能预料。此外，还强调产品责任事故的发生必须是在被保险人制造、销售该产品的场所范围之外的地点，而且产品的所有权必须已转移至用户。这是保险人承担赔偿责任的两个先决条件。但是，承保餐饮、旅馆等行业的产品责任保险，不要求满足后一个条件。

第二，被保险人为产品责任事故支付的法律费用及其他经保险人事先同意支付的合理费用，由保险人承担。发生产品责任后，是否应由被保险人承担赔偿责任以及赔偿数额的高低，通常都通过诉讼由法院判定。保险人为了避免或减少这项开支，对一些索赔金额不大、责任比较明确的案件，一般应与受害人协商解决。

2. 除外责任

产品责任保险的除外责任主要包括以下内容。

① 根据合同或协议应由被保险人承担的其他人的责任。

② 根据劳动法或雇用合同等应由被保险人承担的对其雇员及有关人员的损害赔偿责任。

③ 被保险人所有、照管或控制的财产的损失。

④ 产品仍在制造或销售场所，其所有权仍未转移至用户或消费者手中时造成的损害赔偿责任事故。

⑤ 被保险人故意违法生产、出售或分配的产品造成他人的人身伤害、疾病、死亡或财产损失的赔偿责任。

⑥ 被保险产品本身的损失及被保险人因退换、回收或修理有缺陷产品造成的损失和费用。

⑦ 不按照被保险产品说明去安装、使用或在非正常状态下使用时造成的损害事故。

3. 责任期限

产品责任保险的保险期限通常为一年，期满可以续保。产品责任保险的责任期限是由两种不同的承保基础决定的。

（1）"期内发生式"下的责任期限。"期内发生式"的含义是：即使产品是在保险生效前几年生产或销售的，只要该产品在保险期限内发生事故并导致对用户的损害，不论被保险人何时提出索赔，保险人均负赔偿责任。其具体要点包括：其一，产品责任事故必须发生在保险期限内；其二，不论产品是否在保险期限内生产或销售；其三，不论意外事故或损失何时发现；其四，不论被保险人提出的索赔是在保险期限内还是期满之后。

（2）"期内索赔式"下的责任期限。"期内索赔式"的含义是：不管保险事故发生在保险期限还是保险期限之前，只要被保险人在保险期限内提出索赔，保险人就承担赔偿责任。

现举例说明赔偿责任的界定。假设某制药厂在2021年投保了产品责任保险，保险期限为一年。在保险期限内，某患者服用该厂生产的已投保产品责任保险的药品，因其配制上的过失致使该患者身体受到了潜在的伤害。该患者于2023年发现并提出索赔。在这里，保险事故是在2021年发生的，因此，如果该保单是以"期内发生式"为基础承保的，那么保险人对此索赔要负责赔偿；反之，若该保单是以"期内索赔式"为基础承保的，保险人则不负任何赔偿责任，因为被保险人的索赔并不在保险期限以内。

传统的产品责任保险保单大多采用"期内发生式"作为承保基础。但是，采用这种方式常会出现在保险期限内发生的事故，到保险期间终了后的较长一段时间才提出索赔的情况。因此，保险人必须随时准备处理那些保险期限早已到期但却刚刚报来的索赔案件。这样的案件越多，对保险人越不利。为避免这一弊端，国外产品责任保险的承保人已经逐步转向采取

"期内索赔式"作为承保基础。

究竟采用何种方式作为承保基础应根据具体情况而定。原则上讲，凡保险事故发生后能够立即得知或发现的，宜采用"期内发生式"；反之，如保险事故发生后不能立即得知或发现的，宜采用"期内索赔式"。例如，某些具有缺陷"潜伏期"的产品（如药品等）投保产品责任保险，保险人应采取"期内索赔式"。

4. 保险费率和保险费

（1）产品责任保险费率的厘定。产品责任保险与其他险种一样，费率的高低取决于风险的大小。不同产品、不同的承保条件决定不同的保险费率。具体来说，影响其费率的因素有以下几点。

① 产品的特点及其可能对人体或财产造成损害的风险大小。

② 赔偿限额的高低。限额高，费率也高，但并非按比例增加。

③ 承保地区范围的大小。

④ 产品数量的多少和产品价格的高低。同类产品，数量多或价格高的，销售额也高，保费收入多，费率就可降低。

⑤ 保险公司以往经营此项业务的损失或赔付统计资料。

⑥ 产品制造者的技术水平和质量管理情况。优质产品可以避免或减少产品责任风险，因此，技术和管理水平较好的被保险人可以享受优惠费率。

（2）保险费的计算。产品责任保险的保险费，通常是按上年的生产、销售总额或营业收入总额及规定的保险费率计算出预收保险费，待保险期满时再按实际营业收入总额计算出实际保险费，多退少补。

5. 赔偿限额

产品责任保险的赔偿限额，是根据不同产品事故发生后可能引起的赔偿责任大小，以及产品销售地区所决定的，赔偿责任大的产品和销往产品责任规定严格地区的产品，限额要高一些；反之，要低一些。在产品责任保险保单中，赔偿限额多由被保险人根据需要提出，经保险人同意后在保单中订明。通常规定两项赔偿限额，即每次事故的赔偿限额和保单累计赔偿限额。每次事故的赔偿限额是指保险人对每一次产品责任事故可以赔付的最高金额，保单累计赔偿限额是指保险人在整个保单有效期内可以赔付的最高金额。以上每项赔偿限额还可以分别划分为人身伤害和财产损失两项赔偿限额。产品责任事故导致用户或消费者人身伤害或财产损失时，分别适用各自的赔偿限额。

案例分析

劣质酒瓶爆炸伤人案

2023年7月某日晚，李某在家就餐时被突然爆炸的啤酒瓶炸伤左眼，共花去各种费用83000余元。李某向啤酒生产者甲厂索赔，因甲厂已向某保险公司投保了产品责任保险，责任限额为50000元，所以保险公司在责任限额内支付了赔偿金50000元。后经调查，啤酒瓶爆炸是因专门为甲厂生产啤酒瓶的乙厂产品质量不合格所致，甲厂遂要求乙厂承担责任。某保险公司则认为应由自己向乙厂提出赔偿请求。甲厂与保险公司为此发生纠纷，诉至法院。

法院经审理后认为，乙厂作为啤酒瓶的供应商，对李某的人身伤害承担最终赔偿责任。甲厂在向李某承担赔偿责任后，有权向乙厂追偿。但因甲厂的赔偿责任已经部分转嫁给了保险公司，保险公司依法在赔偿金额内代替甲厂取得向乙厂追偿的权利。甲厂仍可就未获保险公司赔偿的损失向乙厂追偿。法院判决：甲厂和保险公司可在各自的损失金额内向乙厂追偿。

[案情分析]

本案涉及产品责任保险的赔付以及责任险的代位追偿问题。

产品责任保险是以投保人因其产品的质量缺陷致使产品使用者或消费者遭受人身伤亡或财产损失而依法应承担的赔偿责任为保险标的的保险。依据产品责任保险单的规定，在保险有效期内，由于被保险人所生产、出售的产品或商品在承保区域内发生事故，造成使用、消费或操作该产品或商品的人或其他任何人的人身伤害、疾病、死亡或财产损失，依法应由被保险人负责时，保险人根据保险单的规定，在约定的赔偿限额内负责赔偿。对被保险人应付索赔人的诉讼费用以及经保险人书面同意负责的诉讼及其他费用，保险人亦负责赔偿，但本项费用与责任赔偿金额之和以保险单明细表中列明的责任限额为限。

本案中，李某因甲厂生产的啤酒瓶突然爆炸而受到伤害。依据《中华人民共和国产品质量法》第四十一条关于"因产品存在缺陷造成人身、缺陷产品以外的其他财产（以下简称他人财产）损害的，生产者应当承担赔偿责任"的规定，甲厂应当对李某承担赔偿责任。同时，根据产品责任保险合同的约定，甲厂在向李某承担赔偿责任后，可以向保险公司提出索赔。保险公司应在约定的赔偿限额内进行赔偿。

本案涉及的另外一个问题是责任险的代位追偿问题。

我国《保险法》第六十条规定："因第三者对保险标的的损害而造成保险事故的，保险人自向被保险人赔偿保险金之日起，在赔偿金额范围内代位行使被保险人对第三者请求赔偿的权利。前款规定的保险事故发生后，被保险人已经从第三者取得损害赔偿的，保险人赔偿保险金时，可以相应扣减被保险人从第三者已取得的赔偿金额。保险人依照本条第一款规定行使代位请求赔偿的权利，不影响被保险人就未取得赔偿的部分向第三者请求赔偿的权利。"可见，保险人的代位权以赔偿金额为限，被保险人就未获赔偿的部分仍可请求第三者进行赔偿。

本案中，导致李某受伤的啤酒瓶系乙厂向甲厂提供，乙厂是最终责任人，甲厂向李某承担赔偿责任后，依法可以向乙厂进行追偿。由于保险公司已经在赔偿限额内对甲厂承担了赔偿责任，保险公司依法在赔偿限额内取得向乙厂代位追偿的权利。甲厂对李某承担的超过赔偿限额的损失因未获保险公司赔偿，当然可以向乙厂追偿。

[启示]

保险代位求偿是保险法中的一项重要制度，其目的在于防止被保险人获得双重赔付，同时也可防止最终责任人逃避责任。该制度虽在财产损失险中运用较多，但在责任险中也同样存在，应当引起保险人的充分注意。

三、雇主责任保险

雇主责任保险是责任保险中产生最早的险种，在许多国家是一种普遍性的法定保险。自20世纪60年代以来，投保雇主责任保险已成为许多国家的雇主必须履行的法律义务。

（一）雇主责任与雇主责任保险的概念

1. 雇主责任

雇主责任是指雇主对其雇员在受雇期间从事业务活动时，因发生意外事故或因职业病而造成人身伤残或死亡时，依法应承担的经济赔偿责任。雇主责任成立的前提条件是雇主与雇员之间存在直接的雇佣合同关系，这种合同关系均通过书面形式的劳动合同来规定。雇主责任的产生有两个来源：一是由国家通过立法规定雇主对其雇用的员工在受雇期间从事与职业相关工作中因发生意外事故或职业病而引起人身伤残或死亡时应承担的经济赔偿责任；二是依据雇主与雇员之间签订的劳动合同而产生的雇主对雇员的经济赔偿责任。

下列情况通常被视为雇主的过失或疏忽责任：

① 雇主提供危险的工作地点、机器工具或工作程序。

② 雇主提供的是不称职的管理人员。

③ 雇主本人直接的疏忽或过失行为，如对有害工种未提供相应的合格的劳动保护用品等即为过失。

凡属于上述情形且不存在故意意图的均属于雇主的过失责任，由此而造成的雇员人身伤害，雇主应负经济赔偿责任。

目前，许多国家对雇主责任实行绝对责任，即只要雇员在受雇期间受到伤害，无论雇主有没有过错，除非雇员自己故意所致，雇主均应承担赔偿责任。

2. 雇主责任保险

雇主责任保险是以被保险人（雇主）的雇员在受雇期间从事业务活动时因遭受意外导致伤、残、死亡或患有与职业有关的职业性疾病而依法或根据雇佣合同应由被保险人承担的经济赔偿责任为承保风险的一种责任保险。对非因工作或非工作时间内雇员的人身伤亡和疾病，雇主责任保险不予负责，此外，对雇员的财产损失也不负责赔偿。

雇主责任保险的法律依据，因各国法律制度的差异而存在区别。在世界各国，一般都通过立法，详细规定雇主对其雇员在受雇期间的各种义务和责任。在欧美等国家，民法、劳动法、雇主责任法同时并存，民法作为雇主责任保险的法律基础，劳动法是社会保险性质的劳工保险（强制性雇主责任保险）的法律依据，雇主责任法则是商业性质的雇主责任保险的直接法律依据。在只有劳动法而没有雇主责任法的国家和地区，雇主责任保险的法律依据就是劳动法及雇佣合同。在没有劳动法和雇主责任法的国家和地区，以民法作为法律基础，以雇主和雇员之间的雇佣合同作为法律依据，在这种状态下，保险人承担的仅是一种合同责任，尚未上升至法律责任。

（二）雇主责任保险的内容

1. 保险责任

雇主责任保险的保险责任是雇主根据劳工赔偿法等法令对雇员应负的赔偿责任。在我国，雇主责任保险多以雇佣合同中约定的雇主赔偿责任为保险责任。但如果雇员根据国家有关法律提起诉讼时，保险人对法院判决的有关雇主责任保险项下承保的雇主责任也予以负责。雇主责任保险的保险责任主要有以下四项。

① 雇员在保险单列明的地点和保险期限内从事与其职业有关的工作时遭受意外而致伤、残、死亡，被保险人依据法律或雇佣合同应承担的经济赔偿责任。

② 因患有与业务有关的职业性疾病而致雇员人身伤残、死亡的经济赔偿责任。

③ 被保险人依法应承担的雇员的医药费，此项医药费的支出以雇员遭受前述两项事故而致伤残为前提条件。

④ 被保险人应支出的法律费用，包括抗辩费用、律师费用、取证费用以及经法院判决应由被保险人代雇员支付的诉讼费用，但该项费用必须是用于处理保险责任范围内的索赔纠纷或诉讼案件，且是诉诸法律而支出的合理额外费用。

2. 责任免除

雇主责任保险的常规责任免除，一般有如下几项。

① 战争、类似战争行为、叛乱、罢工、暴动或由于核辐射所致的被雇人员的伤残、死

亡或疾病。

②被保险人的故意行为或重大过失。

③被雇人员由于疾病、传染病、分娩、流产以及因这些疾病而施行内外科治疗手术所致的伤残或死亡。

④雇员自身的故意行为和违法行为造成的伤害，如雇员自伤、自杀、犯罪行为、酗酒及无证驾驶各种机动车辆所致的伤残或死亡。

⑤被保险人对其承包商雇用的员工的责任。

3. 责任期限

雇主责任保险的责任期限一般为一年，期满续保，也可按照雇佣合同的期限投保不足1年或1年以上的雇主责任保险。如果保险期限为2年或2年以上，保险费应按年计收，以保证财务核算与保险人所承担的年度风险责任相适应。国外多以"期内索赔式"承保雇主责任保险，即以索赔提出的时间是否在保单有效期间计算的责任期限，从而解决因发生索赔较晚而无法确定损失发生的准确时间或无法寻找过去的保险单的困难。

4. 保险费率与保险费

雇主责任保险费率制定的主要依据：被保险人雇员的行业和工种；赔偿限额；是否有附加的扩展责任保险。由于雇员从事工种的危险程度不同，对不同工作类别或不同工作的保费计算也就不相同。一般来说，从事危险工作的雇员，费率最高；从事一般工作的雇员，费率中等；办公室职员和做秘书工作的雇员，费率较低。费率的制定要详细。

保险费是按不同工种雇员的适用费率乘以该类雇员年度工资总额来计算的。雇主责任保险采用预收保险费制，在订立合同时，保险人根据被保险人估计的在保单有效期内付给其雇佣人员工资、加班费、奖金及其他津贴的总数，计算预收保费。在保单到期前的1个月内，被保险人应把保单有效期间实际付出的工资和各项补贴的准确数字交送保险人，保险人根据这个数字对保险费进行调整，其差额部分退还被保险人或由被保险人补交给保险人。

保险费计算公式如下：

预收保费＝∑（工种估计年工资总额 × 适用费率）

5. 赔偿限额

国外对雇主责任保险多提供无限额赔偿。目前，我国的雇主责任保险没有法律规定的赔偿标准，由被保险人根据雇佣合同的要求，以雇员若干个月的工资额制定赔偿限额。在确定赔偿限额时应考虑每个雇员的工种、月均工资收入及伤害程度，并由保险双方当事人在签订保险合同时确定并载入保险合同。雇主责任保险保单按照死亡和伤残两种情况下的赔偿限额分别赔付。

（1）死亡赔偿。按保险单规定的雇员死亡的赔偿限额进行赔偿。

（2）伤残赔偿。根据雇员的伤残程度分三种情况：

①永久性完全残废，按每一雇员的最高赔偿限额赔付；

②永久性局部残废，按赔偿金额表中规定的百分比赔付；

③雇员在工作中受伤称为伤害，暂时丧失工作能力超过5天，经医生证明，按雇员的工资给予赔偿。

在保险单有效期间，不论发生一次或多次赔偿，保险单对每位雇员的赔偿累计不得超过保单规定的赔偿限额。

附加医疗费用保险，对每个雇员规定累计赔偿限额；附加第三者责任保险，规定每次事故赔偿限额。

案例分析

外卖骑手送餐时发生事故，由谁来担责

外卖骑手陈某送餐时，驾驶电动自行车（有电动车行驶证）不慎摔倒在地，后送医院诊治共产生医疗费1.2万元。于是陈某向A外卖公司申请索赔上述费用，而A外卖公司认为是由于陈某个人原因所致，不予赔偿。

在协商不成的情况下，陈某将A外卖公司诉讼至法庭。经法院认定，陈某系A公司员工，送餐系履行职务行为，雇员在从事雇佣活动中遭受人身损害，雇主应当承担赔偿责任。最后法院判定被告A外卖公司赔偿上述费用。

四、职业责任保险

（一）职业责任与职业责任保险的概念

1. 职业责任

职业责任是指各种专业技术工作的单位或个人因疏忽、过失行为造成他们的当事人或其他人的人身伤害或财产损失，依法应当由提供服务的专业技术工作的单位或人员承担经济赔偿责任。职业责任实际上是一种失职行为。在国外，医疗事故或设计事故的经济赔偿责任是一般技术人员难以承受的，因此，投保职业责任保险非常普遍。

2. 职业责任保险

职业责任保险又称为职业赔偿保险，承保专业技术人员因职业上的疏忽或过失造成他人人身伤害或财产损失，依法应承担赔偿责任的保险。职业责任保险一般是由提供各种专业技术服务的单位（如医院、会计师事务所等）投保的团体业务，个体职业技术工作的职业责任保险通常由专门的个人责任保险来承保。

目前，国外办理较为普遍的有医生、药剂师、会计师、律师、设计师、工程师等职业责任保险。不同专业技术人员的职业责任保险内容都不相同。保险人常用专门设计的职业责任保险条款来承保。

（二）职业责任保险的内容

1. 保险责任

职业责任保险承保的保险责任是各种职业技术人员由于职业上的疏忽、错误或失职行为而造成的损失。此险种在国外并无统一的条款以及保单格式，而是由各保险公司根据不同种类的职业责任设计制定不同的条款承保。但对于保险责任范围，条款通常都有如下规定："根据本保单规定的条件、除外责任和赔偿限额，对由于被保险人或其从事该业务的前任或其任何雇员或从事该业务的雇员的前任，在任何时候、任何地方从事该业务时，由于疏忽行为、错误或失职而违反或被指控违反其职业责任所致的损失，在本保险单有效期内向被保险人提出的任何索赔，本公司同意给予赔偿。"由于职业责任风险千差万别，不可能设计统一的或综合的保险条款及保险单格式，也不可能规定统一的责任范围，需要根据不同种类的职业责任设计制定专门的条款和保险单。但是，由于职业责任保险承保的内容是职业风险，在职业责任保险业务的保险责任范围上又有许多共性的规定。保险人承担的赔偿责任包括以下几点。

① 保险人承担被保险人的职业责任风险，包括被保险人、被保险人的前任、被保险人的雇员以及雇员的前任在从事规定的职务过程中，由于疏忽或过失所导致的职业赔偿责任。

② 保险人负责的被保险人职业责任风险必须与保险单列明的职业存在直接关系，不负责与该职业无关的原因及其他非职业行为所形成的赔偿责任。

③ 保险人承担的赔偿责任包括被保险人对合同对方或其他人的财产损失及人身伤害应

负的赔偿责任，以及经保险人同意或在保险单列明的有关诉讼费用的补偿。

2. 责任免除

职业责任保险的一般责任免除，可以概括为以下几项。

① 被保险人的故意行为所致的任何索赔。

② 被保险人被指控有对他人诽谤或恶意中伤行为而引起的索赔。

③ 因职业文件或技术档案的灭失或损失引起的任何索赔。

④ 被保险人在投保时或保险有效期内不如实向保险人报告应报告的情况而引起的任何索赔。

⑤ 职业责任事故造成的间接损失或费用。

3. 保险期限

职业责任保险的保险期限通常为一年。由于从职业责任事故的发生到受害人提出索赔，可能间隔较长时间，例如一年、两年甚至更长时间。为了确切地把握保单项下支付的赔款，保险人对应承担的风险作出比较切合实际的估测，因此，保险人通常事先规定承保方式。保险人的承保方式有如下两种。

（1）以"期内索赔式"为基础的承保方式。保险人仅对在保单有效期内提出的索赔负责，而不管导致该索赔的事故是否发生在该保单有效期内。保险人为了控制其承担的风险责任无限地前置，在经营实践中又通常规定一个责任追溯日期作为限制性条款，保险人仅对追溯日以后保险期满前发生的职业责任事故且在保险有效期内提出索赔的法律赔偿责任负责。例如，保险期限为2023年1月1日至2023年12月31日，追溯日期定为2021年1月1日，则只有在2021年1月1日起由于被保险人及其雇员或者其前任的职业疏忽或过失行为导致的责任事故并在2023年内提出的索赔，保险人才予以负责。对追溯日之前发生的责任事故，保险人概不负责。

（2）以"期内发生式"为基础的承保方式。这种承保方式是保险人仅对在保险有效期内发生的职业责任事故引起的索赔负责，而不论受害方是否在保险有效期内提出索赔，它实质上是将保险责任期限延长了。为控制无限延长，保险人通常会规定一个后延截止日期。

4. 赔偿限额

职业责任保险承保的是被保险人的赔偿责任，因此，保单上无法列示保险金额，而仅规定赔偿限额，即最高赔偿责任限额。职业责任保险在赔偿方面，保险人承担的是赔偿金与有关费用两项，其中保险人对赔偿金通常规定一个累计的赔偿限额，而不规定每次事故的赔偿限额；法律诉讼费用则在赔偿金之外另行计算。

5. 保险费率

制定职业责任保险费率需要考虑如下因素：

① 职业种类。

② 工作场所。

③ 工作单位性质，指商业性与非商业性以及国有、集体、股份和合资形式。

④ 业务数量。

⑤ 被保险人及其雇员的专业技术水平。

⑥ 被保险人职业责任事故的历史统计资料及索赔、处理情况。

⑦ 被保险人及其雇员的工作责任心与敬业品质。

⑧ 赔偿限额、免赔额及其他承保条件。

（三）职业责任保险的主要险种

1. 医疗职业责任保险

医疗职业责任保险也叫医生失职保险，它承保医务人员或其前任由于医疗责任事故而致患者死亡或伤残、病情加剧、痛苦增加等，受害者或其家属要求赔偿且依法应当由医疗方负责的经济赔偿责任。在西方国家，医疗职业责任保险是职业责任保险中最主要的业务来源，它几乎覆盖了整个医疗、健康领域及一切医疗服务团体。医疗职业责任保险以医院为投保对象，普遍采用以索赔为基础的承保方式。

2. 律师职业责任保险

律师职业责任保险承保被保险人或其前任作为律师在自己的能力范围内，在职业服务中发生的一切疏忽行为、错误或遗漏过失行为所导致的法律赔偿责任，包括一切侮辱、诽谤以及赔偿被保险人在工作中发生的或造成的对第三者的人身伤害或财产损失。

3. 会计师职业责任保险

会计师职业责任保险承保因被保险人或其前任或被保险人对其负有法律责任的人，因违反会计业务上应尽的责任及义务，而使他人遭受损失，依法应负的经济赔偿责任，但不包括身体伤害、死亡及实质财产的损毁。

4. 建筑工程设计责任保险

建筑工程设计责任保险面向从事各种建筑工程设计的法人团体（如设计院所等），承保工程设计单位因设计工作中的疏忽或失职，导致所设计的工程发生工程质量事故，造成工程本身的物质损失及第三者的人身伤亡和财产损失，依法应由设计单位承担的经济赔偿责任。

此外，还有美容师责任保险、保险代理人和保险经纪人责任保险等多种职业责任保险业务，它们在发达的保险市场上同样是受到欢迎的险种。

在我国，职业责任保险发展相较滞后，仅在试办医疗事故责任保险和工程勘察设计责任保险等少数险种，业务量较小。但我国有关的法治在不断健全、完善，开办医务人员职业责任保险的呼声越来越高，会计师、律师、建筑师等专业人员等因职业过失引起的民事赔偿责任也引起了广泛关注，国家先后颁布了《中华人民共和国注册会计师法》《中华人民共和国律师法》《中华人民共和国建筑法》等一系列与职业责任相关的法律，从而不仅使专业人员因职业过失承担损害赔偿责任有了法律依据，而且使职业责任保险的开办有了基本的法律条件。由此可见，职业责任保险业务范围广阔，是发展前景很好的保险业务。

知识拓展

你的职业可能为你带来什么？丰厚的收入？理想的社会地位？个人价值的满足？这些都有可能。但是，你想过没有，有一天，你的职业也可能为你带来不可预期的损失。这就是职业风险。

传统的职业风险似乎是与体力劳动联系在一起。想到高风险行业，不自觉地就会想到建筑工人、特殊化学品制造、机械操作等。过去，针对这一部分工种，不少保险公司推出了职业意外保险，对从业人员的人身安全和意外伤害等进行保障。但是，除了以上工作外，很多看似坐在办公室中的工作也面临着巨大的风险。而且，这些风险将直接影响到你日后的生活和工作。那么，哪些工作存在潜在的风险？这里给风险职业排排队。

职业一：法律从业人员

在我国，法律从业人员主要包括公、检、法三家工作人员和执业律师。由于长期与违法行为打交道，法律从业人员在诉讼中不免会遭遇人身威胁、人身伤害等意外。心理和身体都可能遭到伤害。

尤其是处理一些公司经济事务时，出现问题往往会导致委托人和律师之间的经济纠纷。那么，作为法律机构，怎样为从业人员减轻心理负担，同时又为机构增加保障，购买法律从业人员相关职业保险是一个不错的选择。

职业二：媒体从业人员

无论是战地报道，还是日常报道，媒体从业人员很可能遭遇意料之外的人身伤害。目前，我国的媒体从业人员也经常在进行敏感报道时遭遇阻挠、打骂、人身威胁、毁损设备等意外。而且，在报道中，还可能遭遇由于报道引起的法律诉讼，有些赔偿金额已经高达数百万元。这对于新闻媒体及其从业人员都是难以承担的。

然而，我国新闻行业的现状是，新闻媒体没有为从业人员购买常规保险的惯例。日常媒体工作人员遭遇损害时只能依靠本身的人身意外保险来保障。但是，对于外派记者尤其是战地记者，各个媒体已经开始重视保险了。

职业三：会计从业人员

随着会计师事务所因疏失导致破产的新闻频发，会计师职业的风险性也体现出来。注册会计师在执业时，除了主观上恶意违法造成审计失败外，客观上面临着很多无法控制的风险，如审计水平、审计方法有局限，审计环境判断失误等，从而造成审计失败。一旦审计失败，会计师事务所可能面临巨大的民事赔偿责任，严重威胁事务所的正常经营和发展。

职业四：医疗、美容从业人员

医疗事故一直是医生绕不过的坎儿。一旦发生医疗事故，医生和患者的纠纷很难解决，对医生来说，轻则会损失一笔赔偿费，重则会官司缠身、身败名裂。美容业技术性强、风险高，美容师在执业过程中因任何失误导致的美容失败，都会给接受美容服务的人带来心理和生理上的伤害，有些伤害可能是不可治愈的。目前，国内高风险美容整形机构主要建在医疗机构下，这两个行业在职业责任保险上有很多相似性。

任务二　全面认知信用保险和保证保险

任务训练1　全面认知信用保险

任务训练目标

通过完成全面认知信用保险的任务训练，能运用信用保险的相关知识，明确信用保险的特征，学会区分商业信用保险、投资保险和出口信用保险的保险责任范围。

知识要点

一、信用保险的概念

信用保险是权利人投保义务人的信用，对义务人不守信用给权利人造成的经济损失由保险人承担赔偿责任的保险。例如，商品的卖方（权利人）担心买方（义务人）不遵守买卖合同的规定支付货款或不能如期支付货款，而要求保险人担保，保证其在遇到上述情况而受到损失时，由保险人给予经济赔偿。

二、信用保险的特征

（一）信用保险的保险标的具有特殊性

信用保险的保险标的是保障第三者的行为对于被保险人造成的经济利益的破坏。被保险人作为权利人，通过支付保险费的方式，将被保证人的信用作为保险标的要求保险人予以保证，在被保证人造成的信用风险导致权利人的经济损失时，保险人则予以赔偿。

（二）信用保险必须以代位追偿原则作为赔偿的基础

在信用保险业务中，被保险人的任何损失应该说都是由指定的第三者（被保证人）造成的。因此，只要是被保险人（权利人）提出索赔的要求，保险人都必须以获得向被保证人代位追偿的权利为条件，履行赔偿义务。如果保险人不能获得代位追偿的权利，保险人对于信用保险业务的索赔不承担任何责任。

（三）信用保险业务中第三者及其行为必须事先列明

在信用保险业务中，保险人在承保时必须在保险单上列明第三者，规定保险人对于第三者可能造成被保险人利益损失的行为。如果被保险人由于信用风险所导致的损失向保险人提出索赔时，造成损失的第三者不是保险合同所列明的，或者第三者对于被保险人所造成的损失不是保险合同所列明的行为，保险人有权拒绝被保险人的索赔。

三、信用保险的种类

（一）一般商业信用保险

一般商业信用保险是指在商业活动中，权利人要求保险人将义务人作为被保证人，并承担由于被保证人的信用风险而使权利人遭受商业利益损失的保险。商业信用保险承保的标的是被保证人的商业信用。如果被保证人发生保险事故，保险人首先向权利人履行赔偿责任，同时自动取得向被保证人进行代位求偿的权利。一般商业信用保险的险种有：赊销信用保险、贷款信用保险和个人贷款信用保险。

1. 赊销信用保险

赊销信用保险是为国内商业贸易的延期付款或分期付款行为提供信用担保的一种信用保险业务。在赊销信用保险中，投保人是卖方，保险人承保的是买方的信用风险，目的在于保证被保险人能按期收回赊销货款，保障商业贸易的顺利进行。赊销信用保险适用于一些以分期付款方式销售的耐用商品，如船舶、汽车、住宅及大批量商品等。赊销信用保险的特点是赊账期往往较长，风险比较分散，保险人必须在仔细考察买方资信情况的条件下才能决定是否承保。

2. 贷款信用保险

贷款信用保险是保险人对银行或其他金融机构与企业之间的借贷合同进行担保并承保其信用风险的保险。在市场经济条件下，贷款风险是客观存在的，究其原因既有企业经营管理不善或决策失误的因素，又有自然灾害和意外事故的冲击等。这些因素都可能造成贷款不能安全收回，对此必然要建立起相应的贷款信用保险制度予以保证。在国外，贷款信用保险是比较常见的信用保险业务，它是银行转嫁贷款中的信用风险的必要手段。在我国，贷款信用保险业务已有所发展。

在贷款信用保险中，放款方既是投保人又是被保险人。放款方投保贷款信用保险后，当借款人无力归还贷款时，可以从保险人那里获得补偿。贷款信用保险是保证银行信贷资金正常周转的重要手段。

3. 个人贷款信用保险

个人贷款信用保险是以金融机构对自然人进行贷款时，由于债务人不履行贷款合同致使金融机构遭受经济损失为保险对象的信用保险。由于个人的情况千差万别，且居住分散、风险不一，保险人要开办这种业务，必须对贷款人贷款的用途、经营情况、日常信誉、私有财产物资等作全面的调查了解，必要时还要求贷款人提供反担保。保险人承保个人贷款信用保险时非常慎重。

（二）投资保险

投资保险又称政治风险保险，是承保被保险人因投资引进国政治局势动荡或政府法令变动所引起的投资损失的保险。其承保对象一般是海外投资者。所谓政治风险是指东道国政府没收或征用国外投资者财产、实行外汇管制、撤销进口许可证、发生内战或绑架等风险。投资保险承保的风险有汇兑风险、征用风险以及战争风险。

1. 汇兑风险

汇兑风险即外汇风险，是指投资者由于东道国的突发事件，如战争、类似战争、革命、内乱、罢工及外汇管制等原因而导致其在投资国与投资国有关的款项无法转移的风险。例如，东道国政府实行外汇管制，禁止外汇汇出；因东道国发生战争、革命或内乱，无法进行外汇交易；东道国政府对投资者各项应得的金额实行管制（如冻结）；东道国政府取消对各项应得金额汇回本国的许可；东道国政府对各项金额予以没收。

2. 征用风险

征用风险又叫国有化风险，即投资者在国外的投资资产被东道国政府有关部门征用或没收的风险。

3. 战争风险

战争风险又称战争、革命、暴乱风险，包括战争、类似战争行为、叛乱、罢工及暴动所造成的有形财产直接损失的风险。投资保险仅保障投资财产的有形资产的直接损失，不包括间接损失，对证券、档案文件、债权以及现金的损失和一般的骚乱风险都不承保。

投资保险是一种承保投资政治风险的信用保险。外国的投资保险，一般由投资商在本国投保，保障的是本国投资商在外国投资的风险，投资商是被保险人；而我国的投资保险则可由保险公司为外国的投资商保险，保障的是外国人在我国投资的风险，以配合国家引进外资的政策，从而亦带有保证保险的性质。

（三）出口信用保险

出口信用保险是承保出口商在经营出口业务的过程中，因进口商方面的商业风险或进口国方面的政治风险而遭受经济损失的保险。由于这种保险业务承担的风险较大，而且难以使用统计方法测算损失概率，故一般保险公司不愿意经营，而往往由政府指定的机构承办。在我国是由中国出口信用保险公司来承保。

出口信用保险与一般的商业保险不同，其开办的目的是鼓励和扩大出口，具体的业务方针体现了国家的产业政策和贸易政策。出口信用保险的经营者通常是政府机构或其他受托保险机构，是非营利性的组织，通常只对本国国民或企业开办，投保的商品也必须是本国生产的。为了避免道德风险，每个出口商必须对自己所有的出口业务全部投保，而不能只投保一部分出口业务。保险公司在承保出口信用保险时也必须考虑进口国和进口国的风险。

中国人民保险公司于1988年开始试办出口信用保险，2001年国务院批准成立专门的国家信用保险机构——中国出口信用保险公司，从此出口信用保险业务由该公司经营。我国的出口信用保险按出口合同的信用期可分为短期出口信用保险和中长期出口信用保险。

1. 短期出口信用保险

短期出口信用保险适用于被保险人按付款交单（D/P）、承兑交单（D/A）或赊账（O/A）等一切以商业信用付款条件，产品全部或部分在中国制造，信用期不超过180天的出口合同，一般是大批量的、持续的消费性货物出口。付款交单是指进口商支付货款后才能拿到提货单。承兑交单是指托收银行向进口商提示出口商开具的以进口商为付款人的远期汇票后，只要进口商签字承兑，托收银行即可将提货单等交给进口商，承兑到期后，进口商再向出口商支付货款。赊账是指出口商装运货物后，在进口商既不付款也不承兑的条件下，将有关单据交给进口商，进口商按双方约定，在交单的30天、60天或更长时间后，再向出口商支付货款。

短期出口信用保险的保险责任分为商业信用风险和政治风险两大类。商业信用风险包括：买方破产或无力偿付货款；买方收货后拖欠货款达6个月或4个月以上；买方拒收货物导致货物被运回。政治风险主要包括：买方国家实行外汇管制；买方国家实行进口制；买方国家发生战争、暴动和其他骚乱。短期出口信用保险的除外责任主要包括：由货物运输保险和其他保险承保的损失；汇率变动引起的损失；被保险人或其代表未履行合同或违反法律造成的损失；在买方违反合同的情况下，被保险人仍向其出口货物而发生的损失；因买方没有遵守所在国法律而未得到进口许可证等。

通常，被保险人应就保单适用范围内的每一买方向保险公司申请信用限额，经批准后的信用限额可以循环使用，该信用限额也是保险公司向被保险人承担该买方的赔偿责任的最高限额。另外，还规定了每12个月的累计赔偿限额。按照国际惯例，保险公司只负责赔偿实际损失的90%，余下的10%由被保险人自己承担。在出口信用保险中一般还规定了赔偿等待期。被保险人提出索赔之后，只有等赔偿等待期结束了，保险人才能进行赔付，不同损失原因的赔偿等待期是不同的。例如，因买方拖欠货款的赔偿等待期为4个月；买方拒收货物或拒付货款，赔偿等待期为货物重新出售或处理完毕后的1个月；而政治风险所造成的损失，赔偿等待期为该政治风险事件发生后的4个月。

2. 中长期出口信用保险

中长期出口信用保险适用于收汇期在180天至5年或8年之间的资本性或半资本性货物的出口项目。如船舶、飞机等大型交通工具、电站、生产线等成套设备。

中长期出口信用保险只适用于使用银行买方信贷、卖方信贷或其他方式签订的贸易金额在100万美元至1亿美元之间的出口合同。出口的大型成套设备和机电产品等资本性货物或半资本性货物国产化率在70%以上，车辆、船舶和飞机等国产化率在50%以上。

中长期出口信用保险的保险责任包括以下几项：买方、借款人或其还款担保人倒闭、破产、被接管或清盘或丧失偿付能力；买方、借款人或其还款担保人在商务合同或贷款协议规定的还款日起逾期6个月仍未履行还款义务；买方因故单方面停止或终止执行贸易合同；买方所在国或借款人所在国，或任何与履行商务合同或贷款协议有关的第三国政府颁布政令、法令，实行外汇管制，限制汇兑；买方所在国或借款人所在国与中国或与任何第三国发生战争、敌对行为；买方所在国发生战争、革命、暴乱等事件，或发生不可抗力特别事件造成进口商不能履行商务合同或借款人不能履行贷款协议项下的还款义务。

按照国际惯例，中长期出口信用保险的承保比例一般为贸易合同总金额的85%，其余15%的贸易合同金额应在贸易合同签字后，在买卖双方规定的时间内，由买方现汇支付出口商。保险公司对中长期出口信用保险项下银行买方信贷和卖方信贷的本金和利息提供100%的无条件担保。

案例分析

2023年，被保险人（A企业）在B国展会上遇到一B国的买家，该买家给出的付款方式、价格条件均比欧美市场要好，A企业业务员遂很快签订合同，并到保险公司申请限额。经调查，保险公司发现该买家规模较小，资信情况不理想，因此只批复小规模的限额，买家获悉此消息后，推荐两家其"朋友"公司向A企业下订单。为尽快开拓中欧市场，A企业大幅超限额出运，最终累计出运金额达到200万美元，而限额总金额仅为80万美元。货物出运后，三家买家全部消失。保险公司通过相关渠道介入后，发现三家买入公司均为同一人控制，其注册的办公地点已人去楼空，买家已逃逸。由于A企业不相信保险公司的提醒，以致被骗，此案保险公司不予赔偿。

该案带来的教训是深刻的。因此，对于首次交易的买家，一定要注重买家资信调查；在出运量及付款方式方面应尽量采取保守的方式；签署合同阶段，尽量要求买家出具营业执照复印件、签字人授权书等材料；对于诈骗高发的区域，尽量要求正本合同，注意限额对风险的提示。

知识拓展

中国出口信用保险公司

中国出口信用保险公司，简称中国信保，是中国四家政策性金融机构之一，是中国唯一承办出口信用保险业务的政策性保险公司。2001年12月18日正式揭牌运营，服务网络覆盖全国，并在国外部分地区派驻了工作组。

中国信保的业务范围包括：中长期出口信用保险业务；海外投资保险业务；短期出口信用保险业务；国内信用保险业务；与出口信用保险相关的信用担保业务和再保险业务；应收账款管理、商账追收等出口信用保险服务及信息咨询业务；进口信用保险业务；保险资金运用业务；经批准的其他业务。中国信保还向市场推出了具有多重服务功能的"信保通"电子商务平台和中小微企业投保平台，使广大客户享受到更加快捷高效的网上服务。

2023年，中国信保承保金额超9286亿美元，支付赔款超23亿美元，服务支持客户超20万家，均创下历史新高。中国信保的经营宗旨是"通过为对外贸易和对外投资合作提供保险等服务，促进对外经济贸易发展，重点支持货物、技术和服务等出口，特别是高科技、附加值大的机电产品等资本性货物出口，促进经济增长、就业与国际收支平衡"。

 任务训练2　全面认知保证保险

任务训练目标

通过完成全面认知保证保险的任务训练，能运用保证保险的相关知识，明确保证保险的特征，学会区分确实保证保险和忠诚保证保险的不同种类以及信用保险和保证保险的异同。

知识要点

一、保证保险的概念

保证保险是指被保证人（债务人）根据权利人（债权人）的要求，请求保险人担保自己信用的保险。保证保险的保险人代被保证人向权利人提供担保，如果由于被保证人不履行合同义务或者有犯罪行为，致使权利人遭受经济损失，由保险人负责赔偿。保证保险一般由商业保险公司经营，但有些国家规定必须是政府批准的具有可靠偿付能力的专门保险公司经营。

二、保证保险的特征

保证保险具有以下特征。

第一，保证保险的当事人涉及三方。保证保险的当事人为保证人（保险人）、被保证人（义务人）、权利人（被保险人），而一般保险的当事人只有两个，即保险人与投保人（被保险人）。

第二，保证保险中的被保险人对保证人（保险人）给予权利人的补偿，有偿还的义务；而一般保险的被保险人并无任何返还责任。在保证保险中，由于保证事故的发生导致保证人对权利人的赔偿，保证人有权利向被保险人索赔，被保险人有义务返还；而在一般保险中，保险人对被保险人没有索赔权和追偿权，也不用提供担保。

第三，保证保险合同是保险人对另一方的债务偿付、违约或失误承担附属性责任的书面承诺。这种承诺是在保证保险合同所规定的履约条件已具备而被保证人不履行合同义务的条件下，保证人才履行赔偿责任。当发生保险事故且权利人遭受经济损失时，只有在被保证人不能赔偿损失时，才由保险人代为补偿。因此，从本质上来说，保证保险只是对权利人的担保。

第四，保险人必须严格审查被保证人的资信。保险人只有严格审查被保证人的财务、资信、声誉的好坏及以往履约记录等，才能代替被保证人向权利人承担法律责任。

第五，保险费实质上是一种手续费。保险公司在承保一般保险业务时，必须做好赔偿准备。一种风险能不能被保，归根到底是看承担这种风险所收取的保险费是否足以抵补这种风险发生的赔款。而保证保险是一种担保业务，它基本上建立在无赔款的基础之上，因此保证保险收取的保险费实质上是一种手续费，是利用保险公司的名义提供担保的一种报酬。

三、保证保险的险种

保证保险可以分为确实保证保险和忠诚保证保险两大类。

（一）确实保证保险

确实保证保险是被保证人因履行义务的能力或意愿的变化，导致不能履行义务而使权利人遭受损失时，由保险人负赔偿责任的保险。确实保证保险的保险标的是被保证人的违约责任，保证的是权利人的权利。确实保证保险包括合同保证保险、产品质量保证保险和住房抵押贷款保证保险。

1. 合同保证保险

合同保证保险又称为契约保证保险，是指因被保证人不履行合同义务而造成权利人经济损失时，由保险人代替被保证人进行赔偿。合同保证保险主要用于建筑工程的承包合同。它又分为履约保证保险、支付保证保险、投标保证保险和维修保证保险。

（1）履约保证保险。履约保证保险即保证人向业主（工程项目所有人）保证承包商将会按照合同要求完成工程。

（2）支付保证保险。支付保证保险即保证承包商按时支付工程建造所使用的人工、材料及有关费用。履约保证经常与支付保证并为一份保证契约。

（3）投标保证保险。投标保证保险即在建筑工程公开招标中，要求投标人提供投标保证，以保证投标人投标后会签约。如果投标人得标后不签约，招标人将会选择另一投标人，其出价一般要比原得标人高，保证人将会支付这两者的差额。投标保证的金额一般是工程合同金额的5%～20%；对没有得标的投标人会发还投标保证书。

（4）维修保证保险。维修保证保险保证承包商在完工之后的一段时期内会纠正工程中的缺陷和调换质量有问题的材料。招标文件中有时也要求投标人提供一份维修保证书。

2. 产品质量保证保险

产品质量保证保险是指因被保险人制造或销售了丧失或不能达到合同规定效能的产品给使用者造成了经济损失时，由保险人对有缺陷产品本身以及由此引起的有关损失和费用承担赔偿责任。

3. 住房抵押贷款保证保险

住房抵押贷款保证保险的投保人是购房人，被保险人是贷款银行。它保障购房人由于下列原因而连续3个月未履行偿还贷款责任：投保人无法履行"商品房抵押贷款合同"；投保人（自然人）死亡，且无人代为履行到期债务；投保人（企业法人）依法经人民法院宣告破产，且无人代为履行到期债务。但是，对由于战争，政府有关部门扣押，投保人、被保险人单方或共同的故意行为，核事故，自然灾害，房产公司未按期交房等原因导致投保人未履行"商品房抵押贷款合同"，保险人不负赔偿责任。

（二）忠诚保证保险

忠诚保证保险又称为雇员忠诚保险，它是指因雇员的不法行为，如盗窃、贪污、伪造单据和挪用款项等，而使雇主遭受经济损失时，由保险人承担赔偿责任的一种保证保险。其承保对象是雇员的品德和信用，雇主是权利人，而雇员是被保证人。雇主既可以投保所有雇员，也可以只投保指定的雇员。在保险实务中，雇员忠诚保险大多由雇主购买，由雇员购买的较少。

忠诚保证保险的保险责任主要包括：被保险人的货币和有价证券损失；被保险人拥有的财产损失；被保险人有权拥有的财产或对其负责任的财产损失；保单指定区域的可移动财产的损失。而除外责任主要包括：因雇主擅自减少雇员工资待遇或加重工作任务而导致雇员不诚实行为所带来的损失；雇主没有按照安全预防措施和尽职督促检查而造成的经济损失；雇主及其代理人和雇员勾结而造成的损失等。

忠诚保证保险按其承保方式可分为个人保证保险、姓名表保证保险、职位保证保险和总括保证保险。

1. 个人保证保险

在个人保证保险中，只对一个指名的雇员提供保证，由他提出保证申请，保证人对他进行调查后做出是否提供保证的决定。

2. 姓名表保证保险

姓名表保证保险是扩大个人保证的范围，适用于对2～4个雇员的保证，在契约中列出每个被保证人的姓名，并附上每人的保证金额。当解雇被保证人或录用新的雇员时，必须办理批改手续。

3. 职位保证保险

它是以各种职位及其人数作为被保证人的忠诚保证保险。职位保证保险不列出被保证人的姓名，而只列出各级职位及人数，每一职位都规定有保证金额。

职位保证保险又可分为两种：一是单一职位保证保险。在该保险中，同一保证合同承保某一职位的若干被保证人，不论何人担任此职位均有效。二是职位表定保证保险。它是指同一保证合同承保几个不同的职位，每一职位都有各自确定的保证金额。

4. 总括保证保险

总括保证保险是指在一个保证合同内承保雇主所有的正式员工。总括保证保险又可分为以下两种形式。

（1）普通总括保证保险。它是指对单位全体雇员不指出姓名和职位的保证保险。保费按年计算，在缴费一年内如人数增加，除企业合并外，不另加保费。只要认定损失是由雇员的不诚实行为所致，保证人均承担赔偿责任。

（2）特别总括保证保险。它是指承保各种金融机构的雇员由于不诚实行为所造成的损失。它起源于英国伦敦劳合社承保人开办的银行总括保证保险，以后逐步扩展到各种金融机构。各金融机构中的所有现金、有价证券、金银条块以及其他贵重物品，因其雇员的不诚实行为造成的损失，保险人均负赔偿责任。

> **案例分析**
>
> 2023年1月20日，某银行作为投保人、被保险人在保险公司投保了雇员忠诚保证保险，期限1年，保险费6万元，对于被保险人的雇员发生不诚实行为所造成的损失负责赔偿，并设立赔偿限额（注：每次事故赔偿限额为800万元，每次事故免赔额50万元或保险损失金额的15%，以高者为准）。
>
> 2023年8月17日，一位客户到该银行柜面办理取款业务，系统中显示该客户账户余额为"0"，客户与该银行业务员"李某"联系后，在ATM机取款成功，柜面人员发现问题后向上级领导汇报情况，并第一时间向当地公安部门报案。
>
> 法院审理查明，李某利用职务之便，在为客户办理购买理财产品和从事存储业务过程中，擅自为客户开通手机银行，偷窥客户网银登录和支付密码，并利用手机银行、网银功能将理财产品撤单、赎回，或将定期存单提前支取，或利用客户账户通过网银申请银行贷款等方式，私下将储户存款存入私人账户，客户提出取款时再从私人账户转款给客户，涉及13名客户、金额108.41万元，涉案客户多为老年人且不会网上操作。2023年11月13日，法院对李某做出刑事判决。案发后，该银行向13名客户全部赔付涉案金额。
>
> 2023年10月，因投保的雇员忠诚险出险，该银行向保险公司发出保险出险/索赔通知书，索赔金额为108.41万元。本案正是因李某利用职务之便侵占了客户的资金，即雇员出现了不忠诚行为导致银行向相关受害客户赔偿巨额款项造成银行的损失。保险公司承担了相应赔偿责任。

四、保证保险与信用保险的区别

保证保险和信用保险承保的标的都是信用风险，但二者存在着明显的区别，主要表现为以下几点。

第一，保证保险是通过出立保证书来承保的，该保证书同财产保险单有着本质区别，其内容通常很简单，只规定担保事宜。而信用保险是通过保险单来承保的，其保险单同其他财产险保险单并无大的差别，同样规定责任范围、责任免除、保险金额或责任限额、保险费、损失赔偿、被保险人的权利义务等条款。

第二，保证保险是义务人应权利人的要求投保自己的信用风险，义务人是被保证人，由保险公司出立保证书担保，保险公司实际上是保证人，保险公司为了减少风险往往要求义务人提供反担保（即由其他人或单位向保险公司保证义务人履行义务）。这样，除保险公司外，保证保险中还涉及义务人、反担保人和权利人三方。信用保险的被保险人是权利人，承保的是被保证人（义务人）的信用风险，除保险人外，保险合同中只涉及权利人和义务人两方。

第三，在保证保险中，义务人交纳保费是为了获得向权利人保证履行义务的凭证。保险人出立保证书，但履约的全部义务还是由义务人自己承担，并没有发生风险转移。保险人收取的保费是凭其信用资格而得到的一种担保费，风险仍由义务人承担，只有在义务人没有能力承担的情况下才由保险人代为履行义务。因此，经营保证保险对保险人来说，风险是相当小的。在信用保险中，被保险人交纳保费是为了把可能因义务人不履行义务而使自己受到的损失风险转嫁给保险人，保险人承担着实实在在的风险。

项目小结

① 责任保险是指以被保险人依法对第三者应承担的民事损害赔偿责任作为保险标的的保险。责任保险的产生与发展基础、承保标的、承保方式、补偿对象、赔偿范围及赔偿处理都有其特殊性。责任保险的内容包括承保范围、保险责任、除外责任、赔偿限额、免赔额和保险费率等。

② 责任保险的险种包括公众责任保险、产品责任保险、雇主责任保险和职业责任保险。公众责任保险又称普通责任保险或综合责任保险，是指以损害公众利益的民事赔偿责任为保险标的的责任保险。产品责任保险是指承保制造商、销售者或修理商因制造、销售或修理的产品有缺陷，造成他人人身伤害或财产损失，依法应承担的赔偿责任的保险。雇主责任保险是以被保险人（雇主）的雇员在受雇期间从事业务活动时因遭受意外导致伤、残、死亡或患有与职业有关的职业性疾病而依法或根据雇佣合同应由被保险人承担的经济赔偿责任为承保风险的一种责任保险。职业责任保险又称为职业赔偿保险，它是以各种专业技术人员因工作中的疏忽、过失造成他人财产损失或人身伤害依法而产生的经济赔偿责任为保险标的的保险。

③ 信用保险是权利人投保义务人的信用，对义务人不守信用给权利人造成的经济损失由保险人承担赔偿责任的保险。信用保险的保险标的具有特殊性；信用保险必须以代位追偿原则作为赔偿的基础；业务中第三者及其行为必须事先列明。信用保险的种类包括一般商业信用保险、投资保险、出口信用保险。

④ 保证保险是指被保证人根据权利人的要求，请求保险人担保自己信用的保险。保证保险的特征包括：当事人涉及三方；被保险人对保证人给予权利人的补偿，有偿还的义务；保证保险是保险人对另一方的债务偿付、违约或失误承担附属性责任的书面承诺；保险人必须严格审查被保证人的资信；保险费实质上是一种手续费。保证保险可以分为确实保证保险和忠诚保证保险两大类。

【训练目标】

通过主观题叙述和客观题分析与演练，理解责任保险、信用保证保险的含义，明确保险责任范围，能够分析日常生活中遇到的责任和信用风险，知道投保哪种保险进行风险转移。

【训练任务】

准确描述责任保险和信用保证保险的概念及特征，明确保障范围，通过自主探究、小组合作等方法完成对生活中遇到的责任和信用风险的分析，并掌握转移风险的方法。具体任务如下。

一、名词解释

责任保险　投资保险　公众责任保险　产品责任保险　雇主责任保险　赔偿限额　信用保险　职业责任保险　期内发生式　期内索赔式　保证保险　商业信用保险

二、单项选择题

1. 责任保险是一种以被保险人对第三者（　　）应承担的赔偿责任为保险标的的保险。
A. 依合同　　　　　B. 依法　　　　　　C. 依保险条款　　　D. 协商

2. 期内发生式是指保险人负责赔偿（　　）。
A. 在保单有效期间内由受害人向被保险人提出的索赔
B. 在保单有效期间内由受害人向保险人提出的索赔
C. 在保单有效期间内发生的应由被保险人负责的损失
D. 在保单有效期间内发现的应由保险人负责的损失

3. 期内索赔式是指保险人负责赔偿（　　）。
A. 在保单有效期间内由受害人向被保险人提出的索赔
B. 在保单有效期间内由受害人向保险人提出的索赔
C. 在保单有效期间内发生的应由被保险人负责的损失
D. 在保单有效期间内发现的应由保险人负责的损失

4. 某制药厂在2022年投保了产品责任保险，保险期限为一年，以"期内发生式"为基础承保。在保险期限内，一患者服用该厂2022年生产的药物，因其配制上的过失致使该患者身体受到了潜在的伤害。该患者在2023年发现并提出索赔，法院判定制药厂应承担相应的经济赔偿责任。保险人是否要承担赔偿责任？（　　）
A. 否，因为索赔是在保险期满后提出的
B. 是，因为患者的损害是在保险期内发生的
C. 是，因为导致患者损害的被保险产品是在保险期限内生产的
D. 否，因为患者的损害是在保险期满后发现的

5. 雇主责任是指雇主对其雇员在受雇期间因发生意外或职业病而造成的（　　）依法应承担的经济赔偿责任。
A. 人身伤残或死亡及财产损失　　　B. 财产损失
C. 人身伤残或死亡及收入减少　　　D. 人身伤残或死亡

6. 雇主责任保险的（　　）。
A. 投保人和被保险人都是雇主　　　B. 投保人是雇主，被保险人是雇员
C. 投保人既可以是雇主又可以是雇员　　　D. 被保险人既可以是雇主又可以是雇员

7. 下列费用中属于雇主责任保险基本责任的是（   ）。

A. 医疗费用   B. 有关诉讼费用

C. 自身伤亡的相关费用   D. 以上所有费用

8. 在雇主责任保险单下，保险人不予赔偿的是（   ）。

A. 被保险人的重大过失造成的雇员伤亡所负的经济赔偿责任

B. 被保险人对雇员患职业性疾病所致伤残的经济赔偿责任

C. 被保险人对雇员因从事其业务时遭受意外死亡的经济赔偿责任

D. 被保险人的有关诉讼费用

9. 职业责任是指专业技术人员因工作上的疏忽或过失造成当事人或其他人的（   ），依法应当由提供服务的专业技术人员承担的经济赔偿责任。

A. 人身伤害   B. 财产损失

C. 人身伤害或财产损失   D. 以上都不是

10. 职业责任保险保单通常对（   ）进行负责。

A. 追溯日期开始后发生的疏忽行为

B. 保单有效期间内提出的索赔

C. 追溯日期后提出的索赔

D. 追溯日期后发生而在保单有效期间内提出的索赔

11. 公众责任保单的基本责任不包括（   ）。

A. 被保险人因意外事故对第三者的人身伤害引起的法律赔偿责任

B. 被保险人因意外事故对第三者的财产损失引起的法律赔偿责任

C. 被保险人照管控制他人的财产的损失

D. 相关的诉讼费用

三、多项选择题

1. 责任保险的承保基础包括（   ）。

A. 期内索赔式，即以损失和索赔同时发生的时间为承保基础

B. 期内发生式，即以损失发生的时间为承保基础

C. 期内发生式，即以损失发现的时间为承保基础

D. 期内索赔式，即以索赔发生的时间为承保基础

2. 下列说法正确的是（   ）。

A. 责任保险的直接赔偿对象是受害人，间接赔偿对象是被保险人

B. 责任保险的直接赔偿对象是被保险人，间接赔偿对象是受害人

C. 被保险人和受害人都有权向保险人索赔

D. 赔款可以支付给受害人，也可以支付给被保险人

3. 责任保险的赔偿范围是（   ）。

A. 被保险人对第三者造成的人身伤害与财产损失依法应负的赔偿责任

B. 保险人对第三者的间接财产损失一般不予负责

C. 第三者人身伤害的赔偿范围不包括第三者死亡及丧葬费用

D. 因赔偿纠纷引起的诉讼、律师费用及其他事先经保险人同意支付的费用

4. 下列可以作为产品责任保险投保人的是（   ）。

A. 生产商   B. 出口商   C. 零售商   D. 修理商

5. 产品责任保险的保险责任包括（   ）。

A. 被保险人的新产品造成用户或消费者人身伤害或财产损失时依法应承担的赔偿责任

B. 被保险人为产品责任支付的诉讼、抗辩费用及其他经保险人事先同意支付的费用

C. 被保险产品本身的损失以及退还、回收有缺陷产品造成的费用及损失

D. 被保险产品造成大气、土地、水污染及其他各种污染引起的责任

6. 雇主责任保险的基本责任是（　　）。

A. 被保险人对雇用人员在受雇期间的人身伤害应负的经济赔偿责任

B. 被保险人对雇用人员在受雇期间的财产损失应负的经济赔偿责任

C. 被保险人的雇用人员对第三者人身伤害或财产损失应负的经济赔偿责任

D. 有关的诉讼费用

7. 下列险种中属于职业责任保险的有（　　）。

A. 雇主职业责任保险　　　　　　　B. 医生职业责任保险

C. 律师职业责任保险　　　　　　　D. 会计师职业责任保险

8. 下列可投保责任保险的是（　　）。

A. 产品的使用者　　　　　　　　　B. 产品的生产者

C. 提供职业技术服务的单位　　　　D. 运输工具的所有者

9. 责任保险承保的民事责任主要包括（　　）。

A. 违约责任　　　B. 侵权责任　　　C. 行政责任　　　D. 刑事责任

10. 下列属于责任保险险种的是（　　）。

A. 产品责任保险　　B. 雇主责任保险　　C. 职业责任保险　　D. 产品质量保证保险

11. 在产品责任保险单下，保险人不予负责的是（　　）。

A. 根据合同或协议应由被保险人承担的责任

B. 被保险人所有、照管或控制的财产的损失

C. 被保险产品本身的损失及退换、回收有缺陷产品造成的费用及损失

D. 不按照被保险产品说明去安装、使用时造成的损害事故

12. 职业责任保险特有的除外责任是（　　）。

A. 被保险人的故意行为所致的索赔

B. 因文件的灭失或损失引起的任何索赔

C. 因被保险人在投保或保险有效期间不如实向保险人报告应报告的情况而引起的任何责任

D. 被保险人被指控有对他人诽谤或恶意中伤行为而引起的索赔

四、思考与讨论

1. 责任保险的种类有哪些？举例说明各险种的适用范围。

2. 在办理住房按揭贷款时，银行要求借款人投保的是信用保险还是保证保险？为什么？

五、案例分析

［案例一］甲医院于2022年4月1日向乙保险公司投保医疗职业责任保险，保险期限为一年（2022年4月1日至2023年3月31日），追溯期从2020年4月1日起。保险合同约定：累计赔偿限额为420万元，每次事故赔偿限额为50万元。患者徐某于2023年4月25日因交通事故致颅骨骨折、胸腹挤压综合征并胸腔急性出血，急诊住甲医院后经抢救无效死亡，医患双方由此产生医疗赔偿纠纷。专家对医疗行为是否违反法律规范及医疗护理操作规范，是否存在医疗过失，医疗过失与死亡后果进行了因果分析与责任分析。鉴定组一致认为：被保险人的医疗行为违反了医疗法律规范及各种医疗护理操作常规，医疗行为与患者死亡后果中的责任程度达到主要责任以上，构成一级甲等医疗事故。经调解，纠纷双方达成协议：由被保

险人一次性补偿患者近亲属医疗费、丧葬费、被抚养人生活费等共计42万元。事后，甲医院向乙保险公司索赔。

问题：你认为保险公司是否应该赔偿？为什么？

［案例二］某年7月15日，5岁的豆豆随妈妈到某商场四楼儿童用品部一冷饮销售处买饮料喝，在喝完后，豆豆独自跑到位于电梯旁边的果皮箱扔饮料盒，不慎摔下了电梯。豆豆被迅速送往该市人民医院急救，但因原发性脑干损伤，豆豆抢救无效死亡。因该商场投保了顾客团体意外伤害险，在事故发生后，保险公司按合同规定赔付给豆豆的父母15万元人民币。但保险公司赔付后，豆豆父母又向商场进行索赔。该商场认为，商场投保了顾客团体意外险，目的就是维护消费者的利益，也减少自身风险，保险公司赔付保险金就是商场对顾客承担的责任。因此，不同意在保险公司赔偿之后再承担任何赔偿责任。

问题：你认为商场的观点是否正确？为什么？

项目六答案

人身保险实务

案例导入

媒体曾报道过这样两则故事：一个故事的主人公是15岁的小杰，另一个故事的主人公是24岁的小项。两年前，小杰不幸患上白血病，而小项则三年前经详细检查被确诊为"系统性红斑狼疮"。两个同样鲜活的生命，最终却因为有无保险保障的区别而变得截然不同。小杰虽然只要坚持长期治疗，完全可以继续自己的人生之路，但这个拮据的家庭已经负债20多万元，几乎再也拿不出一分钱来延续这种希望。而小项由于得到了姐姐送给她的一份特殊的24岁生日礼物——保险金额为10万元的"重大疾病终身保险"，从而不仅得到了充分和良好的治疗，还免除了以后各期保险费，并且保险合同继续有效。

不单单是人身风险，还有财产风险和责任风险，都可以通过保险进行有效转移。说到底，保险就是一种多数人互助，以分散风险、消减损失为目的的制度。如果你一个月存1000元当作紧急存款，那一年只能存12000元。当你发生意外或罹患疾病，那你一年就只有12000元、两年才24000元的紧急存款可用。但是如果有100人，每人每月存1000元，那么一年就有120万元，再用120万元去补偿这100个人中遭遇不幸者的损失，比自己一年的12000元的保障可高多了。

我们每个人、每个家庭和每个企业都要面对各种各样的风险，比如自然灾害、意外事故和赔偿责任，但有什么能让我们从容面对这些棘手的问题呢？有人认为投保不急，等以后有钱再说。可是，我们却没有人能够叫疾病、意外等天灾人祸稍候，等一切都准备好了再来光顾我们。等到风险发生时，才懊悔没有及时给自己投保，但悔之已晚。

任务一 认识人身保险

任务训练 区分人身保险的特点和种类

 任务训练目标

通过区分人身保险特点和种类的任务训练，能运用人身保险的特点和种类相关知识，分析每个家庭成员面临哪些人身风险，根据每个人面临的风险，进行人身保险策划。

知识要点

一、人身保险的概念和特点

（一）人身保险的概念

人身保险是以人的寿命和身体为保险标的的一种保险。人身保险的投保人按照保险合同约定向保险人交纳保险费，当被保险人在合同期限内发生死亡、伤残、疾病等保险事故或达到人身保险合同约定的年龄、期限时，由保险人依照合同约定承担给付保险金责任。

（二）人身保险的特点

人身保险是保险的两大类业务之一，因而具有保险的一般特征。同时，由于人身保险的保险标的的特殊性，人身保险与财产保险相比又有一些自身的特点。

1. 保险标的的特殊性

人身保险的保险标的是人的寿命和身体。就保险价值而言，人身保险的保险标的没有客观的价值标准，因为无论是人的生命还是身体，都很难用货币衡量其价值，人的生命是无价的。在保险实务中，人身保险的保险金额是由投保人和保险人双方约定后确定的。

2. 人身风险的特殊性

在人身保险中，风险事故是与人的寿命和身体有关的"生、老、病、死、残"。相对于财产保险中各种自然灾害和意外事故而言，这些风险事故发生的概率较为稳定。尤其是以生命风险作为保险事故的人寿保险，其主要风险因素是死亡率。死亡率受很多因素影响，如年龄、性别和职业等。就年龄因素来说，尽管随着被保险人年龄的增长，死亡事故发生的概率会增加，但同时死亡率也随着经济的发展、医疗卫生水平和生活水平的提高而不断降低，因此可以说死亡率是变动的。然而，根据许多专业机构对死亡率的经验研究，死亡率因素较其他非寿险风险发生的概率的波动相对稳定，所以在寿险经营中面临巨灾风险较少，寿险经营稳定性较强，因此在寿险经营中对于再保险手段的运用是相对较少的。

3. 保险利益的特殊性

首先，就保险利益的产生而言，人身保险的保险利益产生于人与人，即投保人与被保险人、受益人之间的关系。其次，就保险利益的量的限定而言，在人身保险中，投保人对被保险人所拥有的保险利益不能用货币来衡量，因而人身保险的保险利益也就没有量的规定性，即保险利益一般是无限的。在投保时只考虑投保人对被保险人有无保险利益即可。然而，在某些特殊的情况下，人寿保险的保险利益有量的规定性。例如经债务人同意，债权人以债务人为被保险人投保死亡保险时，保险利益以债权金额为限。最后，就保险利益时效而言，在人身保险中保险利益只是订立保险合同的前提条件，并不是维持保险合同效力、保险人给付保险金的条件。只要投保人在投保时对被保险人具有保险利益，此后即使投保人与被保险人的关系发生了变化，投保人对被保险人已丧失保险利益，也不影响保险合同的效力，若发生保险事故，保险人仍然给付保险金。

4. 保险金额确定的特殊性

由于人的生命是无价的，因此人身保险的保险金额的确定就无法以人的生命价值作为客观依据。在保险实务中，人身保险的保险金额是由投保人和保险人双方约定后确定的。此约定的保险金额既不能过高，也不宜过低，一般从两个方面来考虑：一是被保险人对人身保险需要的程度；二是投保人交纳保费的能力。

5. 保险合同性质的特殊性

人身保险合同是定额给付性合同。当人身保险的被保险人发生保险合同约定范围内的保险事故时，保险人只能按照保险合同规定的保险金额给付保险金，不能有所增减。因此，大多数人身保险不适用补偿原则，也不存在比例分摊和代位追偿的问题。同时，在人身保险中，一般也没有重复投保、超额投保和不足额投保的问题。

知识拓展

《保险法》第四十六条规定："被保险人因第三者的行为而发生死亡、伤残或者疾病等保险事故的，保险人向被保险人或者受益人给付保险金后，不享有向第三者追偿的权利，但被保险人或者受益人仍有权向第三者请求赔偿。"

6. 保险期限的特殊性

大多数人身保险合同，如人寿保险合同的有效期限都是长期性的，它可以是几年或几十年甚至终身。保险期限的长期性使得人身保险的经营极易受到外界因素，如利率、通货膨胀及保险公司对未来预测的偏差等因素的影响。

7. 保险合同的储蓄性

人身保险在为被保险人提供风险保障的同时，兼有储蓄性的特点。由于人身保险费率采用的不是自然费率（即反映被保险人当年死亡率的费率），而是多采用均衡保费制度（即每年收取等额的保费），投保人早年交纳的保费高于自然保费，对于多余的部分，保险公司按预定利率进行积累，这可以视为投保人存放于保险人处的储金。因此，人身保险合同具有储蓄性。自然保费和均衡保费的关系如图7-1所示。

二、人身保险的分类

随着经济的发展和人们需求的不断变化，人身保险的种类也日益丰富，提供的风险保障涵盖了人们生活的诸多方面。目前，国际上对保险的分类没有一个固定的原则和严格的标准，各国根据不同需要，采取不同的方法。人身保险中常见的分类有以下几种。

（一）按照保险保障的范围划分

1. 人寿保险

人寿保险简称寿险，是一种以被保险人的生命为保险标的，以人的生存或死亡为保险事故，由保险人根据契约规定给付保险金的一种保险。人寿保险所承保的保险事故可以是生存，可以是死亡，也可以同时承保生死。所以人寿保险又分为死亡保险、生存保险和生死两全保险。

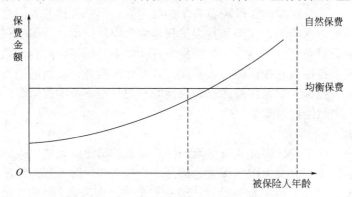

图7-1　自然保费与均衡保费示意图

2. 人身意外伤害保险

人身意外伤害保险简称意外伤害保险。它是指在保险合同有效期内，被保险人由于外来的、突发的、非本意的、非疾病的客观意外事故造成身体的伤害，并以此为直接原因致使被保险人死亡或残疾时，由保险人按合同规定向被保险人或受益人给付死亡保险金、残疾保险金或医疗保险金的一种保险。

3. 健康保险

健康保险指以人的身体为保险标的，对被保险人因遭受疾病而支出的医疗费及因疾病导致收入损失给予补偿的保险。

（二）按人身保险的投保方式划分

1. 自愿保险

自愿保险是指保险双方在公平自愿的基础上，通过签订保险合同确定双方的权利义务关系。人身保险中的绝大部分保险都属于自愿保险。

2. 强制保险

强制保险是指根据国家法律法规的规定，无论投保人和被保险人是否有购买该保险的意愿，都必须购买的一种保险。

（三）按人身保险的投保人数划分

1. 个人人身保险

个人人身保险指被保险人只有一个人的人身保险，也称为单人保险。在承保个人人身保险的时候，保险人要对被保险人的健康状况进行比较严格的审查，必要的时候要对被保险人进行体检。个人人身保险是寿险公司在日常经营中最常见的保险产品。

2. 联合保险

联合保险指将两个或两个以上的人作为一个被保险人进行承保，这些人之间通常存在某种利害关系，如夫妻、兄弟姐妹等。

3. 团体人身保险

团体人身保险指以一份总括合同对机关、团体、企事业单位的所有或者其中的大多数成员（一般要求至少为总人数的75%）实施保险保障的一种人身保险。保险人在承保团体保险时，只考虑团体的总体危险程度。

（四）按照保险期限划分

1. 短期保险

短期保险指保险期限不足一年的人身保险业务。一般是那些只保一次航程、一次旅游、旅客或公共场所游客的意外伤害保险。

2. 一年期保险

一年期保险指保险期限为一年的人身保险业务。以意外伤害保险和健康保险居多。

3. 长期保险

长期保险指保险期限超过一年的人身保险业务，以人寿保险居多。

（五）按照保单能否参与分红划分

1. 分红保险

分红保险是指保险公司在每个会计年度结束后，将上一会计年度该类分红保险的可分配盈余，按一定的比例、以现金红利或增值红利的方式，分配给客户的一种人寿保险。分红保险是世界各国寿险公司规避利率风险、保证自身稳健经营的有效手段。相对于传统保障型的寿险保单，分红保险向保单持有人提供的是非保障的保险利益，红利的分配还会影响保险公司的负债水平、投资策略以及偿付能力。

2. 不分红保险

不分红保险指投保人只享受保险保障，不参加保险公司红利分配的一种保险。在此类保险中，保单持有人所获得的保险利益按照保单中的规定来处理，与保险人投资的效益无关。

（六）按照风险程度划分

1. 标准体保险

标准体保险指其所承保的被保险人的风险程度与正常的保险费率相适应的人身保险。标准体又称健体或强体，是指身体、职业、道德等方面没有明显的缺陷，可以用正常费率来承保的被保险人。

2. 弱体保险

弱体保险又称次健体保险，是指被保险人的风险程度高于标准体，不能用正常费率来承保的人身保险。通常以高于正常费率收取保费或降低保险金额。

任务二　熟悉人寿保险

 任务训练1　人寿保险的概念和分类

 ### 任务训练目标

通过完成人寿保险的概念和分类的任务训练，能运用人寿保险的相关知识，根据每个人的不同风险状况和家庭财务状况，选择最恰当的人寿保险险种。

人寿保险的概念和分类

知识要点

一、人寿保险的概念

人寿保险是以被保险人的寿命为保险标的，以死亡或生存为给付保险金条件的人身保险。人寿保险是人身保险的主要组成部分，其基本内容是：投保人向保险人交纳一定数量的保险费，当被保险人在保险期限内死亡或生存到保险合同约定的年龄、期限时，保险人按照合同约定向受益人或被保险人给付死亡保险金或满期生存保险金。人寿保险是人身保险中最基本、最主要的种类。

人寿保险是人身保险中产生最早的险种。在一段较长的时期内，人们一直认为死亡是人类面临的最大的人身风险。因此，早期的人寿保险专指死亡保险。随着社会经济的发展，人们不仅希望生存，而且也希望长寿，由于维持生存和长寿需要支付相当的生活费用，所以，实际上生存和长寿也是一种风险。为此，又出现了生存保险以及将死亡保险和生存保险相结合的两全保险。

人寿保险的产品种类随着人们对寿险产品需求的增加和当今金融产品以及现实条件的成熟而增加。其中，传统的寿险产品主要有死亡保险、生存保险以及生死两全保险。创新型寿险产品主要有变额寿险、万能寿险以及变额万能寿险。

二、人寿保险的种类

（一）普通型人寿保险

1. 死亡保险

死亡保险是以被保险人的死亡为给付保险金条件的人寿保险。按照保险期限的不同，分为定期死亡保险和终身死亡保险。

（1）定期死亡保险。定期死亡保险也称为定期寿险，是以被保险人在保险合同规定的一定期限内发生死亡为给付保险金条件的一种人寿保险。也就是说，如果被保险人在规定的期限内死亡，保险人向受益人给付保险金；如果被保险人在期满仍然生存，保险人不需给付保险金，也不退还保费。对于被保险人而言，定期寿险最大的优点是可以用极为低廉的保险费获得一定期限内较大的保险保障。其不足之处在于若被保险人在保险期限届满仍然生存，则不能得到保险金的给付，而且已交纳的保险费不再退还。

（2）终身死亡保险。终身死亡保险又称为终身寿险，是指从保险合同生效之日起，被保险人在任何时间内死亡，保险人都向受益人给付保险金。终身寿险是一种不定期的死亡保险，即保险合同中并不规定期限，自合同生效之日起，至被保险人死亡为止。终身寿险的最大优点是被保险人可以得到永久保障。如果投保人中途退保，可以得到一定数额的现金（或称"退保金"）。终身寿险按照交费方式，可分为普通终身寿险、限期交费终身寿险和趸交终身寿险。

① 普通终身寿险。普通终身寿险是指终身分期交付保险费的终身寿险。

② 限期交费终身寿险。限期交费终身寿险是指保险费在规定期限内分期交付，期满后不再交付保险费，但仍享有保险保障的终身寿险。限期交费终身寿险的交纳期限可以是一定年限，也可以规定交费到某一特定年龄。

③ 趸交终身寿险。趸交终身寿险是指在投保时一次全部交清保险费的终身寿险。

2. 生存保险

生存保险是以被保险人在保险期满或达到某年龄时仍然生存为给付保险金条件的一种人寿保险。如果被保险人在约定的期限或达到约定的年龄前死亡，保险人不承担给付保险金的责任，也不退还保险费。生存保险保障的目的主要是为年老的人提供养老保障，或者为子女提供教育基金等。年金保险是生存保险最主要的险种。

3. 两全保险

两全保险又称生死合险，是将定期死亡保险和生存保险结合起来的保险形式。也就是指被保险人在保险合同规定的年限内死亡，或合同规定期限届满时仍生存，保险人按照合同均承担给付保险金责任的保险。两全保险的储蓄性极强，其纯保费由危险保费和储蓄保费组成。危险保费用于保险期限内死亡给付；储蓄保费则逐年积累形成责任准备金，它既可用于中途退保时支付退保金，也可用于生存给付。由于两全保险既有死亡保障，又有生存保障，因此两全保险不仅使受益人得到保障，同时也使被保险人本身享受其利益。

（二）年金保险

年金保险是指在被保险人生存期间，保险人按照合同规定，每隔一定的周期支付一定的保险金给被保险人的一种生存保险。年金保险大多用于养老，所以又称为养老年金保险。按照不同的标准，年金保险可划分为不同的种类。

1. 按照交付保费的方式分类

按照交付保费的方式，可分为趸交年金和期交年金。

（1）趸交年金。趸交年金是指保费由投保人在投保时一次全部缴清，按期由年金受领人领取年金。

（2）期交年金。期交年金是指保费是由投保人采取分期交付的方式，如在一个规定时期内按年缴费，也可以按半年、季、月缴费，然后于约定给付开始日起按期由年金受领人领取年金。

2. 按照被保险人人数分类

按照被保险人人数，可分为个人年金、联合年金、最后生存者年金和联合及生存者年金。

（1）个人年金。个人年金是指以一个被保险人的生存作为年金给付条件的年金保险。

（2）联合年金。联合年金是指以两个或两个以上的被保险人的生存作为年金给付条件的年金保险。这种年金的给付持续到最先发生的死亡时为止。

（3）最后生存者年金。最后生存者年金是指以两个或两个以上被保险人中至少尚有一个人生存作为年金给付条件，且给付金额不发生变化的年金保险。这种年金的给付持续到最后一个生存者死亡为止。

（4）联合及生存者年金。联合及生存者年金是指以两个或两个以上被保险人中至少有一个人生存作为年金给付条件，但给付金额随着被保险人人数的减少而进行调整的年金保险。这种年金的给付持续到最后一个生存者死亡为止，但给付金额根据仍生存的被保险人人数进行相应的调整。

3. 按给付金额是否变动分类

按给付金额是否变动，可分为定额年金和变额年金。

（1）定额年金。定额年金是指每次按固定数额给付年金的年金保险。这种年金的给付额是固定的，不随投资收益水平的变动而变动。

（2）变额年金。变额年金是指年金给付额按资金账户的投资收益水平进行调整的年金保险。这种年金是针对定额年金在通货膨胀下保障水平降低的缺点而设计的。

4. 按照给付开始日期分类

按照给付开始日期，可分为即期年金和延期年金。

（1）即期年金。即期年金是指保险合同成立后，保险人即按期给付年金的年金保险。

（2）延期年金。延期年金是指保险合同成立后，经过一定时期或被保险人达到一定年龄后保险人才开始给付年金的年金保险。

5. 按照给付方式分类

按照给付方式，可分为终身年金、最低保证年金和定期生存年金。

（1）终身年金。终身年金是指年金受领人在一生中可以一直领取约定的年金，直到死亡为止的年金保险。

（2）最低保证年金。最低保证年金是指为了防止年金受领人过早死亡，丧失领取年金权利而产生的一种年金保险。最低保证年金又分为确定给付年金和退还年金。确定给付年金规定了一个领取年金的最低保证确定年数，在规定期间内，无论被保险人生存与否均可得到年金给付。退还年金是指当年金受领人死亡而其年金领取总额低于年金购买价格时，保险人以现金方式一次或分期退还其差额的年金保险。

（3）定期生存年金。定期生存年金是一种以被保险人在规定期间内生存为给付条件的年金保险。这种年金的给付以一定的年数为限，若被保险人一直生存，则年金给付到期满；若被保险人在规定的期限内死亡，则年金给付立即停止。

在我国，年金保险也可称为养老保险。《保险公司养老保险业务管理办法》将年金保险分为个人年金保险、团体年金保险和企业年金保险。

（三）简易人寿保险

简易人寿保险习惯上称为简身险，它是一种低保额、免验体、适合一般低工资收入者的人寿保险。简易人寿保险的交费期较短，通常为月、半月、周。凡参加简易人寿保险的人，保险金额都有一定的限制，且无须经过身体检查。

为了防止逆选择，简易人寿保险大多采用等待期或消减给付制度，即被保险人加入保险后必须经过一定时期，保险单才能生效；若被保险人在此期间死亡，保险人不负给付保险金责任或减少给付金额。简易人寿保险的保险费率略高于普通人寿保险的保险费率，其主要原因为：免体检造成死亡率偏高；业务琐碎使附加管理费增加；失效率较高，使保险成本提高。

（四）团体人寿保险

1. 团体人寿保险的定义

团体人寿保险是使用一张总的保险单对一个团体的成员及其生活依赖者提供人寿保险保障的保险。在团体人寿保险中，投保人是团体组织，被保险人是团体中的在职人员。一般来讲，团体组织作为投保人，组织在职人员集体投保。团体应为社会团体、企事业单位等独立核算的单位组织。在职人员是指在投保单位领取工资的正常工作人员，已退休、退职的人员不应参加团体保险；临时工、合同工虽然不是投保单位的正式职工，若单位要求投保，保险人也可以接受。

2. 团体人寿保险的特征

（1）风险选择的对象是团体，而不是个人。在保险实务中，投保团体人寿保险一般不需要体检或提供其他可保证明。这并不是说团体人寿保险承保可以不进行任何风险选择和控制，只是其方法与个人投保的风险选择与控制方法不同。

为了保证团体人寿保险的承保质量以及保险公司的财务稳定性，团体人寿保险对风险选择与控制采用的主要手段包括以下几点。①投保团体必须是依法成立的组织，有其特定的业务活动，独立核算。投保团体险只是该组织的附带活动，投保团体中参加保险的人数必须达到规定的标准。②投保团体的被保险人员必须是能够参加正常工作的在职人员，退休人员、长期因病全休及半休人员不能成为团体保险的被保险人。③对投保人数的限制。团体人寿保险对团体投保人数的规定有两个方面的要求。一是对投保团体人数绝对数的要求。一般来说，投保团体人寿保险的团体人数不得少于保险监管机构规定的最低人数。二是对投保团体人寿保险参保比例的要求。如参保比例至少为全体职工的75%。④保险金额的限制。一般来说，团体人寿保险对每个被保险人的保险金额按照统一的规定确定，其具体做法有两种：一是整个团体的所有被保险人的保险金额相同；二是按照被保险人的工资水平、职位、服务年限等标准，分别制定每类被保险人的保险金额。这种做法是依据统一的标准制定每个人的保险金额，雇主或雇员均无权自己增减保险金额，消除逆选择的风险。

（2）使用团体保险单。团体人寿保险用一张总的保险单为成百上千甚至更多的人提供保险保障。在这份保险单中详细规定了保险条款的内容。投保团体为保单的持有人，而每个被保险人则仅持有一张保险证。保险证上并不包括全部保险条款，仅包括被保险人姓名、受益人姓名、保险费、保险金额等内容。

（3）保险费率较低。团体险的费率在各类人寿保险中是偏低的。一是由于手续简化，节省了大量的费用，如管理费、体检费等；二是由于团体险中被保险人的平均年龄可以经常保持稳定，从而使死亡率保持稳定。

（4）保险计划灵活。与普通个人保险的保单相比，团体人寿保险单并非必须事先印好且一字不可更改的。较大规模的团体投保，投保单位可以就保单条款的设计和保险条款内容与保险公司进行协商。

（5）采用经验费率的方法。在普通人寿保险中，由于不同年龄、性别的被保险人的死亡率不同，所以保险费率的制定是以死亡率表为依据的。团体人寿保险的投保人是一个团体，同个人投保一样，每个投保团体的风险程度也是不同的。因此，团体人寿保险也应按风险程度的不同，分别制定费率。

团体保险费率的制定，主要考虑投保团体的业务性质、职业特点、以往的理赔记录等，其中理赔记录是决定费率的主要因素。在团体人寿保险中，一般参考上年度团体的理赔记录（或经验）决定下年度的保险费率，这就是所谓的经验费率的方法。这是一种非确定性的计算保险费的方法，每隔一定时期，由保险双方参考实际的理赔情况，对费率加以修订，以使之更好地与实际情况相一致。

（五）创新型人寿保险

创新型人寿保险是指包含保险保障功能并且在投资账户中拥有一定资产价值的人身保险。这种保险不仅具有保险功能，同时又具有投资功能。通常，创新型人寿保险险种将保费分成两个部分：一部分用于保险保障；另一部分转入专门的投资账户用于投资，其收益全部归客户所有。其产品主要有变额人寿保险、万能人寿保险等。

1. 变额人寿保险

变额人寿保险是指在保险期内保险金额随其保费分离账户中资金投资收益的变化而变化的一种终身寿险。

变额寿险大多是终身寿险。投保的根本目的是希望受益人得到较大的死亡保险金数额，但最终结果如何取决于投资业绩。如果投资收益率高，现金价值和死亡保障都会增加；如果投资收益率低，只能保证最低死亡给付金额。也就是该保单的死亡给付包括两个部分：第一部分是保单约定的最低死亡给付额，这一部分是固定的；第二部分是可变的死亡给付部分，即随投资收益变化的部分。投资收益超过保单预定利率的部分用来购买一份额外的保险。这份保险通常按纯费率购买，购买时间可以按天、按周、按月、按年进行。如果投资收益低于保单预定的利率，则会相应减少过去已增加了的保额，直至保额的最低限度。保单持有人承担了几乎全部的投资风险，但死亡率和费用率的变动风险仍由保险人承担。

变额寿险还提供许多传统的保单选择权，如家庭定期保障、意外死亡保障、保费豁免保障。

2. 万能人寿保险

万能人寿保险简称万能寿险，它是一种保费和保险金额都变动的寿险产品。这类产品兼有保障和投资功能。万能寿险在美国出现于1979年，是为了满足那些要求保费支出较低而且方式灵活的人寿保险消费者的需求而设计的。万能寿险的保费交纳方式灵活，保险金额可以根据规定进行调整。保单持有人在交纳一定量的首期保费之后，可以选择在任何时候交纳任何数量的保费，只要保证保单的现金价值足以支付保单的相关费用，有时甚至可以不再缴费。而且，保单持有人可以在具备可保性前提下提高保险金额，也可以根据自己的需要降低保险金额。

万能寿险的经营具有一定的透明度。保单持有人可以了解该保单的内部经营情况，也可以了解有关保单的相关因素，如保费、死亡给付、利息率、死亡率、费用率、现金价值之间相互作用的各种预期结果的说明。保单持有人每年都可以得到一份年报，了解保险基金的支配情况。万能寿险具有透明度的一个重要原因是万能寿险保单的现金价值与纯保险金额是分别计算的。保单现金价值随保费交纳情况、费用估计、死亡率及利息率的变化而变化，纯保险金额与现金价值之和就是全部的死亡给付额。

（六）我国创新型人寿保险的主要险种

1. 分红保险

分红保险是保险人将每期盈利的一部分以红利形式分配给被保险人的保险。这种保单在设计时已规定固定数额的预定利率，同时保险人还承诺将保险公司每期盈余的一部分以红利的形式支付给被保险人，使得被保险人不仅得到了保险保障，而且可以分享保险公司的经营成果。

（1）分红保险的红利来源。一般来说，分红保险的红利来源主要包括三个方面，即死差益、利差益和费差益。死差益是指因人寿保险实际死亡率低于预定死亡率的保险营业年度内，收入的风险保费总额大于当年实际给付的风险保险金额的结余部分。利差益是指因保险资金的投资收益率大于预定收益率所形成的额外收益。费差益是指因附加保费超过实际经营管理费用与异常风险损失保险金给付金额之和所形成的结余部分。

（2）分红保险红利领取方式。保单的所有人领取红利的方式多种多样，可以领取现金、累积生息、抵交保险费和缴清增值保险。

2. 投资连结保险

投资连结保险是指保险金额可以变动的寿险，也称变额人寿保险。寿险公司为被保险人设立单独账户，将资金进行投资，保险金额随投资收益而变化。在投资连结保险中保险人对投资收益率不作任何保证，把所有投资风险都转嫁给保险单所有人，保险人只承担死亡率和费用变动风险。投资连结保险是一种保障与投资相结合的长期性寿险险种，其保险金额由基本保险金额和额外保险金额两部分组成。基本保险金额是被保险人无论何时都能得到的最低保障金额，额外保险金额部分则另设立账户，由投保人选择投资方向委托保险人进行投资，根据资金运用实际情况进行调节。

传统寿险都有一个固定的预定利率，保险合同一旦生效，无论市场利率如何变化、保险人经营状况如何，保险人都将按签约时的保险金额给客户支付保险金。而投资连结保险则不存在固定利率，保险人将客户交付的保险费分成保障和投资两部分。其中的投资资金，通过专业投资人的投资运作获取较高的投资回报使客户受益，但是投资部分的回报率是不固定的。如果保险人投资收益比较好，那么客户的资金将获得较高回报。反之，如果保险人投资收益不理想，客户将承担所有的风险。

投资连结保险与传统的普通寿险相比具有以下的特征。

（1）功能的双重性。投资连结保险是一种具备保险保障功能与投资功能高度统一特点的金融产品。投保人在购买保险保障的同时，可以获得其保险基金的投资选择权，享受期望的投资回报。

（2）"一费，二户"。"一费"即指保险费，"二户"即指普通账户和独立账户。因为投资连结保险在产品的设计上分成普通账户和独立账户，客户交纳的保费按照一定的规则分配，分别进入两个账户。在普通账户内的资金按传统寿险运作，用于保证对客户的最低保险责任。独立账户下设有若干投资组合，每个投资组合都分若干等价值的基金单位，客户有权决定保费在投资组合之间的分配比例，并可中途转换。

（3）投资风险由投保人承担。该险种不仅将投资选择权交给了客户，同时也将投资风险转移给客户。因为，进入独立账户的保费全部注入客户选定的投资组合，用于现金价值积累，其投资损益直接导致现金价值的增减，最终决定对客户的给付金额。

（4）产品的高度透明性。投资连结保险的投保人可以看清楚每笔交纳的保险费在投资账户、死亡成本及其他一些管理费用上的具体分配情况，也可以看清保费、风险保额、保单账户价值等要素的运作过程。透明性有利于减少保险公司与消费者之间的信息不对称，从而有助于提升消费者对产品的信心。

3. 万能保险

万能保险是一种缴费灵活、保额可调整、非约束性的寿险。保单持有人在交纳一定量的首期保费后，也可以按自己的意愿选择任何时候交纳任何数量的保费，只要保单的现金价值足以支付保单的相关费用，有时甚至可以不再缴费。而且保单持有人可以在具备可保性前提下提高保额，也可以根据自己的需要降低保额。

万能保险具有以下特征。

（1）缴费方式灵活。只要符合保单规定，投保人可以在保险公司规定的范围内，选择在任何时间不定额交纳保险费。保险公司一般仅设立首期保险费最高限额、最低水平和续期保险费的最高限额。投保人支付了首期保险费后，只要保单现金价值能够支付其应负担的成本与保障费用，投保人可自行调整续期保险费缴费的时间与数额。

（2）保额可调整。投保人不仅可以自行确定初期保额，而且每年可以提高或降低保额。为了防止逆向选择，投保人在提高保额时通常要提供可保证明，若投保人降低保额则不需要。

（3）保单运作透明。万能保险经营的透明度较高，保险人定期向保单持有人公开组成账户价格的各种因素。保单持有人可以了解到该保单的内部经营情况，包括保险费、保额、利息、保险成本、各项费用，以及保单现金价值数额与变动状况，便于保单持有人进行不同产品的比较，并监督保险人经营状况。

（4）设立独立账户，有最低保证利率。万能保险设立独立的投资账户，并且为个人投资账户的价值设定最低保证利率。当个人账户的实际资产投资回报率高于保证利率时，保险公司与投保人分享高于保证利率部分的收益；当个人账户的实际资产投资回报率低于最低保证利率时，应按最低保证利率结算计息。

（5）两种死亡给付方式。万能保险主要提供两种死亡给付方式，投保人可以任选其一：第一种是均衡给付方式，死亡给付方式不变，净风险保额进行每期调整，以使净风险保额与个人账户上的现金价值之和成为均衡的死亡给付额；第二种方式是递增式给付，该方式规定死亡给付额为均衡的净风险保额与现金价值之和。

 知识拓展

分红保险与投资连结保险的区别

（1）保单收益来源不同。分红保险的收益主要来源于三个方面：一是费差益，即公司实际的费用率低于预计的费用率；二是死差益，即因公司实际承保的风险低于预计的风险；三是利差益，即保险公司的实际投资收益率高于保单的预定利率产生的投资利润。国际经验表明，虽然分红保险的红利来源于"三差"，但实际上死差益和费差益占的比例非常小。投资连结保险的收益主要来源于投资账户的收益。投资账户中的资金由保险公司的投资专家进行投资管理，投资所获得的收益将全部摊到投资账户内，归客户所有。

（2）收益的分配不同。出售分红保险的保险公司每年派发给保单客户红利的多少，取决于该保险公司上一会计年度该险种的实际经营成果。一般保险公司将当年度可分配盈余的70%分配给客户，自己留30%。投资连结保险投资账户的投资回报，保险公司除每月按一定比例提取投资运作资金的一部分作为管理费外，剩余的投资利润全部分配给客户。

（3）公司收取的费用不同。分红保险在保险期间，保险公司不会再另外收取费用，而出售投资连结保险的保险公司会每月按一定比例收取投资账户管理费、保单管理费等费用。

（4）退保给付不同。分红保险的客户退保时，能得到保单现金价值和过去应该领取而未领取的累计红利的总和。购买了投资连结保险的客户要退保，保险公司将按照收到退保申请后的下一个资产评估日的投资账户价值，计算保单价值，将其支付给客户。

（5）身故给付不同。如果出险，购买了分红保险的客户除了得到投保保额的保障外，还要加上未领取的红利。而购买了投资连结保险的客户出险后，保险公司将在该客户自己的投资账户价值和保险金额价值两者之间进行比较，并把其中比较高的一个价值支付给客户。

（6）透明度不同。按照国家保险监管部门的规定，分红保险的资金是单独运作的。经营分红保险的保险公司会每年以书面形式告知保单持有人该保单的分红业绩报告，客户也可以随时到保险公司查询保单信息、了解红利的变动情况。投资连结保险的保费分为投资和保障两部分。按照国家保险监管部门的要求，在投资部分资金运作的过程中，各项费用的收取比例要分项列明，保费的结构、用途、价格均需要一一列出。保险公司每月要至少向客户公布一次投资单位价格。客户每年也会收到年度报告，详细说明保单的各个项目、分立账户的投资收益、现金价值以及账户的财务状况、投资组合等情况。

任务训练2　人寿保险合同的常用条款

人寿保险的
常用条款

任务训练目标

通过完成人寿保险合同常用条款的任务训练，运用人寿保险合同常用条款知识，做好人寿保险理赔工作。

知识要点

一、寿险基本条款

（一）不可抗辩条款

不可抗辩条款又称不可争议条款，是指自人身保险合同订立时起，超过法定时限（通常规定2年）后，保险人将不得以投保人在投保时违反如实告知义务（如隐瞒、误告、遗漏或不实说明）为理由，主张保险合同无效或拒绝给付保险金。一旦两年期限届满后，保险人就不能以此理由解除保险合同或拒绝给付保险金。合同订立的头两年为可抗辩期。

人身保险合同是最大诚信合同，对于被保险人的年龄、健康状况、职业等足以影响保险人决定是否同意承保的因素，投保人或被保险人应履行如实告知义务，不得有任何隐瞒或欺骗。如果在投保时投保人故意隐匿或过失遗漏而作不实申报，足以影响保险人对于风险的估计，保险人有权解除保险合同。但由于涉及此条款的合同为长期性合同，如果不对保险人的这一权利加以时间限制，保险人就可能滥用这一权利，而使被保险人的利益无法得到保障。同时，经过较长时间后要查明投保人投保时是否履行如实告知义务非常困难，这样往往容易引起纠纷，而且引起纠纷后也很难处理。因此，法律规定一个期间，要求保险人在此期间内进行审查，并有权解除合同，一旦超过该期限，保险人不得再主张合同解除或不承担给付保险金责任，从而保护被保险人和受益人的利益以及便于解决纠纷。

（二）年龄误告条款

年龄误告条款主要是针对投保人申报的被保险人年龄不真实问题而作出规范的条款，主要内容包括以下几点。

（1）真实年龄不符合合同约定的年龄限制的年龄误告规范。我国《保险法》第三十二条第一款规定："投保人申报的被保险人年龄不真实，并且其真实年龄不符合合同约定的年龄限制的，保险人可以解除合同，并按照合同约定退还保险单的现金价值。"

（2）真实年龄符合合同约定的年龄限制的年龄误告规范。如果被保险人的真实年龄符合合同约定的年龄，法律与保险合同一般均要求保险人按被保险人真实年龄对保险费或保险金进行调整。我国《保险法》第三十二条第二款和第三款规定："投保人申报的被保险人年龄不真实，致使投保人支付的保险费少于应付保险费的，保险人有权更正并要求投保人补交保险费，或者在给付保险金时按照实付保险费与应付保险费的比例支付。投保人申报的被保险人年龄不真实，致使投保人支付的保险费多于应付保险费的，保险人应当将多收的保险费退还投保人。"

（三）宽限期条款

所谓宽限期，是指在人身保险合同中分期支付保险费的情形下，投保人在支付了首期保险费后，对到期没有交纳续期保险费的投保人给予一定时间的优惠，让其在宽限期内补交续期保险费。在宽限期内，保险合同继续有效，如果在此期限内发生保险事故，保险人仍要负给付保险金责任。如果超过宽限期，投保人仍未交付保险费，保险合同自宽限期满翌日效力中止。宽限期条款不仅使投保人在宽限期得到保障，还有利于保险人自身业务的巩固。

长期性寿险合同大都是分期交纳保险费，因而一般在合同内订明第二次以及以后各期的应交保险费的数额与每次交款的间隔周期。由于保险费用在相当长的时期内不断地交纳，就有可能因各种原因不能如期交纳而影响保险合同的效力。为了避免各期保险费因迟延交付而致保险效力中止，规定一定期限的宽限期是很有必要的。

知识拓展

我国《保险法》第三十六条规定："合同约定分期支付保险费，投保人支付首期保险费后，除合同另有约定外，投保人自保险人催告之日起超过三十日未支付当期保险费，或者超过约定的期限六十日未支付当期保险费的，合同效力中止，或者由保险人按照合同约定的条件减少保险金额。被保险人在前款规定期限内发生保险事故的，保险人应当按照合同约定给付保险金，但可以扣减欠交的保险费。"

（四）中止、复效条款

保险合同效力中止是指保险合同在有效期内，由于缺乏某些必要条件而使合同暂时失去效力，称为合同中止；一旦在法定或约定的时间内所需条件得到满足，合同可以恢复原来的效力，称为合同复效。

复效条款是针对投保人欠缴保费保单失效后，投保人又想恢复原保险合同效力的情况而设计的。该条款通常规定，投保人欠缴保费保单失去效力后，投保人可以在一定期限内申请复效。复效后的保险合同和原保险合同具有相同的效力，保险责任、保险期限、保险金额等都相同。

为了保护被保险人和受益人的利益，保险人给予投保人交纳保险费的宽限期，在宽限期结束后仍未交纳应付保险费的，保险合同的效力中止。一旦投保人重新具备交纳保险费的能力并且愿意补缴合同效力停止期间的保险费和利息，保险合同效力将恢复。但如果中止期限届满，投保人仍未能就复效问题与保险人达成一致意见并补缴保险费，那么保险人有权解除保险合同。

知识拓展

我国《保险法》第三十七条规定："合同效力依照本法第三十六条规定中止的，经保险人与投保人协商并达成协议，在投保人补交保险费后，合同效力恢复。但是，自合同效力中止之日起满二年双方未达成协议的，保险人有权解除合同。保险人依照前款规定解除合同的，应当按照合同约定退还保险单的现金价值。"

（五）自动垫缴保费条款

自动垫缴保费条款是指投保人按期缴足两年以上保险费的，因故未能在宽限期内交纳险费时，而保险单当时的现金价值足以垫缴应缴保险费时，保险人将用保单的现金价值自动垫缴投保人应缴的保险费，使保单继续有效，除非投保人事先另以书面申明不同意如此处理。如果第一次垫缴后，投保人续期保费仍未交付，垫缴继续进行，直到累计的垫缴保费达到保单的现金价值时，此时若投保人仍不缴费，保险合同即失效，此失效适用复效条款。如果被保险人在垫缴期间发生保险事故，保险人应从给付的保险金中扣除保险费。

规定该条款的目的是避免非故意的保单失效，维持较高的续保率。为了防止投保人过度利用该条款，有的保险合同要求投保人须申请才能办理，有的保险人对自动垫缴使用设定限制次数。

（六）不丧失现金价值条款

该条款规定，保单所有人享有保单现金价值的权利，不因保险合同效力的变化而丧失。也就是说，即使保险单失效了，保单中的现金价值所有权不变。之所以保单的现金价值仍属于保单所有人，是因为对长期性的人寿保险实行的是均衡保险费率制。在保险合同生效后的初始阶段，投保人均衡交纳的保险费超过他当时的自然保费，当投保人在交付一定时期（一般为2年或3年）保险费之后，人寿保险合同就有了一定量的现金价值，且大部分险种的现金价值是不断递增的。这部分现金价值与储蓄存款一样（在不发生给付的情况下），应为投保人拥有。也就是说，当保险费交给保险人后，其中的一部分用于支付保险人的费用，大部分被积存用作责任准备金。保险事故发生前，保险人可以使用这部分现金价值；保险事故发生后，投保人可以取回全部保险金；而当投保人不愿继续投保致使保险合同失效时，投保人仍然享有现金价值的权利，因此称为不丧失价值条款。定期寿险保单没有现金价值，不适用此条款。

 知识拓展

《保险法》第三十七条、第四十三条、第四十四条、第四十五条和第四十七条等有关解除合同、保险人不承担给付保险金责任的规定中，均有"退还保险单的现金价值"字样。

（七）保单贷款条款

保单贷款条款是指人寿保险合同生效后，投保人以保单为质押向保险人申请贷款。长期性人身保险合同，在积累一定的保险费产生现金价值后，投保人可以在保险单的现金价值数额内，以具有现金价值的保险单作为质押，向其投保的保险人或第三者申请贷款。习惯上称为保单贷款或保单质押贷款。贷款金额一般不超过保单现金价值的一定比例。投保人应按期偿还贷款和利息，若到期不能偿还，当贷款本息累计达到退保金额时保险合同终止。若在贷款期内发生保险事故，保险人将从保险金中扣除贷款本息。保单贷款条款只适用于人寿保险合同中的两全保险和终身保险，定期死亡保险不适用此条款。

 知识拓展

《保险法》第三十四条第二款规定："按照以死亡为给付保险金条件的合同所签发的保险单，未经被保险人书面同意，不得转让或者质押。"

（八）自杀条款

在人寿保险合同中，一般都将自杀作为责任免除条款来规定，主要是为了避免蓄意自杀者通过保险方式谋取保险金，防止道德风险的发生。但自杀毕竟是死亡的一种，有时被保险人遇意外事件的打击或心态失常亦会做出结束自己生命的行为，并非在有意图谋保险给付金。为了更好地保障投保人、被保险人、受益人的合法权益，保险人也出于维护自己的利益，在很多人寿保险合同中，都将自杀列入免责条款，但规定在保险合同生效较长期限后的被保险人自杀行为，保险人才承担给付保险金责任，通常是两年，以防止被保险人预谋保险金而签订保险合同。自杀条款是保险合同中关于自杀死亡是否承担保险金责任的规定。

知识拓展

我国《保险法》第四十四条规定："以被保险人死亡为给付保险金条件的合同，自合同成立或者合同效力恢复之日起二年内，被保险人自杀的，保险人不承担给付保险金的责任，但被保险人自杀时为无民事行为能力人的除外。保险人依照前款规定不承担给付保险金责任的，应当按照合同约定退还保险单的现金价值。"

案例分析

客户潘某于2021年10月给自己投保某人寿保险公司终身寿险。2023年12月保险公司接到潘某家属岑某理赔申请，潘某于2023年1月溺水死亡，要求保险公司赔偿身故保险金86万元。

经保险公司调查，根据派出所出警记录及家属询问笔录描述，潘某为主动投河自杀。因潘某在保单生效两周年内自杀身故，符合合同约定的免责条款，按照合同约定，保险公司向潘某家属退还保单现金价值。

（九）犹豫期条款

犹豫期又称冷静期。犹豫期条款的基本内容是：投保人在收到保险合同并书面签收后的一段时间，可以提出解除保险合同的申请，保险人扣除工本费后退还其所交纳的保险费。犹豫期一般为10日。

我国银保监会规定，在犹豫期内退保，保险公司扣除不超过10元的成本费以外，应退还投保人交纳的所有保费，并不得收取其他任何费用。如果在投保时，被保险人已经在保险公司进行了免费的体检，则要扣除相应的体检费；对于投资连结类产品，若在犹豫期内，因独立账户资产价值发生变化，则保险公司只能扣减投保人资产价值减少的部分以及变现资产的费用，而不得扣减销售保单所发生的佣金和管理费。

犹豫期内退保，必须注意以下几点：首先，如果因为特殊情况无法及时接收保单，最好提前通知保险公司。其次，收到保单后，一定要亲自填写保单回执，并注明日期。因为保险公司对犹豫期的认定，是以回执日期为起始日期进行计算的。再次，投保人必须认真阅读保险条款，对自己还不够了解或理解有偏差的内容要及时向代理人询问，以免误保。最后，如果要退保，投保人不需要任何理由，但必须以书面形式向保险公司提出申请，口头请求无效。

（十）受益人条款

对于人身保险合同，其保险标的为人的寿命和身体，是以被保险人为载体，与被保险人本身融为一体。保险事故发生在被保险人身上，以被保险人的生存、死亡、疾病、伤残等为表现形式，因此当被保险人死亡时，则发生由谁来享有和行使保险金请求权的问题。加之法律上寿命和身体之上的权利具有专属权性质，不得继承，不像财产保险合同有继承人的途径，因此对人身保险合同的受益人必须作出明确的规定。

知识拓展

我国《保险法》第三十九条规定："人身保险的受益人由被保险人或者投保人指定。投保人指定受益人时须经被保险人同意。投保人为与其有劳动关系的劳动者投保人身保险，不得指定被保险人及其近亲属以外的人为受益人。被保险人为无民事行为能力人或者限制民事行为能力人的，可以由其监护人指定受益人。"

《保险法》第四十条规定："被保险人或者投保人可以指定一人或者数人为受益人。受益人为数人的，被保险人或者投保人可以确定受益顺序和受益份额；未确定受益份额的，受益人按照相等份额享有受益权。"

《保险法》第四十一条规定："被保险人或者投保人可以变更受益人并书面通知保险人。

保险人收到变更受益人的书面通知后，应当在保险单或者其他保险凭证上批注或者附贴批单。投保人变更受益人时须经被保险人同意。"

《保险法》第四十二条规定："被保险人死亡后，有下列情形之一的，保险金作为被保险人的遗产。由保险人依照《中华人民共和国继承法》的规定履行给付保险金的义务：（一）没有指定受益人，或者受益人指定不明无法确定的；（二）受益人先于被保险人死亡，没有其他受益人的；（三）受益人依法丧失受益权或者放弃受益权，没有其他受益人的。受益人与被保险人在同一事件中死亡，且不能确定死亡先后顺序的，推定受益人死亡在先。"

《保险法》第四十三条规定："投保人故意造成被保险人死亡、伤残或者疾病的，保险人不承担给付保险金的责任。投保人已交足二年以上保险费的，保险人应当按照合同约定向其他权利人退还保险单的现金价值。受益人故意造成被保险人死亡、伤残、疾病的，或者故意杀害被保险人未遂的，该受益人丧失受益权。"

案例分析

张先生8年前投保了50万元人寿保险，指定他的妻子陈女士为受益人。投保后，张先生与陈女士离婚，与周女士结婚并生有一个儿子。但张先生并未申请变更受益人。张先生发生意外事故后，其妻周女士、儿子及前妻陈女士都向保险公司提出了索赔申请。但保险公司经审核后，拒绝了张先生现任妻子和儿子的申请，将保险金给付了陈女士。张先生的妻子周女士气愤难平：丈夫车祸身亡，可得到保险金的不是可怜的妻儿，而是前妻。请问：这样处理合理吗？

[案情分析]

保险公司将保险金给付了前妻陈女士有悖于情，但的确是依法行事。张先生在保险合同中指定了陈女士为受益人，虽然陈女士已与张先生离婚，但是离婚并不变更受益人。根据《保险法》第四十一条规定，"被保险人或者投保人可以变更受益人并书面通知保险人。保险人收到变更受益人的书面通知后，应当在保险单或者其他保险凭证上批注或者附贴批单。投保人变更受益人时须经被保险人同意"。由于张先生在保险事故发生前没有办理变更手续，视为没有变更受益人。所以，保险金的受益人仍是前妻陈女士。

（十一）红利任选条款

在分红保险产品中，保单所有人可以享受到红利。红利的领取方式在红利任选条款中规定。一般来说，可供保单所有人选择的红利分配方式主要有四种。

（1）现金给付。现金给付即直接用现金给付红利。

（2）抵缴保费。抵缴保费即用红利交纳保费。

（3）累积生息。累积生息即用红利交纳保费。

（4）增加保额。增加保额即将红利作为增加保险金额应交纳的保费。

（十二）共同灾难条款

该条款规定，只要第一受益人与被保险人同死于一次事故中，如果不能证明谁先死，则推定第一受益人先死。

二、寿险附加条款

投保人通过使用附加条款，可以使人寿保险单得到修正，被保险人的利益得到更好的保障。投保人不需要签订新的保险合同，只需要在原保险合同的基础上增加寿险附加条款，就可扩展原寿险保单的保障。

（一）保证可保性附加条款

此附加条款使得保单持有人无须提供新的可保性证明，就可以在规定的时间重新购买一份一定保额的与原来相同的保险，即这种附加条款保证了被保险人的可保性，而不管事实上是否真的具有可保性。通常，附加条款规定保单持有人在规定日期内可另外购买的保险金额限制在原保额之内或另行规定。

（二）免缴保费条款

投保人只需每次额外交纳一些保费，就可获得在被保险人丧失劳动能力后的保费免缴优惠。免缴的保费实际上是由保险公司支付了，因此，如果该保单是有现金价值的保单，则其现金价值会继续正常增值，与保单持有人仍然交纳保费效果相同。

（三）意外死亡给付附加条款

意外死亡条款为被保险人死于意外事故提供了额外的保障。这部分额外的保障通常与主保单的保额相等。这时，这种给付通常称为双重保障意外死亡保险，金额可以是主保单的保额的数倍，也可以与主保单保额无关。通常，若要满足意外死亡条款的条件，被保险人的死因必须是直接的、独立于所有其他原因的意外的身体伤害。

（四）配偶及子女保险条款

此条款可以附加到任何种类的终身寿险上，为配偶及子女提供寿险保障。

（五）生活费用调整条款

该条款可以附加到各种定期保险及终身寿险上。该条款规定，保单保额可以随着消费价格指数的上升而自动增加。

案例分析

"受益人"不明，婆媳起争议

新婚不久的张某，在一次交通事故中不幸身故。在悲痛之际，张家因保单还引起了一场婆媳间的纠纷。张某结婚前，母亲田某让儿子买了保额为15万元的一份终身寿险，"受益人"一栏中没有填写具体的受益人，而是"法定"。两年后，张某和相恋多年的女友何某结婚。谁想天有不测风云，张某不幸身故。事后，母亲想起儿子婚前的15万元保额的终身寿险，便向保险公司索赔。其间，儿媳也向保险公司索要保险金，双方都有自己的理由。母亲田某认为，保险是在儿子单身时买的，那时的法定受益人应该是自己，所以应获得全额的赔付；张某的妻子何某则认为，妻子是丈夫的合法继承人，保险的赔付金额理应有自己的份额。双方争执不下，分歧越来越大。

请问：此案应如何处理？得到哪些启示？

[案情分析]

保险公司作出如下的解释和赔付决定：《保险法》中规定，被保险人死亡后，没有指定受益人的，保险金作为被保险人的遗产，由保险人向被保险人的继承人履行给付保险金的义务。本案中，张某身故时保单上的"受益人"栏是"法定"，这笔保险赔付额应作为被保险人张某遗产留给继承人。根据规定，被保险人遗产先由第一顺序法定继承人继承，没有第一顺序法定继承人的情况下，由第二顺序的法定继承人获得。第一顺序的法定继承人即配偶、子女、父母；第二顺序的法定继承人则为兄弟姐妹、祖父母、外祖父母。很显然，一个是母亲，一个是妻子，田某和何某都是第一顺序法定继承人，享有同等的继承权。因此，这笔15万元的保险金，双方各得7.5万元。

　　一般来讲，当被保险人出险后，可由受益人领取保险金。但也有如下特殊情况，保险金作为被保险人的遗产由继承人继承：没有指定受益人的；受益人先于被保险人死亡，没有其他受益人的；受益人依法丧失受益权或者放弃受益权，没有其他受益人的。需要指出的是，当保险金作为遗产留给继承人时，还要履行一定的义务，比如说，清偿死者生前债务、税金等。而单纯的保险金则是不用履行这些义务的。所以，广大消费者在购买保险、填写保单时，一定要认真填写"受益人"一栏，不要轻易填写"法定"，以免日后出现纠纷和麻烦。

任务三　认识人身意外伤害保险

意外伤害保险的含义、特征和内容

任务训练　人身意外伤害保险

任务训练目标

　　通过完成人身意外伤害保险的任务训练，能运用意外伤害保险的相关知识，根据保险公司承保意外伤害保险的要求，做到用意外伤害保险转移家庭成员意外伤害风险。

知识要点

一、意外伤害保险

（一）意外伤害的含义

　　意外伤害包括意外和伤害两层含义。意外是指侵害的发生是被保险人事先没有预见到的，或违背被保险人主观意愿的；伤害是指人的身体受到侵害的客观事实。意外伤害保险中所称的意外伤害是指在被保险人没有预见到或违背被保险人意愿的情况下，突然发生的外来致害物对被保险人的身体明显、剧烈地侵害的客观事实。

（二）意外伤害保险的含义

　　意外伤害保险是指以被保险人在保险期限内因遭受意外伤害造成死亡或残疾为给付保险金条件的一种人身保险。意外伤害保险有三层含义：第一，必须有客观的意外事故发生，且事故原因是意外的、偶然的、不可预见的。第二，被保险人必须有客观事故造成人身的死亡或残疾的结果。第三，意外事故的发生和被保险人遭受人身伤亡的结果之间具有内在的、必然的联系，即意外事故的发生是被保险人遭受伤害的原因，而被保险人遭受伤害是意外事故的后果。

　　意外伤害保险的保障项目主要有两项：一是死亡给付，被保险人因遭受意外伤害造成死亡时，保险人给付死亡保险金。二是残疾给付，被保险人因遭受意外伤害造成残疾时，保险人给付残疾保险金。死亡给付、残疾给付是意外伤害保险的基本责任。

二、意外伤害保险的特征

（一）人身意外伤害保险的保险责任具有特殊性

　　意外死亡给付和意外伤残给付是人身意外伤害保险的基本保险责任。疾病导致被保险人的死亡和残疾不属于人身意外伤害保险的保险责任。

（二）人身意外伤害保险的保险费率厘定主要依据损失率

人身意外伤害保险的纯保险费率是根据保险金额损失率计算的。与人寿保险的被保险人的死亡概率取决于年龄不同，人身意外伤害保险的被保险人遭受意外伤害的概率取决于被保险人的职业、工种或所从事的活动，一般与被保险人的年龄、性别、健康状况无必然的内在联系。在其他条件都相同的情况下，被保险人的职业、工种、所从事活动的危险程度越高，应交的保险费就越多。因此，人身意外伤害保险的费率厘定不以被保险人的年龄为依据，而被保险人的职业、工种是人身意外伤害保险费率厘定的重要因素。另外，人身意外伤害保险属于短期保险，保险期限一般不超过1年，因此，意外伤害保险的保险费计算一般也不考虑预定利率的因素。基于这一特点，人身意外伤害保险的保险费的计算原理近似于非寿险，即在计算意外伤害保险费率时，应根据意外事故发生频率及其对被保险人造成的伤害程度，对被保险人的危险程度进行分类，对不同类别的被保险人分别厘定保险费率。

（三）人身意外伤害保险的承保条件较宽

相对于其他业务，人身意外伤害保险的承保条件一般较宽，高龄者可以投保，而且对被保险人不必进行体检。

（四）人身意外伤害保险的保险期限相对较短

人寿保险的期限一般是10年、20年、30年甚至终身，而人身意外伤害保险的期限相对较短，而且保险期限的确定也十分灵活。人身意外伤害保险的期限多为1年，有些特种保单甚至只有几天或几个小时。如航空意外伤害保险的保险期限只有几个小时。

（五）人身意外伤害保险金的给付方式为定额给付

人身意外伤害保险属于定额给付保险。在人身意外伤害保险中，死亡保险金的数额是保险合同中约定的，当被保险人死亡时如数给付；残疾保险金的数额多按保险金额的一定百分比给付，一般由保险金额和残疾程度两个因素确定。

（六）人身意外伤害责任准备金的计算与寿险业务有很大区别

人身意外伤害保险在责任准备金的提存和核算方面与寿险业务有着很大的不同，往往采取非寿险责任准备金的计提原理，即按当年保险费收入的一定百分比计算。

三、人身意外伤害保险的可保风险分析

人身意外伤害保险承保的风险是意外伤害，但是并非一切意外伤害都是人身意外伤害保险所能承保的。按照是否可保划分，意外伤害可以分为不可保意外伤害、特约可保意外伤害和一般可保意外伤害三种。

（一）不可保意外伤害

不可保意外伤害也可理解为意外伤害保险的除外责任，即从保险原理上讲保险人不应该承保的意外伤害，如果承保，则违反法律的规定或违反社会公共利益。不可保意外伤害一般包括以下几种。

1. 被保险人在犯罪活动中所受的意外伤害

意外伤害保险不承保被保险人在犯罪活动中受到的意外伤害的原因：第一，保险只能为合法的行为提供经济保障，只有这样，保险合同才是合法的，才具有法律效力。一切犯罪行为都是违法行为，所以对被保险人在犯罪活动中所受的意外伤害不予承保。第二，犯罪活动具有社会危害性，如果承保被保险人在犯罪活动中所遭受的意外伤害，即使该意外伤害不是由犯罪行为直接造成的，也违反社会公共利益。

2. 被保险人在寻衅斗殴中所受的意外伤害

寻衅斗殴是指被保险人故意制造事端挑起的斗殴。寻衅斗殴不一定构成犯罪，但具有社会危害性，属于违法行为，因而不能承保。

3. 被保险人在醉酒、吸食（或注射）毒品后发生意外伤害

醉酒或吸食毒品对被保险人身体的损害是被保险人的故意行为所致，当然不属于意外伤害。

4. 由于被保险人的自杀行为造成的伤害

被保险人的自杀行为造成的伤害也属于不可保风险。

对于不可保意外伤害，在意外伤害保险条款中应明确列为除外责任。

（二）特约可保意外伤害

特约可保意外伤害即从保险原理上讲可以承保，但保险人考虑到保险责任不易区分或限于承保能力，只有经过投保人与保险人特别约定，有时还要另外加收保险费后才予承保的意外伤害。特约可保意外伤害包括以下几种。

1. 战争使被保险人遭受的意外伤害

由于战争使被保险人遭受意外伤害的风险过大，保险公司一般没有能力承保。战争是否爆发、何时爆发、会造成多大范围的人身伤害，往往难以预计，保险公司一般难以拟定保险费率。所以，对于战争使被保险人遭受的意外伤害，保险公司一般不予承保，只有经过特别约定并另外加收保险费以后才能承保。

2. 被保险人在从事登山、跳伞、滑雪、江河漂流、赛车、拳击、摔跤等剧烈的体育活动或比赛中遭受的意外伤害

被保险人从事上述活动或比赛时，使遭受意外伤害的概率大大增加，因而保险公司一般不予承保，只有经过特别约定并另外加收保险费以后才能承保。

3. 核辐射造成的意外伤害

核辐射造成意外伤害的后果往往在短期内不能确定，而且如果发生大的核爆炸时，往往造成较大范围的人身伤害。从技术上考虑和从承保能力上考虑，保险公司一般不承保辐射造成的意外伤害，只有在特约后才予承保。

4. 医疗事故造成的意外伤害

意外伤害保险的保险费率是根据大多数被保险人的情况制定的，而大多数被保险人身体是健康的，只有少数患有疾病的被保险人才存在医疗事故遭受意外伤害的危险。为了使保险费的负担公平合理，所以保险公司一般不承保医疗事故造成的意外伤害，只有在特约后才予承保。

（三）一般可保意外伤害

一般可保意外伤害指一般情况下可保的人身意外伤害。除不可保意外伤害、特约可保意外伤害以外，均属一般可保意外伤害。

四、意外伤害保险的内容

（一）意外伤害保险的保险责任

意外伤害保险的保险责任是被保险人因意外伤害所致的死亡或残疾，不负责疾病所致的死亡。

在意外伤害保险中，对责任期限有特殊的规定。只要被保险人遭受意外伤害的事件发生在保险期内，而且自遭受意外伤害之日起的一定期限内（即责任期限内，如90天、180天等）造成死亡或残疾的后果，保险人就要承担保险责任，给付保险金，即使被保险人在死亡或确

定残疾时保险期限已经结束，只要未超过责任期限，保险人就要负责。

意外伤害保险的保险责任由三个必要条件构成，即被保险人在保险期限内遭受了意外伤害；被保险人在责任期限内死亡或残疾；被保险人所受意外伤害是其死亡或残疾的直接原因或近因。三者缺一不可。

1. 被保险人在保险期限内遭受了意外伤害

被保险人在保险期限内遭受意外伤害是构成意外伤害保险的保险责任的首要条件。这一条件包括以下两个方面的要求：一是被保险人遭受意外伤害必须是客观发生的事实，而不是臆想或推测的；二是被保险人遭受的意外伤害的客观事实必须发生在保险期限之内。

2. 被保险人在责任期限内死亡或残疾

被保险人在责任期限内死亡或残疾，是构成意外伤害保险的必要条件之一。这一必要条件包括以下两个方面的要求。

（1）被保险人死亡或残疾。死亡即机体生命活动和新陈代谢的终止。在法律上发生效力的死亡包括两种情况，一是生理死亡，即已被证实的死亡；二是宣告死亡，即按照法律程序推定的死亡。《中华人民共和国民法典》第四十六条规定，"自然人有下列情形之一的，利害关系人可以向人民法院申请宣告该自然人死亡：（一）下落不明满四年的；（二）因意外事件下落不明满二年的。因意外事件下落不明，经有关机关证明该自然人不可能生存的，申请宣告死亡不受二年时间的限制"。残疾包括两种情况，一是人体组织的永久性残缺，如肢体断离等；二是人体器官正常机能的永久丧失，如丧失视觉、听觉、嗅觉、语言能力、运动障碍等。

（2）被保险人的死亡或残疾发生在责任期限之内。责任期限是指自被保险人遭受意外伤害之日起的一定期限（如90天、180天、360天等）。

如果被保险人在保险期限内遭受意外伤害，在责任期限内生理死亡，则显然构成保险责任。但是如果被保险人在保险期限内因意外事故下落不明，自事故发生之日起满二年，法院宣告被保险人死亡后，责任期限已经超过。为了解决这一问题，可以在意外伤害保险条款中订立失踪条款或在保险单上签注关于失踪的特别约定，规定被保险人确因意外伤害事故下落不明超过一定期限时，视同被保险人死亡，保险人给付死亡保险金；但如果被保险人以后生还，受领保险金的人应把保险金返还给保险人。

责任期限对于意外伤害造成的残疾实际上是确定残疾程度的期限。如果被保险人在保险期限内遭受意外伤害，治疗结束后被确定为残疾，且责任期限尚未结束，当然可以根据确定的残疾程度给付残疾保险金。但是，如果被保险人在保险期限内遭受意外伤害，责任期限结束时治疗仍未结束，尚不能确定最终是否造成残疾以及造成何种程度的残疾，那么，就应该推定责任期限结束时被保险人的组织残缺或器官正常机能的丧失是否为永久性的，即以这一时点的情况确定残疾程度，并按照这一残疾程度给付残疾保险金。以后，即使被保险人经过治疗痊愈或残疾程度减轻，保险人也不追回全部或部分残疾保险金。反之，即使被保险人加重了残疾程度或死亡，保险人也不追加给付保险金。

3. 意外伤害是死亡或残疾的直接原因或近因

在意外伤害保险中，被保险人在保险期限内遭受了意外伤害，并且在责任期限内死亡或残疾，并不意味着必然构成保险责任。只有当意外伤害与死亡、残疾之间存在因果关系，即意外伤害是死亡或残疾的直接原因或近因时，才构成保险责任。意外伤害与死亡、残疾之间的因果关系包括以下三种情况。

（1）意外伤害是死亡、残疾的直接原因。即意外伤害事故直接造成被保险人死亡或残疾。当意外伤害是被保险人死亡、残疾的直接原因时，构成保险责任，保险人应该按照保金额给付死亡保险金或按照保险金额和残疾程度给付残疾保险金。

（2）意外伤害是死亡或残疾的近因。即意外伤害是引起直接造成被保险人死亡、残疾的事件的最初、最有效的原因。

（3）意外伤害是死亡或残疾的诱因。即意外伤害使被保险人原有的疾病发作，从而加重后果，造成被保险人死亡或残疾。当意外伤害是被保险人死亡、残疾的诱因时，保险人不是按照保险金额和被保险人的最终后果给付保险金，而是比照身体健康者遭受这种意外伤害而给付保险金。

（二）意外伤害保险的给付方式

意外伤害保险属于定额给付保险。当保险责任构成时，保险人按保险合同中约定的保险金额给付死亡保险金或残疾保险金。

在意外伤害保险合同中，死亡保险金的数额是保险合同中规定的保险金额，当被保险人死亡时如数支付。

残疾保险金的数额由保险金额和残疾程度两个因素确定。残疾程度一般以百分率表示，残疾保险金数额的计算公式是：

残疾保险金＝保险金额 × 残疾程度百分率

在意外伤害保险合同中，应列举残疾程度百分率，列举得越详尽，给付残疾保险金时保险人和被保险人就越不易发生争执。但是，列举不可能完全穷尽，残疾程度百分率列举得无论如何详尽，也不可能包括实务中可能发生的所有情况。对于残疾程度百分率中未列举的情况，只能由当事人之间按照公平合理的原则，参照列举的残疾程度百分率协商确定。协商不一致时可提请有关机关仲裁或由人民法院判决。

在意外伤害保险中，保险金额不仅是确定死亡保险金、残疾保险金数额的依据，而且是保险人给付保险金的最高限额，即保险人给付每一个被保险人死亡保险金、残疾保险金累计以不超过该被保险人的保险金额为限。当一次意外伤害造成被保险人身体若干部位残疾时，保险人按保险金额与被保险人身体各部位残疾程度百分率之和的乘积计算残疾保险金，但如果各部位残疾程度百分率之和超过100%，则按保险金额给付残疾保险金。

被保险人在保险期限内多次遭受意外伤害时，保险人对每次意外伤害造成的残疾或死亡均按保险合同中的规定给付保险金，但给付的保险金累计以不超过保险金额为限。

五、意外伤害保险的种类

（一）按保险危险分类

1. 普通意外伤害保险

它所承保的风险是在保险期限内发生的各种意外伤害。即被保险人在保险有效期内，因遭受意外伤害而致死亡、残疾或暂时丧失工作能力时，由保险人给付保险金的保险。目前保险公司开办的团体人身意外伤害保险、学生团体平安保险等，均属普通意外伤害保险。

2. 特定意外伤害保险

它是以特定时间、特定地点或特定原因发生的意外伤害为保险危险的意外伤害保险。如保险危险只限于在矿井下发生的意外伤害保险、在建筑工地发生的意外伤害保险、索道游客意外伤害保险、登山意外伤害保险和电梯乘客意外伤害保险等。

（二）按保险期限分类

1. 一年期意外伤害保险

一年期意外伤害保险即保险期限为一年的意外伤害保险业务。在意外伤害保险中，一年期意外伤害保险占大部分。保险公司开办的个人人身意外伤害保险、附加意外伤害保险等均为一年期意外伤害保险。

2. 极短期意外伤害保险

极短期意外伤害保险即保险期限不足一年，往往只有几天、几小时甚至更短时间的意外伤害保险。如索道游客意外伤害保险、航空意外伤害保险等。

3. 多年期意外伤害保险

多年期意外伤害保险即保险期限超过一年的意外伤害保险。

（三）按承保方式分类

1. 个人意外伤害保险

个人意外伤害保险是以个人方式投保的人身意外伤害保险。

2. 团体意外伤害保险

团体意外伤害保险是以团体方式投保的人身意外伤害保险，其保险责任、给付方式均与个人意外伤害保险相同。该保险是一个团体内的全部或大部分成员集体向保险公司办理投保手续，以一张保险单承保的意外伤害保险。团体指投保前即已存在的机关、学校、社会团体、企业、事业单位等，而不是为了投保而结成的团体。

与人寿保险、健康保险相比，意外伤害保险最有条件、最适合采用团体投保方式。由于意外伤害保险最适合以团体方式投保，所以在意外伤害保险中，以团体意外伤害保险居多。由于团体意外伤害保险的保险费较低，所以在企业中一般是由企业或雇主支付保险费为雇员投保。在机关、学校、事业单位中，也可以由单位组织投保，保险费由被保险人个人负担。

投保团体的意外伤害保险与个人投保的意外伤害保险在保险责任、给付方式等方面相同，只是保单效力有所区别。在团体意外伤害保险中，被保险人一旦脱离投保的团体，保单效力对被保险人即行终止，投保团体可以为该投保人办理退保手续，保单对其他被保险人仍然有效。

意外无处不在，无论你到哪里，干什么，做什么工作，由于外界干扰的因素太多，所以人人都需要意外险。意外险一般包括旅游意外险、人身意外险、交通意外险、团体意外险、航空意外险、儿童意外险、综合意外险、短期意外险等。

案例分析

2023年2月，B先生向保险公司报案称父亲在2022年12月6日因摔伤后导致身故，2022年6月至2023年6月在保险公司投保意外伤害保险，保额20万元，要求索赔意外身故保险金。保险公司在收到报案索赔申请后通过调查核实，被保险人B先生的父亲11月1日因癌症住院治疗，因治疗无效，家属放弃治疗，回家后不日身故，期间未发生意外事故，属于自身疾病导致，故此案保险公司与被保险人家属协商后，被保险人家属放弃索赔。

[案情分析]

根据《意外伤害保险业务监管办法》（银保监办发〔2021〕106号）规定，意外伤害保险是指以被保险人因遭受意外伤害造成死亡、伤残或者发生保险合同约定的其他事故为给付保险金条件的人身保险，意外伤害事故属于非本意、外来原因、突然发生、非疾病的。本次事故中被保险人B先生的父亲因癌症治疗无效死亡，明显与意外伤害事故的情况不符，保险条款中也已明确将疾病作为除外责任，故本次事故不属于意外，属于被保险人自身疾病，保险公司有权拒赔。最终，经过协商，客户放弃索赔。

任务四　认识健康保险

任务训练　认识健康保险

健康保险的概念、特征和种类

任务训练目标

通过完成认识健康保险的任务训练，能运用健康保险的相关知识，根据保险公司承保健康保险的要求，做到用健康保险转移家庭成员疾病、医疗风险。

知识要点

一、健康保险

（一）健康保险的概念

健康保险是以被保险人的身体为保险标的，对被保险人因遭受疾病或意外伤害事故所发生的医疗费用损失，或导致工作能力丧失所引起的收入损失，以及因为年老、疾病或意外伤害事故导致需要长期护理的损失提供经济补偿的保险。从保障内容看，健康保险可分为医疗保险、疾病保险、失能收入损失保险和长期护理保险四种。健康保险的责任，不仅包括对被保险人医疗费用损失方面的经济补偿，而且包括被保险人因疾病或伤残而不能工作引起的收入损失的经济补偿，以及生活不能自理时所需的护理经济补偿。

（二）疾病成立的条件

健康保险中保险事故发生的主要原因是疾病。疾病是指由于人体内在的原因而造成精神上或肉体上的痛苦或者不健全。健康保险中所指的疾病必须满足下面三个条件。

健康保险中疾病成立的条件

1. 必须是明显非外来原因造成的

因外来的、剧烈的原因造成的病态视为意外伤害，而疾病是由身体内在的生理原因所致。但若因饮食不慎、感染细菌引起的疾病，则不能简单视为外来因素。因为外来的细菌还是经过体内抗体的抵抗以后，最后才形成疾病。因此，一般以是否为明显外来的原因作为疾病和意外伤害的分界线。

2. 必须是非先天的原因造成的

健康保险仅对被保险人的身体由健康状态转入病态承担责任。由于先天原因，身体发生缺陷，例如视力、听力的缺陷或身体形态的不正常，不能作为疾病由保险人负责。

3. 必须是非长存的原因造成的

在人的一生中，要经历生长、成年、衰老的过程，因此在机体衰老的过程中，也会显示一些病态，这是人生必然要经历的生理现象。对每一个人来讲，衰老是必然的，但在衰老的同时，诱发出其他的疾病却是偶然的，需要健康保险来提供保障。而属于生理上长存的原因，即对人到一定年龄以后出现的衰老现象，则不能称为疾病，也不是健康保险的保障范围。

二、健康保险的特征

尽管健康保险是以人的身体为保险对象，将健康保险纳入人身保险的范畴，但是健康保险又有许多不同于人身保险的特点，甚至在某些方面，与普通寿险业务有着较大的区别。一般来讲，健康保险有以下几方面的特征。

（一）保险的承保标准比较复杂

健康保险的承保条件一般比人寿保险的承保条件更加严格。由于疾病是健康保险的主要风险，因此对疾病产生的因素需要相当严格的审查，一般是根据被保险人的病历来判断，了解被保险人身体的既往史、现病史，有时还需要了解被保险人的家族病史。另外，为防止已经患有疾病的被保险人投保，保单中常规定一个等待期或观察期。

健康保险中，对在体检中不能达到标准条款规定的身体健康要求的被保险人，一般按照次健体保单来承保，或提高保费，或重新规定承保范围。对于被保险人所患有的特殊疾病，可单独制定特种条款，额外收费或注明其为除外责任。

（二）保险的性质具有双重性

健康保险既有对患病给付一定保险金的险种，如重大疾病保险，也有对医疗费用和收入损失进行补偿的险种，其补偿金额往往是按照实际发生的费用或收入损失而定。也就是说，健康保险的一些险种具有人寿保险的属性，一些险种具有损害保险的属性。正因为如此，有些国家把医疗费用保险列入损害保险，允许财产保险公司承保健康保险。如我国《保险法》第九十五条第二款和第三款规定："保险人不得兼营人身保险业务和财产保险业务。但是，经营财产保险业务的保险公司经国务院保险监督管理机构批准，可以经营短期健康保险业务和意外伤害保险业务。保险公司应当在国务院保险监督管理机构依法批准的业务范围内从事保险经营活动。"

（三）保险人具有代位求偿权

健康保险中，保险人拥有代位求偿权。根据保险损失补偿的基本原理，任何人都不应该因为参加保险后因保险事故的发生而从中获益。保险人所支付的保险金只是对保险事故所造成的实际损失进行补偿，被保险人不能因保险事故发生而得到额外的收益。健康保险的被保险人参加健康保险发生医疗费用支出后，若医疗费用已经从第三方全部或部分赔偿，保险人可以不再补偿保险金，或只补偿第三方赔偿后不足的差额部分。若保险人已经支付医疗保险金，而保险事故责任应当由第三方承担时，被保险人应当将向第三方的追偿权转移给保险人。尽管保险代位追偿权的有关规定不适用于人寿保险和人身意外伤害保险，但却适用于健康保险，因此健康保险是一种带有损害保险性质的人身保险。

（四）保险人通常要与被保险人共同承担风险

由于健康保险具有风险大、不易控制和难以预测的特性，为了避免道德风险，并限制保险人的风险，保险人通常在健康保险中规定与被保险人共同承担风险。一般使用的方法有免赔额、比例赔付和给付限额等规定。

三、健康保险的特殊条款

在健康保险合同中，除了适用人寿保险的部分标准条款，如不可抗辩条款、宽限期条款和不丧失现金价值条款以外，还采用一些特殊条款，主要包括以下几项。

（一）等待期或观察期条款

由于健康保险仅仅依据以前的病历难以判断被保险人是否已经患有某些疾病。为了防止已经患有疾病的被保险人投保，保险人规定在健康保险合同生效一段时间后，保险人才对被保险人因疾病发生的医疗费用履行赔偿责任。在此之前，尽管保险合同已经签订，但保险人并不履行赔偿义务，即观察期内所患疾病推定为投保以前患有的。不同的保险公司对等待期或观察期有不同的规定。等待期或观察期结束后，健康保险保单才正式生效。

（二）免赔额条款

在健康保险中，保单一般均对一些金额较低的医疗费用采用免赔额的规定，即保险金给付的最低限额。保险人只负责超过免赔额的部分。

规定了免赔额之后，小额的医疗费由被保险人自负，大额的医疗费由保险人承担。这种规定对保险人和被保险人都有利。这样做一方面是被保险人在经济上可以承受金额较低的医疗费用，同时，也可以省去保险人因此而投入的大量工作。另一方面，免赔额的规定可以促使被保险人加强对医疗费用的自我控制，避免不必要的浪费。免赔额的计算一般有三种：一是单一赔款免赔额，针对每次赔款的数额；二是全年免赔额，按全年赔款总计，超过一定数额后才赔付；三是集体免赔额。针对团体投保而言，规定了免赔额之后，小额的医疗费用由被保险人自负，大额的医疗费用由保险人承担。

（三）比例给付条款，或称共保比例条款

在健康保险中，由于是以人的身体为保险标的，不存在是否足额投保的问题，同时由于健康保险的风险不易控制，因此在大多数健康保险合同中，对于保险人医疗保险金的支出均有比例给付的规定，即对免赔额以上的医疗费用部分采用保险人和被保险人共同分摊的比例给付办法。比例给付既可以按某一固定比例给付，也可按累进比例给付，即随着实际医疗费用支出的增大，保险人承担的比例累计递增，被保险人自负的比例累计递减。这种规定既有利于保障被保险人的经济利益，解除其后顾之忧，也有利于保险人对医疗费用的控制。

（四）给付限额条款

由于健康保险的危险大小差异很大，医疗费用支出也相差很大，为了加强对健康保险的管理，保障保险人和广大被保险人的利益，一般对保险人医疗保险金的最高给付均有限额规定，以控制总支出水平。

（五）续保条款

续保条款说明在什么条件下保单可自动续保，在什么条件下失效，在什么条件下保险公司会接受续保，在什么条件下保险公司有权调高费率。续保条款包括以下内容。

1. 选择性续保

这种保单赋予保险公司在保单到期日拒绝续保的权利；同时保险公司拥有对承保范围限制条件和保险费率调整的权利。

2. 条件性续保

被保险人可续保其合同直到某一特定的时间或年数，前提是必须符合规定的条件。保险公司也可以拒绝续保，但必须依据保单中所规定的某些特定原因，这些特定原因必须与被保险人的健康无关，而往往与被保险人的年龄或就业情况有关。例如，丧失工作能力保单可能载明保险公司于被保险人达到某一年龄时即不再续保，另外，保险公司停止出售这种保单时也可拒绝续保。

3. 保证性续保

这种保单规定：只要被保险人连续缴费，其合同就一直有效，直到规定的年龄为止，保险公司对于保证性续保的保单有提高保险费率的权利。

四、健康保险的种类

（一）医疗保险

医疗保险是指提供医疗费用保障的保险。医疗费用是患者为了治病而发生的各种费用，它不仅包括医生的医疗费和手术费用，还包括住院、护理、医院设备使用等的费用。医疗保险就是医疗费用保险的简称。常见的医疗保险包括普通医疗保险、住院保险、手术保险、综合医疗保险等。

1. 普通医疗保险

普通医疗保险给被保险人提供治疗疾病时相关的一般性医疗费用，主要包括门诊费用、医药费用、检查费用等。这种保险比较适用于一般社会公众，因为到医院看病是每个人经常发生的事，这种保险的保费成本较低。由于医药费用和检查费用的支出控制有一定的难度，所以这种保单一般只负担免赔额以上部分的一定百分比，保险费用则每年规定一次。每次疾病所发生的费用累计超过保险金额时，保险人不再负保险责任。

2. 住院保险

住院保险的费用项目主要是每天住院房间的费用、住院期间医生费用、利用医院设备的费用、手术费用、医药费等。住院时间长短将直接影响其费用的高低，而且住院费用比较高，因此这种保险的保险金额应根据患者平均住院费用情况而定。为了控制不必要的长时间住院，这种保单一般规定保险人负责所有费用的一定百分比，例如90%。

3. 手术保险

手术保险提供因患者需要做必要的手术而发生的费用。这种保单一般是负担所有的手术费用。

4. 综合医疗保险

综合医疗保险是保险人为被保险人提供的一种全面的医疗费用保险，其费用范围包括医疗、住院、手术等一切费用。这种保单的保险费较高，一般确定一个较低的免赔额以及适当的分担比例。

（二）疾病保险

1. 疾病保险及其特点

疾病保险是以疾病为保险金给付条件的保险。它是指被保险人罹患合同约定的疾病时，保险人按保险金额定额给付保险金，以补偿被保险人由此带来的损失的保险。疾病保险是以保险合同约定的保险金额给付保险金，而不是考虑被保险人的实际医疗费用支出。疾病保险的主要险种包括重大疾病保险和特种疾病保险。一般情况下，疾病保险具有如下几个基本特点。

① 个人可以任意选择投保疾病保险，作为一种独立的险种，它不必附加于其他某个险种之中。

② 疾病保险条款一般都规定了一个等待期或观察期，等待期或观察期内因疾病而支出的医疗费用及收入损失，保险人概不负责，等待期或观察期结束后保单才正式生效。

③ 疾病保险为被保险人提供了切实的疾病保障，且程度较高。疾病保险保障的重大疾病均是可能给被保险人的生命或生活带来重大影响的疾病项目，如急性心肌梗死、恶性肿瘤等。

④ 保险期限较长。疾病保险一般都能使被保险人"一次投保，终身受益"。保费交付方式灵活多样，且通常设有宽限期条款。

⑤ 疾病保险的保险费可以按年、半年、季、月分期交付，也可以一次缴清。

2. 疾病保险的种类

（1）重大疾病保险。 重大疾病保险是被保险人在保险合同规定的期间内罹患保单列明的重大疾病，并经保险人认可的医疗卫生部门确诊，保险人因此承担保险金给付责任的一种保险形式。通常保险合同列明的重大疾病为心肌梗死、恶性肿瘤、慢性肾衰竭、重要器官移植、四肢瘫痪、脑中风、冠状动脉搭桥手术以及其他严重威胁人类生命或可能给家庭经济造成沉重负担的若干种重大疾病。《重大疾病保险的疾病定义使用规范（2020年修订版）》首次引入轻度疾病定义，将恶性肿瘤、急性心肌梗死、脑中风后遗症3种核心疾病，按照严重程度分为重度疾病和轻度疾病两级。

（2）特种疾病保险。某些特殊的疾病往往给患者带来的是灾难性的费用支付，如癌症、心脏疾病等。这些疾病一经确诊，必然会产生大范围的医疗费用支出。

因此，通常要求这种保单的保险金额比较大，以足够支付其产生的各种费用。特种疾病保险的给付方式一般是在确诊为特种疾病后，立即一次性支付保险金额。

案例分析

徐某，男，40岁，2024年2月通过某保险公司业务员在河南平顶山某保险公司投保意外伤害保险卡单，意外死亡保险金额800000元，保险费100元。2024年5月30日徐某的家人向保险公司报案，称徐某在5月28日早上从床上摔下经抢救无效死亡，尸体已经火化，在家人整理遗物时发现了此保险单。

保险公司接到报案后，赶到事故现场，从摔下的床上看，床面距水泥地面有60厘米，从事故现场看没有任何线索。但是从60厘米摔下就造成死亡，对此保险公司理赔调查人员感到其中必有其他原因，随后对徐某的家人进行逐一询问。从徐某的家人讲述中确实是从床上摔下，经抢救无效死亡，在询问徐某是否有病史时，家人的讲述吞吞吐吐，说法不一。调查人员在对"120"当时急救的大夫询问中，了解到接到出诊电话后10分钟赶到患者家中，赶到时患者脉搏已经停止跳动，进行了常规抢救，还是无效，就放弃了，当时没有看到患者徐某身上有外伤。保险公司调查人员在医院对徐某是否就诊进行了调查，在解放军某医院，保险公司调查人员查阅到徐某患癌症，曾长时间住院化疗的就诊记录，在死亡前的2天病危，医院下发了病危通知书，家人匆忙办理了出院手续。

徐某死亡的近因是意外还是疾病？

[案情分析]

保险公司通过调查确认被保险人徐某的死亡是患绝症，因医治无效放弃治疗，针对其从床上摔下，没有证据显示、证实是从床上摔下造成的死亡，且造成死亡的直接原因不是摔伤；根据意外伤害的定义，不属于意外伤害范畴，保险公司对其理赔结论是不予赔付意外伤害身故保险金并解除保险合同。

意外伤害的定义是外来的、剧烈的、非疾病的使被保险人身体受到伤害的客观事件，并以此客观事件为直接且单独原因导致被保险人身体蒙受伤害或身故。"非本意"和预见程度有关，"非本意"一词是指心理状态而言，而人的内心世界微妙复杂、瞬息万变。所谓本意，应理解为两个方面：一方面是当事人希望某一事件的发生，或说追求某一目的的达成；另一方面，当事人预见到了或应当预见到了某一结果的发生，仍然放任、不去阻止此种结果的发生。"剧烈的"是指剧烈力量所导致的意外事故，如被狗所咬、为火车所撞、滑倒摔跤。"外来"一词意味着事故原因并非来自内部，它仅指事故原因而非事故本身。"非疾病的"指事故的原因不是因为所患的疾病导致的。对于本案中导致徐某死亡的原因是患癌症医治无效死亡，属于患疾病的范畴，不属于意外伤害。

（三）失能收入损失保险

1. 失能收入损失保险的含义

失能收入损失保险是提供被保险人在残疾、疾病或意外受伤后不能继续工作时所发生的收入损失补偿的保险。如果一个人因疾病或意外伤害事故而不能参加工作，那么他就会失去原来的工资收入，这种收入的损失数额可能是全部的，也可能是部分的，其时间可能较长，也可能较短。

2. 失能收入损失保险的分类及给付方式

失能收入损失保险可分为两种：一种是补偿因伤害而致残疾的收入损失；另一种是补偿因疾病造成的残疾的收入损失。在实践中，因疾病而致的残疾比因伤害所致的残疾更为多见一些。失能收入损失保险的给付一般规定为以下三种方式。

（1）按月或按周进行补偿。这是根据被保险人的选择而定，每月或每周可提供金额一致的收入补偿。

（2）给付期限。给付期限可以是短期或长期，短期补偿是为了补偿在身体恢复前不能工作的收入损失。而长期补偿则规定较长的给付期限，一般是补偿全部残疾而不能恢复工作的被保险人的收入，通常规定给付到60周岁或退休年龄，如被保险人死亡则停止给付。短期给付期限一般为1～2年。

（3）推迟期。在残疾后的前一段时间称为推迟期，在这一期间不给付任何补偿，推迟期一般为3个月或6个月。这是由于在短时间内被保险人还可以维持一定的生活，同时，它通过取消对短期残疾的给付而减少保险成本。

（四）长期护理保险

长期护理保险是指以因保险合同约定的日常生活能力障碍引发护理需要为给付保险金条件，为被保险人的护理支出提供保障的保险。

1. 长期护理保险的定义

长期护理保险是健康保险非常重要的组成部分，在国外比较流行。长期护理保险是为因年老、疾病或伤残而需要长期照顾的被保险人提供护理服务费用的健康保险。一般的医疗保险或其他老年医疗保险不提供长期护理的保障。

2. 长期护理保险的特点

（1）长期护理保险的保险金的给付期限。长期护理保险的保险金的给付期限有1年、数年和终身等几种不同的选择，同时也规定有20天、30天、60天、90天等多种免责期。例如选择20天的免责期，即从被保险人开始接受承保范围内的护理服务之日起，在看护中心接受护理的前20天不属于保障范围。免责期越长，保费越低。终身给付保单通常很昂贵。

（2）长期护理保险的保费。长期护理保险的保费通常为平准式，也有每年或每一期间固定上调保费者，其年缴保费因投保年龄、等待期间、保险金额和其他条件的不同而有很大区别。长期护理保险一般都有豁免保费保障。

（3）长期护理保险的保单。所有长期护理保险保单都是保证续保的，可保证对被保险人续保到一个特定年龄如79岁，有的甚至保证对被保险人终身续保。保险人可以在保单更新时提高保险费率，但不得针对具体的某个人，必须一视同仁地对待同样风险情况下的所有被保险人。

（4）长期护理保险的特殊条款。长期护理保险有不丧失价值条款，即当被保险人撤销其现存保单时，保险人将保单积累的现金价值退还给投保人。

**项目
小结**

① 人身保险是以人的寿命和身体为保险标的的一种保险。人身保险的保险标的、保险利益、保险金额、保险合同、保险期限等具有特殊性。按不同的分类标准可以对人身保险进行不同类别的划分。常见的按照保障范围划

分，可以将人身保险划分为人寿保险、人身意外伤害保险、健康保险。

② 人寿保险是以被保险人的寿命为保险标的，以死亡或生存为给付保险金条件的人身保险。人寿保险具体划分为传统人寿保险和创新型人寿保险。其中，传统人寿保险包含死亡保险、生存保险及生死两全保险；创新型人寿保险包含分红保险、投资连结保险和万能保险。

常见的人寿保险条款主要有：不可抗辩条款、年龄误告条款、宽限期条款、中止和复效条款、自动垫缴保费条款、不丧失现金价值条款、保单贷款条款、自杀条款、犹豫期条款、受益人条款、红利任选条款、共同灾难条款等。

③ 人身意外伤害保险是以被保险人在保险期限内因遭受意外伤害造成死亡或残疾为给付保险金条件的一种人身保险。意外伤害保险的保障项目主要有两项：一是死亡给付，被保险人因遭受意外伤害造成死亡时，保险人给付死亡保险金；二是残疾给付，被保险人因遭受意外伤害造成残疾时，保险人给付残疾保险金。死亡给付、残疾给付是意外伤害保险的基本责任。

人身意外伤害保险承保的风险是意外伤害，按照是否可保划分，意外伤害可以分为不可保意外伤害、特约可保意外伤害和一般可保意外伤害三种。

④ 健康保险是以被保险人的身体为保险标的，对被保险人因遭受疾病或意外伤害事故所发生的医疗费用损失，或导致工作能力丧失所引起的收入损失，以及因为年老、疾病或意外伤害事故导致需要长期护理的损失提供经济补偿的保险。健康保险的主要种类包括医疗保险、疾病保险、失能收入损失保险和长期护理保险。

在健康保险合同中，除了适用人寿保险的部分标准条款外，还采用一些特殊条款，主要包括：等待期或观察期条款、免赔额条款、比例给付条款、给付限额条款、续保条款等。

 职业技能训练

【训练目标】

通过主观题叙述和客观题分析与演练，理解人身保险的内涵，明确人身保险的基本分类，为客户进行人寿保险业务、意外伤害保险业务和健康保险业务的筹划。

【训练任务】

准确描述人身保险的含义及特征，辨别人身保险的基本分类，通过自主探究、小组合作等方法完成人身保险职业技能实训任务。具体任务如下。

一、名词解释

人身保险　人寿保险　死亡保险　年金保险　两全保险　健康保险　责任期限　定期死亡保险　等待期条款　宽限期条款　万能寿险　分红保险　投资连结保险　不可抗辩条款　人身意外伤害保险

二、单项选择题

1. 人寿保险的保险标的是（　　）。

A. 人的生命　　　　　B. 人的收入　　　　　C. 人的安全　　　　　D. 人的健康

2. 在人寿保险中，保险利益是（   ）。

A. 订立保险合同的前提条件 　　　　　B. 维持保险合同效力的条件

C. 保险人给付保险金的条件 　　　　　D. 可以用数量来限制的

3. 分红保险属于（   ）。

A. 新型人寿保险 　　　B. 普通型人寿保险 　C. 财产保险 　　　D. 信用保险

4. 在定期寿险中，保险人给付保险金的条件是（   ）。

A. 被保险人伤残 　　　B. 被保险人生病 　　C. 被保险人死亡 　D. 被保险人生存

5. 对于被保险人而言，定期寿险最大的优点是（   ）。

A. 保险期限届满后保险费可以部分返还 　　B. 保险费率相对适中

C. 赔付保险金的限制条件较多 　　　　　D. 用极为低廉的保险费获得较大的保险保障

6. 在普通型人寿保险中，以死亡或生存为给付保险金条件的是（   ）。

A. 定期寿险 　　　　　B. 终身寿险 　　　　C. 两全保险 　　　D. 年金保险

7. 以两个或两个以上的被保险人均生存作为年金给付条件的年金保险称为（   ）。

A. 联合年金 　　　　　B. 最后生存者年金 　C. 联合及生存者年金 D. 个人年金

8. 投资连结保险中投资风险由（   ）承担。

A. 受益人 　　　　　　B. 投保人和保险人 　C. 保险人 　　　　　D. 投保人

9. （   ）适合家庭经济状况较差，子女年岁尚小，自己又是家庭经济主要来源的人。

A. 定期寿险 　　　　　B. 终身寿险 　　　　C. 两全保险 　　　D. 年金保险

10. 按照保险保障范围分类，人身保险分为（   ）保险、意外伤害险和健康保险。

A. 人寿 　　　　　　　B. 生死两全 　　　　C. 疾病保险 　　　D. 死亡保险

11. （   ）具有保障和投资双重功能，该保险的投资资金单独设立账户，拥有自己的投资顾问，保险公司定期向客户公布有关信息，投资运作的透明度高。

A. 死亡保险 　　　　　B. 生存保险 　　　　C. 投资连结保险 　D. 意外伤害保险

12. 某人购买了10万元的终身寿险。在保险期间，不幸被一辆汽车撞死。按照有关法律规定，肇事司机应该赔偿其家属5万元。事后该被保险人的丈夫持保单向保险公司索赔，保险公司对该案件的处理方式是（   ）。

A. 赔10万元 　　　　　B. 先赔偿10万元，然后再向肇事司机追偿5万元赔款

C. 赔偿5万元 　　　　　D. 不赔，因为不属于保险责任

13. 在宽限期内，人寿保险合同的效力状况为（   ）。

A. 效力不变 　　　　　B. 已经无效 　　　　C. 暂时无效 　　　D. 效力减弱

14. 意外伤害保险的基本责任是（   ）。

A. 意外死亡给付 　　　　　　　　　　B. 意外残疾给付

C. 意外死亡给付和意外伤残给付 　　　D. 意外死亡抚恤

15. 在意外伤害保险中，保险事故发生时，死亡保险金按（   ）给付。

A. 保险金额的一定百分比 　　　　　　B. 医疗费用多少

C. 伤害原因 　　　　　　　　　　　　D. 约定的保险金额

16. 意外伤害保险的纯保险费根据保险金额损失率计算的原因是（   ）。

A. 被保险人遭受意外伤害的概率取决于其健康状况

B. 被保险人遭受意外伤害的概率取决于其性别

C. 被保险人遭受意外伤害的概率取决于其年龄

D. 被保险人遭受意外伤害的概率取决于其职业、工种或从事的活动

17. 在意外伤害保险中，按照是否可保划分，被保险人在犯罪活动中所受的意外伤害属于（   ）。

A. 不可保意外伤害　　B. 特约可保意外伤害　　C. 一般可保意外伤害　　D. 特殊意外伤害

18. 除重大疾病等保险以外，绝大多数健康保险尤其是医疗费用保险的合同期限通常为（　　）。

A. 半年期　　　　　　B. 一年期　　　　　　C. 两年期　　　　　　D. 三年期

三、多项选择题

1. 分红保险的红利来源包括（　　）。

A. 死差益　　　　　　B. 费差益　　　　　　C. 利差益　　　　　　D. 保险公司的利润

2. 构成意外伤害的要素包括（　　）。

A. 非本意　　　　　　B. 本意　　　　　　C. 外来　　　　　　D. 突发

3. 按保障范围，人身保险可分为（　　）。

A. 人寿保险　　B. 人身意外伤害保险　　C. 健康保险　　D. 死亡保险　　E. 分红保险

4. 传统型的人寿保险包括（　　）。

A. 死亡保险　　　　　　B. 生存保险　　　　　　C. 生死两全保险

D. 变额人寿保险　　　　E. 投资连结保险

5. 下列属于人寿保险常用条款的是（　　）。

A. 不可抗辩条款　　B. 宽限期条款　　C. 不丧失现金价值条款　　D. 自动垫缴保费条款

6. 下列关于受益人的说法正确的有（　　）。

A. 受益人可以是自然人也可以是法人

B. 受益人必须具备民事权利能力和民事行为能力

C. 受益人必须经被保险人或投保人指定征得被保险人同意

D. 受益人可以是一人也可以是数人

7. 健康保险所指的疾病应具备的条件是（　　）。

A. 明显非外来原因造成的　　B. 非先天原因造成的　　C. 非长存原因造成的　　D. 衰老现象

四、判断题

1. 人身保险要求投保人在投保时必须对被保险人具有保险利益。（　　）

2. 意外伤害保险是以被保险人遭受意外事故造成伤残或死亡时，保险公司给予经济补偿的人身保险。（　　）

3. 保险合同效力中止期间发生保险事故，保险公司仍应承担保险赔付责任。（　　）

4. 人身保险合同不存在超额保险、不足额保险和重复保险。（　　）

5. 健康保险具有损害赔偿性和给付性的双重性质。（　　）

6. 变更受益人必须经被保险人的同意，并书面通知保险人，由保险人在保单上批注即可生效。（　　）

7. 定值保险和人寿保险适用损失补偿原则。（　　）

五、思考与讨论

徐某为自己投保了一份终身寿险保单，合同成立并生效的时间为2021年3月1日。因徐某未履行按期交纳续期保费的义务，此保险合同的效力遂于2022年5月2日中止。2023年5月1日，徐某补交了其所拖欠的保险费及利息，双方协商达成协议，此合同效力恢复。2023年10月10日，徐某自杀身亡，其受益人便向保险公司提出给付保险金的请求。保险公司则认为"复效日"应为合同效力的起算日，于是便以合同效力不足两年为由予以拒赔。

讨论：1. 自杀条款和复效条款的时间如何确定？　2. 此案应如何处理？

六、案例分析

[案例一] 2022年5月，赵甲为其母田某投保了终身寿险，经田某同意，受益人为赵甲本人。2023年9月，赵甲回娘家看望母亲，不料因煤气泄漏，赵甲与田某双双遇难。事后，田

某之子赵乙及赵甲的丈夫因保险金问题发生争议。赵乙认为，自己是田某的亲生儿子，是法定继承人，有权领取保险金；赵甲丈夫主张，受益权已转化为现实的财产权，自己有权继承。

请问：此案应如何处理？为什么？

［案例二］张先生为他的妻子王女士投保了一份人寿保险，保险金额为15万元，王女士指定张先生为受益人。半年后两个人离婚了，离婚三天后，王女士因意外死亡。王女士的父母想领取15万元保险金。他们的理由是：张先生和王女士已经离婚，张先生不应享有保险金请求权，王女士的保险金应该作为遗产来处理。王女士生前还欠着好友刘某4万元的债务，对此，王女士的父母要把保险金中的一部分用于清偿债务，其余的应该由他们以继承人的身份作为遗产领取。

问题：此案保险公司应如何处理？为什么？

［案例三］张某父母病故，其妻子与其相处不和带着儿子另住别处。后张某投保了意外伤害保险，并指定其妹妹为受益人。不久，张某不幸煤气中毒死亡，其妹妹也在其中毒死亡前半月病故。现张某的妻子与张某妹妹的儿子都向保险公司请求给付保险金。

请问：保险公司应如何处理？

［案例四］2020年11月12日，某单位为全体职工投保了简易人寿保险。2023年5月，该单位职工付某因交通事故不幸死亡，他的家人带着单位开出的介绍信及相关的证明资料，到保险公司申领保险金。保险公司在查验这些单证时，发现被保险人付某投保时所填写的年龄与其户口簿上所登记的不一致，投保单上所填写的64岁显然是不真实的。实际上，投保时付某已有67岁，超出了简易人身险条款规定的最高投保年龄（65岁）。于是，保险公司以单位投保时申报的被保险人的年龄已超出了保险合同约定的年龄限制为理由，拒付该笔保险金，并在扣除手续费后，向该单位退还了付某的保险费。

问题：保险公司的处理是否合理？为什么？

［案例五］张某，男，35岁，2021年5月投保了10年定期死亡保险，保险金额为5万元。投保时，张某在投保单上的"受益人"一栏填写的是"妻子"。2024年6月10日，张某回老家探亲，途中发生严重车祸，张某当场死亡。之后，由谁来领取这份定期死亡保险的保险金在张某的两位"妻子"之间发生了争执。原来，张某在定期人身保险投保单的受益人一栏中只注明"妻子"两字，并未写明其姓名。而在2021年5月张某投保定期人身保险时，其妻子为徐某，两年后张某与徐某离婚，于2024年春节与李某结为夫妇。因此，徐、李两人各持己见，同时到保险公司来申请领取保险金。

请问：此案应如何处理？

［案例六］2023年4月17日，陈某与某保险公司签订了一份人身意外伤害保险合同，约定的保险期限是到2024年4月17日为止。2023年8月，陈某出现精神病症状，并先后有过要去触电、跳河自杀的行为。2024年1月初，陈某因患精神分裂症到医院住院治疗。2月初出院时，病情虽有缓解，但未痊愈。2024年2月16日，家人发现陈某失踪，随即四处寻找。后家人在自家一口水井中发现陈某溺水，立即将其救起并送医院抢救，但最终因抢救无效死亡。事后，家人向保险公司要求理赔遭拒，遂向当地法院提起诉讼。

请问：此案应如何处理？

项目七答案

项目八
互联网保险实务

案例
导入

　　2024年4月，某保险经纪（北京）有限公司因互联网保险销售以"优惠""中奖"等不实信息欺骗投保人、未按规定对互联网保险销售行为进行可回溯管理、利用其他不正当手段引诱投保人订立保险合同等。监管对机构给予警告并罚款61万元。在落实"双罚制"方面，时任监事兼运营部负责人被警告并罚款合计21万元。

[合规提示]

　　保险经纪公司在展业时注意不得存在《中华人民共和国保险法》第一百三十一条及《保险经纪人监管规定》第一百零一条的行为，并在开展互联网保险业务时尤其要避免销售误导的行为。

任务一 全面认知互联网保险及其产品和商业模式

任务训练1 全面认知互联网保险

任务训练目标

通过完成全面认知互联网保险的任务训练，能够了解互联网保险的概念、特征及发展历程，学会区分身边的互联网保险。

知识要点

一、互联网保险的概念

互联网保险是一种新兴的以计算机互联网为媒介的保险营销模式，是相对于传统的保险营销方式而言的。保险业界一般将互联网保险定义为保险公司或保险中介机构通过互联网为客户提供保险产品及服务信息，实现网上投保、承保、核保、保全和理赔等保险业务，完成保险产品的在线销售及服务，并通过第三方机构实现保险相关费用的电子支付等经营管理活动。

发展互联网保险是现阶段我国保险行业发展的必然选择。互联网保险具备的明显优势使其对传统保险形成了颠覆性的创新。作为一种以互联网技术的发展为基础的新型商业模式，互联网保险彻底改变了传统保险提供产品和服务的方式，为保险业的发展带来新的机遇和挑战。

二、互联网保险的特征

（一）时效性

互联网保险具备信息化的特点，实现了保险交易的虚拟数字化。保险公司可以通过互联网，实现全天候随时随地的服务，同时免去了代理人和经纪人等中介环节，大大缩短了投保、承保、保费支付和保险支付等进程的时间，提高了销售、管理和理赔的效率，使得规模经济更加突出，有利于保持保险企业的经营稳定性。

（二）经济性

互联网可以降低保险价值链成本。通过互联网销售保险，保险公司可以免去机构网点的运营费用和支付代理人或经纪人的佣金，大幅节约了保险公司的经营成本。经营成本的降低，不仅可以使保险公司增加盈利，而且有利于降低各类产品的保险费率，进而使消费者从中获益。

（三）交互性

互联网保险有利于保险公司强化客户关系维护，可以拉近保险公司与客户之间的距离，增强双方的交互式信息交流。通过自助式网络服务系统，客户可以便捷地从保险服务系统获得公司背景和具体险种的详细情况，同时能够自由选择、对比保险公司产品，全程参与到保单服务中来。与客户直接联系与互动的加强，有助于保险公司实现客户关系管理的强化和核心竞争力的提升。

（四）灵活性

互联网保险的出现在一定程度上缓解了传统保险市场存在的一些问题，有助于实现风险识别控制、产品种类定价和获客渠道模式方面的创新，能够最大程度地激发市场的活力，使市场在资源配置中更好地发挥决定性作用，促进保险行业创新和市场化改革。

三、我国互联网保险的发展历程

（一）萌芽阶段（1997—2007年）

1997年底，中国第一个面向保险市场和保险公司内部信息化管理需求的专业中文网站——互联网保险公司信息网诞生，在成立当天即收到客户的投保意向书，从而形成了我国第一张通过互联网销售的保险单，标志着我国保险业迈入互联网之门。

2000年8月，国内两家知名保险公司太平洋保险公司和平安保险公司几乎同时开通了自己的全国性网站。其中，太平洋保险网站成为我国保险业界第一个贯通全国、联结全球的保险网络系统；平安保险开通的全国性网站PA18，因其在网上开展的全方位的保险、证券、银行、个人理财等金融业务而被称为"品种齐全的金融超市"。2000年9月，泰康人寿保险公司在北京宣布了"泰康在线"开通，实现从保单设计、投保、核保、交费到后续服务的全程网络化。与此同时，"保险界"等由网络公司、代理人和相关从业人员共同建立的保险信息网站也不断涌现。

然而，鉴于当时互联网和电子商务整体市场环境尚不成熟，加之受到第一次互联网泡沫破裂的影响，受众和市场主体对互联网保险的认识不足，这一阶段互联网保险市场未能实现大规模发展，仅能在有限的范围内起到企业门户的资讯作用。随着2005年《中华人民共和国电子签名法》的施行，我国互联网保险行业开始迎来新的发展机遇。

（二）探索阶段（2008—2011年）

阿里巴巴等电子商务平台的兴起为中国互联网市场带来了新一轮的发展热潮。伴随着新的市场发展趋势，互联网保险开始出现市场细分。一批以保险中介和保险信息服务为定位的保险网站纷纷涌现，有些网站还得到了风险投资者的青睐，比如慧择网、优保网和向日葵网等。在风险投资的推动下，互联网保险取得了更大更快的发展，同时市场竞争也日益加剧，一场互联网保险的市场争夺战在全国范围打响。

政府对保险行业信息化及保险电子商务的发展给予了高度重视，并加大了政策上的扶持。随着电子商务相关政策法规的不断健全，保险行业电子商务发展逐渐步入快速发展轨道。截至2009年底，全行业实现网上保费收入合计77.7亿元，其中财产险保费收入51.7亿元，人身险保费收入26亿元。

有关统计报告显示，截至2010年底，中国互联网用户达4.57亿人，其中有35.1%的网民希望通过网络、电话等方式获取金融、保险服务。电子商务用户逐步显现出年轻化、知识化的特征，且具有一定的消费能力。在中国上网用户稳定增长的基础上，在线购物人群呈几何级增长，保险电子商务营销前景广阔。

在这个阶段，由于互联网保险公司电子商务保费规模相对较小，电子商务渠道的战略价值还没有完全体现出来，因此在渠道资源配置方面处于易被忽视的边缘地带。保险电子商务仍然未能得到各公司决策者的充分重视，缺少切实有力的政策扶持。

（三）全面创新发展阶段（2012—2014年）

相关统计数据显示，2012年，我国全年保险电子商务市场在线保费收入规模达到百亿元，在销售险种上多以短期意外险为主，部分寿险公司也在尝试销售定期寿险、健康险、投连险和万能险。各保险企业依托官方网站、保险超市、门户网站、离线商务（Online to Offline，简称O2O）平台、第三方电子商务平台等多种方式，开展互联网业务。各家保险公司逐步探索互联网业务管理模式，包括成立新渠道子公司开展集团内部代理，成立事业部进行单独核算管理，通过优势网络渠道获客，实现线上、线下配合，在淘宝、京东等第三方电子商业平台建立保险销售网络门店，成立专门的互联网保险公司等。其中，第三方电子商务平台凭借其流量、结算和信用优势，日益成为推动互联网保险快速发展的中流砥柱。

2013年被称为互联网金融元年，保险行业也在这一年取得跨越式发展，以万能险为代表的理财型保险引爆第三方电子商务平台市场。2013年"双十一"当天，寿险产品的总销售额超过了6亿元，其中国华人寿的一款万能险产品在10分钟内就卖出1亿元。其实早在2012年，国华人寿就从互联网保险中获益颇丰，曾通过淘宝聚划算，创下3天销售额过亿元的业绩。生命人寿也在2013年11月初正式启动天猫旗舰店，并在"双十一"当天8个小时内销售总额破亿元。

互联网保险绝不仅仅是保险产品的互联网化，而是对商业模式的全面颠覆，是保险公司对商业模式的创新。一个又一个的网销"神话"和网民数量的不断增多，让各传统保险公司纷纷将未来的发展方向集中在互联网上，保险公司进军电子商务已经成为不可阻挡的趋势。

相比于中小型保险公司借助第三方平台实现创新的方式，大型保险集团则更青睐于成立自有的电商公司。多家保险机构自建电子商务公司或网销平台，以期实现与产、寿险等不同业态的"协同效应"。互联网保险并不是把保险产品放到互联网上售卖这么简单，而是要充分挖掘和满足互联网金融时代应运而生的保险需求，更多地为互联网企业、平台、个人提供专业的保险保障服务。2013年11月6日，众安保险公司的成立，让各保险公司看到了互联网对传统商业模式的挑战。经过一段时间对互联网保险销售、营运、管理、风控、数据积累及分析，保险行业已摸索出一套相对可控、可靠的体系和经验，确立起互联网保险的基本模式。

（四）蓬勃发展阶段（2015年至今）

电子商务、互联网支付等相关行业的高速发展为保险行业的电商化奠定了产业及用户基础，2015年互联网保险保费规模实现爆发式增长，互联网保险渗透速度加快。越来越多的保险公司意识到互联网保险不仅是销售渠道的变迁，还是依照互联网的规则与习惯，对现有保险产品、运营与服务模式的深刻变革。

尽管传统保险企业在短期内还难以迅速实现业务和产品向互联网的全面转型，但相信在不远的将来，保险行业会积极探索出互联网对传统保险业务的突破口，进而寻求新的业务发展空间。

真正的互联网保险，不仅仅是把传统的保险产品移植到网上，更是重新构造股东、客户、企业、网络平台以及关联各方的价值体系和运作逻辑；不单要搭建O2O、企业对消费者（Business to Customer，简称B2C）的保险营销架构，更要探索客户需求定制服务，让互联网保险这一新兴渠道真正形成一种新的业态。在保险业革新的道路上，专业互联网保险模式将扮演更重要的角色。

任务训练2 认识互联网保险产品

任务训练目标

通过完成认识互联网保险产品的任务训练，能够运用互联网保险产品相关知识，区分传统互联网保险产品和特色互联网保险产品。

知识要点

一、传统互联网保险产品

（一）互联网人身险产品

从人身险的产品类别来看，人寿保险产品、健康保险产品和意外伤害保险产品在互联网渠道均有销售。目前在互联网渠道销售的人寿险产品主要有定期寿险、终身寿险、生存年金保险、两全保险等。例如，蚂蚁保险平台销售的中国人保寿险的"全民保·终身养老金"、同方全球人寿的"全民保·定期寿险"、泰康人寿的"全民保·教育金"均为互联网寿险产品。

互联网健康险产品主要以医疗险和重疾险为主。2016年众安在线推出的一款名为"尊享e生"的百万医疗险，凭借其高保额、低保费、免赔额的特点，迅速被消费者接受。目前多家保险公司都推出了百万医疗险产品。百万医疗保险是一款为解决高额医疗费用问题而诞生的互联网医疗保险产品。这款产品能够保障社保内不能报销的医疗费用，弥补了社会医疗保险在报销药物种类和报销额度等多方面的不足，一经推出就深受保险消费者喜欢。互联网重疾险产品根据消费者不同的需求特点进行了非常细致的划分，根据保障期限不同，分为短期重疾险产品和长期重疾险产品；根据年龄和性别属性的不同，分为成人重大疾病保险、少儿重大疾病保险及女性专属重大疾病保险等。消费者可以根据自身的需要挑选适合自己的重疾险产品。

互联网意外险产品主要以综合意外险和交通工具意外险为主。同时，各家保险公司将互联网意外险产品进行了细致的划分。例如，交通工具意外险产品有航空、公共交通、私家车等不同类型；旅游意外险产品从境内、境外、期限长短的角度进行区分，一些保险公司将境外意外险又具体细分为东南亚、北美、欧洲、日韩等。意外险由于其保费低、条款简单易懂，深受互联网保险消费者喜欢。

（二）互联网财产险产品

互联网财产险由车险产品和非车险产品构成。非车险产品主要包括财产险、信用保证保险、责任保险等。

车险产品方面，目前多家保险公司都开通了线上车险业务，消费者可以在线对比各家保险公司的产品，进行车险产品的报价。非车险产品方面，财产险以家庭财产保险为主，由于企业财产保险很难在网上实现自动核保，所以不利于在互联网上进行销售。在信用保证保险中，以小额消费贷款信用保证险为代表的个人融资类信保产品，在一些保险公司业务结构中的比例不断提升。在责任保险中，各家保险公司对产品进行了细分，例如停车场责任、雇主责任、监护人责任、宠物责任等。由于一些简单的责任保险比较容易设计成标准化产品，所以比较适合在互联网上销售。

二、特色互联网保险产品

我国的互联网保险经过多年的发展，既有传统类型的保险产品，也有基于场景化（场景化是指在对用户数据充分挖掘的基础上，在由时间、空间、地理位置、相关人物和相互关系的特定场景下，理解和判断用户需求、情感和态度，通过与用户交流，为用户提供适合的创意产品或服务的一种精准商业行为）的互联网保险产品。下面介绍几款比较有特色的场景化互联网保险产品。

（一）退货运费险

退货运费险是2010年11月由华泰保险公司联合淘宝网推出的一款新型互联网保险产品。该产品的内容是指在网上交易的过程中，买卖双方产生退货纠纷以后，保险公司根据投保人提供的商品订单号对退货过程中产生的单程运费提供保险。买家在购买商品或者卖家在出售商品时选择投保，万一发生退货，在退款完成后的72小时内，保险公司将按照规定对买家或者卖家的退货运费进行赔付。该保险产品的保险价格最低只有0.5元，保障期限最多为7天，理赔流程全程线上完成，保险金额为5～18元不等。退货运费险的理赔流程如图8-1所示。

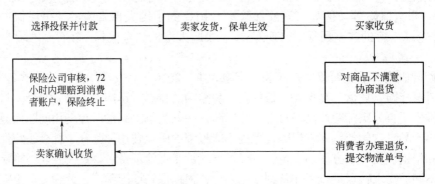

图8-1　退货运费险的理赔流程

退货运费险是在互联网购物飞速发展的大背景下产生的一个互联网保险产品，它的出现有效地解决了网络购物过程中由于商品退货原因而产生的运费纠纷，缓解了网络购物过程中买家对退货所产生额外运费的顾虑以及卖方的经营压力，从而大大地增加了消费者网络购物的数量。

（二）航班延误险

生活中常常会因为一些原因导致航班延误，造成出行人行程改变、出差会议耽误的情形，给出行人造成了很大的困扰。航班延误险就是在这种背景下应运而生的一款有特色的互联网保险产品。航班延误险全称是"航班延误与取消损失保险"，属于定额给付型产品，达到保险合同约定的航班延误赔付标准或航班取消赔付标准就可获取固定金额的赔偿，赔偿金额从数元到数百元不等。在投保了航班延误险之后，如果乘客搭乘的航班因自然灾害、恶劣天气、机械故障等因素造成航班延误，保险公司会负责赔偿。

例如，众安保险的"国内航班延误险"就是一款在互联网销量很高的航班延误险。该产品的保障期限为1日，发生航班起飞延误30～60分钟即可赔付6元，延误60～120分钟赔付16元，延误120分钟以上赔付66元。目前，航班延误险能够实现线上快速理赔，赔款快速到账，当航班发生延误保险事故时，一般不需提供航空公司证明，保险公司能够根据第三方数据平台提供的飞行航班及客票信息进行自动理赔，赔款以转账形式发放。

航班延误险的出现，在一定程度上能够缓解出行人焦急等待的心情，可以弥补因为等待而产生的困扰，是一款典型的针对行业痛点而开发的互联网保险产品。

（三）个人账户资金损失保险

如今，网银已成为人们日常生活中的常用工具，不仅可以通过网上银行转账、汇款，网上购物也成了人们喜欢的消费方式。与此同时，网络诈骗、个人账户密码泄露、钓鱼网站、窃取账户财产信息等问题也层出不穷，互联网时代个人账户资金面临着很多的风险，网络支付安全保障成为人们的迫切需求。

目前，多家保险公司针对个人账户资金安全问题推出了相应的互联网保险产品。例如，国泰产险推出的一款"资金保防盗防骗险"就是一款能够全面保障个人账户的资金安全的保险产品。这款保险保障范围包含：第一，被保险人的个人账户因被他人盗刷、盗用、复制导致的个人账户资金损失；第二，被保险人在被胁迫的状态下将个人账户交给他人使用，或将个人账户的账号及密码透露给他人导致的被保险人个人账户资金损失；第三，被保险人因遭遇保险合同约定的电信诈骗行为并通过银行或保单约定的第三方支付账户转账、汇款导致的被保险人个人账户资金损失。投保人可以根据自身需求选择不同的保险金额。

个人账户资金损失保险的特色在于比较全面地保障了个人名下的资金账户，保障了目前个人账户面临的网络风险，是互联网时代具有针对性及实用性的一款保险产品。

 ## 任务训练3　了解互联网保险的商业模式

 ### 任务训练目标

通过完成互联网保险商业模式的任务训练，能区分互联网商业模式的不同种类，分析在我们日常生活中遇到的互联网商业模式属于哪一种，针对不同的保险机构应选择哪种互联网商业模式。

知识要点

保险行业的商业模式关乎整个行业的综合竞争力，是行业转型升级的重要推进力量。截至目前，我国互联网保险已建立起以官方网站模式、第三方电子商务平台模式、网络兼业代理模式、专业中介代理模式和专业互联网保险公司模式五种模式为主导的基本互联网保险商业模式体系。

一、官方网站模式

官网，即官方网站，是网络上对主办者所持有的网站约定俗成的一种称谓，它是该网站专属主办者意志的体现，带有专用、权威的意思。互联网保险的官网模式是指在互联网金融产品的交易平台中，大中型保险企业、保险中介企业等为了更好地展现自身品牌、服务客户和销售产品所建立的自主经营的互联网站。建立官方网站的公司需要具备以下几个特点。

一是资金充足。企业建立自己的官网，不仅仅是为了展现产品，更多的是为了展现品牌，销售产品。而电子商务网站的流量是至关重要的前提条件，为了获取更多的流量，很多公司都不惜血本在线下传统媒体及线上百度、谷歌等搜索引擎上投入巨资，根据自己客户群的不同，在不同类型的网站上打广告。没有雄厚的资本支持，企业官网仅在广告投入这一方面就很难支撑。

二是丰富的产品体系。互联网金融中，很多企业是利用产品优势获得成功的，例如2012—2013年，在淘宝团购网站聚划算上销售的理财产品基本依赖于产品收益优势，掀起了一系列的销售高潮。但是，仅仅靠一两个明星产品，在互联网时代是不太可能获得成功的；拥有几个或一系列完整的产品体系，满足客户在不同时期、不同状态下的需求，一直是选择官网模式的企业所追求的目标。

三是运营和服务能力较强。互联网的最大特点就是透明，因此，一个官方网站要长久经营，从某种程度上就是比拼后台的运营和服务能力。而且，这种能力绝对不是将传统的运营体系照搬到网站上来，而是充分建立和使用互联网快速、便捷、安全的线上MIS（管理信息系统）、CRM（客户关系管理系统）、ERP（企业资源计划系统）等系统，对运营流程进行大刀阔斧的、适合互联网特点的改造。

二、第三方电子商务平台模式

第三方电子商务平台，是指独立于商品或服务交易双方，使用互联网服务平台，依照一定的规范，为交易双方提供服务的电子商务企业或网站。通常来说，第三方电子商务平台具有相对独立、借助网络和流程专业等特点。

大型综合类网站依靠其自有的丰富的网站内容或完整的产品体系，往往拥有海量的流量和用户。如何更多更好地为客户提供产品或服务是网站生存的核心和基础，而金融产品作为一种虚拟产品，与传统生活服务类产品相比有着得天独厚的线上优势，越来越受到类似淘宝、天猫、京东等大型电子商务网站的青睐。苏宁易购更是通过直接向中国银监会申请开办第一家民营银行，向中国保监会申请全国性保险销售代理公司等举措，大举进军互联网金融。不仅是电子商务网站，新浪和搜狐等以内容为主的综合类平台也开始在网上直接销售金融产品。这充分说明，目前互联网金融已经被互联网企业普遍认为是一种惠及客户的增值服务。

国家金融监督管理总局规定，销售保险产品，必须获得国家金融监督管理总局或地方金融监管局颁发的保险代理许可证，并且在许可证上明确列明可销售的保险产品种类。

三、网络兼业代理模式

兼业代理模式向来在保险销售模式中扮演着极为重要的角色。互联网时代衍生出网络化的兼业代理模式，逐渐成为目前互联网保险公司中介行业最主要的业务模式之一，以其门槛低、办理简单、对经营主体规模要求不高等特点而受到普遍欢迎。例如，以银行为代表的保险兼业代理机构在网络上实现保险产品销售。此外，一些网站也兼业销售保险产品，如去哪儿网、途牛旅游网等，这些网站多数仅销售短期意外保险，产品种类较为单一。

四、专业中介代理模式

专业中介代理是由保险经纪公司或保险代理公司建立的网络销售平台。其功能类似于保险超市，可以提供多家保险公司的产品和服务，种类丰富，产品对比和筛选起来比较方便，咨询也更为便捷，用户在这里可以得到全面的一站式在线服务。中国保监会在2012年2月正式向社会公布了第一批包括中民保险网等19家企业在内的获得网上保险销售资格的网站，互联网保险公司中介网销的大门就此打开。此后保险中介业务规模得到高速发展。

五、专业互联网保险公司模式

2000年7月，泰康在线诞生，标志着专业互联网团队、专业保险互联网公司模式已经正式在保险行业内生根发芽。在此之后，包括平安、太平洋保险、新华人寿、太平人寿、中国人寿等保险巨头纷纷成立独立的电子商务公司。2013年11月，俗称"三马同槽"的纯互联网保险公司众安在线在上海宣告成立。由此，传统保险行业吹响了正面争夺互联网市场的号角。截至2019年6月底，保险行业已成立众安在线、泰康在线、易安财险和安心财险4家专业互联网保险公司。目前，互联网保险公司模式已得到社会广泛关注，其运营模式也在不断探索和尝试之中。随着互联网金融环境的逐步成熟，专业保险电子商务公司的不断创新，预计在不远的将来，线上交易会逐步以其独特的优势成为保险公司互联网金融的中坚力量。

知识拓展

根据保险公司经营业务主体的不同，专业互联网保险公司大致分为三种类型。

（1）产寿结合的综合性金融互联网平台。以中国人寿电子商务公司、平安新渠道公司等为代表的综合性电商平台，整合其集团旗下产、寿保险公司及其他金融板块，以统一的形象、统一域名、独立电子商务公司的方式推出，充分发挥了其品牌优势及产品优势。

（2）专注财险或寿险的互联网营销平台。以新华电商为代表的专业保险电商平台，拥有大量的传统渠道客户、寿险营销及运营经验、丰富的寿险产品，适时整合资源，用创新的互联网方式销售产品和提供服务。

（3）纯互联网的"众安"模式。带着纯正互联网基因的众安在线，自筹建之初，就受到各行各业的高度关注。这不仅意味着拥有海量客户、精通互联网运营的互联网公司开始重视线上保险的发展潜力，更意味着对传统保险公司的巨大冲击。

任务二　互联网保险的风险与监管

任务训练1　识别互联网保险的风险

任务训练目标

通过完成互联网保险风险的任务训练，能运用互联网保险风险知识，分析保险机构经营互联网保险业务面临的风险，分析保险消费者购买互联网保险面临的风险。

知识要点

一、信息安全风险

作为互联网保险的载体，网络服务器在为互联网保险平台提供便捷服务的同时，也因其自身的脆弱性和易受攻击性，不可避免地带来安全技术风险。

目前，通过互联网技术进行诈骗、盗窃的案件并不少见。互联网保险营销的安全性也存在较大风险，网络环境安全、认证问题未得到有效解决，实现安全的互联网保险营销，最受关注的就是网上支付的安全性，当前须建立健全安全认证体系。互联网保险营销需要一个安全的平台或载体支撑，才能解决保险消费者的保障安全和保险公司的数据安全。

出于安全因素考虑，信息安全风险主要包括网络安全风险、设备安全风险、个人信息风险和业务持续管理（BCM）风险。

（一）网络安全风险

在我国，网络安全是互联网保险业务顺利实现的重要前提，对于这种以计算机为平台的虚拟交易市场，最大的风险就是交易的安全性。可以说，安全问题是制约互联网保险的关键因素之一。造成安全风险的因素很多，既有人为的，也有由系统自身缺陷造成的，只有在业务开展过程中不断规避这些风险，才能促进互联网保险健康发展。

 知识拓展

网络安全风险

网络安全风险集中体现在网络系统运行安全风险、网络介入人员安全风险、信息传输安全风险、内外部非法侵入与病毒风险等几个方面。

（1）网络系统运行安全风险。系统层的安全风险主要来自操作系统和数据库的安全隐患，互联网保险网络采用的通用操作系统均存在安全漏洞，服务器和数据库的安全级别较低，这些都造成了系统安全的脆弱性。

（2）网络介入人员安全风险。互联网保险客户的疏忽和互联网保险平台内部员工的误操作，均有可能造成网络账户和密码外泄以及违规操作。这样的风险是最大的，一旦出现，将造成不可避免的巨大损失，会给企业造成极其严重的负面影响。

（3）信息传输安全风险。网络的普及与互联网保险发展息息相关，我国网络安全问题尚未稳妥解决，在网络信息传输过程中，存在信息泄露等风险，网络安全协议亟待确立。

（4）内外部非法侵入与病毒风险。随着"黑客"入侵事件的日益猖獗，只从防御角度构造安全系统是不够的。黑客常用的入侵形式分为两种：拒绝服务攻击和非法入侵。随着计算机的不断普及，计算机病毒也成为攻击计算机的主要途径，互联网保险客户或非法入侵者很可能给互联网保险平台的整个业务系统带来各种各样的计算机病毒，并且迅速蔓延，造成在线保险业务数据的改变和破坏，甚至引发业务系统整体瘫痪。同时，"黑客"经常修改或者删除互联网保险平台的服务程序，窃取信息资料或盗用身份进行非法操作。

（二）设备安全风险

1. 设备实体安全风险

如果互联网保险平台的硬件设备不完善，或存在设计缺陷及兼容问题，很有可能发生运行风险而引发故障，导致系统崩溃，给用户带来巨大损失。

2. 电脑故障风险

在电脑运行过程中存在各种各样的风险，包括电脑硬件发生故障、其他配套实体硬件遭到破坏，当然也包含电脑系统漏洞等因素。因此，做好故障前的应急备案、及时保存正在运行的数据和文档是平时必须关注的。

（三）个人信息风险

1. 企业内部风险

保险公司的许多工作人员掌握认证方式、网络用户名及密码等机密信息，如果他们在网络上越权操作，就会使保险公司蒙受损失。一方面，保险公司没有为客户提供全方位的保单资料查询平台，投保人要查询保单的真实性很困难；另一方面，由于客户对保险业的相关信息缺乏了解，没有查询销售者的资质情况，导致保险公司内部职员利用工作之便制造虚假保单，欺骗投保人，骗取保险费，截取客户退保资金，从而给保险公司的经营带来风险。

2. 客户隐私风险

互联网保险与一般的网上交易活动不同，互联网保险要求投保人必须提供详尽的个人资料，如身体状况、疾病史、家庭状况、职业等信息，这些资料涉及个人隐私。调查显示，绝大部分消费者由于担心个人隐私得不到有效保护而放弃了网上交易。公司搜索的信息可能会详尽地包括人们的消费和生活方式的各个细节，而消费者并不愿意将这些信息透露给别人，如果这些信息与电话、医疗、教育、交通、治安记录综合到一起，就可以对某个人的生活进行确切描述。这些行为虽然提高了保险公司的市场定位能力，但同时使投保人面临潜在的隐私权的侵犯和为此提起的诉讼。

📚 知识拓展

互联网保险对客户隐私权的侵犯包括两种情况：一是网络经纪人或互联网保险平台在客户完成在线投保后故意出售客户的个人信息以获取利润，在主观上对客户隐私造成恶意侵犯；二是从客观上看，网络的开放性和安全技术的有限性的确很难保证个人信息的搜集、加工、储存和再使用等过程滴水不漏，这也给客户的隐私权保护带来隐患。

（四）业务持续管理风险

信息系统逐步成为现代企业生存运转的命脉。而对于互联网保险来说，这是其发展的硬件条件。火灾、水灾、爆炸、地震或雷击等自然原因引起的设备线路故障，以及"黑客"攻击、人为破坏等非自然原因引起的各种灾难，时刻威胁互联网保险业务。此外，互联网保险业务还必须处理网络数据拥堵、大数据冲击导致的系统瘫痪而产生的业务持续管理风险。虽然无法根除这些造成IT系统中断的因素，但很多风险和损失可以通过有效的机构风险管理机制予以削减，从而使IT系统更稳定地持续运行。网络信息安全的业务持续管理服务正是达到这一目的的有效手段。

二、逆选择风险

不管是传统保险还是互联网保险，道德风险和逆选择风险都是影响保险公司发展的主要障碍，其在互联网保险中因保险人与被保险人的信息不对称更加严重，所以由此引起的损失更加惨重。"最大诚信原则"规定：只有保险双方都履行如实告知的义务，保险合同才能生效。而在互联网保险业务中，保险人与被保险人之间的沟通会受到一定程度的限制，容易滋生"欺骗冲动"所导致的机会主义行为，信息不对称的问题可能更加严重。对于投保人来说，因保险人无法直接观察和了解其风险水平，很难精确评估风险，所以被保险人更有可能无法履行如实告知的义务，或者进行逆向选择，给保险人带来经营风险。

三、产品风险

通过互联网实现保险销售业务流程，取得营销新突破，首先要有一系列适合的产品出现。而为互联网保险设计产品时，不仅要重视产品本身的设计，更重要的是要考虑整个投保流程的网络化操作，如保全、理赔查询、售后服务、在线咨询、保单验真、投保方案演示、风险提示等个性化服务，并对保险公司风险防控甚至行业的信息对接提出了较高的要求。保险公司在推出互联网保险产品时，需要将产品条款进行通俗化、多样化的处理，让客户更容易看懂。因此，设计互联网保险产品时，必须综合考虑上述特殊因素和风险。

四、业务风险

出于业务因素考虑，业务风险主要包括业务信息安全风险、营销模式风险、产品开发风险、资产负债匹配风险、操作风险、声誉风险、交易可回溯性风险以及互联网保险衍生出的新业务模式带来的新风险。

（一）业务信息安全风险

保险公司拥有数据量特别庞大的业务信息，主要是客户的个人信息，这些信息包含了客户的许多行为，一旦泄露，将会给客户造成很大的影响，同时也会给企业带来不良信誉的影响。

（二）营销模式风险

尽管《中华人民共和国电子签名法》对以电子签名为手段的数字认证赋予了法律认可，但从一些保险公司现有的运营模式来看，一些保险公司的网络营销只停留在购买方式的层面上，网络营销还没有像电话营销渠道一样推出专属产品。实际上，一些保险公司只是通过网站广告、信息链接记录客户信息和联系方式，再由后台人员完成报价和办理投保，最后上门收取保费和配送保单，大部分工作还是由线下操作完成。

（三）产品开发风险

产品开发主要包括产品设计和产品定价两个方面，必须根据资本市场条件强劲或者低迷等情况来判定，如资本市场强劲，投连险销售较好，就可能带动一部分传统、万能险的退保。根据宏观经济、销售渠道、销售区域、客户群体等，开发团队须设计并锁定合理的风险，消除或降低其他风险，同时制定风险管控目标和计划，设定合理并可监控的定价假设与利润目标。

（四）资产负债匹配风险

资产负债匹配主要是对银行保险金融类企业的管理要求，是国家金融监督管理总局和其他金融监管部门防范风险的一种措施，该措施的基本点建立在控制企业资产与负债相匹配的原则上。

资产负债管理是以资产负债表各科目之间的对称原则为基础，来缓解流动性、盈利性和安全性之间的矛盾，达到"三性"的协调平衡。所谓对称原则，主要是指资产与负债科目之间期限和利率要对称，以期限对称和利率对称的要求来不断调整其资产结构和负债结构，实现经营上风险最小化和收益最大化。

（五）操作风险

操作风险与人为失误、不完备的程序控制、欺诈和犯罪活动相联系，它是由技术缺陷和系统崩溃引起的。

操作风险受到国际金融业的高度重视。这是因为金融机构越来越庞大，产品越来越多样化和复杂化，金融业务对以计算机为代表的IT技术的高度依赖，还有金融业和金融市场的全球化的趋势，使得一些操作上的失误可能带来很大的甚至是极其严重的后果。过去一二十年里，这方面已经有许多惨痛的教训。巴林银行的倒闭就是一个令人触目惊心的例子。

而互联网保险则给保险公司的操作风险带来了新的定义。由于互联网保险的整体设计、操作流程一致，导致客户操作带来的风险原因多样化，不好排查；原先由于个别业务人员造成的单张或几张保单的失误，将由互联网发酵，带来恶劣的影响；批量业务的到来会增加业务人员操作上发生错误的可能。

上述操作风险，必须由公司制订完整的、适用的互联网保险操作风险排查流程，并严格执行，认真测试，才有避免的可能。

知识拓展

根据《巴塞尔新资本协议》，操作风险可以分为由人员、系统、流程和外部事件所引发的四类风险，并由此分为七种表现形式：内部欺诈，外部欺诈，聘用员工做法和工作场所安全性，客户、产品及业务做法，实物资产损坏，业务中断和系统失灵，交割及流程管理。

（六）声誉风险

声誉风险被认为是由于声誉事件的发生导致社会对公司评价降低，从而对公司造成危险和损失的可能性。声誉事件是指引发公司声誉风险的相关行为或事件。重大声誉事件是指造成公司重大损失、市场大幅波动、引发系统性风险或影响社会经济秩序稳定的声誉事件。

互联网将保险产品推广的便利、低成本带给保险业之后，也悄然打开了"潘多拉的魔盒"，即声誉风险。互联网方便、快捷，信息的流通速度已经在毫秒级，而信息的受众则是千万甚至是亿的级别。一个小的失误、声誉上的瑕疵、客户的不满等，都可能在互联网上发酵、爆发。"微时代""移动互联网"的来临，不仅让广大客户群接触到了零距离的互联网世界，也让手指点碰转发消息、新闻成为一种时尚和习惯。若保险公司不能很好地处理日常工作中的问题，一经互联网传播，势必给公司声誉带来恶劣的影响。根据客户忠实度理论，传闻的真实性不必深究，而带来的负面影响却是客户流失与潜在客户的不信任。

（七）交易可回溯性风险

交易可回溯性风险是指互联网保险因缺少交易过程的记录而导致的不必要赔付、损失等额外现金支出、声誉受损的风险。

互联网保险没能改变保险业传统业务的本质，需要留下客户资料进行保全业务。那么如何将传统业务的可回溯性带入互联网保险，以避免互联网保险中的交易可回溯性风险，是互联网保险的一个难题。

在互联网保险的实现过程中，需建立有效机制记录客户操作，并按保单特征进行保存，做到保单可回溯、可查证，避免后期保全带来不必要的风险。另外，客户身份识别、反洗钱等风险防范措施须做足、做到位，避免恶意投保人带来的风险。

（八）互联网保险衍生出的新业务模式带来的新风险

互联网保险给保险业注入了新的活力，同时也给保险业带来了之前没有的问题。保险业不懈地探索和发现，在不断发展互联网保险业务的同时，也须时刻甄别互联网保险中存在的新风险。

一个传统意义上的风险防范过程，包括风险的识别、计量、控制、反馈等环节。对互联网保险而言，识别新风险是一个首要的难题。因此，保险公司在进行互联网保险业务时，不能急功近利，不可盲目追求大规模，而忽略目前没有发现的风险。

一个新兴事物的诞生，必然伴随着各种各样的机遇、挑战。政策滞后于发展和监管落后于业务等问题时刻困扰着保险业。保险业在不断扩展新领域的同时，也须关注新的挑战，规避新风险，迎接新机遇。

任务训练2 认识互联网保险监管的内容

任务训练目标

通过完成互联网保险监管内容的任务训练，能运用我国互联网保险监管的相关知识，根据互联网保险监管的需要，监管互联网保险市场。

知识要点

《互联网保险业务监管办法》自2021年2月1日起实施，该办法指出互联网保险业务是指保险机构依托互联网订立保险合同、提供保险服务的保险经营活动。《互联网保险业务监管办法》从基本业务规则、特别业务规则、监督管理等方面对我国的互联网保险业务加以监管。

一、基本业务规则

（一）业务条件

《互联网保险业务监管办法》规定，开展互联网保险业务的保险机构及其自营网络平台应具备以下条件。

第一，服务接入地在中华人民共和国境内。自营网络平台是网站或移动应用程序（APP）的，应依法向互联网行业管理部门履行互联网信息服务备案手续、取得备案编号。自营网络平台不是网站或移动应用程序（APP）的，应符合相关法律法规的规定和相关行业主管部门的资质要求。第二，具有支持互联网保险业务运营的信息管理系统和核心业务系统，并与保险机构其他无关的信息系统有效隔离。第三，具有完善的网络安全监测、信息通报、应急处置工作机制，以及完善的边界防护、入侵检测、数据保护、灾难恢复等网络安全防护手段。第四，贯彻落实国家网络安全等级保护制度，开展网络安全定级备案，定期开展等级保护测评，落实相应等级的安全保护措施。对于具有保险销售或投保功能的自营网络平台，以及支持该自营网络平台运营的信息管理系统和核心业务系统，相关自营网络平台和信息系统的安全保护等级应不低于三级；对于不具有保险销售和投保功能的自营网络平台，以及支持该自营网络平台运营的信息管理系统和核心业务系统，相关自营网络平台和信息系统的安全保护等级应不低于二级。第五，具有合法合规的营销模式，建立满足互联网保险经营需求、符合互联网保险用户特点、支持业务覆盖区域的运营和服务体系。第六，建立或明确互联网保险业务管理部门，并配备相应的专业人员，指定一名高级管理人员担任互联网保险业务负责人，明确各自营网络平台负责人。第七，具有健全的互联网保险业务管理制度和操作规程。第八，保险公司开展互联网保险销售，应符合国家金融监督管理总局关于偿付能力、消费者权益保护监管评价等相关规定。第九，保险专业中介机构应是全国性机构，经营区域不限于总公司营业执照登记注册地所在省（自治区、直辖市、计划单列市），并符合国家金融监督管理总局关于保险专业中介机构分类监管的相关规定。第十，国家金融监督管理总局规定的其他条件。

保险机构不满足以上规定的，应立即停止通过互联网销售保险产品或提供保险经纪服务，并在官方网站和自营网络平台发布公告。保险机构经整改后满足规定的，可恢复开展相关互联网保险业务。保险机构拟自行停止自营网络平台业务经营的，应至少提前20个工作日在官方网站和自营网络平台发布公告。涉及债权债务处置的，应一并进行公告。

保险公司开展互联网保险销售，应在满足规定的前提下，优先选择形态简单、条款简洁、责任清晰、可有效保障售后服务的保险产品，并充分考虑投保的便利性、风控的有效性、理赔的及时性。保险公司开发互联网保险产品应符合风险保障本质、遵循保险基本原理、符合互联网经济特点，并满足国家金融监督管理总局关于保险产品开发的相关监管规定，做到产品定价合理、公平和充足。不得违背公序良俗、不得进行噱头炒作、不得损害消费者合法权益和社会公共利益，不得危及公司偿付能力和财务稳健。

（二）销售管理

《互联网保险业务监管办法》规定，保险机构开展互联网保险业务，应加强销售管理，充分进行信息披露，规范营销宣传行为，优化销售流程，保护消费者合法权益。

1. 保险机构设置互联网保险栏目进行信息披露

开展互联网保险业务的保险机构应建立官方网站，参照《保险公司信息披露管理办法》相关规定，设置互联网保险栏目进行信息披露，披露内容包括但不限于：第一，营业执照、经营保险业务相关许可证（备案表）。第二，自营网络平台的名称、网址，以及在中国保险行业协会官方网站上的信息披露访问链接。第三，一年来综合偿付能力充足率、风险综合评级、消费者权益保护监管评价等相关监管评价信息，国家金融监督管理总局另有规定的从其规定。第四，保险机构之间开展合作的，各保险机构应分别披露合作机构名称、业务合作范围及合作起止时间。第五，互联网保险产品名称、产品信息（或链接），产品信息包括条款、审批类产品的批复文号、备案类产品的备案编号或产品注册号、报备文件编号或条款编码。第六，互联网保险产品及保单的查询和验真途径。第七，省级分支机构和落地服务机构的名称、办公地址、电话号码等。第八，理赔、保全等客户服务及投诉渠道，相关联系方式。第九，经营变化情况。第十，国家金融监督管理总局规定的其他内容。

2. 保险机构在自营网络平台列明信息

《互联网保险业务监管办法》同时规定，保险机构应在开展互联网保险业务的自营网络平台显著位置，列明以下信息：第一，保险产品承保公司设有省级分支机构和落地服务机构的省（自治区、直辖市、计划单列市）清单。第二，保险产品承保公司全国统一的客户服务及投诉方式，包括客服电话、在线服务访问方式、理赔争议处理机制和工作流程等。第三，投保咨询方式、保单查询方式。第四，针对消费者个人信息、投保交易信息和交易安全的保障措施。第五，自营网络平台在中国保险行业协会官方网站上的信息披露访问链接。第六，经营变化情况。第七，国家金融监督管理总局规定的其他内容。

3. 保险机构列明互联网保险产品信息

保险机构开展互联网保险业务，在互联网保险产品的销售或详情展示页面上应包括以下内容：第一，保险产品名称（条款名称和宣传名称），审批类产品的批复文号，备案类产品的备案编号或产品注册号，以及报备文件编号或条款编码。第二，保险条款和保费（或链接），应突出提示和说明免除保险公司责任的条款，并以适当的方式突出提示理赔条件和流程，以及保险合同中的犹豫期、等待期、费用扣除、退保损失、保单现金价值等重点内容。第三，保险产品为投连险、万能险等人身保险新型产品的，应按照国家金融监督管理总局关于新型产品信息披露的相关规定，清晰标明相关信息，用不小于产品名称字号的黑体字标注保单利益具有不确定性。第四，投保人的如实告知义务，以及违反义务的后果。第五，能否实现全流程线上服务的情况说明，以及因保险机构在消费者或保险标的所在地无分支机构而可能存在的服务不到位等问题的提示。第六，保费的支付方式，以及保险单证、保费发票等凭证的送达方式。第七，其他直接影响消费者权益和购买决策的事项。

4. 保险机构的互联网保险营销宣传管理

这里的互联网保险营销宣传，是指保险机构通过网站、网页、互联网应用程序等互联网媒介，以文字、图片、音频、视频或其他形式，就保险产品或保险服务进行商业宣传推广的活动。保险机构开展互联网保险营销宣传活动应符合《中华人民共和国广告法》、金融营销宣传以及国家金融监督管理总局相关规定。

第一，保险机构应建立从业人员互联网保险营销宣传的资质、培训、内容审核和行为管理制度。第二，保险机构应从严、精细管控所属从业人员互联网保险营销宣传活动，提高从业人员的诚信和专业水平。保险机构应对从业人员发布的互联网保险营销宣传内容进行监测检查，发现问题及时处置。第三，保险机构从业人员应在保险机构授权范围内开展互联网保险营销宣传。从业人员发布的互联网保险营销宣传内容，应由所属保险机构统一制作，并在显著位置标明所属保险机构全称及个人姓名、执业证编号等信息。第四，开展互联网保险营销宣传活动应遵循清晰准确、通俗易懂、符合社会公序良俗的原则，不得进行不实陈述或误导性描述，不得片面比较保险产品价格和简单排名，不得与其他非保险产品和服务混淆，不得片面或夸大宣传，不得违规承诺收益或承诺承担损失。第五，互联网保险营销宣传内容应与保险合同条款保持一致，不得误导性解读监管政策，不得使用或变相使用监管机构及其工作人员的名义或形象进行商业宣传。第六，互联网保险营销宣传页面应明确标识产品为保险产品，标明保险产品全称、承保保险公司全称以及提供销售或经纪服务的保险中介机构全称；应用准确的语言描述产品的主要功能和特点，突出说明容易引发歧义或消费者容易忽视的内容。第七，保险机构及其从业人员应慎重向消费者发送互联网保险产品信息。消费者明确表示拒绝接收的，不得向其发送互联网保险产品信息。第八，保险机构应对本机构及所属从业人员互联网保险营销宣传承担合规管理的主体责任。

5. 保障消费者的知情权和自主选择权

保险机构应提高互联网保险产品销售的针对性，采取必要手段识别消费者的保险保障需求和消费能力，把合适的保险产品提供给消费者，并通过以下方式保障消费者的知情权和自主选择权。第一，充分告知消费者售后服务能否全流程线上实现，以及保险机构因在消费者或保险标的所在地无分支机构而可能存在的服务不到位等问题。第二，通过互联网销售投连险、万能险等人身保险新型产品或提供相关保险经纪服务的，应建立健全投保人风险承受能力评估及业务管理制度，向消费者做好风险提示。第三，提供有效的售前在线咨询服务，帮助消费者客观、及时了解保险产品和服务信息。第四，通过问卷、问询等方式有效提示消费者履行如实告知义务，提示消费者告知不准确可能带来的法律责任，不得诱导消费者隐瞒真实健康状况等实际情况。第五，在销售流程的各个环节以清晰、简洁的方式保障消费者实现真实的购买意愿，不得采取默认勾选、限制取消自动扣费功能等方式剥夺消费者自主选择的权利。

6. 非保险机构不得开展保险业务

非保险机构不得开展互联网保险业务，包括但不限于以下商业行为：第一，提供保险产品咨询服务。第二，比较保险产品、保费试算、报价比价。第三，为投保人设计投保方案。第四，代办投保手续。第五，代收保费。

（三）服务管理

1. 建立全流程服务体系

《互联网保险业务监管办法》规定，保险公司应建立健全在线核保、批改、保全、退保、理赔和投诉处理等全流程服务体系，加强互联网保险业务的服务过程管理和服务质量管理，并根据客户评价、投诉等情况，审视经营中存在的问题，及时改进产品管理，优化服务流程。服务水平无法达到要求的，保险公司应主动限制互联网保险业务的险种和区域。保险公司应在自营网络平台设立统一集中的客户服务业务办理入口，提升线上服务能力，与线下服务有机融合，并提供必要的人工辅助，保障客户获得及时有效的服务。对于部分无法在线完成核保、保全、理赔等保险业务活动的，保险公司应通过本公司分支机构或线下合作机构做好落地服务，销售时应明确告知投保人相关情况。线下合作机构应是其他保险机构及其分支机构，包括区域性保险专业中介机构。对于完全无法在线完成批改、保全、退保、理赔等保险业务活动的，保险公司不得经营相关互联网保险产品。

2. 加强互联网保险售后服务

保险公司应不断加强互联网保险售后服务的标准化、规范化、透明化建设：第一，在自营网络平台明示业务办理流程和客户权利义务，一次性告知业务办理所需材料清单，明确承诺服务时限。第二，提供包含电话服务、在线服务在内的两种及以上服务方式。第三，提供客户自助查询服务，及时向客户展示告知处理进程、处理依据、预估进展、处理结果。涉及保费、保险金、退保金等资金收付的，应说明资金的支付方式，以及资金额度基于保费、保险金额或现金价值的计算方法。第四，提升销售和服务的透明化水平，可在自营网络平台提供消费者在线评价功能，为消费者提供消费参考信息。

3. 建立健全理赔争议处理机制和工作流程

保险公司应建立健全理赔争议处理机制和工作流程，及时向客户说明理赔决定、原因依据和争议处理办法，探索多元纠纷解决机制，跟踪做好争议处理工作。同时，保险公司应建立完整的客户投诉处理流程，建设独立于销售、理赔等业务的专职处理互联网保险客户投诉的人员队伍。对于国家金融监督管理总局及其派出机构、相关行业组织、消费者权益保护组织、新闻媒体等转送的互联网保险业务投诉，保险公司应建立有效的转接管理制度，纳入互联网保险客户投诉处理流程。

（四）运营管理

《互联网保险业务监管办法》要求，保险机构在运营管理上应做到如下方面。

第一，保险机构应采用有效技术手段对投保人身份信息的真实性进行验证，应完整记录和保存互联网保险主要业务过程。第二，保险公司与保险中介机构合作开展互联网保险业务的，应审慎选择符合本办法规定、具有相应经营能力的保险中介机构，做好服务衔接、数据同步和信息共享。第三，保险机构授权在本机构执业的保险销售、保险经纪从业人员为互联网保险业务开展营销宣传、产品咨询的，应在其劳动合同或委托协议中约定双方的权利义务，并按照相关监管规定对其进行执业登记和管理，标识其从事互联网保险业务的资质以供公众查询。第四，保险公司向保险中介机构支付相关费用，或保险机构向提供技术支持、客户服务等服务的合作机构支付相关费用，应按照合作协议约定的费用种类和标准，由总公司或其授权的省级分支机构通过银行或合法第三方支付平台转账支付，不得以现金形式进行结算。保险机构不得直接或间接给予合作协议约定以外的其他利益。第五，保险机构应严格按照网络安全相关法律法规，建立完善与互联网保险业务发展相适应的信息技术基础设施和安全保障体系，提升信息化和网络安全保障能力。第六，保险机构应承担客户信息保护的主体责任，收集、处理及使用个人信息应遵循合法、正当、必要的原则，保证信息收集、处理及使用的安全性和合法性。第七，保险机构应制定互联网保险业务经营中断应急处置预案。第八，保险机构应建立健全反洗钱内部控制制度、客户尽职调查制度、客户身份资料和交易记录保存制度、大额交易和可疑交易报告制度，履行《中华人民共和国反洗钱法》规定的反洗钱义务。第九，保险机构应建立健全互联网保险业务反欺诈制度，加强对互联网保险欺诈的监控和报告，及时有效处置欺诈案件。第十，保险机构停止经营互联网保险相关业务的，应采取妥善措施做好存续业务的售后服务，有效保护客户合法权益。第十一，保险机构应开展互联网保险业务舆情监测，积极做好舆情沟通，回应消费者和公众关切，及时有效处理因消费争议和纠纷产生的网络舆情。

二、特别业务规则

（一）互联网保险公司

互联网保险公司是指为促进保险业务与互联网、大数据等新技术融合创新，专门批准设立并依法登记注册，不设分支机构，在全国范围内专门开展互联网保险业务的保险公司。

《互联网保险业务监管办法》特别指出，互联网保险公司不得线下销售保险产品，不得通过其他保险机构线下销售保险产品。

（二）保险公司

这里的保险公司，是指互联网保险公司之外的保险公司。保险公司开展互联网保险业务，要求保险公司总公司应对互联网保险业务实行统一、垂直管理。经营财产保险业务的保险公司在具有相应内控管理能力且能满足客户落地服务需求的情况下，可将相关财产保险产品的经营区域拓展至未设立分公司的省（自治区、直辖市、计划单列市）。经营人身保险业务的保险公司在满足相关条件的基础上，可在全国范围内通过互联网经营相关人身保险产品，具体由国家金融监督管理总局另行规定。不满足相关条件的，不得通过互联网经营相关人身保险产品。

（三）保险中介机构

保险中介机构开展互联网保险业务，经营险种不得突破承保公司的险种范围和经营区域，业务范围不得超出合作或委托协议约定的范围。保险中介机构及其自营网络平台在使用简称时应清晰标识所属行业细分类别，不得使用"××保险"或"××保险平台"等容易混淆行业类别的字样或宣传用语。

银行类保险兼业代理机构销售互联网保险产品应满足以下要求。第一，通过电子银行业务平台销售。第二，符合国家金融监督管理总局关于电子银行业务经营区域的监管规定。地方法人银行开展互联网保险业务，应主要服务于在实体经营网点开户的客户，原则上不得在未开设分支机构的省（自治区、直辖市、计划单列市）开展业务。无实体经营网点、业务主要在线上开展，且符合国家金融监督管理总局规定的其他条件的银行除外。第三，银行类保险兼业代理机构及其销售从业人员不得将互联网保险业务转委托给其他机构或个人。

（四）互联网企业代理保险业务

互联网企业代理保险业务是指互联网企业利用自营网络平台代理销售互联网保险产品、提供保险服务的经营活动。

互联网企业代理保险业务应获得经营保险代理业务许可。具体应满足以下要求：第一，具有较强的合规管理能力，能够有效防范化解风险，保障互联网保险业务持续稳健运营。第二，具有突出的场景、流量和广泛触达消费者的优势，能够将场景流量与保险需求有机结合，有效满足消费者风险保障需求。第三，具有系统的消费者权益保护制度和工作机制，能够不断改善消费体验，提高服务质量。第四，具有敏捷完善的应急响应制度和工作机制，能够快速应对各类突发事件。第五，具有熟悉保险业务的专业人员队伍。第六，具有较强的信息技术实力，能够有效保护数据信息安全，保障信息系统高效、持续、稳定运行。第七，国家金融监督管理总局规定的其他要求。

互联网企业可根据保险公司或保险专业中介机构委托代理保险业务，不得将互联网保险业务转委托给其他机构或个人。

三、监督管理

国家金融监督管理总局统筹负责互联网保险业务监管制度制定，国家金融监督管理总局及其派出机构按照关于保险机构的监管分工实施互联网保险业务日常监测与监管。国家金融监督管理总局可授权下级派出机构开展互联网保险业务相关监管工作。

保险机构应于每年4月30日前向互联网保险监管相关信息系统报送上一年度互联网保险业务经营情况报告。报告内容包括但不限于：业务基本情况、营销模式、相关机构（含技术支持、客户服务机构）合作情况、网络安全建设、消费者权益保护和投诉处理、信息系统运行和故障情况、合规经营和外部合规审计情况等。保险机构总经理和互联网保险业务负责人应在报告上签字，并对报告内容的真实性和完整性负责。保险机构应按照国家金融监督管理总局相关规定定期报送互联网保险业务监管数据和监管报表。

国家金融监督管理总局及其派出机构发现保险机构不满足规定的经营条件的，或存在经营异常、经营风险的，或因售后服务保障不到位等问题而引发投诉率较高的，可责令保险机构限期改正；逾期未改正，或经营严重危害保险机构稳健运行，损害投保人、被保险人或受益人合法权益的，可依法采取相应监管措施。保险机构整改后，应向国家金融监督管理总局或其派出机构提交整改报告。

项目小结

① 互联网保险是一种新兴的以计算机互联网为媒介的保险营销模式。一般将互联网保险定义为保险公司或保险中介机构通过互联网为客户提供保险产品及服务信息，实现网上投保、承保、核保、保全和理赔等保险业务，完成保险产品的在线销售及服务，并通过第三方机构实现保险相关费用的电子支付等经营管理活动。

互联网保险具有时效性、经济性、交互性、灵活性等特点。我国的互联网保险经历了萌芽期、探索期、全面创新发展期，目前正处在蓬勃发展阶段。

② 互联网保险产品既包含传统的财产保险产品和人身保险产品，也包括特色的互联网保险产品，例如退货运费险、航班延误险、个人账户资金损失保险等。

③ 我国互联网保险已建立起以官方网站模式、第三方电子商务平台模式、网络兼业代理模式、专业中介代理模式和专业互联网保险公司模式五种模式为主导的基本互联网保险商业模式体系。

④ 互联网保险面临的主要风险包括信息安全风险、逆选择风险、产品风险、业务风险等。针对互联网保险存在的风险，《互联网保险业务监管办法》从基本业务规则、特别业务规则、监督管理等方面对我国的互联网保险业务加以监管。

职业技能训练

【训练目标】

通过主观题叙述和客观题分析与演练，理解互联网保险的意义和特点，明确互联网保险的经营模式，学会进行互联网保险监管操作。

【训练任务】

准确描述互联网保险的含义及特征，辨别互联网保险经营模式的基本分类，通过自主探究、小组合作等方法完成互联网保险监管的操作。具体任务如下。

一、名词解释

互联网保险　官方网站模式　第三方电子商务平台模式　声誉风险

二、单项选择题

1.《中华人民共和国电子签名法》颁布于（　　）。

A. 2003年　　　　　B. 2004年　　　　　C. 2005年　　　　　D. 2006年

2. 我国第一个专业互联网保险公司是（　　）。

A. 众安在线　　　　B. 泰康在线　　　　C. 易安财险　　　　D. 安心财险

3.《互联网保险业务监管办法》开始实施于（　　）。

A. 2018年　　　　　B. 2019年　　　　　C. 2020年　　　　　D. 2021年

4. "众安保险"的发起筹建者不包括（　　）。

A. 腾讯　　　　　　B. 百度　　　　　　C. 阿里巴巴　　　　D. 微信

5. 下列属于互联网保险第三方电子商务平台模式的是（　　）。

A. 泰康在线　　　　B. 中国平安　　　　C. 中国保险网　　　D. 太保在线

6. 互联网保险业务渠道相对于传统保险业务渠道的优势不包括（　　）。

A. 信息获取的成本低   B. 完全消除供需双方的信息不对称

C. 交易流程的简化   D. 产品供给与需求的直接对接

三、多项选择题

1. 互联网保险的特点包括（   ）。

A. 时效性   B. 经济性   C. 交互性   D. 灵活性

2. 我国互联网保险的商业模式包括（   ）。

A. 官方网站模式   B. 第三方电子商务平台模式   C. 网络兼业代理模式

D. 专业中介代理模式   E. 专业互联网保险公司模式

3.《互联网保险业务监管办法》的监管内容包括（   ）。

A. 基本业务规则   B. 特别业务规则   C. 监督管理   D. 附则

四、判断题

1. 互联网保险可以有效避免信息的不对称问题。（   ）

2. 保险机构应保证互联网保险消费者享有不低于其他业务渠道的投保和理赔等保险服务，保障保险交易信息和消费者信息安全。（   ）

3. 保险机构开展互联网保险业务，不得进行不实陈述、片面或夸大宣传过往业绩、违规承诺收益或者承担损失等误导性陈述。（   ）

4. 保险机构应完整记录和保存互联网保险业务的交易信息，确保能够完整、准确地还原相关交易流程和细节。（   ）

5. 保险机构的从业人员可以以个人名义开展互联网保险业务。（   ）

五、思考与讨论

1. 简述互联网保险的特点。

2. 比较分析互联网保险的几种经营模式。

3. 论述互联网保险监管的主要内容。

六、案例分析

[案例一]

2018年6月至2019年6月，某保险经纪公司通过微信平台公众号及APP销售A财险保险产品，涉及个人住院综合医疗保险、老年综合医疗保险、人身意外伤害保险、住院综合医疗保险2017版B款四款产品。实际销售时首期保费按"首月3元"收取，低于其余同等时间各分期保费，与备案的条款费率表不同。2019年3月至2019年6月，该经纪公司通过微信平台公众号及APP销售B财险的综合医疗保险。该产品在银保监会备案的条款费率表仅有"按月缴费（首月投保0元，其余分11期支付）"描述，该经纪公司实际销售时首期保费按"首月3元"收取。

处罚结果：监管部门对机构罚款100万元，对总经理、精算部负责人分别警告并罚款10万元。

问题：保险经纪公司违反了互联网保险业务中的哪些规定？

[案例二]

某银行通过互联网（包括手机银行和网银）销售18款重疾险产品，对于部分免除保险公司责任的条款，未以网页、音频、视频等方式充分作出足以引起投保人注意的提示和明确说明。其中，15款产品展示免除保险公司责任条款的单独页面内容严重缺失。比如，某终身重大疾病保险，其展示免除保险公司责任条款的单独页面中，缺失"皮肤癌不在恶性肿瘤保障范围内""脑垂体瘤不在良性脑肿瘤保障范围内""因酗酒或药物滥用导致的深度昏迷不在保障范围内"等责任免除内容。

问题：该银行的做法未履行互联网保险业务中的哪些规定？

项目八答案

项目九
再保险

◇ 学生通过再保险项目的学习，能够运用再保险相关知识，分析比例再保险和非比例再保险的区别及保险金额的分配，分析再保险业务的安排方式以及适用情况。

◇ 明确再保险的含义、作用。

◇ 理解原保险与再保险的联系与区别。

◇ 掌握比例再保险和非比例再保险的主要内容。

◇ 了解再保险的业务安排方式。

中国农业再保险股份有限公司在京创立

2020年8月27日，银保监会批复同意财政部等9家单位共同发起筹建中国农业再保险股份有限公司（以下简称"中国农再"），注册资本161亿元人民币，注册地北京市。中国农再由财政部、中国再保险（集团）股份有限公司、中国农业发展银行、中华联合财产保险股份有限公司、中国人寿财产保险股份有限公司、北大荒投资控股有限公司、中国太平洋财产保险股份有限公司、中国平安财产保险股份有限公司、中国人民财产保险股份有限公司9家股东出资，其中财政部持股比例为55.9%。中国农再的业务范围包括农业保险的再保险业务以及转分保业务，上述再保险业务的服务、咨询业务，保险资金运用业务，以及经中国银保监会批准的其他业务。

据了解，经国务院批准，中国农再由财政部、农业农村部、银保监会共同筹备组建。按照国务院批复的设立方案精神，中国农再定位于财政支持的农业保险大灾风险机制的基础和核心，基本功能是分散农业保险大灾风险，推动建立并统筹管理国家农业保险大灾基金，加强农业保险数据信息共享，承接国家相关支农惠农政策。中国农再将遵循"政府支持、市场运作、协同推进、保本微利"原则，实行约定分保与市场划分保相结合的经营模式，着力夯实农业保险大灾风险分散机制基础，切实推动农业保险高质量发展，助力全面推进乡村振兴，加快农业农村现代化。

任务一　全面认知再保险并区分再保险的种类

任务训练1　全面认知再保险

再保险的概念、
与原保险的关系

 任务训练目标

　　通过完成全面认知再保险的任务训练，能运用再保险的相关知识，认识到再保险与原保险的联系与区别，了解再保险的作用以及组织形式，明确保险公司是如何通过再保险来分散、转移风险的。

 知识要点

　　随着社会经济和科学技术的不断发展，社会财富日益增长，保险人承担的保险责任也日趋增大。由于自然灾害和意外事故造成的财产损失和人身伤害越来越大，保险人面临着巨灾风险和巨额风险。为了转移保险经营风险，保险人通过再保险，将超过自身承保能力的业务和责任转移给其他保险人，来实现保险责任与财务能力的匹配。这也是世界各国保险监管机构确保保险人偿付能力的一种有效手段。再保险以保险人保护自身偿付能力为目的，已成为现代保险经营中不可缺少的重要环节。

一、再保险的概念

　　我国《保险法》第二十八条规定："保险人将其承担的保险业务，以分保形式部分转移给其他保险人的，为再保险。"再保险又称第二次保险或者分保，是指保险人在原保险合同的基础上，通过订立合同，将其所承保的部分风险和责任向其他保险人进行保险的行为。再保险就是保险的保险。

　　在再保险合同中，分出业务的保险公司称为分出公司、分保分出人或原保险人；接受再保险业务的保险公司称为分入公司、分保接受人或再保险人。原保险人分出的那部分风险责任叫分保额或分出额，而自己保留的那部分责任叫自留额。如果再保险人又将接受的分保业务再分给其他的保险人，这种做法叫作转分保。原保险人转嫁风险和责任，要向再保险人支付一部分保费，这种保费叫分保费。而原保险人承保业务要花一定的费用，因此，要向再保险人收取一定的手续费，这种手续费叫分保手续费，也称分保佣金。有时，再保险人还从分保盈余中支付一定比例的佣金给分保分出人，这种佣金叫盈余佣金。盈余佣金按盈余多少确定不同的比例，盈余越多，比例越高，这样可促使分保分出人更加注意选择业务质量。而且按照国际惯例，再保险分出人应将其自负责任及其有关情况告知再保险分入人，从而为提高业务质量提供了法律保证。

　　在再保险合同中，分保双方责任的分配与分担是通过确定自留额和分保额来体现的，而自留额和分保额都是按危险单位来确定的。危险单位是指保险标的发生一次灾害事故可能造成的最大损失范围。危险单位的划分既重要又复杂，应根据不同的险别和保险标的来决定。危险单位的划分关键是要和每次事故最大可能损失范围的估计联系起来考虑，而并不一定和保单份数相等同。危险单位的划分不是一成不变的。对于每一危险单位或一系列危险单位的保险责任，分保双方通过合同按照一定的计算基础对其进行分配。

二、再保险与原保险的关系

（一）再保险与原保险的联系

再保险是保险人将原保险业务分给其他保险人的过程。当原保险合同约定的保险事故发生时，再保险人按照保险合同的规定对原保险人承担的损失给予补偿。再保险与原保险具有十分密切的关系，二者相辅相成，相互促进，如图9-1所示。

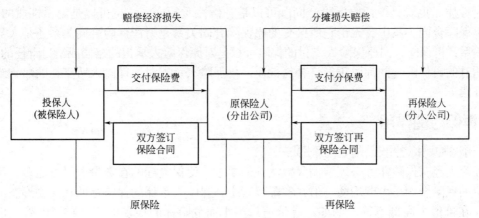

图9-1 再保险与原保险的关系示意图

1. 原保险是再保险的基础，再保险是原保险派生的

从逻辑上说，先有原保险，而后才可能有再保险。再保险的产生和发展是基于原保险人经营中分散风险的需要。再保险是以原保险人承保的风险责任为保险标的，以原保险人的实际赔款和给付为摊赔条件的。所以，其保险责任、保险金额、保险期限等都必须以原保险合同为基础，没有原保险就没有再保险。因此，原保险和再保险是相辅相成的，它们都是对风险的承担与分散。

2. 再保险是对原保险的保险，再保险支持和促进原保险的发展

保险人将自己所承担的一部分风险责任向再保险人分保，从而也将一部分风险责任转移给再保险人。当原保险人承担的保险标的发生损失时，再保险必须按保险合同的规定分担相应的赔款。原保险人从再保险人那里摊回分保部分的赔款，有利于保障原保险人经营的安全与稳定。可见，再保险作为原保险的保险，是对原保险人所承保风险的进一步分散，原保险人通过再保险可以控制自己的保险责任，扩大承保能力，从而支持和促进原保险的发展。

（二）再保险与原保险的区别

虽然再保险是原保险的延续，但再保险不是原保险的组成部分，两者有着明显的区别。

1. 保险关系的主体不同

原保险是保险人与投保人或被保险人之间的合同关系，主体一方是保险人，另一方是投保人或被保险人；在再保险合同关系中，处于保险人位置上的是再保险人，而处于投保人或被保险人位置上的是原保险人，合同双方主体都是保险人。

2. 保险标的不同

原保险合同中的保险标的既可以是财产及其利益、责任、信用，也可以是人的寿命

和身体；再保险合同中的保险标的只能是原保险人承保被保险人保险合同的保险责任的一部分。

3. 合同性质不同

在原保险合同关系中，根据保险类别的不同，保险合同的性质也不同。在财产保险合同关系中，当被保险人的财产及其利益、责任损失发生时，保险人支付给被保险人一方的保险金，可以全部或部分弥补被保险人的损失。因此，财产保险合同属于经济补偿性质的合同。在人身保险合同关系中，当约定的条件出现时，保险人向被保险人或受益人支付的保险金，并非用于或能够弥补被保险人的损失，因此人身保险合同不属于补偿性质的合同，而属于经济给付性质。也就是说，原保险合同既可以是补偿性质的合同，也可以是给付性质的合同。而在再保险合同关系中，无论它所接受的原保险合同关系是财产保险合同关系还是人身保险合同关系，再保险人向原保险人支付的保险金都是对原保险人承担的赔偿或给付责任的补偿，因此所有的再保险合同都属于经济补偿性质，再保险人负责对原保险人所支付的赔款给予一定的补偿。

三、再保险的作用

（一）再保险可以分散风险、控制损失

保险人经营保险业务必须遵循大数法则的要求，使保险标的在数量上尽可能多，每一危险单位的保险金额尽可能均衡。但在实际经营中，保险人承保的保险标的在实物形态上千差万别，在价值上高低不等。例如，有价值量很小而危险标的很多的家庭财产保险，也有价值量大而危险单位数量小的重大工程保险、核电站保险、卫星发射保险和海洋石油开发保险等。这很难达到大数法则的要求。通过再保险，可以将巨额危险化为小额危险，从而达到对每个危险单位责任控制和对全年累积责任控制的目的。通过再保险，保险人支付一定数量的分保费，就获得了较大的保障，当发生巨额损失时，就可以从分保接受人（再保险人）处摊回赔款，从而使损失控制在一定的限度内。

（二）再保险可以扩大保险人承保能力，增加业务量

保险人的承保能力是受其资本金、准备金等财务状况限制的。保险人的财务实力强，说明承受风险的能力大，就可以接受较多的保险业务；反之，保险人可接受的保险业务就少。通常各国都通过保险的有关立法，制定资本金、偿付能力等对保险公司的限制标准，以此来控制保险公司的经营额度和经营范围。例如，我国《保险法》第一百零二条规定："经营财产保险业务的保险公司当年自留保险费，不得超过其实有资本金加公积金总和的四倍。"但对于大多数保险人来说，都不希望受到自身资金的限制，而是尽量多承保些保险标的，增加业务量，这样有利于风险的进一步分散。尤其是随着高科技的发展和应用，保险标的越来越大，如卫星、核电站等保险标的的保险金额有几亿或几十亿，保险人会因自身资金的限制而无法承保巨额保险标的。而再保险就是解决保险人承保能力与财务能力之间矛盾的有效途径。保险人通过再保险，将超过自身财力部分的业务分给其他保险人，这样就可以在不增加资金的前提下，扩大保险人的承保能力，使原本没有能力承保的保险标的可以予以承保，同时又不影响保险人的偿付能力。保险人的承保能力扩大了，承保业务量也相应增加，承保风险得到了进一步的分散。

（三）再保险可以控制保险责任，保证经营稳定性

保险人在承保选择中，对风险大的保险标的可以拒绝承保，也可以采取各种承保控制的措施有条件地予以承保。但是在保险实务中，保险人往往考虑到与投保人的长期合作关系，拒保会伤和气，或者希望得到一项较大的保险项目，不得不接受一些风险大、质量

差的保险业务。针对这些情况，保险人要避免或减少承保风险，可以通过再保险方式，将自己已经承保的业务再分给其他保险人，使风险控制在合理的范围内，达到经营稳定的目的。保险人利用再保险，可以对每个危险单位的责任加以控制，也可以对一次事故中的累积责任加以控制，还可以对某一种保险险种的赔付率加以控制。我国《保险法》第一百零三条规定："保险公司对每一危险单位，即对一次保险事故可能造成的最大损失范围所承担的责任，不得超过其实有资本金加公积金总和的百分之十；超过的部分应当办理再保险。"

（四）再保险可以增进国际交流，提高保险技术

对于保险业正处于发展中的国家以及一些新成立的保险公司来说，由于保险的经验、资料、技术和财力都比较薄弱，在保险的经营方面会遇到很多障碍因素。通过再保险方式，可以获得再保险公司在业务、技术方面的指导和协助，避免一些失误，少走一些弯路，从而迅速发展起来。由于再保险业务是在国际范围内进行的，所以，通过再保险纽带可以增进对国际保险市场、再保险市场的了解。通过业务往来，还可以学习发达国家的保险先进经验和技术，促进同业之间的技术交流和友好往来。

除此之外，再保险在增加保险基金积累、提高保险公司的偿付能力等方面有着十分重要的作用。

四、再保险的组织形式

目前世界再保险市场承保人的组织形式很多，主要有以下几种。

（一）保险公司兼营再保险业务

保险公司兼营再保险业务是再保险最早的组织形式。在再保险业务尚不发达的时候，通常是由直接承保公司兼营。随着再保险业的发展，这种保险公司在经营直接业务的同时，也接受再保险业务。在现代，经营直接业务的保险公司更多是以自己的分出业务与同业进行分保交换，形成互惠分保。从经营再保险业务的角度看，属于兼营性质。这种互换业务，再保险双方既是分出公司，又是分入公司，可以相互抵消分保费支付，互惠互利。

（二）专业再保险公司

专业再保险公司是在再保险需求不断扩大、再保险业之间竞争加剧的情况下由兼营再保险业务的保险公司独立出来的，以适应再保险业的发展需要。专业再保险公司自身不承保直接业务，而是专门接受原保险人分出的业务，有时也将接受的一部分再保险业务进行转分。专业再保险公司的资金雄厚，具有较强的技术能力，信誉好，能够获得保险人的信任，有稳定的业务来源。目前，世界上约有200多家专业再保险公司，主要分布于欧美，德国的慕尼黑再保险公司、瑞士再保险公司等都是世界著名的专业再保险公司。

（三）再保险集团

再保险集团是由若干家保险公司或再保险公司经共同协议，联合组成的再保险集团组织。这种再保险组织有一个国家的，也有地区性的、跨区域性的。按照共同的协议，以固定的比例，共同承担每一成员公司所提供的分保业务。这种集团的特点是参加集团的成员公司既是分出公司，又是分入公司。成员公司将本身承保的业务在扣除自留额后交给集团，再在集团规定的总自留额内按照事先商定的比例认购一定的份额，这样共同分担每一成员公司的分入业务，通过集团在内部形成分保关系。

知识拓展

中国再保险（集团）股份有限公司

中国再保险（集团）股份有限公司（原名中国再保险公司，以下简称中再集团）是经国务院批准，在原中国再保险有限公司（1996年1月成立）基础上组建的中国唯一一家国有独资专业再保险公司，于1999年3月18日正式成立，于2003年8月在原中国再保险公司基础上改制成立国有独资保险集团公司。经国务院批复，中国保监会批准，中国再保险（集团）公司由国家注资整体改制为股份公司并于2007年10月30日揭牌成立。2015年10月，中国再保在香港联交所主板挂牌交易，成为首家在港上市的再保险集团。

中再集团是中国唯一的国有再保险集团，再保险保费规模居亚洲第一、世界第八，拥有深厚的文化底蕴、主导性的行业地位和广泛的品牌影响力。数据显示，2023年，中再集团总保费收入1768.49亿元，同比增长4.2%。截至2023年底，中再集团管理资产余额7245.29亿元，其中集团总投资资产余额3454亿元，较上年末增长5.9%；管理的第三方资产余额3791.29亿元，较上年末增长270.7%。

（四）专属保险公司

专属保险公司是根据大企业或大财团系统自身需要而设立的内部保险公司，也称自保公司。这种保险公司经营其母公司本系统的直接保险业务，并向外办理分保，也承保外界风险和分入业务，进入国际再保险市场。由于专属保险公司的资金及风险单位的数量有限，无法独立承担母公司巨大的风险，也难以在大范围有效地分散风险，通常也将主要风险转嫁给再保险市场。这些自保公司虽有其强大的母公司为背景，经营则完全独立于母公司。它们主要是以方便灵活、节约保费和税款并便于安排分保为宗旨，母公司一般不愿意投入很大的资金，所以它们的自留额都很低，主要的风险仍转嫁给分保市场。

（五）劳合社组织

伦敦是最大的国际再保险市场，而劳合社又是其中最重要的组成部分。劳合社成立于1688年，是一个规模庞大的保险集团，同时也是全球最大的再保险集团。业务不论巨细，只要符合劳合社的要求，都可能被接受。劳合社是许多大型再保险业务的主要承保者，同时也是许多保险市场的再保险首席承保人。劳合社是一个特殊的市场，非其成员不得入内经营，奉行无限责任原则，各成员不负连带责任。劳合社再保险业务的特点是：第一，分保给劳合社的业务必须通过劳合社经纪人，否则不能成交；第二，国外业务比重大；第三，接受再保险的劳合社成员都必须交付一定数额的保证金，接受再保险的数额也必须按照规定有所限制。

 任务训练2　区分再保险的种类

任务训练目标

通过完成区分再保险种类的任务训练，明确比例再保险和非比例再保险的种类，以及保险金额如何在原保险公司和再保险公司之间分配，认识比例再保险与非比例再保险的区别与联系。

 知识要点

按照责任限额计算基础划分，再保险可以分为以保险金额为责任限额计算基础的比例再保险和以赔款金额为责任限额计算基础的非比例再保险两大类。

一、比例再保险

比例再保险是以保险金额为基础来确定分出公司自留额和分入公司分保额的再保险方式。在比例再保险中，分出公司的自留额和分入公司的责任额都表示为保险金额的一定比例，该比例也是双方分配保费和分摊赔款时的依据。因此称其为比例再保险。由于比例再保险中，分出公司和分入公司对于保费和赔款的分配，按照其分配保额的同一比例进行，这就充分显示了原保险人和再保险人利益的一致性。所以，比例再保险最能显示再保险当事人双方共命运的原则，因而其应用范围十分广泛。比例再保险分为成数再保险和溢额再保险两种形式。

（一）成数再保险

1. 成数再保险的含义

成数再保险是指原保险人将每一危险单位的保险金额，按照约定的分保比例分给再保险人的再保险方式。按照成数再保险方式，不论分出公司承保的每一危险单位的保险金额大小，只要是在合同规定的限额内，都按照双方约定的比例来分摊责任，每一危险单位的保险费和发生的赔款，也按双方约定的分保比例进行分配和分摊。这样对再保险合同双方来说利害关系是一致的，比较公平。如果分出公司自留保险金额多，自留保险费就多，赔款责任也承担得多，再保险业务分入公司也同样如此。因此，成数再保险的最大特征是"按比例"再保险，同时也是最简便、最典型的比例再保险方式。

在成数再保险实际运用中，对再保险人的数量一般没有限制，各再保险人的接受份额也不必相同，但分出公司的自留比例一般较高，通常为40%～50%。为了使再保险双方的责任控制在一定的范围内，成数分保合同对每个危险单位或每张保单都规定最高责任限额（或最高限额），分出公司和分入公司在最高责任限额内按照各自的比例承担责任。对于超过最高限额部分，通常应列入其他合同或安排临时再保险，否则仍由分出公司自己承担。因此，合同中通常要附有限额表，以便对各种不同的危险分别采用不同的最高限额。

例如，有一个成数再保险合同，每一危险单位的最高责任限额规定为400万元，分出人自留部分为40%，分出部分为60%，则合同双方的责任分配如表9-1所示。

表9-1 成数分保责任分配表 单位：万元

保险金额	自留部分40%	分出部分60%	其他
100	40	60	
200	80	120	
300	120	180	
400	160	240	
600	160	240	200

关于成数再保险中责任、保费和赔款的计算，以表9-2为例进行说明。

表9-2　成数再保险计算表　　　　　　　　　　　　　单位：万元

船名	总额			自留30%			分出70%		
	保险金额	保费	赔款	自留额	保费	自负赔款	分保额	分保费	摊回赔款
A	100	1	0	30	0.3	0	70	0.7	0
B	200	2	6	60	0.6	1.8	140	1.4	4.2
C	300	3	10	90	0.9	3	210	2.1	7
D	400	6	20	120	1.8	6	280	4.2	14
总计	1000	12	36	300	3.6	10.8	700	8.4	25.2

2. 成数再保险的特点

成数再保险按合同规定，无论保险金额大小，分出人均不得对任何风险全部自留。分入公司接受的每笔业务，同分出公司都建立在相同利害的基础之上，无论是优质风险还是劣质风险，再保险人均可获得公正平等的成分。这样，合同双方的命运自始至终是联系在一起的，利害关系一致，存在着真正的共同利益。具体说明如下。

（1）合同双方的利益一致。由于成数分保对于每一危险单位的责任均按保险金额由分出公司和分入公司按比例承担，因此合同双方存在真正的共同利益，不论业务大小、好坏，双方共命运，不论经营的结果是盈是亏，双方利害关系一致。在各种再保险方式中，成数再保险是原保险人与再保险人双方利益完全一致的唯一方式。正是由于这一点，成数分保合同双方很少发生争执。

（2）手续简化，节省人力和费用。采用成数分保，分出公司和分入公司之间的责任、保费和赔款分配都按约定的同一比例进行计算。使得分保实务和分保账单编制方面手续简化，可以节省人力、时间和管理费用。

（3）缺乏弹性。成数分保具有简便的优点，同时也就意味着缺乏弹性，其结果表现为对分入公司有利，对分出公司不利。对于分出公司来说，由于按固定比例自留业务，所以，对于质量好保额不大的业务，也要按比例分出，不能多作自留，从而使分出公司支付较多的分保费。另一方面，当业务质量较差时，分出公司又不能减少自留，相当于放弃了自留权。因此，成数再保险不能满足分出公司获得准确再保险保障的需求。

（4）不能均衡风险责任。由于成数分保按保险金额的一定比例来划分双方的责任，故所有业务的保险金额，每一笔均按再保险的比例变动。但对于危险度的高低、损失的大小，并不加以区别而作适当安排，因而它不能使风险责任均衡化。换句话说，原保险合同保险金额高低不齐问题，在成数分保之后仍然存在。虽然合同通常有最高限额的限制，但这是为了防止责任积累而设置的，并非为了使风险责任均衡化，而且有了这种最高限额的限制，对于超过限额的部分势必另行安排其他再保险。因此，成数再保险还必须借助其他形式来分散风险。

（二）溢额再保险

1. 溢额再保险的含义

溢额再保险是由保险人与再保险人签订合同，对每一危险单位确定一个由原保险人承担的自留额，保险金额超过自留额的部分称为溢额，分给再保险人承担。分入公司按承担的溢额责任占保险金额的比例收取分保费，分摊分保赔款和分保费用。从表9-3可以清楚地看到溢额再保险的保险责任是如何在当事人双方之间进行分配的。

表9-3　溢额分保计算表　　　　　　　　　　　　　　　　　　　　　单位：万元

标的	总额			自留额200			分出额		
	保险金额	保费	赔款	自留比例	保费	自负赔款	分保比例	分保费	摊回赔款
A	100	1	0	100%	1	0	0	0	0
B	200	2	1	100%	2	1	0	0	0
C	400	4	2	50%	2	1	50%	2	1
D	800	8	10	25%	2	2.5	75%	6	7.5

　　溢额再保险的分入公司不是无限度地接受分出公司的溢额责任，通常以自留额的一定倍数即若干"线"数为限。这个自留额的一定倍数称为分保限额或合同限额。自留额和分保限额之和称为合同容量。假设有一溢额再保险合同，双方约定，分出公司自留额为30万元，分保限额为5线，分入公司最多接受150万元，即合同限额为150万元，合同容量为180万元。

　　在溢额再保险中，分出公司还可以根据业务发展的需要，在原有溢额的基础上，设置多层次的溢额。一般来说，分出公司是根据承保的业务量和年保费的收入来确定自留额和所需分保合同的线数的，并据此订立普通的溢额再保险合同，以应对分出公司正常的业务需要。但普通的溢额再保险合同往往不能满足偶发性的大额或高额保险业务的需要，对超过普通溢额再保险合同分保限额的保险业务，分出公司会安排多个溢额再保险合同，按合同签订的顺序，有第一溢额再保险合同、第二溢额再保险合同，甚至第三溢额再保险合同，作为对普通溢额的补充，以增加分出公司的承保能力，满足特殊的业务需要。各层溢额的关系，可用流水来比喻。假定自留和再保险均为容纳风险的容器，各容器的容量分别为自留额和分保额。保险人承保的业务，首先流入自留的小容器，当自留额满时，即溢流向第一溢额再保险的大容器，如果第一溢额的容器流满后仍有溢额，则可再流向第二溢额的更大容器，以此类推。所以，第一溢额是指保险金额超过分出公司自留额的部分，第二溢额是指保险金额超过分出公司自留额及第一溢额合同中再保险人责任限额的部分，第三溢额以此类推。溢额再保险的多层次设计，既满足了分出公司对大额或高额风险分散的需要，也使风险责任平均化。

　　例如，某保险公司的自留额为10万元，溢额分保合同规定分保额为5线，这样接受人的限额是50万元，此为第一溢额分保。若该公司有一笔业务的保费为90万元，则将超过自留额和第一溢额的30万元部分，再办理第二溢额。以此类推，还可用第三溢额等来解决更大额业务的分保问题（表9-4）。

表9-4　溢额再保险的保险金额分保情况　　　　　　　　　　　　　　　单位：万元

保险标的	原保险金额	自留额	第一溢额	第二溢额	其他
A	10	10			
B	20	10	10		
C	60	20	40		
D	150	30	90	30	
E	260	40	120	80	20

由于溢额再保险中，原保险人与再保险人之间保险费的分配、赔款的分摊都是按实际形成的保险金额的比例进行分割的，因此溢额再保险也属于比例再保险。

2. 溢额再保险的特点

（1）可以灵活确定自留额。溢额再保险的优点在于能根据不同的业务种类、质量和性质确定不同的自留额，具有灵活性。凡在自留额以内的业务，全部由分出公司自留不必分出。因此，不论在业务的选择上，还是在节省分保费支出方面，都具有其优越性。如果溢额分保自留额定得适当，分出公司自留的业务数量多，质量又较好，保险金额又较均匀，其稳定性就会很好。

（2）比较烦琐费事。以货运险为例，办理溢额再保险时，要根据业务单证按船、按每一航次进行登卡和管理限额，并计算出不同的分保比例，以及按这一比例逐笔计算分保费和摊回赔款。在编制分保账单和统计分析方面也较麻烦。所以，办理溢额再保险需要严格的管理和必要的人力来进行，因而可能增加管理费用。

溢额再保险与成数再保险都是比例再保险，两者的区别在于：溢额再保险的比例不是固定的，成数再保险的比例是固定的。溢额再保险便于分出公司根据危险程度的不同确定自留额，适合于各种保险业务的再保险，特别是火险和船舶险。溢额再保险对分出公司更有利。

二、非比例再保险

非比例再保险是以赔款金额为基础来确定分出公司自负责任和分入公司分保责任的再保险方式。非比例再保险也称为超额损失再保险，当分出公司的赔款超过约定的额度或标准时，其超过部分由分入公司在约定的额度或标准内负责。由此可见，非比例再保险合同有两个赔偿责任限额，一是分出公司的自负责任额，即非比例再保险的起赔点，二是分入公司承担的最高责任。这两个限额通常由再保险双方在合同中约定，一旦发生保险事故，便依照合同规定的限额进行赔付。如果损失额在自负责任额以内，赔款由分出公司负责；损失额超出自负责任额，分入公司负责其超过部分，但不超过约定的最高限额。有时损失额可能超过分出公司的自负责任额和分入公司的最高责任限额之和，在此情况下，超过的部分由分出公司自己承担，或依据分出公司与其他分入公司签订的分保合同处理。非比例再保险分为超额赔款再保险和超额赔付率再保险。

（一）超额赔款再保险

在超额赔款再保险合同中，分保分出人与分保接受人签订协议，对每一危险单位损失或者一次巨灾事故造成的累积责任损失，规定一个自赔额，自赔额以上至一定限度由分保接受人负责。前者叫作险位超赔再保险，后者叫作事故超赔再保险。

1. 险位超赔再保险

险位超赔再保险是指原保险人对每一危险单位的赔款确定一个自负责任额，如果总赔款金额低于自负责任额，由原保险人全部负担；如果总赔款额超过自负责任额，超出部分由再保险分入公司负担，这部分被称为再保险责任额。再保险责任额在合同中也是有一定限度的。例如，某一危险单位发生赔款800万元，分出公司自负责任额为300万元，分入公司接受500万元的分入责任，则分出公司自赔额为300万元，分入公司赔付500万元。若发生赔款只有280万元，则全部由分出公司自赔。另外，在险位超赔再保险中，当发生一次危险事故后，可能有不止一个危险单位遭受损失。险位超赔再保险对赔款的偿付分两种情况：一种是按危险单位分别计算，对每一个危险单位赔款的超额部分都由再保险人承担，没有总额限制；另一种是设定事故限额，即对一次危险事故的赔偿规定一个最高额，如果在限额之内仍不能满足对各危险单位的赔偿总和，多出部分由原保险人承担。一般事故限额为原保险人自负责任额即险位限额的2倍至3倍。

例如，有一份超过100万元以后的900万元的火灾险位超赔分保合同，在一次事故中有三个危险单位遭受损失，每个危险单位损失150万元。如果每次事故对危险单位没有限制，则分出公司与分入公司对赔款的分摊如表9-5所示。

表9-5 险位超赔再保险的赔款分摊（一）   单位：万元

危险单位	发生赔款	分出公司自担赔款	分入公司分摊赔款
A	150	100	50
B	150	100	50
C	150	100	50
合计	450	300	150

但如果每次事故有危险单位的限制，假定危险单位是两个，则分出公司与分入公司对赔款的分摊如表9-6所示。

表9-6 险位超赔再保险的赔款分摊（二）   单位：万元

危险单位	发生赔款	分出公司承担赔款	分入公司承担赔款
A	150	100	50
B	150	100	50
C	150	150	0
合计	450	350	100

由于对每次事故有两个危险单位赔款的限制，因此分入公司只承担前两个危险单位的超赔责任，而第三个危险单位的损失全部由分出公司自己负责。

运用险位超赔再保险可以控制分出公司对每一危险单位的自负责任，使每次赔款成本得到限制。但险位超赔再保险方式通常只适用于一般性保险业务，对一般性的损失提供保障，分出公司的自负责任额大多偏低。

2. 事故超赔再保险

事故超赔再保险是以一次事故中所发生的总赔款为基础来确定分出公司自负责任额和分入公司分保责任额的再保险方式。按照事故超赔再保险方式，不论一次事故中涉及的危险单位有多少，保险金额有多大，只要总赔款是在分出公司自负责任限额内，就由分出公司自行赔付。当总赔款超过分出公司的自负责任额时，则超过部分由分入公司负责赔付至一定额度。事故超赔再保险的目的是保障一次事故造成的责任累积，常用于异常灾害或巨额风险的再保险，具有防范巨灾的作用，所以又称异常灾害再保险。

事故超赔再保险的责任计算最关键的是一次事故的划分。在明确一次事故范围的基础上，才能确定再保险双方的责任。为此，在事故超赔再保险合同中订有时间条款，以作为划分一次事故的标准。例如，有的规定台风、飓风、暴风连续48小时内为一次事故，地震、洪水连续72小时内为一次事故，其他巨灾事故连续168小时内为一次事故。有的还有地区规定，如洪水以河谷或以分水岭来划分洪水地区的。

无论是险位超赔再保险还是事故超赔再保险，分入公司可以接受分出公司的全部分出责任，也可以只接受部分分出责任。超过分入公司接受部分的保险责任，仍由分出公司自己负责。

(二) 超额赔付率再保险

超额赔付率再保险，是按赔款与保费的比例来确定自负责任和再保险责任的一种再保险方式。再保险当事人双方在合同中约定一个赔付率的标准，在一年之内，当原保险人的赔付率超过这个标准时，由再保险人负担超出部分，再保险人负担的责任也有一定的限额，通常也是以赔付率或金额来表示。超额赔付率再保险的赔付按年度进行，通过这种再保险方式，原保险人的年度赔付率被控制在一定限度内，因此该再保险又有停止损失再保险和损失中止再保险之称。

在超额赔付率再保险合同中，一般约定两个限制性的比例：一个是分出公司自负责任比例；另一个是分入公司的最高责任比例。当实际赔付率尚未超过合同中规定的自负责任比例时，全部赔款由分出公司负责；反之，当实际赔付率已经超过合同约定的自负责任比例时，分出公司只负责自负责任比例以内的赔款，超过自负责任比例的赔款由分入公司负责，直至其最高责任比例。如果实际赔付率超过分出公司自负责任比例与分入公司最高责任比例之和，超过部分的赔款由分出公司自己负责。通常，在实收保费中，营业费用占25%，净保费占75%。因此，划分分出公司与分入公司的责任可以以75%的赔付率为界限。当分出公司的赔付率在75%以下时，由分出公司自己赔偿；当分出公司的赔付率超过75%时，超过部分由分入公司负责赔偿。分入公司也有接受分入责任的限额，一般为营业费用率的两倍，即已得保费的50%。这就是说，分入公司仅对赔付率在75%～125%之间的赔款负责，并有金额限制，在两者中以低者为限。

三、比例再保险和非比例再保险的比较

比例再保险与非比例再保险都是转移与分散原保险人责任的方式，但二者存在着明显的不同。

第一，比例再保险中，原保险人和再保险人划分保险责任的依据是保险金额，并根据各自承担的保险金额的比例来分配保费和赔款；而非比例再保险依据的基础是赔款，根据赔款总额的大小来划分原保险人和再保险人各自的保险责任，与保险金额没有关系。

第二，比例再保险中，原保险人和再保险人按照固定的比例分担保险责任，承保金额、保费和赔款都按照该比例分配；而非比例再保险则完全不同，再保险人不按照比例计算保险责任，只是在原保险人的赔款超过一定标准时负担其再保险责任，保费和赔款的分摊也没有比例可循。

第三，比例再保险中，再保险人向原保险人收取的再保险费是按照原保险费率来计算的，属于原保费的一部分，并且与自身承担的保险责任成比例；而非比例再保险费率的计算与原保险费率没有关系，采取单独的费率制度，以会计年度的净保费收入为基础另行计算。

第四，比例再保险通常有再保险佣金的规定，而在非比例再保险中则无此规定。

任务二　熟悉再保险安排方式

任务训练　认知再保险业务的安排方式

任务训练目标

通过完成认知再保险业务的安排方式任务训练，能运用相关知识，认识到临时再保险、合同再保险和预约再保险各自的优缺点以及适用情况。

知识要点

再保险合同业务有临时再保险、合同再保险和预约再保险三种基本安排方式。

一、临时再保险

（一）临时再保险的概念

临时再保险又称临时分保，是指原保险人与再保险人之间并没有再保险合同关系，只是当原保险人有再保险需求时，临时协商订立再保险行为。对于临时分保的业务，分出公司和分入公司均可自由选择，不承担任何义务。也就是说，对于某一风险，是否要安排再保险，再保险额是多少，完全根据保险人本身所承受风险累积的情况及自留额的多少来决定；再保险人是否接受、接受多少，或是否要调整再保险条件等，可根据风险的性质、本身的承受能力等，酌情自行决定。这些均可由原保险人与再保险人双方临时商定。因此，临时再保险有时也称"随意再保险"或"随时再保险"等。

临时分保协议可以通过电话、电报、电传或信件通知对方，告知对方全部的保险细则，双方应承担的责任、义务和享受的权利，风险的主要特点等。对于大的风险，通常的做法还要递送一个详细的查勘报告、照片等，连同再保险建议书一起送给再保险人。建议书的内容包括：保险人、被保险人、再保险方式、保单号次、风险情况、保险金额、保险人自留数额、保险日期、保险费率、再保险手续费、保险条款或条件。

接受临时分保，一般由保险人签署一式两份再保险单，也有的以报表代替报单节省手续费，由再保险人签字后退回一份给原保险人。

临时分保的协议签订后，如果原保险条件有变动，原保险人必须通知再保险人，并须取得再保险人的同意。如果变动涉及加费或退费，再保险人按照约定分摊。如发生赔款，一般由原保险人单独负责处理，但须将损失情况及时通知再保险人。

（二）临时再保险的特点

1. 对于临时再保险业务，分出公司和分入公司均有自由选择权

分出公司可以根据风险程度和自留能力来决定是否分出，不具强制性。分入公司也可以根据分出业务的质量和承受能力来决定是否接受。所以，临时再保险对双方均无约束力，可以灵活、自由地为双方发展业务和稳定业务经营服务。

2. 临时再保险以个别保单或危险单位为基础，逐笔协商办理

由于临时再保险是对风险的临时分出安排，因此往往是分出公司对个别特殊保单或危险单位采取的临时处理风险的措施。

3. 临时再保险手续烦琐，时间性强

由于临时再保险是逐笔安排的，因此手续烦琐，增加了营业费用开支。另外，分出公司一般须在临时再保险安排完毕后，才能对原被保险人承保，因而时间性很强。

（三）临时再保险的运用

正因为临时再保险具有以上特点，所以，临时再保险主要在以下情形采用。

1. 临时再保险适用于新开办的或不稳定的业务

由于新开办业务时，业务量较少且不稳定，还不够条件组织合同再保险，而采用临时再保险方法可以积累经验，为业务的进一步发展创造条件。

2. 临时再保险适用于合同规定的除外业务或不愿列入合同的业务

在合同再保险中，对于一些特殊性质的业务是除外的，分出公司对于这类业务因不能置

入合同而只能作临时再保险安排。有些业务质量较差，但分出公司出于竞争的需要，通融承保，但又不愿意置入合同，以免影响合同的质量，于是采用临时再保险方式，将所承担的责任转移出去。

3. 临时再保险适用于超过合同限额或需要超赔保障的业务

分出公司和分入公司订立的分保合同都有承保限额，如果遇到较大保额的业务，超过了合同限额，分出公司就需要运用临时再保险，以增强其承保能力。分出公司对于已放入合同的业务，为了本身的利益，可对其自留部分，或者为了合同双方的利益，可对业务安排超赔再保险，以减少所承担的责任。

二、合同再保险

（一）合同再保险的概念

合同再保险也称固定再保险，是由原保险人和再保险人事先签订再保险合同，约定分保业务范围、条件、额度、费用等。在合同期限内，对于约定的业务，原保险人必须按约定的条件分出，再保险人也必须按约定的条件接受，双方无须逐笔洽谈，也不能对分保业务进行选择。合同约定的分保业务在原保险人和再保险人之间自动分出与分入。合同再保险是一种长期性的再保险，但订约双方都有终止合同的权利，通常要求终止合同的一方于合同期满前3个月以书面形式通知对方，从而终止合同。可见，合同再保险对分出公司和分入公司都有"强制性"，双方均无权选择。

（二）合同再保险的特点

1. 合同再保险对分出公司和分入公司均有约束力

订约双方无自由选择权，分出公司有义务按合同规定分出，分入公司有义务按合同规定接受。

2. 合同再保险一般是不定期的，分保条件比较优越

由于合同再保险是预先订立的，所以往往不定期，除非缔约一方根据合同注销通知的规定，事先通知对方终止合同，否则合同长期有效。正因为时间长、业务多，分保条件较临时再保险优越，对合同双方都较有利。

3. 合同再保险以分出公司某种业务的全部业务为基础

合同再保险约定，分出公司要将业务放入合同，那么就必须将某一险种的全部业务放入合同，不能有所挑选，以免逆选择，同时也可简化手续。

（三）合同再保险的运用

由于合同双方的关系是固定的，因此，对原保险人来说，可以保证风险和责任的及时转移，有利于经营稳定；而对再保险人来说，则可以得到数量较多且较为均衡的稳定业务来源，有利于风险的分散。合同再保险的特点决定了合同再保险具有广泛的适用性，既可以运用于比例再保险方式，也可以运用于非比例再保险方式。

三、预约再保险

（一）预约再保险的概念

预约再保险是介于临时再保险和合同再保险之间的一种再保险安排。在预约再保险中，分出公司对预约分保合同规定的业务是否分出，可以自由安排，无义务约束，而分入公司对合同规定的业务必须接受，无权选择。它是在临时再保险基础上发展起来的一种再保险安排方式。预约再保险合同对分出公司来说，具有与临时分保合同类似的"选择性"，即分出公司对合同规定的业务可以分给分入公司，也可以不分给。而对分入公司来说，则具有与合同再

保险类似的"强制性"，只要分出公司办理合同规定内的分保，分入公司就必须接受，承担保险责任，没有选择的余地，更不能拒绝接受。因此，预约再保险又称为临时固定再保险。

（二）预约再保险的特点

1. 预约再保险对分出公司具有灵活性，对分入公司具有强制性

分出公司可以根据业务的实际情况，灵活自由地决定是否办理分保，而一旦需要分保，就可利用所拥有的分保主动权，自动安排分保。但预约再保险对分入公司具有约束力，凡属预约分保范围内的业务，分出公司一经分出，分入公司必须接受，没有挑选余地。

2. 预约再保险较临时再保险手续简单，节省时间

由于预约再保险是预先约定合同的业务范围，分出公司对于一些特殊业务，如超过再保险合同限额的业务，无须临时安排再保险，而只需放入预约再保险，分入公司就无条件地接受。这样不仅省去了安排临时再保险的各种繁杂手续，而且争取了时间，及时得到再保险保障。

3. 分入公司对预约再保险业务的质量不易掌握

由于分出公司可以任意选择将其预约合同范围内的业务分给分入公司，而分入公司却无法有选择地接受，所以对分入的业务质量很难掌握，特别是那些由经纪人中介订立的预约再保险合同业务更难了解。

4. 预约再保险业务的稳定性一般较差

由于分出公司可以自由决定是否分出业务，所以分出公司往往将稳定性好的业务自留，不予分出，而将稳定性较差的业务进行分保，以稳定自己的经营，获得较大收益。

（三）预约再保险的运用

预约再保险业务的不确定性决定了预约再保险常常是作为合同再保险的补充。分出公司对于一般业务可由合同再保险处理，如遇大额业务，合同再保险不能满足，则可用预先订立的预约再保险作补充，不用与分入公司临时磋商，可及时有效地分散风险。对于分入公司来说，有了较好质量的合同再保险作基础，即使承诺接受稳定性较差的预约再保险业务，也是考虑到合同双方长期的合作关系。所以，预约再保险多用于火险和水险的比例再保险。

四、再保险合同的基本条款

（一）共命运条款

此条款仅用于比例合同再保险。主要内容包括：凡是有关保险费收取、赔款结付、对受损标的的施救、损失收回、向第三者追偿、避免诉讼或提起诉讼等事项，授权原保险人为维护分保双方共同利益做出决定，由此产生的一切权利与义务，都由双方按达成的协议规定共同分享和分担。共命运条款的目的是给予原保险人灵活自主处理直接业务的权利。

（二）错误和遗漏条款

该条款规定，当分入公司发现分出公司提供的资料或信息在实务操作中发生偶然差错、疏忽和遗漏，应该在谅解的基础上对其进行更正和采取补救措施，并且本着共命运的原则仍予负责，以保证分出公司不致因意外的差错不能享受分保保障。

（三）查账条款

该条款主要是规定分出公司赋予分入公司查核账单及其他业务文件的权利，以保障分入公司的利益，使其有权核实分出人申报情况。但在实务中，分入公司一般在与分出公司发生争执、有可能付诸诉讼时，才运用该条款。

（四）仲裁条款

再保险合同双方一般在合同中约定，有关本合同或某项下的业务发生争执或分歧不能友好解决时，可提交仲裁解决。仲裁条款包括对仲裁地点、仲裁机构、仲裁程序和仲裁效力

等四个方面的规定。

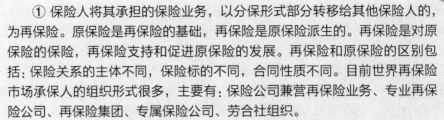

项目 小结

① 保险人将其承担的保险业务，以分保形式部分转移给其他保险人的，为再保险。原保险是再保险的基础，再保险是原保险派生的。再保险是对原保险的保险，再保险支持和促进原保险的发展。再保险和原保险的区别包括：保险关系的主体不同，保险标的不同，合同性质不同。目前世界再保险市场承保人的组织形式很多，主要有：保险公司兼营再保险业务、专业再保险公司、再保险集团、专属保险公司、劳合社组织。

② 按照责任限额计算基础划分，再保险可以分为以保险金额为责任限额计算基础的比例再保险和以赔款金额为责任限额计算基础的非比例再保险两大类。比例再保险是以保险金额为基础来确定分出公司自留额和分入公司分保额的再保险方式。比例再保险分为成数再保险和溢额再保险两种形式。成数再保险是指原保险人将每一危险单位的保险金额，按照约定的分保比例分给再保险人的再保险方式。溢额再保险是由保险人与再保险人签订合同，对每一危险单位确定一个由原保险人承担的自留额，保险金额超过自留额的部分称为溢额，分给再保险人承担。

非比例再保险是以赔款金额为基础来确定分出公司自负责任和分入公司分保责任的再保险方式。非比例再保险分为超额赔款再保险和超额赔付率再保险。在超额赔款再保险合同中，分保分出人与分保接受人签订协议，对每一危险单位损失或者一次巨灾事故造成的累积责任损失，规定一个自赔额，自赔额以上至一定限度由分保接受人负责。超额赔付率再保险是按赔款与保费的比例来确定自负责任和再保险责任的一种再保险方式。

③ 再保险合同业务安排方式有临时再保险、合同再保险和预约再保险三种基本安排方式。

【训练目标】

通过主观题叙述和客观题分析与演练，理解再保险的含义，明确再保险的种类，区分再保险业务安排方式的优缺点，能够根据实际情况，分析采用哪种安排方式。

【训练任务】

准确描述再保险的含义及与原保险的区别和联系，辨别再保险的种类及业务安排方式，通过自主探究、小组合作等方法完成再保险保险金额的分配。具体任务如下。

一、名词解释

再保险　分保额　成数再保险　溢额再保险　合同再保险　自留额　危险单位　比例再保险　临时再保险　险位超赔再保险

二、单项选择题

1. 保险人将自己承担的部分风险或责任向另一个保险人进行转嫁的行为称为（ 　）。

A. 原保险   B. 再保险   C. 重复保险   D. 共同保险

2. 接受人从分保费中提取的，用于补偿分出人展业费用支出的资金称为（   ）。

A. 保险费   B. 分保佣金   C. 盈余佣金   D. 保险赔款

3. 我国《保险法》第一百零三条规定："保险公司对每一危险单位，即对一次保险事故可能造成的最大损失范围所承担的责任，不得超过其实有资本金加公积金总和的（   ）；超过的部分应当办理再保险。"

A. 百分之五   B. 百分之十   C. 百分之二十   D. 百分之三十

4. 比例再保险是按照（   ）为基础来确定分出人与接受人的责任额的再保险方式。

A. 保险金额   B. 保险费   C. 保险赔款   D. 保险期限

5. 再保险双方在合同中约定保险金额的分配比例，将每一危险单位的保险金额，均按照约定的比例在再保险双方进行分配的再保险方式是（   ）。

A. 险位超赔再保险   B. 成数再保险   C. 溢额再保险   D. 事故超赔再保险

6. 如分出公司自留额为50万元，分保限额为自留额的5倍，即250万元，可以称之为（   ）线合同。

A. 3   B. 4   C. 5   D. 6

7. 非比例再保险是以（   ）为基础来确定再保险双方的责任。

A. 保险金额   B. 保险费   C. 赔款   D. 保险期限

8. 险位超赔合同第一层为超过50万以后的50万，若发生80万的赔款，则再保险人应承担的赔款为（   ）万。

A. 20   B. 30   C. 50   D. 80

9. 再保险合同签订时，双方都具有选择权的是（   ）。

A. 临时再保险   B. 合同再保险   C. 预约再保险   D. 固定再保险

10. 再保险合同签订时，双方都没有选择权，对双方都具有强制作用的是（   ）。

A. 临时再保险   B. 合同再保险   C. 预约再保险   D. 再保险联营

11. 最早的再保险承保人形式是（   ）。

A. 专业再保险公司   B. 保险公司兼营再保险

C. 再保险联营   D. 专属保险公司

三、多项选择题

1. 与再保险业务有关的概念包括（   ）。

A. 分出人   B. 接受人   C. 分保佣金   D. 盈余佣金

2. 成数再保险中，原保险人与再保险人比例一致包括（   ）。

A. 营业费用   B. 保险金额   C. 保险费   D. 赔款

3. 溢额再保险相关概念包括（   ）。

A. 自留额   B. 分保限额   C. 线数   D. 分保比例

4. 假设有一溢额再保险合同，双方约定分出公司自留额为50万元，分保限额为自留额的5倍，即250万元。根据上述描述，下列选项正确的是（   ）。

A. 分入公司最多可以在这个再保险合同中安排300万元的业务

B. 合同分保限额为250万元

C. 合同容量为300万元

D. 合同容量为250万元

5. 事故超赔再保险界定一次事故的条款有（   ）。

A. 时间条款   B. 地区条款   C. 责任条款   D. 风险条款

6. 再保险合同的签订形式有（　　）。

A. 临时再保险　　　　B. 合同再保险　　　C. 预约再保险　　　D. 固定再保险

四、判断题

1. 再保险也被称为"保险人之间的保险"。（　　）

2. 所有的再保险合同都属于经济补偿性质。（　　）

3. 溢额再保险与成数再保险相比较，其最大的区别在于：如果某一业务的保险金额在自留额之内，就不需办理分保，只有在保险金额超过自留额时，才将超过的部分分给溢额再保险人。（　　）

4. 预约再保险对分保分出人有强制作用，而分入人可以自由选择是否接受。（　　）

五、思考与讨论

1. 讨论原保险与再保险的联系与区别。

2. 论述再保险业务安排方式的分类，及每一种的特点和运用情况。

六、案例分析

[案例一] 某一成数再保险合同，共有 A、B 两个危险单位，保险金额分别为 100 万元和 200 万元，自留额为 40%，分出额为 60%。各个危险单位的保险费总额分别是 1 万元和 10 万元；赔款总额分别为 10 万元和 100 万元。

问题：如何分配保险金额、保费和赔款？

[案例二] 某溢额再保险合同规定，分出公司的自留额为 60 万元，分保额为"5线"。

问题：分入公司的最大接受额是多少？如果保险金额为 200 万元，发生 480 万元的赔款，分入公司和分出公司分别应该承担的赔款是多少？

[案例三] 有一超过 10 万元以后的 20 万火灾险位超赔合同，在一次事故中有四个危险单位受损，损失金额分别为 30 万元、40 万元、50 万元和 60 万元，如果每次事故对危险单位没有限制，则分出公司和分入公司如何分摊赔款？

项目九答案

项目十
保险业务经营

能力目标

◇ 学生通过保险业务经营项目的学习，能够运用保险业务经营知识，明确保险销售、承保、核保以及理赔的业务流程，进行保险的销售、承保、核保以及理赔的业务操作。

知识目标

◇ 明确保险销售的含义和主要环节。

◇ 掌握保险承保的含义、主要环节与程序。

◇ 掌握保险核保的要素。

◇ 熟练掌握保险理赔的原则和流程。

◇ 掌握保险客户服务的含义和主要内容。

案例导入

积石山地震灾害理赔案例

2023年12月18日，甘肃省积石山县发生6.2级地震。地震共造成甘肃、青海两省77.2万人不同程度受灾，151人死亡，983人受伤；倒塌房屋7万间，严重损坏房屋9.9万间，一般损坏房屋25.2万间；直接经济损失146.12亿元。各保险公司启动大灾理赔应急响应机制，赶赴甘肃省临夏州积石山县，开展灾区理赔服务并参与救援等工作。

截至12月21日16时，平安产险累计接到本次地震甘肃、青海报案225笔，预估理赔金额521.2万元，已结案60笔，累计赔付（含预赔）24.7万元。12月19日下午，按照保单赔偿的最大限额，中国人保24小时内向当地政府完成一次性700万元赔款的全额支付。据悉，该笔赔付是保险业在本次灾害中的首笔最大额度民生类赔款。截至12月21日12时，大地财产保险股份有限公司共接到正式报案66笔，已完成赔付29笔。截至12月22日12时，阳光财产保险股份有限公司共接理赔报案23笔，赔付完毕8笔，累计赔付（含预赔）24.72万元。

地震发生后，各保险机构全力调集各方资源协助震区救援，确保各项应急服务、快速理赔，切实维护好人民群众生命财产安全。上述案例充分说明了保险在损失补偿和防灾防损中的重要作用，保险行业的使命和担当让我们对未来保险业的发展充满信心。

任务一 全面认知保险销售

认知保险销售

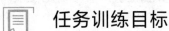 任务训练 全面认知保险销售

任务训练目标

通过完成全面认知保险销售的任务训练，能运用保险销售的相关知识，认识保险销售的环节和渠道，并能尝试进行保险销售。

知识要点

一、保险销售的含义

（一）保险营销和保险销售

保险营销是指以保险产品为载体，以消费者为导向，以满足消费者的需求为中心，运用整体手段，将保险产品转移给消费者，以实现保险公司长远经营目标的一系列活动，包括保险市场的调研，保险产品的构思、开发与设计，保险费率的合理厘定，保险分销渠道的选择，保险产品的销售及售后服务等一系列活动。保险营销体现的是一种消费者导向型的理念。

保险销售是将保险产品卖出的一种行为，是保险营销过程中的一个环节。这一环节可能是通过保险销售人员（包括保险公司的直接与间接销售人员）推荐并指导消费者购买保险产品完成的，也可能是消费者通过获取相关信息后主动购买保险产品而完成的。

（二）保险销售的意义

保险销售是保险经营中至关重要的一个环节。首先，保险公司"生产"保险产品不是为了自己消费，而是只能通过销售环节来达到保险公司的"生产"目的。其次，保险产品只有转移到消费者手中，才能使保险产品产生效用，实现保险活动的宗旨。最后，保险销售是实现保险经营目标的重要条件。只有做好保险销售，才能不断扩大承保数量，拓宽承保面，实现保险业务的规模经营，满足大数法则的要求，保持偿付能力，实现保险公司的利润目标。

二、保险销售的主要环节

专业化保险销售流程通常包括四个环节，即准保户开拓、调查并确认准保户的保险需求、设计并介绍保险方案、疑问解答并促成签约。

（一）准保户开拓

准保户开拓就是识别、接触并选择准保户的过程。准保户开拓是保险销售环节中最重要的一个步骤，可以说，保险销售人员最主要的工作是在做准保户的开拓。

（1）准保户的鉴定。对保险销售人员来说，合格的准保户有四个基本标准：有保险需求，有交费能力，符合核保标准，容易接近。

（2）准保户开拓的步骤。准保户开拓工作可以分五步进行：第一，获取尽可能多的人的姓名；第二，根据这些姓名，了解情况，即确认他们是否有可能成为保险的购买者；第三，

建立准保户信息库，将准保户的资料储存起来；第四，经人引见，拜访准保户；第五，淘汰不合格的准保户。

（3）准保户开拓的途径。保险销售人员一般依据自己的个性和销售风格进行准保户开拓。常被用来供选择的准保户开拓途径有陌生拜访、缘故开拓、连锁介绍、直接邮件和电话联络等。陌生拜访是一种无预约性的拜访；缘故开拓是利用已有的关系，如亲朋关系、工作关系、商务关系等从熟人那里开始推销，这是准保户开拓的一条捷径；连锁介绍是让与保险销售人员相识的人把其带到其不相识的人群中去，这是一种无休止的连锁式准保户开拓方法；直接邮件的方法是指利用事前拜访信与事后反馈信引导准保户并与之接近；电话联络是指通过给事先选定的准保户打电话，了解他们感兴趣的产品，以发现他们的真正需求，从而决定是否需要面谈或约定面谈的具体时间。

（二）调查并确认准保户的保险需求

为了确认准保户的保险需求，必须对其进行实况调查。即通过对准保户的风险状况、经济状况的分析，确定准保户的保险需求，从而设计出适合准保户的保险购买方案。准保户调查与分析的内容主要有以下几点。

（1）分析准保户所面临的风险。不同的风险需要不同的保险计划。每个人的工作状况、健康状况不同，每个企业的生产情况不同，决定了其面临的风险也各不相同。保险销售人员要通过调查获取相关信息，分析准保户所面临的风险。

（2）分析准保户的经济状况。一个家庭或一个企业究竟能安排多少资金购买保险，取决于其资金的充裕程度。通过就准保户的财务问题及财务目标建立的可行性分析，可以帮助准保户了解其财务需求和优先考虑的重点。

（3）确认准保户的保险需求。在对准保户面临的风险和经济状况进行分析后，需要进一步确认其保险需求。就准保户面临的风险而言，可以将其分为必保风险和非必保风险。对于必保风险，应让准保户最好采取购买保险的解决方式，而且有些风险只能通过购买保险才能有效处理。例如，汽车第三者责任风险就是必保风险，因为购买汽车第三者责任保险是强制性的。而对于非必保风险，则可以由准保户自由选择决定是否采取购买保险的方式。例如，对于那些虽然会给家庭或企业带来一定损失和负担但尚可承受的财产风险，如果家庭或企业具有购买保险的支付能力，就可以投保；如果没有购买保险的支付能力，也可以不投保。

（三）设计并介绍保险方案

（1）保险方案的设计既要全面，又要突出重点。保险销售人员根据调查得到的信息，可以设计几种保险方案，并说明每一种可供选择方案的成本和可以得到的保障，以适应准保户的保险需求。一般来说，设计保险方案时应遵循的首要原则是"高额损失优先原则"，即某一风险事故发生的频率虽然不高，但造成的损失严重，应优先投保。一个完整的保险方案至少应该包括保险标的的情况、投保风险责任的范围、保险金额的大小、保险费率的高低、保险期限的长短等。

（2）保险方案说明是指对拟定的保险方案向准保户作出简明、易懂、准确的解释。一般而言，保险方案说明主要是对所推荐的产品作用的介绍，包括以图表形式表示出来的图示以及书面的、口头的解释，或书面与口头兼而有之的解释。在向准保户表述保险方案时，应尽量使用通俗的语言和图表解释方案，避免使用专业性太强的术语和复杂的计算。对于有关重要的信息则要解释准确，尤其是涉及有关保险责任、责任免除、未来收益等重要的事项，一定要确认准保户确切了解了方案中的相关内容，以免产生纠纷。

（四）疑问解答并促成签约

（1）有针对性地解答准保户的疑问。准保户对保险方案完全满意以至于毫无异议地购买的情况是极为少见的，有异议是销售过程中的正常情况。如果准保户提出反对意见，保险销售人员要分析准保户反对的原因，并有针对性地解答准保户的疑问。

（2）促成签约。促成签约是指保险销售人员在准保户对于投保建议书基本认同的条件下，促成准保户达成购买承诺的过程。

（3）指导准保户填写投保单。投保人购买保险，首先要提出投保申请，即填写投保单。虽然投保单在保险公司同意承保并签章之前并不具有法律效力，投保人不能基于自己填写的内容提出任何主张，但投保单是投保人向保险人要约的证明，也是保险人承诺的对象并确定保险合同内容的依据。投保单是构成完整保险合同的重要组成部分，一旦投保单存在问题，就可能导致合同无效，或者是部分内容无效。为了体现客户的真实投保意愿，维护客户的利益，避免理赔纠纷，如实、准确、完整地填写投保单是非常重要的，保险销售人员有责任和义务指导和帮助客户填写好投保单。

投保人在填写投保单时，应当遵守《保险法》所规定的基本原则，如实填写各项内容，确保所填写的资料完整、内容真实。需要特别约定时，要特别说明或注明。填写完毕并仔细核对后，投保人应当在投保单上亲自签名或盖章。切忌投保人代被保险人签字，保险代理从业人员代投保人签字，否则将使保险合同无效。

三、保险销售渠道

保险销售渠道是指保险商品从保险公司向保户转移过程中所经过的途径。保险销售渠道的选择直接制约和影响着其销售策略的制定和执行效果。选择适当的销售渠道，不仅会减少保险公司经营费用的支出，还会促成保险商品的销售。

保险销售渠道按照有无保险中介参与，可分为直接销售渠道和间接销售渠道。直接销售是指保险公司通过自己的销售渠道获得业务的销售模式；间接销售是指保险公司通过中介渠道（如保险代理人、保险经纪人）获得业务的销售模式。

（一）直接销售渠道

直接销售渠道（亦称"直销制"）是一种能够使保险公司和消费者彼此进行直接交易的销售渠道。在直接销售渠道中，保险公司致力于直接与准保户而不是通过销售代理人来建立联系，并利用一个或多个媒体，引导消费者或潜在购买者产生立即反应或适当反应，如咨询或购买保险产品。

采用直接销售渠道的保险公司运用的具体方法有以下几点。

（1）直销人员销售。直销人员销售是指保险公司利用自己的职员进行保险产品销售的方式。这是一种传统的保险销售方式，即保险公司自己的销售职员通过上门或者柜台方式销售保险产品。

（2）直接邮寄销售。直接邮寄销售是一种以印刷品形式通过邮政服务来分销保险产品或提供相关信息的销售方式。直接邮寄销售使用的是一种包括准保户需要用来作出投保决策及投保申请的所有信息及表格的套装邮件，一般包括的材料有：一份产品介绍信；一份描述特定产品的小册子；一种反馈手段，如投保单或获取更多信息的咨询表；一个商业回复信封。套装邮件的设计首先从外观风格上要对目标客户群具有吸引力，使客户有兴趣从众多的邮件当中把它们选中。套装邮件被邮寄发送至清单上的潜在客户。

（3）电话销售。电话销售一般指利用特定的电话线进行销售，这样可以享受特定号码区直拨电话的折扣优惠。电话销售包括拨出、拨入和两者结合使用的方式。

① 拨出电话销售。拨出电话销售是公司为销售而同目标市场中的个人进行电话联络，建立与潜在客户之间的联系，招揽生意，促成新的签约或老客户的保额增加。同时还可以

利用拨出电话对发出的邮件进行跟踪，督促已收到邮件但尚未回应的客户作出反馈。

②拨入电话销售。拨入电话销售是一种允许消费者使用免费电话进行产品咨询或订购产品的销售方式。在直接销售中，拨入电话销售主要用于通过处理媒体的广告反馈来支持其他的直销媒体。保险公司通常利用电信部门提供的免费电话提供相关服务。当消费者将电话打入公司询问有关保险产品或其他事项时，公司会利用拨入电话向消费者进行产品销售，或者鼓励客户通过增加保险金额或增加保障范围而将现有保单升级，进而通过提供主动服务来保持现有业务，拓展新业务。

（4）网络销售。网络销售是保险公司利用互联网的技术和功能，销售保险产品，提供保险服务，在线完成保险交易的一种销售方式。具体而言，网络销售就是这样一个过程：客户通过登录保险公司开设的专业保险服务网站，在网上选择该公司所提供的保险产品。如有意愿投保某一险种，则在网上填写投保单，提出投保要约。经保险公司核保后，作出同意承保或拒绝承保的回复，由投保人在网上或通过其他方式支付保险费，保险公司收到保费后，向其寄发保险单。随着IT技术的发展，可以预见，网络作为"第四媒体"将成为21世纪无时区、无疆界的保险销售工具。

（二）间接销售渠道

间接销售渠道（亦称"中介制"）是指保险公司通过保险中介机构、依法取得资格证书的保险代理从业人员等中介销售保险产品的方式。保险中介不能代替保险人承担保险责任，只是通过参与代办、推销、提供专门技术服务等各种保险活动，来促成保险销售的实现。间接销售渠道的具体方法有以下两点。

（1）保险代理人销售。保险代理人是根据保险人的委托，向保险人收取佣金，并在保险人授权的范围内代为办理保险业务的机构或者个人。广义而言，目前我国保险市场上的代理人主要有保险专业代理机构、保险兼业代理机构和个人保险代理人三种类型。

（2）保险经纪人销售。保险经纪人是基于投保人的利益，为投保人与保险人订立保险合同提供中介服务，并依法收取佣金的机构。我国目前只允许法人单位从事保险经纪活动。保险人通过保险经纪人争取保险业务从而实现保险的销售。

任务二　全面认知保险承保与核保

保险承保

任务训练1　全面认知保险承保

 任务训练目标

通过完成全面认知保险承保的任务训练，能运用承保的相关知识，认识到保险承保的主要环节和程序，进行保险承保的业务操作。

知识要点

一、保险承保的含义

保险承保是保险人对愿意购买保险的单位或个人（即投保人）所提出的投保申请进行审

核，作出是否同意接受和如何接受的决定的过程。可以说，保险业务的要约、承诺、核查、订费等签订保险合同的全过程都属于承保业务环节。实际上，进入承保环节，就进入了保险合同双方就保险条款进行实质性谈判的阶段。承保是保险经营的一个重要环节，承保质量的好坏直接关系到保险人经营的财务稳定性和经营效益的高低。

二、保险承保的主要环节与程序

（一）核保

保险承保的
主要环节

保险核保是指保险公司在对投保标的的信息全面掌握、核实的基础上，对可保风险进行评判与分类，进而决定是否承保、以什么样的条件承保的过程。核保是保险公司承保环节的核心，通过核保，可以防止带入不具有可保性的风险，排除不合格的保险标的。核保的主要目的在于辨别保险标的的危险程度，并据此对保险标的进行分类，按不同标准进行承保、制定费率，从而保证承保业务的质量。核保工作的好坏直接关系到保险合同能否顺利履行，关系到保险公司的承保盈亏和财务稳定。因此，严格规范核保工作是降低赔付率、增加保险公司盈利的关键，也是衡量保险公司经营管理水平高低的重要标志。

保险核保信息的来源主要有三个途径，即投保人填写的投保单、销售人员和投保人提供的情况、通过实际查勘获取的信息。首先，投保单是核保的第一手资料，也是最原始的保险记录。保险人可以从投保单的填写事项中获得信息，以对风险进行选择。其次，销售人员实际上是前线核保人员，其在销售过程中获取了大量有关保险标的情况，其寻找准客户和进行销售活动的同时，实际上就开始了核保过程，可以视为外勤核保。所以，必要时核保人员可以向销售人员直接了解情况。另外，对于投保单上未能反映的保险标的物和被保险人的情况，也可以进一步向投保人了解。最后，除了审核投保单以及向销售人员和投保人直接了解情况外，保险人还要对保险标的、被保险人面临的风险情况进行查勘，称为核保查勘。核保查勘可由保险人自己进行，也可委托专门机构和人员以适当方式进行。

由于寿险和非寿险的标的特征、业务性质不同，各自核保的要求各异，本节任务训练2将对此作专门讨论。

（二）作出承保决策

保险承保人员对通过一定途径收集的核保信息资料加以整理，并对这些信息经过承保选择和承保控制之后，作出以下承保决策。

（1）正常承保。对于属于标准风险类别的保险标的，保险公司按标准费率予以承保。

（2）优惠承保。对于属于优质风险类别的保险标的，保险公司按低于标准费率的优惠费率予以承保。

（3）有条件地承保。对于低于正常承保标准但又不构成拒保条件的保险标的，保险公司通过增加限制性条件或加收附加保费的方式予以承保。例如，在财产保险中，保险人要求投保人安装自动报警系统等安全设施才予以承保；如果保险标的低于承保标准，保险人采用减少保险金额，或者使用较高的免赔额或较高的保险费率的方式承保。

（4）拒保。如果投保人投保条件明显低于保险人的承保标准，保险人就会拒绝承保。对于拒绝承保的保险标的，要及时向投保人发出拒保通知。

（三）缮制单证

承保人作出承保决策后，对于同意承保的投保申请，由签单人员缮制保险单或保险凭证，并及时送达投保人手中。缮制单证是保险承保工作的重要环节，其质量的好坏直接关系到保险合同双方当事人的权利能否实现，以及义务能否顺利地履行。单证的缮制要及时，采用计算机统一打印，做到内容完整、数字准确、不错不漏无涂改。保单上注明缮制日期、保单号码，并在保单的正副本上加盖公、私章。如有附加条款，将其粘贴在保单的正本背面，加盖骑缝章。同时，要开具"交纳保费通知书"，并将其与保单的正、副本一起送复核员复核。

（四）复核签章

任何保险单均应按承保权限规定由有关负责人复核签发。它是承保工作的一道重要程序，也是确保承保质量的关键环节。复核时要注意审查：投保单、验险报告、保险单、批单及其他各种单证是否齐全，内容是否完整、符合要求，字迹是否清楚，保险费计算是否正确等，力求准确无误。保单经复核无误后必须加盖公章，并由负责人及复核员签章，然后交由内勤人员清分发送。

（五）收取保费

交付保险费是投保人的基本义务，向投保人及时足额收取保险费是保险承保中的一个重要环节。为了防止保险事故发生后的纠纷，在签订保险合同时要对保险费交纳的相关事宜予以明确，包括保险费交纳的金额及交付时间，以及未按时交费的责任。尤其对于非寿险合同，要在合同中特别约定并明确告知投保人，如不能按时交纳保险费，保险合同将不生效，发生事故后保险人不承担赔偿责任；如不足额交纳保险费，保险人将有限定（如按照实交保费与应付保费的比例）地承担保险责任。

任务训练2 全面认知保险核保

任务训练目标

通过完成全面认知保险核保的任务训练，能运用核保的相关知识，认识到财产保险和人身保险的核保要素，进行保险核保的业务操作。

知识要点

保险承保中最重要的工作环节是核保。保险经营的稳健不仅必须有大量契约的集合，更需要保险人对风险的种类与程度进行认识、鉴别，尽可能防止道德风险和逆选择，使风险得到分散。这一鉴别、认识、选择承保风险的过程，便构成核保的内容。

一、财产保险的核保

（一）财产保险的核保要素

在财产保险核保过程中，需要对一些因素进行重点风险分析和评估，并实地查勘。其中，主要的核保要素有以下几方面。

（1）保险标的物所处的环境。保险标的物所处的环境不同，直接影响其出险概率的高低以及损失的程度。例如，对所投保的房屋，要检验其所处的环境是工业区、商业区还是居民区；附近有无诸如易燃、易爆的危险源；救火水源如何，以及与消防队的距离远近；房屋是否属于高层建筑，周围是否通畅，消防车能否靠近等。

（2）保险财产的占用性质。查明保险财产的占用性质，可以了解其可能存在的风险；同时要查明建筑物的主体结构及所使用的材料，以确定其危险等级。

（3）投保标的物的主要风险隐患和关键防护部位及防护措施状况。这是对投保财产自身风险的检验。

① 认真检查投保财产可能发生风险损失的风险因素。例如，投保的财产是否属于易燃、易爆品或易受损物品；对温度和湿度的灵敏度如何；机器设备是否超负荷运转；使用的电压是否稳定；建筑物结构状况等。

② 对投保财产的关键部位要重点检查。例如，建筑物的承重墙体是否牢固；船舶、车辆的发动机的保养是否良好。

③ 严格检查投保财产的风险防范情况。例如有无防火设施、报警系统、排水排风设施；机器有无超载保护、降温保护措施；运输货物的包装是否符合标准；运载方式是否合乎标准等。

（4）有无处于危险状态中的财产。正处在危险状态中的财产意味着该项财产必然或即将发生风险损失，这样的财产保险人不予承保。这是因为保险承保的风险应具有损失发生的不确定性。必然发生的损失属于不可保风险。如果保险人予以承保，就会造成不合理的损失分布，这对于其他被保险人来说是不公平的。

（5）检查各种安全管理制度的制定和实施情况。健全的安全管理制度是预防、降低风险发生的保证，可减少承保标的损失，提高承保质量。因此，核保人员应核查投保人的各项安全管理制度，核查其是否有专人负责该制度的执行和管理。如果发现问题，应建议投保人及时解决，并复核其整改效果。倘若保险人多次建议投保人实施安全计划方案，但投保人仍不执行，保险人可调高费率，增加特别条款，甚至拒保。

（6）查验被保险人以往的事故记录。这一核保要素主要包括被保险人发生事故的次数、时间、原因、损失及赔偿情况。一般从被保险人过去3~5年间的事故记录中可以看出被保险人对保险财产的管理情况，通过分析以往损失原因找出风险所在，督促被保险人改善管理，采取有效措施，避免损失。

（7）调查被保险人的道德情况。特别是对经营状况较差的企业，弄清是否存在道德风险。一般可以通过政府有关部门或金融单位了解客户的资信情况，必要时可以建立客户资信档案，以备承保时使用。

（二）划分风险单位

风险单位是指一次风险事故可能造成保险标的损失的范围。一般来说，风险单位有四项构成条件：一是面临损失的价值；二是引发损失的风险事故；三是财务损失的影响程度；四是遭受损失的法律权益主体。在保险经营中，合理划分风险单位不仅是必要的，而且对于保险公司评估风险、作出承保决策具有重要的意义。在保险实践中，风险单位的划分一般有三种形式。

（1）按地段划分风险单位。由于保险标的之间在地理位置上相毗连，具有不可分割性，当风险事故发生时，承受损失的机会是相同的，那么这一整片地段就被算成一个风险单位。

（2）按标的划分风险单位。它指与其他标的无相毗连关系，风险集中于一体的保险标的，如一架飞机。

（3）按投保单位划分风险单位。为了简化手续，对于一个投保单位，不需区分险别，只要投保单位将其全部财产足额投保，该单位就为一个风险单位。

二、人寿保险的核保

（一）人寿保险的核保要素

人寿保险的核保要素一般分为影响死亡率的要素和非影响死亡率的要素。非影响死亡率的要素包括保额、险种、交费方式、投保人财务状况、投保人

人寿保险的
核保要素

与被保险人及受益人之间的关系。影响死亡率的要素包括年龄、性别、职业、健康状况、体格、习惯、嗜好、居住环境、种族、家族和病史等。相比之下，在寿险核保中需要重点考虑的是影响死亡率的要素。

（1）年龄和性别。年龄是人寿保险核保所要考虑的最重要的因素之一。因为死亡概率一般随着年龄的增加而增加，各种死亡原因在不同年龄段的分布是不一样的，而且不同年龄组各种疾病的发病率也不相同，因此保险金给付的频数与程度有很大的差异。另外，性别对死亡率和疾病种类也有很大影响。有关统计资料表明，女性平均寿命要长于男性4～6年，各国的生命表中的死亡概率的计算也充分反映了这一点。因此，性别因素也关系着保险人承担给付义务的大小。

（2）体格及身体情况。体格是遗传所致的先天性体质与后天各种因素的综合表现。体格包括身高、体重等。经验表明，超重会引起生理失调，导致各种疾病的发生。所以，超重使所有年龄的人都会增加死亡率，对中年人和老年人尤甚。为此，保险公司可编制一张按照身高、年龄、性别计算的平均体重分布表。体重偏轻一般关系不大，但核保人员应对近期体重骤减者进行调查，以确定是否由疾病引起。体格以外的身体情况也是核保的重要因素，如神经、消化、心血管、呼吸、泌尿、内分泌系统失常会引起较高的死亡概率。保险人应收集各种疾病引发死亡的统计资料。在不同时期引起死亡的疾病的排列顺序是不同的，目前癌症和心血管疾病是引起死亡的最主要原因。

（3）个人病史和家族病史。如果被保险人曾患有某种急性或慢性疾病，往往会影响其寿命，所以在核保中一般除了要求提供自述的病史外，有时还需要提供医师或医院出具的病情报告。了解家族病史主要是为了了解家庭成员中有无可能影响后代的遗传性或传染性疾病，如糖尿病、高血压病、精神病、血液病、结核和癌症等。

（4）职业、习惯嗜好及生存环境。首先，疾病、意外伤害和丧失工作能力的概率在很大程度上受所从事的职业的影响。一些职业具有特殊风险，虽不会引起被保险人死亡概率的变化，却会严重损害被保险人的健康而导致大量医疗费用的支出，如某些职业病。另外，有些职业会增加死亡概率或意外伤害概率，如高空作业工人、井下作业的矿工及接触有毒物质的工作人员等。其次，如果被保险人有吸烟、酗酒等不良嗜好或从事赛车、跳伞、登山、冲浪等业余爱好，核保人可以提高费率承保或列为除外责任，甚至拒绝承保。最后，被保险人的生活环境和工作环境对其身体健康和寿命也有重要影响。如果被保险人居住在某种传染性疾病高发的地区，那么他感染这种传染病的可能性就比其他人大得多；如果被保险人的工作地点与居住地点距离很远，那么他遭受交通事故伤害的可能性也就更大。

（二）风险类别划分

核保人员在审核了投保人所有有关的资料并进行体检以后，要根据被保险人的身体状况进行分类。在人寿保险中，由专门人员或指定的医疗机构对被保险人进行体检，实际测定被保险人的身体健康状况。体检后，由医生提供的体检报告就是一种核保查勘结果。被保险人是否需要体检，一般是由其年龄和投保金额决定的，投保年龄越大、投保金额越高，体检的必要性就越大。根据体检结果，决定是否承保以及按照什么条件或采用何种费率承保。

（1）标准风险。属于标准风险类别的人有正常的预期寿命，对他们可以使用标准费率承保。大多数被保险人面临的风险属于这类风险。

（2）优质风险。属于这一风险类别的人，不仅身体健康，而且有良好的家族健康史，无吸烟、酗酒等不良嗜好。对该类被保险人，在基本条件与标准相同的情况下，保险人在承保时可以考虑适当给予费率的优惠，即可以按照低于标准的费率予以承保。

（3）弱体风险。属于弱体风险类别的人在健康和其他方面存在缺陷，致使他们的预期寿命低于正常的人。对他们应按照高于标准的费率予以承保。

（4）不可保风险。属于该类风险的人有极高的死亡概率，以致承保人无法按照正常的大数法则分散风险，只能拒保。

任务三　全面认知保险理赔

↗ 任务训练　全面认知保险理赔

 ### 任务训练目标

通过完成全面认知保险理赔的任务训练，能运用理赔的相关知识，认识到保险理赔的原则和流程，学会进行保险理赔业务操作。

保险理赔

知识要点

一、保险理赔的含义和意义

（一）保险理赔的含义

保险理赔是指保险人在保险标的发生风险事故后，对被保险人或受益人提出的索赔要求进行处理的行为。保险理赔并不等于支付赔款，但是保险理赔对于保险人来说具有重要的意义。从法律角度看，保险人无论是否支付赔款，保险理赔都是履行保险合同的过程，是法律行为。也就是说，被保险人或受益人提出索赔要求，保险人就应按照法律或合同约定进行处理。从经营角度看，保险理赔充分体现了保险的经济补偿职能及作用，是保险经营的重要环节。保险理赔也是对承保业务和风险管理质量的检验。

（二）保险理赔的意义

保险理赔，可以使被保险人或受益人及时得到赔付，从而使保险的职能和作用得以充分发挥；可以使承保业务质量得到检验，并从中发现防灾防损工作中可能存在的问题和漏洞，从而为提高承保业务质量、加强防灾防损工作提供可靠依据；还可以提高保险企业声誉，扩大保险在社会上的影响，促进保险营销。因此，保险理赔在保险业务经营中占有重要地位，是保险经营的重要环节。做好保险理赔工作，对提高保险企业的经济效益和社会效益有重大意义。

二、保险理赔的原则

保险理赔涉及面广，情况复杂。为了更好地贯彻保险经营方针，提高理赔工作质量，杜绝"错赔、乱赔、滥赔"的现象，保险理赔必须遵循以下原则。

（一）重合同、守信用

这是保险人在理赔工作中应遵循的首要原则。保险经济关系是由保险双方通过订立保险合同建立起来的，在保险合同中明确规定了保险双方的权利和义务。因此，保险人在处理各种赔案时，必须首先做到"重合同、守信用"，要严格按照保险合同中条款的规定来理赔，既不能任意扩大保险责任范围，也不能惜赔，缩小保险责任范围。这关系到保险的经济赔偿、给付职能的发挥，也关系到被保险人的正当权益和保险企业的信誉。

（二）实事求是

被保险人提出的索赔案件形形色色，案发原因也错综复杂。保险合同不可能把所有情况都包括进去，有时根据合同条款很难做出是否属于保险责任的明确答案，加之合同双方当事人对条款的认识和解释存在差异，便出现赔与不赔的纠纷。这就要求保险公司必须以实事求是的精神，运用保险条款的规定，并结合具体情况处理赔案，既要有原则性，又要有一定的灵活性。既要严格按合同条款办事，又应合情合理、实事求是地对不同案件的具体情况进行具体分析，灵活处理赔案。此外，实事求是的原则还体现在保险人的通融赔付方面。所谓通融赔付，是指按照保险合同条款的规定，本不应由保险人赔付的经济损失，由于一些其他原因的影响，保险人给予全部或部分补偿或给付。当然，通融赔付不是无原则的随意赔付，而是对保险损失补偿原则的灵活运用。具体来说，保险人在通融赔付中应掌握的要求有：第一，有利于保险业务的稳定与发展；第二，有利于维护保险公司的信誉和在市场竞争中的地位；第三，有利于社会的安定团结。

（三）主动、迅速、准确、合理

这是保险理赔工作的"八字方针"，也是衡量理赔质量的重要标准。所谓主动、迅速，是指理赔人员在处理理赔案时要积极主动，及时深入现场，主动了解受损情况，迅速赔偿损失。所谓准确、合理，是指理赔人员在审核理赔案时要分清责任，合理定损，准确地核定赔款金额，做到不惜赔、不乱赔。

为了保护被保险人的利益，贯彻"主动、迅速、准确、合理"的原则，我国《保险法》第二十三条第一款明确规定："保险人收到被保险人或者受益人的赔偿或者给付保险金的请求后，应当及时作出核定；情形复杂的，应当在三十日内作出核定，但合同另有约定的除外。保险人应当将核定结果通知被保险人或者受益人；对属于保险责任的，在与被保险人或者受益人达成赔偿或者给付保险金的协议后十日内，履行赔偿或者给付保险金义务。"《保险法》第二十五条还规定："保险人自收到赔偿或者给付保险金的请求和有关证明、资料之日起六十日内，对其赔偿或者给付保险金的数额不能确定的，应当根据已有证明和资料可以确定的数额先予支付；保险人最终确定赔偿或者给付保险金的数额后，应当支付相应的差额。"

三、保险理赔的流程

（一）寿险理赔的流程

从保险事故的发生到保险人作出赔款决定，以及被保险人或受益人领到保险金的整个过程，需要经过一系列工作环节和处理流程。在通常情况下，一个索赔案件的处理一般要经过接案、立案、初审、调查、核定、复核和审批、结案和归档七个环节。在每个环节都有不同的处理要求和规定，以保证理赔有序和高效地进行。

1. 接案

接案是指发生保险事故后，保险人接受客户的报案和索赔申请的过程。这一过程包括报案和索赔申请两个环节。

（1）报案。报案是指保险事故发生后，投保人或被保险人、受益人通知保险人发生保险事故的行为。我国《保险法》第二十一条规定："投保人、被保险人或者受益人知道保险事故发生后，应当及时通知保险人。"

① 报案的方式。报案人可以采用多种方式将保险事故通知保险人，可以亲自到保险公

司当面口头通知，也可以用电话、电报、传真、信函等方式通知公司，当然也可以填写保险公司事先印制的事故通知书。其目的是将保险事故信息及时传递到保险公司，以便保险公司采取相应措施及时处理。

② 报案的内容。报案人应在保险条款规定的时间内，及时将有关的重要信息通知保险公司的接案人。报案时需要提供的信息包括：投保人的姓名、被保险人或受益人的姓名及身份证件号码、被保险人的保单号、险种名称、出险时间和地点、简要经过和结果、就诊医院、病案号、联系地址及电话等。

③ 接案的要求。接案人员对报案人提供的信息应做好报案登记，准确记录报案时间，引导和询问报案人，尽可能掌握必要的信息。接案人员应根据所掌握的案情，依据相关的理赔规定，判断案件性质以及是否需要采取适当的应急措施，并在《报案登记表》中注明。对于应立即展开调查的案件，如预计赔付金额较大、社会影响较大的案件，应尽快通知理赔主管及调查人员展开调查；对于应保留现场的案件，还应通知报案人采取相应的保护措施。

（2）索赔申请。索赔是指保险事故发生后，被保险人或受益人依据保险合同向保险人请求赔偿损失或给付保险金的行为。客户报案只是履行将保险事故及时通知保险公司的一项义务，但并不等同于保险索赔。报案是投保人、被保险人或受益人的义务，索赔是保险事故发生后被保险人或受益人的权利。

① 对索赔申请人资格的要求。索赔申请人是对保险金具有请求权的人，如被保险人、受益人。例如，人身保险身故保险金给付应由保险合同约定的身故受益人提出申请。没有指定受益人时，则由被保险人的法定继承人作为申请人提出申请；如果受益人或继承人系无民事行为能力者，则由其法定监护人提出申请。人身保险中被保险人在生存状态下的保险金给付申请，如伤残保险金给付、医疗保险（津贴）给付、重疾保险金案件，受益人均为被保险人本人，应由被保险人本人提出申请。如被保险人系无民事行为能力者，则由其法定监护人提出申请。

② 索赔时效。保险事故发生后，被保险人或受益人必须在规定的时间内向保险人请求赔偿或给付保险金，这一期间称为索赔时效期间。在索赔时效期间内，被保险人或受益人享有向保险人索赔的权利。超过索赔时效期间以后，被保险人或受益人向保险人索赔的权利丧失，保险人对索赔不再受理。《保险法》第二十六条第二款规定："人寿保险的被保险人或者受益人向保险人请求给付保险金的诉讼时效期间为五年，自其知道或者应当知道保险事故发生之日起计算。"

③ 索赔的举证责任。索赔的举证责任指索赔权利人向保险人索赔时应承担的提供证据的义务，证明保险事故已经发生，保险人应当承担赔偿或给付保险金的责任。《保险法》第二十二条规定："保险事故发生后，按照保险合同请求保险人赔偿或者给付保险金时，投保人、被保险人或者受益人应当向保险人提供其所能提供的与确认保险事故的性质、原因、损失程度等有关的证明和资料。保险人按照合同的约定，认为有关的证明和资料不完整的，应当及时一次性通知投保人、被保险人或者受益人补充提供。"

2. 立案

立案是指保险公司核赔部门受理客户索赔申请，进行登记和编号，使案件进入正式的处理阶段的过程。

（1）索赔资料的提交。申请人按一定的格式要求填写《索赔申请书》，并提交相应的证明和资料给保险公司；如果申请人不能亲自到保险公司办理，而是委托他人代为办理，受托人还应提交申请人签署的《理赔授权委托书》。

（2）索赔资料受理。保险公司的受理人员在审核材料后，在一式两联的"理赔资料受理凭证"上注明已接收的证明和资料，注明受理时间并签名，一联留存公司，一联交申请人存执，以作为日后受理索赔申请的凭据。受理人如发现证明材料不齐，应向申请人说明原因，并通知其尽快补齐证明材料。

（3）立案条件。要进行立案处理的索赔申请必须符合如下条件：保险合同责任范围内的保险事故已经发生；保险事故在保险合同有效期内发生；在《保险法》规定时效内提出索赔申请；提供的索赔资料齐备。

（4）立案处理。对经审核符合立案条件的索赔申请进行立案登记，并生成赔案编号，记录立案时间、经办人等情况，然后将所有资料按一定顺序存放在案卷内，移交到下一工作环节。

3. 初审

初审是指核赔人员对索赔申请案件的性质、合同的有效性初步审查的过程。初审的要点包括以下几方面。

（1）审核出险时保险合同是否有效。初审人员根据保险合同、最近一次交费凭证或交费记录等材料，判断申请索赔的保险合同在出险时是否有效，特别注意出险日期前后，保险合同是否有复效或其他变动的处理。

（2）审核出险事故的性质。初审人员还应该审核出险事故是否在保险责任条款约定的事故范围之内，或者出险事故是否属于保险合同责任免除条款或是否符合约定的免责规定。

（3）审核申请人所提供的证明材料是否完整、有效。首先，根据客户的索赔申请和事故材料，判断出险事故索赔申请的类型，例如医疗给付、残疾给付等；其次，检查证明材料是否为相应事故类型所需的各种证明材料；最后，检查证明材料的效力是否合法、真实、有效，材料是否完整，是否为相应的机关或部门如公安、医院等所出具。

（4）审核出险事故是否需要理赔调查。初审人员根据索赔提供的证明材料以及案件的性质、案情的状况等判断该案件是否需要进一步理赔调查，并依判断结果分别作出相应处理。对需要调查的案件，提出调查重点、调查要求，交调查人员进行调查；待调查人员提交调查报告后，再提出初审意见。对不需要调查的案件，提出初审意见后，将案件移交理算人员作理赔计算的处理。

4. 调查

核赔调查在核赔处理中占有重要的位置，对核赔处理结果有决定性的影响。调查就是对客观事实进行核实和查证的过程，核赔调查时需要注意以下几个方面：调查必须本着实事求是的原则；调查应力求迅速、准确、及时、全面；调查人员在查勘过程中禁止就理赔事项作出任何形式的承诺；调查应遵循回避原则；调查完毕应及时撰写调查报告，真实、客观地反映调查情况。

5. 核定

这里的核定是对索赔案件作出给付、拒付、豁免处理和对给付保险金额进行计算的过程。理赔人员对案卷进行理算前，应审核案卷所附资料是否足以作出正确的给付、拒付处理。如资料不完整，应及时一次性通知相关人员补齐相关资料；对资料尚有疑义的案件，需通知调查人员进一步调查核实。理赔人员根据保险合同以及类别的划分进行理赔计算，缮制《理赔计算书》和《理赔案件处理呈批表》。具体地说，核定的内容包括以下几点。

（1）给付理赔计算。对于正常给付的索赔案件的处理，应根据保险合同的内容、险种、给付责任、保额和出险情况等计算出给付的保险金额。例如，身故保险金根据合同中的身故责任进行计算；伤残保险金则根据伤残程度及鉴定结果，按规定比例计算；医疗保险金则根据客户支付的医疗费用进行计算。

（2）拒付。对应拒付的案件，理赔人员作拒付确认，并记录拒付处理意见及原因。对于由此终止的保险合同，应在处理意见中注明，并按条款约定计算应退还保费或现金价值以及补扣款项及金额；对于继续有效的保险合同，应在处理意见中注明，将合同置为继续有效状态。

（3）豁免保费计算。对于应豁免保费的案件，理赔人员应作豁免的确认，同时将合同置于豁免保险费状态。

（4）理赔计算的注意事项。理赔计算的结果直接涉及客户的经济利益，因此必须保证给付保险金额的计算准确无误；同时理赔计算中涉及补扣款的项目，需一并计算。在理赔计算时应扣款的项目包括：在宽限期内出险，应扣除欠交的保险费；客户有借款及应收利息，应扣除借款及利息；有预付赔款应将预付赔款金额扣除；其他应扣除的项目。应补款项目包括：预交保险费；未领取满期保险金；未领取红利、利差等其他应补款项目。

6. 复核、审批

复核是核赔业务处理中具有把关作用的一个关键环节。通过复核，能够发现业务处理过程中的疏忽和错误并及时予以纠正；同时，复核对核赔人员也具有监督和约束的作用，防止核赔人员个人因素对核赔结果的影响，保证核赔处理的客观性和公正性，因而也是核赔部门内部风险防范的一个重要环节。复核的内容及要点包括：出险人的确认；保险期间的确认；出险事故原因及性质的确认；保险责任的确认；证明材料完整性与有效性的确认；理赔计算准确性与完整性的确认。

审批是根据案件的性质、给付金额、核赔权限以及审批制度对已复核的案件逐级呈报，由有相应审批权限的主管进行审批的环节。一般对于一些重大、特殊、疑难案件，还需成立赔案审查委员会集体对案件进行审理。根据审批的结果，进行相应的处理。批复需重新理赔计算的案件，应退回由理赔计算人员重新理算；批复需进一步调查的案件，应通知调查人员继续调查；批复同意的案件，则移入下一个结案处理环节。

7. 结案、归档

首先，结案人员根据理赔案件呈批的结果，缮制《给（拒）付通知书》或《豁免保险通知书》，并寄送申请人。拒付案件应注明拒付原因及保险合同效力终止的原因。如有退费款项，应同时在通知书中予以反映，并注明金额及领款人，提示其前来领款。给付案件应注明给付金额、受益人姓名，提示受益人凭相关证件前来办理领款手续。领款人凭《给（拒）付通知书》和相关证件办理领款手续，保险公司应对领款人的身份进行确认，以保证保险金正确支付给合同规定的受益人。领款人可以通过现金、现金支票、银行转账或其他允许的方式领取应得款项，并由保险公司的财务部门按规定支付相应金额的款项。其次，结案人员根据保险合同效力是否终止，修改保险合同的状态，并做结案标识。最后，结案人员将已结案的理赔案件的所有材料按规定的顺序排放，并按业务档案管理的要求进行归档管理，以便将来查阅和使用。

（二）非寿险的理赔流程

非寿险理赔的程序主要包括接受损失通知、审核保险责任、进行损失调查、赔偿保险金、损余处理及代位求偿等步骤。

1. 接受损失通知

这是指保险事故发生后，被保险人或受益人应将事故发生的时间、地点、原因及其他有关情况，以最快的方式通知保险人，并提出索赔请求的环节。发出损失通知同样是非寿险被保险人必须履行的义务。

（1）损失通知的时间要求。根据险种不同，发出损失通知书有时会有时间要求，例如被保险人在保险财产遭受保险责任范围内的盗窃损失后，应当在24小时内通知保险人，否则保险人有权不予赔偿。此外，有的险种没有明确的时限规定，只要求被保险人在其可能做到的情况下，尽快将事故损失通知保险人，如果被保险人在法律规定或合同约定的索赔时效内未通知保险人，可视为其放弃索赔权利。《保险法》第二十六条规定："人寿保险以外的其他保险的被保险人或者受益人，向保险人请求赔偿或者给付保险金的诉讼时效期间为二年，自其知道或者应当知道保险事故发生之日起计算。"

（2）损失通知的方式。被保险人发出损失通知的方式可以是口头的，也可用函电等其他形式，但随后应及时补发正式书面通知，并提供各种必需的索赔单证，如保险单、账册、发票、出险证明书、损失鉴定书、损失清单、检验报告等。如果损失涉及第三者责任时，被保险人还需出具权益转让书给保险人，由保险人代为行使向第三者责任方追偿的权益。

（3）保险人受理。接受损失通知书意味着保险人受理案件，保险人应立即将保险单与索赔内容详细核对，并及时向主管部门报告，安排现场查勘等事项，然后将受理案件登记编号，正式立案。

2. 审核保险责任

保险人收到损失通知书后，应立即审核该索赔案件是否属于保险人的责任，审核的内容包括以下几方面。

（1）保险单是否仍有效力。例如，我国《保险法》第十六条规定："投保人故意或者因重大过失未履行如实告知义务，足以影响保险人决定是否同意承保或者提高保险费率的，保险人有权解除合同。"

（2）损失是否由承保的风险引起。被保险人提出的损失索赔，不一定都是由保险风险所引起的。因此，保险人在收到损失通知书后，应查明损失是否由保险风险所引起。

（3）损失的财产是否为保险财产。保险合同所承保的财产并非被保险人的一切财产，即使是综合险种，也会有某些财产列为不予承保之列。例如，在企业财产保险中，土地、矿藏、水产资源、货币、有价证券等就属于不保财产；金银、珠宝、堤堰、铁路等要经过特别约定，并在保险单上载明，否则也不属于可保范围。可见，保险人对于被保险人的索赔财产，必须依据保险单仔细审核。

（4）损失是否发生在保单所载明的地点。保险人承保的损失通常有地点的限制。例如，在家庭财产保险中，只对在保单载明地点以内保险财产所遭受的损失，保险人才予以赔偿。

（5）损失是否发生在保险单的有效期内。保险单上均载明了保险有效的起讫时间，损失必须在保险有效期内发生，保险人才能予以赔偿。例如，我国海洋货物运输保险的保险期限通常是以"仓至仓条款"来限制的，即保险人承担责任的起讫地点，是从保险单载明的起运地发货人的仓库运输时开始，直到保险单载明的目的地收货人仓库为止，并以货物卸离海轮后满60天为最后期限。又如责任保险中常规定期内发生式或期内索赔式的承保方式。期内发生式是指只要保险事故发生在保险期内，而不论索赔何时提出，保险人均负责赔偿；期内索赔式是指不管保险事故发生在何时，只要被保险人在保险期内提出索赔，保险人即负责赔偿。

（6）请求赔偿的人是否有权提出索赔。要求赔偿的人一般都应是保险单载明的被保险人。因此，保险人在赔偿时，要查明被保险人的身份，以决定其有无领取保险金的资格。例如，在财产保险合同下，要查明被保险人在损失发生时对于保险标的是否具有保险利益；对保险标的无保险利益的人，其索赔无效。

（7）索赔是否有欺诈行为。保险索赔的欺诈行为往往较难察觉，保险人在理赔时应注意的问题有：索赔单证的真实与否；投保人是否有重复保险的行为，受益人是否故意谋害被保险人；投保日期是否先于保险事故发生的日期等。

3. 进行损失调查

保险人审核保险责任后，应派人到出险现场实际勘查事故情况，以便分析损失原因，确定损失程度。

（1）分析损失原因。在保险事故中，形成损失的原因通常是错综复杂的。例如，船舶发生损失的原因有船舶本身不具备适航能力、船舶机件的自然磨损、自然灾害或意外事故的影响等。只有对损失的原因进行具体分析，才能确定其是否属于保险人承保的责任范围。可见，分析损失原因的目的在于保障被保险人的利益，明确保险人的赔偿范围。

（2）确定损失程度。保险人要根据被保险人提出的损失清单逐项加以查证，合理确定损失程度。例如，对于货物短少的情况，要根据原始单据、到货数量确定短少的数额；对于不能确定货物损失数量的，或受损货物仍有部分完好或经加工后仍有价值的，要估算出一个合理的贬值率来确定损失程度。

（3）认定求偿权利。保险合同中规定的被保险人的义务是保险人承担赔偿责任的前提条件。如果被保险人违背了这些事项，保险人可以以此为由不予赔偿。例如，当保险标的的危险增加时，被保险人是否履行了通知义务；保险事故发生后，被保险人是否采取了必要的、合理的抢救措施，以防止损失扩大等。这些问题直接影响到被保险人索赔的权利。

4. 赔偿保险金

保险人对被保险人请求赔偿保险金的要求应按照保险合同的规定办理，如保险合同没有约定，就应按照有关法律的规定办理。若损失属于保险责任范围内，经调查属实并估算赔偿金额后，保险人应立即履行赔偿给付的责任。保险人可根据保险单类别、损失程度、标的价值、保险利益、保险金额、补偿原则等理算赔偿金额。财产保险合同赔偿的方式通常是货币补偿。不过，在财产保险中，保险人也可与被保险人约定其他方式，如恢复原状、修理、重置或以相同实物进行更换等方式。

5. 损余处理

一般来说，在财产保险中，受损的财产会有一定的残值。如果保险人按全部损失赔偿，其残值应归保险人所有，或是从赔偿金额中扣除残值部分；如果按部分损失赔偿，保险人可将损余财产折价给被保险人以充抵赔偿金额。

6. 代位求偿

如果保险事故是由第三者的过失或非法行为引起的，第三者对被保险人的损失须负赔偿责任。保险人可按保险合同的约定或法律的规定，先行赔付被保险人，然后被保险人应当将追偿权转让给保险人，并协助保险人向第三者责任方追偿。

任务四 全面认知保险客户服务

 任务训练 全面认知保险客户服务

认知保险客户
服务

任务训练目标

通过完成全面认知保险客户服务的任务训练，能运用保险客户服务的相关知识，认识保险客户服务的主要内容，进行保险客户服务。

知识要点

一、保险客户服务的定义

保险客户是指保险公司产品的消费者，包括保单持有人、被保险人和受益人等。

保险客户服务是指保险人通过畅通有效的服务渠道，为客户提供产品信息、品质保证、合同义务履行、客户保全、纠纷处理等项目的服务，以及基于客户的特殊需求和对客户的特别关注而提供的附加服务内容。保险客户服务不仅包括对现有客户的服务，也包括对潜在客户的服务。

二、保险客户服务的主要内容

保险客户服务是保险公司经营活动最重要的内容之一。保险公司提供优质客户服务的能力对建立和保持积极、持久和紧密有力的保险客户关系是十分重要的。保险客户服务以实现客户满意最大化，维系并培养忠诚保险客户，实现客户价值与保险公司价值的共同增长为目标。

保险客户服务包括保险产品的售前、售中和售后三个环节的服务，在每一个环节上又都包含着具体详细的内容。售前服务是指保险人在销售保险产品之前，为消费者提供各种有关保险行业、保险产品的信息、资讯、咨询，免费举办讲座，风险规划与管理等服务。售中服务是指在保险产品买卖过程中保险人为客户提供的各种服务。如在寿险客户服务中，包括协助投保人填写投保单，保险条款的准确解释，免费体检，保单包装与送达，为客户办理自动交费手续等。售后服务是指在客户签单后保险人为客户提供的一系列服务。在寿险客户服务中，售后服务的方式主要有提供免费查询热线，定期拜访，契约保全和保险赔付等。保险客户服务的主要内容有以下几方面。

（一）提供咨询服务

顾客在购买保险之前需要了解有关的保险信息，如保险行业的情况、保险市场的情况、保险公司的情况、现有保险产品、保单条款内容等。保险人可以通过各种渠道将有关的保险信息传递给消费者，而且要求信息的传递准确、到位。在咨询服务中，保险销售人员充当着非常重要的角色，当顾客有购买保险的愿望时，一定要提醒顾客阅读保险条款，同时要对保险合同的条款、术语等向顾客进行明确的说明。尤其对责任免除，投保人、被保险人义务条款的含义、适用的情况及将会产生的法律后果，要进行明确的解释与说明。

（二）风险规划与管理服务

首先，帮助顾客识别风险，包括家庭风险的识别和企业风险的识别。其次，在风险识别的基础上，帮助顾客选择风险防范措施，既要帮助他们做好家庭或企业的财务规划，又要帮助他们进行风险的防范。特别是对于保险标的金额较大或承保风险较为特殊的大中型标的，应向投保人提供保险建议书。保险建议书要为顾客提供超值的风险评估服务，并从顾客利益出发，设计专业化的风险防范与化解方案，方案要充分考虑市场因素和投保人可以接受的限度。

（三）接报案、查勘与定损服务

保险公司坚持"主动、迅速、准确、合理"的原则，严格按照岗位职责和业务操作实务流程的规定，做好接客户报案、派员查勘、定损等各项工作，全力协助客户尽快恢复正常的生产经营和生活秩序。在定损过程中，要坚持协商的原则，与客户进行充分的协商，尽量取得共识，达成一致意见。

（四）核赔服务

核赔人员要全力支持查勘定损人员的工作，在规定的时间内完成核赔。核赔岗位和人员要对核赔结果是否符合保险条款及国家法律法规的规定负责。核赔部门在与查勘定损部门意见有分歧时，应共同协商解决，赔款额度确定后要及时通知客户；如发生争议，应告知客户解决争议的方法和途径。对拒赔的案件，经批复后要向客户合理解释拒赔的原因，并发出正式的书面通知，同时要告知客户维护自身权益的方法和途径。

（五）客户投诉处理服务

保险公司各级机构应高度重视客户的抱怨、投诉。通过对客户投诉的处理，应注意发现合同条款和配套服务上的不足，提出改进服务的方案和具体措施，并切实加以贯彻执行。

① 建立简便的客户投诉处理程序，并确保让客户知道投诉渠道、投诉程序。

② 加强培训，努力提高一线员工认真听取客户意见和与客户交流、化解客户不满的技巧，最大限度地减少客户投诉现象的发生。

③ 了解投诉客户的真实要求。对于上门投诉的客户，公司各级机构职能部门的负责人要亲自接待，能即时解决的即时解决，不能即时解决的，应告知客户答复时限。对于通过信函、电话、网络等形式投诉的客户，承办部门要限期答复。

④ 建立客户投诉回复制度，使客户的投诉能及时、迅速地得到反馈。

⑤ 在赔款及其他问题上，如果客户和公司有分歧，应本着平等、协商的原则解决，尽量争取不走或少走诉讼程序。

⑥ 在诉讼或仲裁中，应遵循当事人地位平等原则，尊重客户，礼遇客户。

三、财产保险客户服务的特别内容

对承保标的的防灾防损是财产保险客户服务的重要内容。

（一）制订方案

防灾防损要以切实可行的防灾防损方案、周密翔实的实施计划和具备技术特长的专业人员为保障，并根据时间的推移和现实情况的变化定期或不定期地调整防灾防损对策。

（二）重点落实

① 定期对保险标的的安全状况进行检查，及时向客户提出消除不安全因素和隐患的书面建议。切实做好火灾、爆炸等重点风险的防范工作，对灾害易发部位要留影存查并进行重点监控；针对灾害隐患，要向企业提出切实可行的整改方案，并督促其贯彻落实。

② 对重要客户和大中型保险标的，要根据实际需要开展专业化的风险评估活动。风险评估活动应遵循全程参与、共同配合、保守客户商业秘密和不影响客户正常的生产与经营的原则，运用科学的理论和方法，组织专业化的评估小组，依照切实可行的评估方案和评估程序进行。

（三）特殊服务

财产保险公司可以主动或应客户要求提供一些特殊的服务。例如，收集中长期气象、灾害预报及实时的天气预报信息，协助客户做好灾害防御工作；针对可能发生的暴风、暴雨、台风、洪涝等重大灾害，事先制订出详细、可行的预案，建立防洪协作网，并逐项贯彻落实。

四、人寿保险客户服务的特别内容

（一）寿险契约保全服务

"保全"一词在人寿保险实务中有广义和狭义两种含义。就广义而言，自人寿保险契约成立时起至终止时止，凡在保险期间内发生的一切事物都可称为保全。故广义的保全不仅包括保险费的收缴、契约内容的变更，更包括保险金、给付金、保单贷款、退保金、红利等各类给付事务。狭义的保全仅仅包括契约内容的各种变更，保单错误的更正，以及保险金和退保金的给付。

保全服务是寿险公司业务量最大的服务，寿险公司一般都设有处理保全业务的职能部门。在遵循客户满意最大化原则的基础上，寿险契约保全的具体工作内容如下。

（1）合同内容变更。合同内容变更是对已成立合同的维护。保险合同生效后，为适应内部、外部环境的变化，客户和保险公司经过协商，在不改变保险合同效力和主要保险责任的前提下，可对合同的部分内容进行更正与修改，以最大限度地满足客户的保障需求。合同变更的内容包括通信方式、姓名、性别、年龄、证件、职业、交费方式、交费期间、领取方式、领取年龄等项目的变更以及变更投保人（受益人）、增减保额、增加或取消附加险、对合同内容进行补充告知等。

（2）行使合同权益。寿险公司除提供基本的保险保障以外，为了帮助客户更加顺利地维持合同的效力，增加产品吸引力，更好地为客户服务，一般还会提供涉及保单权益的信息供客户在必要时行使。常见的合同权益包括保单借款、现金价值（红利）利益、自动垫缴保费、交清保险、展期保险和险别转换等。

（3）续期收费。续期收费服务包括续期保费收取过程中的续期交费通知、续期保费催交、续期保费划款、保费预交转实收、保费豁免、保费抵交和保险合同效力恢复等。对绝大多数客户而言，最关心的保全服务就是续期收费的服务。对寿险公司而言，续期收费是一项最基本的服务。对客户的续期交费提醒应该多种方式并用，既要有公司的信函通知，也要有客户服务人员的电话及上门联络。其中有两个问题对提高续期收费服务的质量尤为重要：一是确实掌握信函投递情况；二是经常主动地联络客户。

（4）保险关系转移。客户因住所变动或其他原因，可将保险合同转移到原签单公司以外的其他机构并继续享受保险合同权益，履行合同义务。一些机构网络齐全、业务管理和电脑数据高度集中统一的寿险公司，已将保险关系转移的方便快捷作为一项竞争优势。即使是一些网点较少的新兴公司，随着信息和网络技术的不断发展，也通过委托第三方代为服务的方式来解决保险关系转移的问题。

（5）生存给付。在保险合同有效期内，被保险人生存至保险期满或约定领取年龄、约定领取时间，寿险公司根据合同约定向受益人给付满期保险金或年金。这类保险金的受益人一般是被保险人本人或其法定监护人。生存给付是客户在保险有效期内能看到的实实在在的保险利益。因此，及时、准确、方便地为客户提供生存给付服务是留住客户、体现公司服务水准的重要手段之一。

（二）"孤儿"保单服务

"孤儿"保单是指因为原营销人员离职而需要安排人员跟进服务的保单。"孤儿"保单服务具体包括保全服务、保单收展服务和全面收展服务三种。

（1）保全服务。寿险公司成立专门的"孤儿"保单保全部（组），集中办理"孤儿"保单续期收费和其他保全工作。"孤儿"保单采取按应收件数均衡分配的方式，落实到每一个保全员。公司对保全员进行单独管理、单独考核。

（2）保单收展服务。寿险公司设专门的收展员或成立专门的收展部，并按行政区划安排"孤儿"保单的客户服务工作。

（3）全面收展服务。寿险公司内设专门的收展部门，并按行政区划安排"孤儿"保单及全部保单若干年的客户服务工作。

**项目
小结**

① 保险销售是将保险产品卖出的一种行为，是保险营销过程中的一个环节。专业化保险销售流程通常包括四个环节，即准保户开拓、调查并确认准保户的保险需求、设计并介绍保险方案、疑问解答并促成签约。保险销售渠道是指保险商品从保险公司向保户转移过程中所经过的途径。保险销售渠道按照有无保险中介参与，可分为直接销售渠道和间接销售渠道。直接销售是指保险公司通过自己的销售渠道获得业务的销售模式；间接销售是指保险公司通过中介渠道获得业务的销售模式。

② 保险承保是保险人对愿意购买保险的单位或个人所提出的投保申请进行审核，作出是否同意接受和如何接受的决定的过程。承保的主要环节包括核保、作出承保决策、缮制单证、复核签章、收取保费。

③ 保险承保中最重要的工作环节是核保。财产保险的核保要素包括保险标的物所处的环境，保险财产的占用性质，投保标的物的主要风险隐患和关键防护部位及防护措施状况，有无处于危险状态中的财产，检查各种安全管理制度的制定和实施情况，查验被保险人以往的事故记录，调查被保险人的道德情况等。人寿保险的核保要素一般分为影响死亡率的要素和非影响死亡率的要素。非影响死亡率的要素包括保额、险种、交费方式、投保人财务状况、投保人与被保险人及受益人之间的关系。影响死亡率的要素包括年龄、性别、职业、健康状况、体格、习惯、嗜好、居住环境、种族、家族和病史等。

④ 保险理赔是指保险人在保险标的发生风险事故后，对被保险人或受益人提出的索赔要求进行处理的行为。保险理赔必须遵循的原则：重合同、守信用；实事求是；主动、迅速、准确、合理。

⑤ 保险客户是指保险公司产品的消费者，包括保单持有人、被保险人和受益人等。保险客户服务是指保险人通过畅通有效的服务渠道，为客户提供产品信息、品质保证、合同义务履行、客户保全、纠纷处理等项目的服务，以及基于客户的特殊需求和对客户的特别关注而提供的附加服务内容。

 职业技能训练

【训练目标】

通过主观题叙述和客观题分析与演练，理解保险销售、承保、核保、理赔以及客户服务的含义，明确保险业务经营的主要环节，学会进行保险业务操作。

【训练任务】

准确描述保险销售、承保、核保、理赔以及客户服务的含义，通过自主探究、小组合作等方法完成对保险业务经营环节的操作。具体任务如下。

一、名词解释

保险销售　保险承保　保险核保　保险理赔　逆选择　保险客户服务

二、单项选择题

1. 保险销售环节中最重要的一个环节是（   ）。

A. 准保户开拓   B. 调查并确认准保户的保险需求

C. 设计并介绍保险方案   D. 疑问解答并促成签约

2. 保险销售与保险营销的关系是（   ）。

A. 保险销售等同于保险营销

B. 保险销售是保险营销的一个环节

C. 保险营销是保险销售的一部分

D. 保险销售与保险营销是两个完全不同的概念

3. 专业化保险销售流程的最后一个环节是（   ）。

A. 准保户开拓   B. 设计并介绍保险方案

C. 疑问解答并促成签约   D. 调查并确认准保户的保险需求

4. 设计保险方案时应遵循的首要原则是（   ）。

A. 高额损失优先原则   B. 客户满意度最大化原则

C. 力求全面原则   D. 利润最大化原则

5. 在专业化保险销售流程中，销售人员就拟订的保险方案向准保户作出简明、易懂、准确的解释的行为属于（   ）。

A. 保险方案调研   B. 保险方案设计   C. 保险方案说明   D. 保险方案确认

6. 关于保险销售渠道的表述，以下说法错误的是（   ）。

A. 保险销售渠道的选择直接制约和影响其销售策略的制定和执行效果

B. 保险销售渠道是指保险商品从保险公司向保户转移过程中所经过的途径

C. 保险销售渠道按照有无保险中介参与，可分为直接销售渠道和间接销售渠道

D. 直接销售是指保险公司通过中介渠道（如保险代理人、保险经纪人）获得业务的销售模式

7. 间接销售渠道的销售方式包括（   ）等。

A. 直销人员销售   B. 网络销售

C. 保险代理人销售   D. 拨出电话或拨入电话销售

8. 保险人对愿意购买保险的单位或个人（即投保人）所提出的投保申请进行审核，作出是否同意接受和如何接受的决定的过程称为（   ）。

A. 保险核查   B. 保险审核   C. 保险承保   D. 保险核赔

9. 衡量保险公司经营管理水平高低的重要标志之一是（   ）。

A. 保单数量   B. 保险核保   C. 制单技术   D. 销售品种

10. 保险核保信息的来源有多个途径，其中，核保的第一手资料主要来源于（   ）。

A. 销售人员   B. 理赔人员   C. 保费收据   D. 投保单

11. 在保险核保过程中，对于属于优质风险类别的保险标的，保险公司按低于标准费率的优惠费率予以承保的承保决策属于（   ）。

A. 正常承保   B. 优惠承保   C. 有条件地承保   D. 折扣承保

12. 在保险核保过程中，对于低于正常承保标准但又不构成拒保条件的保险标的，保险公司通过增加限制性条件或加收附加保费的方式予以承保属于（   ）。

A. 正常承保   B. 优惠承保   C. 有条件地承保   D. 折扣承保

13. 在某企业为其厂房所投的财产保险中，保险公司要求该企业安装自动报警系统等安全设施才予承保，该承保决策属于（   ）。

A. 正常承保　　　　B. 优惠承保　　　　C. 有条件地承保　　D. 拒保

14. 关于缮制单证，下列叙述错误的是（　　）。

A. 单证的缮制要及时，手写或采用计算机打印，做到内容完整、数字准确、不错不漏无涂改

B. 保单上注明缮制日期、保单号码，并在保单的正副本上加盖公、私章

C. 如有附加条款，将其粘贴在保单的正本背面，加盖骑缝章

D. 要开具交纳保费通知书，并将其与保单的正、副本一起送复核员复核

15. 关于复核签章，下列表述错误的是（　　）。

A. 任何保险单均应按承保权限规定由有关负责人复核签发

B. 验险报告不在复核之列

C. 复核时要注意审查单证是否齐全，保险费计算是否正确等

D. 保单经复核无误后必须加盖公章，并由负责人及复核员签章，然后交由内勤人员清分发送

16. 在财产保险核保过程中，保险人对投保财产可能存在的风险、建筑物的主体结构及所使用的材料等的审查属于（　　）。

A. 分析保险财产的所处环境　　　　　B. 确认保险财产的占用性质

C. 判断保险财产的危险状况　　　　　D. 加强保险财产的风险控制

17. 在财产保险的核保过程中，对于保险标的物所处环境的审查不包括（　　）。

A. 查明建筑物的主体结构及所使用的材料等

B. 检验其所处的环境是工业区、商业区还是居民区

C. 房屋是否属于高层建筑，周围是否通畅，消防车能否靠近等

D. 附近有无诸如易燃、易爆的危险源，救火水源如何以及与消防队的距离远近

18. 正处在危险状态中的财产意味着该项财产必然或即将发生风险损失，这样的财产通常属于（　　）。

A. 一般可保财产　　B. 加费可保财产　　C. 条件可保财产　　D. 不可保财产

19. 人寿保险的核保要素分为影响死亡率的要素和非影响死亡率的要素。非影响死亡率的要素包括（　　）等。

A. 保额　　　　　　B. 年龄　　　　　　C. 性别　　　　　　D. 种族

20. 在人寿保险核保中，保险人考虑的最重要的因素之一是（　　）。

A. 职业　　　　　　B. 体格　　　　　　C. 性别　　　　　　D. 年龄

21. 保险人在保险标的发生风险事故后，对被保险人或受益人提出的索赔要求进行处理的行为称为（　　）。

A. 保险处理　　　　B. 支付赔款　　　　C. 保险理赔　　　　D. 保险核保

22. 在处理保险索赔事宜时，保险公司首先要遵循的原则是（　　）。

A. 客户利益最大化原则　　　　　　　B. 重合同、守信用原则

C. 主动、迅速、准确、合理　　　　　D. 实事求是原则

23. 下列关于理赔过程中保险人和被保险人之间的权利和义务关系的叙述，错误的是（　　）。

A. 保险人可以任意扩大保险责任范围来提高保险公司的信誉

B. 保险人和被保险人之间的权利和义务关系是通过保险合同建立起来的

C. 对保险人而言，实际上是保险人履行合同中所约定的赔偿或给付义务的过程

D. 对被保险人而言，是实现保险权利、享受赔偿或领取保险金的过程

24. 根据《保险法》规定，保险人收到被保险人或者受益人的赔偿或者给付保险金的请求后，应当及时作出核定；情形复杂的，应当在30日内作出核定，但合同另有约定的除外。保险人应当将核定结果通知被保险人或者受益人；对属于保险责任的，在与被保险人或者受益人达成有关赔偿或者给付保险金额的协议后10日内，履行赔偿或者给付保险金义务。保险合同对赔偿或者给付保险金的期限有约定的，保险人应当按照约定履行赔偿或者给付保险金义务。此规定体现的理赔原则是（　　）。

A. 实事求是　　　　　　　　　　B. 主动、迅速、准确、合理

C. 重合同、守信用　　　　　　　　D. 客户满意度最大化

25. 根据《保险法》规定，保险人自收到赔偿或者给付保险金的请求和有关证明、资料之日起（　　）内，对其赔偿或者给付保险金的数额不能确定的，应当根据已有证明和资料可以确定的数额先予支付。

A. 10天　　　　　　B. 20天　　　　　　C. 30天　　　　　　D. 60天

26. 在通常情况下，一个寿险索赔案件的处理一般要经过（　　）七个环节。

A. 接案、初审、调查、立案、核定、复核、审批、结案和归档

B. 接案、初审、立案、调查、核定、审批、复核、结案和归档

C. 接案、立案、初审、调查、核定、复核、审批、结案和归档

D. 接案、立案、调查、初审、核定、审批、复核、结案和归档

27. 在寿险客户服务中，协助投保人填写投保单、保险条款的准确解释等都属于（　　）。

A. 有偿服务　　　　B. 售后服务　　　　C. 售前服务　　　　D. 售中服务

三、多项选择题

1. 保险销售的环节包括（　　）。

A. 准保户开拓　　　　　　　　　　B. 调查并确认准保户的保险需求

C. 设计并介绍保险方案　　　　　　D. 疑问解答并促成签约

2. 保险销售渠道包括（　　）。

A. 直接销售渠道　　　　　　　　　B. 保险代理人销售

C. 保险经纪人销售　　　　　　　　D. 保险公估人销售

3. 保险理赔的原则包括（　　）。

A. 重合同、守信用　　B. 实事求是　　C. 主动、迅速、准确和合理　　D. 控制责任

4. 保险人作出的承保决策有（　　）。

A. 正常承保　　　B. 非正常承保　　　C. 优惠承保　　　　D. 拒保

5. 下列哪些是财产保险的核保要素（　　）。

A. 标的物所处的环境　　　　　　　B. 财产的占用性质

C. 被保险人的职业　　　　　　　　D. 被保险人以往的事故记录

6. 下列哪些是人身保险的核保要素（　　）。

A. 年龄　　　　　　B. 职业　　　　　　C. 个人病史　　　　　D. 家族病史

7. 保险客户服务的主要内容包括（　　）。

A. 提供咨询服务　　　　　　　　　B. 风险规划与管理服务

C. 核赔服务　　　　　　　　　　　D. 客户投诉处理服务

四、判断题

1. 保险销售就是保险营销。（　　）

2. 保险业务的要约、承诺、核查、收取保费等签订保险合同的全过程都属于承保业务环节。（　　）

3. 保险人审核投保人的资格，是为了防止投保人或被保险人故意破坏保险标的，以骗取保险赔款的道德风险。（　　）

4. 理赔是保险补偿和给付等基本职能的具体体现。（　　）

5. 报案的方式可以是口头的，也可用函电等其他形式，但随后应及时补发正式书面通知，并提供各种必需的索赔单证。（　　）

6. 保全服务是寿险公司业务量最大的服务。（　　）

7. "孤儿"保单服务具体包括保全服务和全面服务两种。（　　）

8. 被保险人在保险财产遭受保险责任范围内的盗窃损失后，应当在24小时内通知保险人。（　　）

9. 人寿保险的被保险人或者受益人向保险人请求给付保险金的诉讼时效期间为两年，自其知道或者应当知道保险事故发生之日起计算。（　　）

10. 健康状况是人寿保险核保所要考虑的最重要因素。（　　）

五、思考与讨论

1. 讨论保险销售的主要环节以及在销售中应注意哪些事项。

2. 讨论财产保险和人寿保险在核保中的要素。

六、案例分析

1. 根据资料，分析保险公司是否应该进行理赔。

某厂与某保险公司签订了机动车保险合同，投保险种为车辆损失险、第三者责任险等。在保险期限内，该厂驾驶员驾驶所投保的车辆发生重大交通事故，赔偿被害人15.6万余元。该投保车辆核定载重量为10吨，发生事故时，该车却载重至48吨。主管部门依据《道路交通事故处理办法》作出交通事故责任认定书，认定驾驶员因违章超载刹车失效，造成事故，负全部责任。事后，该厂依据机动车保险合同向保险公司索赔，保险公司拒赔。该厂诉至法院，要求保险公司承担赔偿责任。

2. 以小组为单位，讨论机动车辆保险核保的要素，然后进行机动车辆保险理赔业务的模拟演练。

项目十答案

项目十一
保险市场与保险监管

能力目标

◇ 学生通过保险市场与保险监管项目的学习，能运用保险市场与保险监管知识，识别影响保险市场供给和需求的各种因素，明确我国保险监管的内容。

知识目标

◇ 掌握保险市场的概念、构成及特征。

◇ 掌握保险组织形式。

◇ 掌握保险监管的内涵、原则、目标、模式、手段以及保险监管的内容。

案例导入

我国保险市场的发展状况

在过去的几年里，我国保险市场的规模持续扩大，保费收入逐年增长，各类保险产品和服务逐渐丰富，为消费者提供了更多选择。据统计，2023年保险行业实现保费收入5.12万亿元，同比增长9.13%。其中财产险1.36万亿元，同比增长7.04%；人身险3.76万亿元，同比增长9.91%，增速双双超过GDP。

同时，行业赔付支出也出现较快增长，全年赔付1.89万亿元，同比增长21.94%，超过保费增速，其中财产险赔付增长18.23%，人身险赔付增长25.66%。

2023年，财险公司原保险保费收入1.59万亿元，同比增长6.73%，保险金额下降2.87%，赔款支出增长17.8%。保费规模过千亿元的险种分别是车险、健康险、农险和责任险。人身险公司原保险保费收入3.54万亿元，同比增长10.25%，保险金额增长6.67%，赔付支出增长27.8%。

任务一 初步认知保险市场和保险市场要素

任务训练1 保险市场概述

任务训练目标

通过完成保险市场概述的任务训练，能运用保险市场的相关知识，分析保险市场的特点和保险市场的种类。

知识要点

保险市场是现代金融市场的一个重要组成部分，是商品经济发展的产物。它不单单指保险交易的场所，同时也包含保险产品交换的关系总和。保险市场是国民经济赖以生存和发展的场所，因此建立和健全保险市场是我国保险业发展的战略重点。

一、保险市场的概念

保险市场的概念有狭义和广义之分：狭义的保险市场是指对保险商品进行交易的活动场所；广义的保险市场则是包含了狭义的保险市场与保险商品交换过程中需求和供给的关系及其有关的活动。我们通常所说的保险市场是指广义的保险市场。保险市场本身自成一个体系，包括了保险形式系统、保险组织系统、保险运行和调控系统。

保险市场作为金融市场的一个重要组成部分，对于国家的经济发展、金融稳定具有重要的作用。

二、保险市场发展的衡量指标

随着保险业的不断发展，承保技术的日益复杂，保险营销的全球化，保险市场变得日趋成熟，那么如何衡量一个国家或者地区的保险发达程度呢？下面介绍两个重要的指标。

1. 保险深度

保险深度是指某地保费收入占该地国内生产总值之比（保费/GDP）。这个指标反映了该地保险业在整个国民经济中的地位，保险深度取决于一国经济总体发展水平和保险业的发展速度。2023年我国的保险深度为4.07%，同比上升0.19个百分点，2021年全球平均保险深度为5.96%。这一数据说明了我国目前还需要加大力度发展保险业，使其在金融领域以及国民经济中发挥更大的作用。

2. 保险密度

保险密度是指按限定的统计区域内常住人口平均保险费的数额（保费/总人口）。它标志着该地区保险业务的发展程度，也反映了该地区经济发展的状况与人们保险意识的强弱。2023年我国保险密度为3635元，同比增加309元。

从以上数据可以看出，我国保险行业随着国民经济的发展已经有了一定程度的发展，我国居民参与保险市场的程度逐步提高。

三、保险市场的特点

保险市场的交易对象是特殊形态的商品即保险经济保障，保险市场交易对象的特殊性决定了保险市场的特征，因此保险市场有着自己独有的特征。

1. 保险市场是直接的风险市场

在一般的商品市场，交易的对象本身并不与风险联系。但是在保险市场里，交易的对象就是保险保障，也就是投保人转嫁于保险人的各类风险。保险商品交易过程的本质就是保险人聚集与分散风险的过程。

尽管在任何市场中都存在着风险，参与交易的双方也都有可能因为市场的风险而遭受经济损失，但是风险的客观存在和发展是保险市场形成和发展的基础和前提。也就是说，没有风险，就没有保险，保险市场是一个直接的风险市场。

2. 保险市场是非即时清结市场

即时清结市场是指供需双方在市场交易结束的时候，可以立刻知道交易结果的市场。一般的商品市场以及其他的金融市场都是即时清结市场。在保险的交易过程中，因为风险的不确定性和保险的射幸性，交易的双方都不可能知道交易的结果如何。所以，交易双方没有办法立刻结清。因此，在保险市场中，保险单的签发并不像表面看上去的那样，好像是保险交易完成的标志，而恰恰相反，它只是保险保障的开始，而交易的最终结果还要取决于保险事故的发生与否。因此，保险市场是非即时清结市场。

3. 保险市场是特殊的"期货"交易市场

保险市场中成交的交易都是保险人对未来风险事件发生所产生的经济损失进行补偿的一种承诺。保险人履约与否，也就是保险人是否对某一特定的对象进行经济补偿，取决于保险合同约定时间内是否发生约定的风险事故，以及这种风险事故造成的损失是否达到保险合同约定的补偿条件。也就是说，只有在保险合同约定的时间内发生了合同约定的保险事件，保险人才会对被保险人进行相应的经济补偿。实际上，这种交易就是一种"灾难期货"，所以保险市场被称为一种特殊的"期货"市场。

四、保险市场的种类

保险市场是一个庞杂的体系，按照不同的分类标准，可以分成不同种类的保险市场，但是这些不同种类的保险市场也不是截然分开的，而是相互交叉和重合的。

1. 按照保险承保的方式划分

按照保险承保的方式，保险市场可以分为原保险市场和再保险市场。

原保险市场也被称为直接业务市场，是指保险公司或其他形式的承保人（如合作保险等），通过本身的从业人员或保险中介人经营直接保险业务的市场。在保险市场中，原保险市场是主要组成部分。

再保险市场也称为分保市场，是原保险人将已经承保的直接业务通过再保险合同部分或全部转分给再保险人的方式形成保险关系的市场。再保险市场是在原保险市场的基础上形成发展的，是原保险市场的有力延伸。

2. 按照保险承保的标的划分

按照保险承保的标的，可将保险市场分为寿险市场和非寿险市场。

寿险市场可以分为人寿保险市场、健康保险市场和意外伤害保险市场。非寿险市场可以分为财产保险市场、责任保险市场和信用保险市场。财产保险市场是提供各种财产保险商品的市场，又可分为水险市场和火险市场等。

3. 按照保险活动的空间划分

按照保险活动的空间差异，可以把保险市场分为国内保险市场和国际保险市场两类。

国内保险市场按经营区域范围还可以继续细分为区域性保险市场和全国性保险市场。国际保险市场也可以分成全球性国际保险市场和地区性国际保险市场。

4. 按照保险组织形式划分

按照保险组织形式的不同，保险市场可以分为保险公司市场、保险经纪公司市场和劳合社市场。

保险公司市场和保险经纪公司市场的参与者都是具有法人资格的公司，而且是以正式保单的方式进行承保，目前大多数国家都采取这样的保险组织形式。劳合社市场是英国特有的一种个人保险组织形式，是一个采取特定承保方式的保险市场。

保险市场虽然按照不同的标准划分成了不同种类，但是它们彼此之间具有联系，不能孤立地理解其中任何一个保险市场。

任务训练2　保险市场要素

任务训练目标

通过完成保险市场要素的任务训练，能运用保险市场要素知识，区分保险市场需求的影响因素与保险市场供给的影响因素，了解保险市场价格的形成机制，了解保险市场中介的主要种类。

知识要点

一个成熟的保险市场中应该存在迫切需求的买方、充足供给的卖方、公平合理的价格和健全完备的中介。正是通过这些要素的平等有序竞争，不断完成了保险市场中价值交换的活动过程。

一、保险市场需求

对于任何市场来说，需求都是其生存和发展的前提，保险市场也不例外。没有保险需求，就没有保险业的发展。因此，保险市场需求对于保险公司具有重要意义。

（一）保险市场需求的概念

保险市场需求是指在某一特定时期，个人或者经济单位在特定价格条件下，愿意并且能够购买保险服务的需要（总量）。

保险市场需求有两种表现形式，分别为有形的经济保障和无形的经济保障。有形的经济保障主要针对物质方面，是指一旦发生自然灾害和意外事故，投保的个人或者单位所得到的经济补偿和给付；无形的经济保障主要指精神方面，投保的个人或者单位因为转嫁了风险而获得的心理上的安全感。小到个人，大到整个社会，保险需求的两种保障形式都客观存在，不分彼此。由于人类具有厌恶风险的天性，且随着经济的不断发展，人们对于保险的需求会变得越来越强烈。

（二）影响保险需求总量的因素

影响保险需求总量的因素有很多，大到宏观的经济因素，小到微观消费者个人偏好等。

下面介绍一些重要的影响因素。

1. 经济发展因素

生活中很多需求都与经济发展有着密切的关系，保险作为金融工具更是高度依赖经济的发展。国内生产总值的增加，特别是用于保险的剩余产品价值的增加和居民可支配收入的增加，都是影响保险需求的重要因素。国内生产总值与保险需求总量之间成正比例关系。

2. 风险因素

没有风险就没有保险，这个道理很容易理解。在风险程度越高的领域，保险的需求也就越大；相反，在没有风险或者风险较小的领域，人们对于保险的需求就比较小。因此，保险需求总量与风险程度是成正比例关系的。

3. 价格因素

保险费率就是保险商品的价格。对于普通的商品，我们知道价格与需求是成反比例关系的。保险的价格与保险需求之间也是如此。保险费率上升，保险需求下降；保险费率下降，保险需求上升。因此，保险价格也就是保险费率与保险需求成反比。

4. 利息率因素

很多保险具有投资理财的功能，特别是一些长期性的人身险业务。利息率是投资者决定是否投资，以及投资于何处的重要风向标。因此，保险需求与利息率间也有着很重要的联系。例如，当银行的储蓄利率高于保险公司的收益率时，资金就会流回到银行，保险需求就会减少。反之，人们为了获得更高的收益率，而购买储蓄投资型保险，保险的需求就会增加。因此，保险需求与利率高低成反比。

5. 人口因素

人口因素包括人口总量和人口结构。人口总量与人身保险的需求成正比，人口总量越大，对保险需求的总量也就越多，反之就越少。人口结构主要包括年龄结构、职业结构、文化结构、民族结构。由于年龄风险、职业风险、文化程度和民族习惯不同，对保险商品需求也就不同。

二、保险市场供给

在保险市场中，供给和需求是相辅相成的两个方面，没有其中的任何一方都构不成基本的市场。保险市场的供给方是指各种类型的保险公司，如国有保险公司、股份公司、外资公司等。

（一）保险市场供给的概念

保险市场供给是指在一定的社会经济条件下，保险供给者愿意并且能够提供的保险种类和保险总量。用保险市场上的承保能力来表示，保险市场供给是各个保险企业承保能力的总和。

保险供给有两种形式，分别是有形的和无形的。有形的经济保障是指保险人对遭受损失或者损害的投保人，按照合同约定的责任范围给予一定的补偿；无形的经济保障是指保险人对所有投保的人（包含没有出险的人）提供心理上安全感的保障。这种无形的精神保障在全社会是大量存在的。

（二）影响保险供给总量的因素

任何供给都是以需求为前提的，保险的供给也不例外，保险需求是制约保险供给的基本因素。在保险需求既定的前提下，保险市场的供给还受到以下因素的影响。

1. 保险价格因素

在供求关系中，价格是具有决定性的因素。在保险市场中，保险费率同样是决定保险供给的主要因素。保险供给与保险价格间具有正相关性，保险价格上升，会刺激保险供给的增加；反之，当保险价格下降时，保险的供给就会减少。

2. 保险供给者的数量和素质因素

在保险市场中，保险供给者的数量越多，保险的供给量就会越大。但是，在保险供给中，不仅要追求数量，还要讲求质量，保险供给者的素质是影响质量的重要因素。保险供给者的素质越高，在保险经营管理中各项业务，比如险种开发、费率厘定、风险管理、再保险、理赔、投资等就会开展得越好。因此，保险市场的供给与保险供给者的数量和素质是成正比例关系的。

3. 保险市场竞争因素

在普通的商品市场中，竞争可以引起市场供给的变化。在保险市场中，竞争同样会引起保险供给者数量的增加或减少。竞争如果导致保险市场上供给者的数量增加了，就是在总量上扩大了保险供给。如果导致供给者的数量减少了，可以分出以下几种情况：如果数量减少是合并引起的，则并不减少保险的供给总量；如果是因为破产或退出市场而引起的数量减少，就会使保险的供给总量减少。

4. 保险业利润率因素

在市场经济条件下，企业将追求利润作为主要的经营目标和动力。平均利润率规律在市场经济中起着重要的作用，支配着企业的一切经济活动，保险企业也受到平均利润率规律的支配。保险的利润率是由扣除企业当年的赔款、税金、费用支出和提留各项准备金后的营业利润和投资利润组成的。如果保险业平均利润率高，就会吸引社会资本的流入，从而扩大保险供给；反之，就会使得保险企业退出保险市场，导致保险供给的减少。因此，保险利润率是制约保险供给的重要因素。

5. 政府行为因素

国家政策、法治建设等都属于政府行为因素。国家采取的宏观经济政策对保险供给产生重大影响。比如，政府给予保险供给者较优惠的税率，则保险市场的供给总量就会增加；相反，如果国家采取的宏观经济政策不利于保险行业的发展，保险的供给就会减少。国家不断地完善保险法治建设，也会客观上促进保险市场的发展，有利于保险供给维持正常的水平。政府行为因素与保险供给成正比例的关系。

三、保险市场价格

（一）保险价格的含义

保险价格是指某种保险的单位保险金额的保险费，其中单位保险金额是指一定数额的货币量作为该种保险的一个计量单位。

如果单从保险供给量的内在因素考虑，只是保险理论上的价格，把外部因素考虑进来之后，就形成了保险的市场价格。保险的理论价格是形成保险市场价格的基础，而保险的市场价格则是保险理论价格的表现形式。

（二）保险理论价格

保险理论价格是指以决定保险价格的内在因素的价值作为基础形成的价格，并不考虑影响保险价格的外部因素。

价值决定价格，价格是价值的表现形式，保险的价值表现在货币上就是保险价格，它的具体形式是保险费。保险费通常是指毛保费，它由纯保费和附加保费两部分构成。计算保险费的基础是保险费率，也叫作毛保险费率，是由纯费率和附加费率构成的。

1. 纯费率

纯费率是由若干年的平均保额损失率和一定数量的危险附加率构成的。其中，平均保额损失率是指在一定时期内的保险赔款总额与保险金额总和的比例。即：

$$平均保额损失率=\frac{保险赔款总额}{保险金额总和}\times100\%$$

2. 附加费率

附加费率是指附加保费与保险金额总和的比例，其中附加保费由营业费用、预期利润和异常风险费用三部分构成。公式表示为：

$$附加费率=\frac{营业费用+预期利润+异常风险费用}{保险金额总和}\times100\%$$

3. 毛费率

上面的纯费率和附加费率的和就构成了毛费率。公式表示为：

$$毛费率=纯费率+附加费率$$

保险理论价格就是由毛费率计算出来的保费，也就是纯保费和附加保费的和。

（三）保险市场价格

因为在保险市场中存在着多种外部因素，导致了保险的理论价格与市场价格之间存在着一定的偏差，在现实生活中，经常用到的是保险的市场价格。

影响保险价格的因素主要有供求关系的变化，保险标的、相关商品的价格，以及国家相应的政策等。

四、保险市场中介

在保险市场中，保险中介人是为保险交易双方提供服务的专门组织和个人。它的范围比较广，既包括活动于保险人与投保人之间充当保险供需双方的媒介，把保险人和投保人联系起来并建立保险合同关系的人，也包括独立于保险人与投保人之外，以第三者身份处理保险合同当事人委托办理有关保险业务的公估、鉴定、理算等事项的人。保险中介的存在大大提高了保险市场的效率，降低了交易成本。

（一）保险代理人

1. 保险代理人的概念

我国《保险法》将保险代理人定义为：根据保险人的委托，向保险人收取佣金，并在保险人授权的范围内代为办理保险业务的机构或者个人。

从这个概念中，我们可以看出：保险代理人可以是机构也可以是自然人；保险代理人是基于保险人的利益服务的，也就是说保险代理人是保险人的代理人；保险代理人是在保险人授权范围内办理保险业务的，即保险代理人的业务权限在保险人的委托授权范围内。

2. 保险代理人的相关法律规定

（1）保险代理人的种类。我国的《保险法》中将保险代理人划分为保险代理机构、保险兼业代理机构和个人保险代理人三类。

保险代理机构是指符合国务院保险监督管理机构规定的资格条件，经国务院保险监督管理机构批准取得经营保险代理业务许可证，根据保险人的委托，向保险人收取保险代理手续费，在保险人授权的范围内专门代为办理保险业务的单位，其组织形式可以为合伙企业、有限责任公司和股份有限公司。

保险兼业代理机构是指在从事自身业务的同时，根据保险人的委托，向保险人收取保险代理手续费，在保险人授权的范围内代办保险业务的单位。我国的保险兼业代理机构必须取得国务院保险监督管理机构的核准，取得代理资格后才可以办理兼业代理业务。目前，主要的保险兼业代理机构有银行、邮局、民航、铁路等。

个人保险代理人是指以个人的名义与保险公司签订代理协议，根据保险公司的委托，向保险公司收取保险代理手续费，在保险公司的授权范围内为其销售保险产品的个人。在我国，个人保险代理人是保险业尤其是寿险业的重要销售渠道。

（2）保险代理人的法律特征及法律地位。保险代理人具有以下法律特征。

第一，保险代理人实施的保险代理行为属于民商法范围的代理制度的组成部分。

第二，保险代理人的保险代理权来源于保险人的委托授权。

第三，保险代理行为的后果完全由保险人承受。

第四，保险代理是以被代理人的名义从事保险中介活动，所以代表着保险公司的利益。

保险代理人的法律地位体现为：保险代理人是处于独立法律地位的法律主体；保险代理人是从事保险代理业务的独立经营主体；保险代理人代表着保险人的利益。

（3）保险代理人的执业规则。保险代理人的业务范围包括代理销售保险产品，代理收取保险费，根据保险公司的委托代理相关业务的损失勘查和理赔等。

保险代理人在代理活动中承担法定的告知义务和保密义务。

案例分析 保险代理人违规挪用保费怎么处理

2023年，某寿险公司接到客户刘某投诉，称保险代理人张某劝他把其他公司的保险退保，后改投现公司的保险，但交保费两个多月后，张某仍未将投保单及保费交到保险公司。保险公司当即联系张某，张某承认挪用保费的事实，但此后便失去了联系。

鉴于张某挪用保费等违规行为，保险公司决定成立调查小组进行调查，后发现代理人张某自入公司以来经办的业务中，挪用、侵占的保费、理赔款项及保单退费等共计6笔，涉及金额共17364元。经过两个多月的追讨，保险公司最终将挪用、侵占的保费等金额追回。保险公司认为张某挪用保费等违规行为性质恶劣，对公司诚信形象造成极坏影响，决定与他解除代理合同，并报保险行业协会将他列入黑名单。

[案情分析]

我国《保险法》第一百二十七条规定了保险代理人的行为及相应的法律责任："保险代理人根据保险人的授权代为办理保险业务的行为，由保险人承担责任。保险代理人没有代理权、超越代理权或者代理权终止后以保险人名义订立合同，使投保人有理由相信其有代理权的，该代理行为有效。保险人可以依法追究越权的保险代理人的责任。"实践中，寿险公司授权或默认代理人在投保中提出要约或续保时收取保费，当代理人违规私自侵吞保险费时，将对公司资金的正常营运和信誉造成极坏影响，依照民事表见代理的原理和《保险法》上述规定，公司对客户应当承担责任。

（二）保险经纪人

1. 保险经纪人的概念

我国的《保险法》将保险经纪人定义为：基于投保人的利益，为投保人与保险人订立保险合同提供中介服务，并依法收取佣金的机构。

由上面的定义可以看出，保险经纪人代表的是投保人、被保险人的利益，而且保险经纪人要独立承担法律责任。

2. 保险经纪人的相关法律规定

（1）保险经纪人的种类。2018年2月1日中国保险监督管理委员会令第3号公布的《保险经纪人监管规定》明确规定了保险经纪人可以采取下列组织形式：有限责任公司和股份有限公司。

　　有限责任公司是指股东以其出资额为限对公司承担责任，公司以其全部资产对公司的债务承担责任的法人企业。

　　股份有限公司是指由一定人数以上的股东组成，公司全部资本分为等额股份，股东以其所持股份为限对公司承担责任，公司以其全部资产对公司的债务承担责任的法人企业。

　　（2）保险经纪人的法律特征及法律地位。保险经纪人具有以下法律特征。

　　第一，保险经纪人以自己的独立名义实施保险经纪行为。

　　第二，保险经纪人代表着作为委托人的投保人的利益从事保险经纪活动。

　　第三，保险经纪人的保险经纪行为是以向投保人签订保险合同提供帮助为内容的民事法律行为。

　　第四，保险经纪人从事保险经纪活动的范围不限于投保环节，而是涉及参加投保谈判、帮助进行保险索赔、提供保险咨询、担当风险管理顾问等诸多方面。

　　保险经纪人的法律地位：保险经纪人一般情况下代表投保人的利益进行保险经纪活动。根据委托人的委托，保险经纪人代表投保人参与投保活动，与保险人协商保险条款，选择最适合投保人需要的保险人订立保险合同。

　　（3）保险经纪人的执业规则

　　经国务院保险监督管理机构的批准，保险经纪公司可以经营下列业务：为投保人拟定投保方案，选择保险公司，办理投保手续；协助被保险人或者受益人进行索赔；再保险经纪业务；为委托人提供防灾、防损或风险评估、风险管理咨询服务。

　　保险经纪公司应当设立独立的客户资金专用账户，记载有关保险业务往来的财务情况。

　　保险经纪人及其从业人员在办理保险业务活动中不得欺骗保险人、投保人、被保险人或者受益人，隐瞒与保险合同有关的重要情况，泄露在业务活动中知悉的保险人、投保人、被保险人的商业秘密。

案例分析　　保险经纪人的作用

　　福建地区某企业在2023年7月台风期间发生保险事故，其一幢常年未使用的旧厂房遭暴风、暴雨侵袭，致使厂房建筑结构受损。事故发生前，该企业在保险经纪人的安排下，向保险公司投保了财产一切险，故向保险公司提出索赔。保险公司理赔人员在查勘过程中发现，该幢建筑物的屋顶、梁、柱、壁有破损及倾斜的现象，的确存在一定的损失。但通过进一步调查，保险公司的理赔人员发现该幢建筑物在事故发生前，已出现轻微的破损及梁、柱倾斜的情况，该企业在发现上述情况后，也的确采取了临时的加固措施，并准备加以修复。保险公司在得知上述情况后，即提出厂房受损的近因是厂房的"年久失修"，不属责任范围，据此予以拒赔。

　　在事故发生后，该企业即向保险经纪人提出协助索赔的请求。保险经纪人参与了上述事故的处理，并进行了进一步的调查分析，认为保险公司的拒赔处理并不合理。

　　保险公司在接到经纪人提出的意见后仍坚持拒赔。该企业遂向法院提起诉讼，法院受理后，由经纪人代表该企业出庭。在法庭上，经纪人依据保险相关法规、保险条款及保险的原理及过往案例据理力争，迫使保险公司最终接受经纪人提出的索赔要求，同意进行调解。最终保险公司按照企业的实际损失进行了赔付。

　　[案情分析]

　　由于保险事故的定责是一种对专业知识要求较高的工作，一般客户难以掌握。上述案件中，经纪人作为受损企业的保险顾问，利用自身熟练的专业知识，对保险公司的不合理定责处理能及时提出不同意见，维护了客户的利益，避免了保险公司利用其专业技术上的不平等的优势地位造成客户的损失。

（三）保险公估人

1. 保险公估人的概念

保险公估人是指依照法律规定设立，受保险公司、投保人或被保险人委托办理保险标的的查勘、鉴定、估损以及赔款的理算，并向委托人收取酬金的公司。

保险公估人是独立的法人组织，其目标是追求经济效益最大化。保险公估人是处理保险理赔业务的第三者，独立于保险合同当事人，它既可以接受保险人的委托，也可以接受被保险人的委托，因此具有较强的独立性。

2. 保险公估人的相关法律规定

（1）保险公估人的种类。根据我国《保险公估人监管规定》相关规定，保险公估人应当依法采用合伙或者公司形式，聘用保险公估从业人员开展保险公估业务。

（2）保险公估人的法律特征及法律地位。保险公估人是保险业特有的一种中介人，法律特征主要有：

第一，保险公估人具有独立性。

第二，保险公估人的保险公估行为具有专业性和科学性。

第三，保险公估人的保险公估行为具有公正性和客观性。

第四，保险公估人的保险公估具有承揽性。

正因为保险公估人具有独特的法律特征，因此也具有自己独特的法律地位。保险公估人独立于保险合同各方当事人以外，以自己的独立名义，运用自己的专业知识、技术、设备从事保险公估工作，并为其提供的保险公估服务独立承担法律责任。

（3）保险公估人的执业规则。经国家保险监管部门批准，保险公估机构可以经营下列业务：保险标的承保前和承保后的检验、估价及风险评估，保险标的出险后的查勘、检验、估损理算及出险保险标的的残值处理，风险管理咨询等业务。

保险公估从业人员只能在一家保险公估人从事业务，只限于通过一家保险公估人进行执业登记。对受理的保险公估业务，保险公估人应当指定至少2名保险公估从业人员承办。

保险公估人及其从业人员在开展公估业务过程中，不得有下列行为：利用开展业务之便，谋取不正当利益；隐瞒或者虚构与保险合同有关的重要情况；串通委托人或者相关当事人，骗取保险金；泄露在经营过程中知悉的委托人和相关当事人的商业秘密及个人隐私。

案例分析

保险公估人工作中的注意事项

2023年6月12日，河北省某公司（以下简称被保险人）按估价方式，以600万元保险金额，对库存货物采用不定值保险合同形式向某保险公司投保财产保险综合险，保险公司在未检验投保标的的情况下签发了保险单。

2023年10月20日深夜，保险标的发生了几近全损的特大火灾事故，被保险人向保险公司提出近600万元的巨额索赔要求。河北省公安消防总队对火灾总损失认定为356万余元，河北某保险公估公司对被保险人的保险库存货物损失的公估结论为282万余元，两者的损失金额相差悬殊。被保险人遂以投保时有价值600万元存货为由，向法院提起保险索赔诉讼。

法院对保险公司单方委托的公估公司的公估结论不予采信。法院在判决书中写道："保险公司委托公估公司虽对实际损失作出鉴定，但该鉴定是其单方委托作出，且存在以下明显缺陷：现场清点不及时、不完整，该工作在火灾发生近一个月后才开始，两个多月后又进行第二次；被保险人不认可其与保险公司参加了全部的查勘；公估报告中对于损毁轮胎的数量、种类等的认定只是根据专家的技术推论，对价格的认定与被保险人的原始进销货凭证记载及当时的实际情况有相当的差距；作出该公估报告的公估人员之一未在所附资料中出示其公估师资格证书。因此，该鉴定所得出的损失数额不能反映本案的实际损失，据此认定赔偿金额缺乏充分的依据，本院不予采信。"

[案情分析]

河北省高级人民法院终审判决保险公司赔偿被保险人仓库火灾损失480万元，及其他费用共计536万多元。保险公司不服，就该判决提出申诉，河北省高级人民法院在2024年1月14日，以"公估公司的评估结论存在诸多瑕疵"为由驳回再审申请。

任务二 熟悉保险市场的组织形式

任务训练1 国际保险市场中的保险组织形式

任务训练目标

通过完成国际保险市场中的保险组织形式的任务训练，能运用保险组织形式相关知识，区分不同保险组织形式。

知识要点

保险市场的组织形式是指在一国或一个地区的保险市场上，保险人采取何种组织形式经营保险业务。由于社会经济制度、经济管理体制和历史传统等方面的差异，对于保险人以何种组织形式进行经营，各个国家都有特别的限定。比如，美国规定的保险组织形式是股份有限公司和相互保险公司两种；英国除了美国规定的两种组织形式外，还允许个人保险组织形式经营保险。

一、国有独资保险公司

国有独资保险公司是由国家授权投资的机构或国家授权的部门单独出资设立的有限公司。国有独资保险公司的投资主体单一，是一种特殊的有限责任公司，实行的是公司制度。

国有独资保险公司不设股东大会，其组织形式由董事会、监事会和经理组成，最高权力归国家授权投资的部门。

二、股份保险公司

股份保险公司是以股份企业的形式来经营保险业务的保险公司，是以追求利润为经营目的的保险企业。股份保险公司的形式大多是股份有限公司，是由一定数量的股东依法设立，其全部资本分为等额股份，股东以其所持的股份为限对公司承担责任，公司以其全部资产对公司的全部债务承担责任的有限责任公司。这种类型的股份公司，持股的人数较多，并实行经营与资本的两权分离，因此容易募集巨额资本，且获利的可能性大，损失的风险较小。

股份保险公司最早是在荷兰成立的（1629年），因为这种组织形式具有独特的优势，所以逐渐传入各国。到今天仍然存在的最古老的股份保险公司是英国的伦敦保险公司与皇家交易保险公司（1720年成立）。

三、相互保险公司

在保险行业有一种特有的公司组织形态，就是相互保险公司。它是由预想特定风险可能发生的经济单位为了实现保险目的而共同组成的非营利性保险组织。相互保险公司的社员必须是保险加入者，即一方面发生社员关系，另一方面又发生保险关系。

相互保险公司的最高权力机关是社员大会或社员代表大会，但其理事也常聘请公司外部人员而并不局限于社员，用非社员理事的各种社会关系，以促进业务的发展。

相互保险公司的相互性是指由保险加入者对公司的管理实行自治。但是，在大型相互保险公司中，因为组织复杂、业务繁多，公司自治已经变得异常困难，所以公司与加入者之间的关系发生了变化。而且，在经营组织、招揽业务、保费计算、保险资金的运用等经营方面，相互保险公司与股份保险公司间的差别也在不断减小，所以现代的相互保险公司与最初的相互保险公司已经非常不同，它的实质更加接近于营利保险组织。

四、相互保险社

相互保险社是原始的相互组织形态，相互保险社的组织与经营都很简单，以地区范围或职业类别为其业务范围，保单持有人即为社员，社员不分保险金额的大小，每人有相等的投票权，用来选举理事及高级职员。在组织内部，通常设有专职或兼职的秘书，是相互保险社的实际负责人。相互保险社的所有保险赔偿款项及管理方面的开支均由社员共同分担，采用赋课方式。目前，相互保险社在欧美各国仍较普遍。

五、保险合作社

保险合作社是由社员共同出资、共同经营并共同享有利益的一种特殊的保险组织形态。社员在加入时必须交纳一定金额的股本，并且社员与合作社的关系比较长久。保险合作社的资金来源有两方面：一部分来源于社员交纳的股金，另一部分则是合作社向社员或非社员借入的基金。保险合作社签订的保险合同通常局限于分红保险合同，因为保险合作社是社员结合的团体，社员享有参加盈余分配的权利。

因为保险合作社与相互保险社非常相似，所以有人认为它是与相互保险质同而形异的保险组织。但是，在保险合作社与相互保险社之间还是存在一些差别，具体如下。

第一，保险合作社在社员加入时须交纳一定金额的股本，相互保险社与相互保险公司都没有股本。

第二，在保险合作社中，社员关系比较持久。因为社员关系与保险关系各自独立，社员关系是因交纳股金入社而产生的，保险关系则是因为购买本社的保险而产生，所以保险关系的存在与否不影响社员关系的存在。相互保险社或相互保险公司与社员间的关系则是一种暂时性结合，保险关系一旦终止，社员关系也会自动解除。

第三，保险合作社采取定额保险费制，事后不再补缴。相互保险社社员所交纳的保险费依事后的实际损失或需要分担，事先并不确定。在这一点上，相互保险公司与保险合作社是相同的。

任务训练2　我国的保险组织形式

任务训练目标

通过完成我国的保险组织形式的任务训练，能运用我国的保险组织形式知识，区分股份有限保险公司的组织架构与国有独资保险公司的组织架构。

知识要点

目前，我国保险公司的组织形式主要有国有独资保险公司和股份有限保险公司两种。

一、国有独资保险公司

国有独资保险公司是指由国家授权投资的机构或国家授权部门单独设立的有限责任保险公司，它是有限责任公司的一种特殊形式。

国有独资保险公司的投资主体只有一个，出资人就是国家，国家对公司法人财产享有所有权。国有独资保险公司的股东也就是国家仅就其出资额对公司承担责任，公司以其全部资产对公司债务承担责任。

在公司的组织机构中，只设立董事会、监事会、经理等，无须设立股东会。董事会的任期为三年，是公司的常设权力及执行机构，依法行使股东会及董事会固有权力，主要有：决定公司的经营计划和投资计划；制定和审批公司的年度财务预算方案、决算方案；决定公司内部管理机构的设置；制定公司的基本管理制度等。

二、股份有限保险公司

股份有限保险公司按照《中华人民共和国公司法》和《中华人民共和国保险法》的规定，在组织机构方面具有自己的特点。

（一）股东大会

股份有限保险公司是以股东出资为资产设立的，股东作为出资者，既要以其出资对公司承担责任，也享有所有者的资产收益、重大决策等权力。股东大会是公司的最高权力机构。

股东大会可以行使下列职权：决定公司的经营方针；选举更换董事；审议批准董事会的报告；审议批准公司的年度财务预算方案、决算方案；修改公司章程；等等。

（二）董事会

董事会是指由全体董事参加的日常经营决策和常设业务执行机关。董事会由股东大会选举产生和更换，任期由公司章程规定，每期不得超过三年，可以连任，在任期届满前，股东大会不得无故解聘其职务。

董事会对股东大会负责，行使以下职能：召集股东大会，向股东大会报告工作；决定公司的经营计划和投资方案；制定公司的利润分配方案和弥补亏损方案；拟定公司的合并、分立、解散方案；决定公司内部管理机构的设置；聘任或解聘公司经理、财务负责人，决定其报酬事项；等等。

（三）监事会

股份有限公司的监督机构就是监事会，由股东代表和适当比例的公司职工代表组成，并由股东和职工民主选举产生，其成员不得少于三人。董事、经理及财务负责人不得兼任监事。

监事会可以行使下列职权：对董事、经理执行公司职务时违反法律、法规或者公司章程的行为进行监督；董事、经理的行为损害公司的利益时，要求董事和经理予以纠正；检查公司财务；等等。

任务三　认识保险监管的内容

任务训练1　保险监管概述

任务训练目标

通过完成保险监管概述的任务训练，明确保险监管的内涵、原则、目标、管理模式和手段。

知识要点

保险监管与保险的产生和发展并非完全同步。在早期，保险活动依照市场自由竞争的原则进行，国家并不干预。随着竞争的激烈化，保险业出现了混乱无序的局面，给被保险人乃至社会带来极大的危害。此时，政府开始考虑对保险业实施监管，以保障公众利益和促进保险业发展，经过100多年的实践，现代保险监管制度正式建立并逐步完善。

一、保险监管的定义

保险监管是指一个国家对保险业的监督和管理，以确保保险人的经营安全，同时维护被保险人的合法权利，保障保险市场的正常秩序并促进保险业的健康有序发展。

我国《保险法》第一百三十三条规定："保险监督管理机构依照本法和国务院规定的职责，遵循依法、公开、公正的原则，对保险业实施监督管理，维护保险市场秩序，保护投保人、被保险人和受益人的合法权益。"

（一）保险监管的内涵

1. 保险监管的主体

保险监管的主体是享有监督和管理权力并实施监督和管理行为的政府部门或机构，也称为监督管理机构。不同国家的保险监督管理机构有不同的形式和名称。目前，我国保险监督管理机构是国家金融监督管理总局。国家金融监督管理总局是在中国银行保险监督管理委员会基础上组建，于2023年5月18日在北京正式揭牌。国家金融监督管理总局将统一负责除证券业之外的金融业监管，强化机构监管、行为监管、功能监管、穿透式监管、持续监管，统筹负责金融消费者权益保护，加强风险管理和防范处置，依法查处违法违规行为。至此，我国金融监管体系从"一行两会"迈入"一行一局一会"的新格局。

2. 保险监管行为的性质

对于保险监管行为的性质，可从两个方面来理解。

一方面，保险监管是以法律和政府行政权力为根据的强制行为。保险监管这种强制性的行为不同于以自愿为基础的保险同业公会对会员公司的监督管理，不同于以产权关系为基础的母公司对子公司的监督管理，也不同于以授权为根据的总公司对分支机构的监督管理。

另一方面，在市场经济体制下，保险监管的性质实质上属于国家干预保险经济的行为。对于保险市场而言，保险监管部门既要体现监督职能，规范保险市场行为，防止"市场失灵"，维护保险市场秩序，保护被保险人及社会公众的利益；又要体现管理职能，根据国务院授权履行行政管理职能，优化保险资源的配置，调控保险业的发展。

3. 保险监管的领域、内容和对象

（1）保险监管的领域。保险监管的领域仅限于商业保险领域，不涉及社会保险领域。

（2）保险监管的内容。保险监管的内容是保险经营活动，除涉及保险组织的相关内容外，主要指保险业务经营活动，即保险保障的生产和风险转移的生产活动，还包括资金运用等领域。保险监管的具体内容主要有：市场准入监管、公司股权变更监管、公司治理监管、内部控制监管、资产负债监管、资本充足性及偿付能力监管、保险交易行为监管、网络保险监管、再保险监管、金融衍生工具监管等。

（3）保险监管的对象。保险监管的对象是保险产品的供给者和保险中介人。保险产品的供给者是指保险人，具体包括保险公司、保险公司分支机构。保险中介人是辅助保险人和被保险人从事保险业务活动的，如保险代理人、保险经纪人和保险公估人。

4. 保险监管的依据

保险监管的依据是有关的法律、行政法规、规章和规范性文件。在我国，相关法律主要是指全国人民代表大会及其常务委员会通过的法律，如《中华人民共和国保险法》《中华人民共和国公司法》《中华人民共和国海商法》等；行政法规是指国务院制定和发布的条例，如《中华人民共和国外资保险公司管理条例》；规章是指中国保险监管机构和国务院有关部委制定和发布的部门规章，如国家金融监督管理总局发布的《保险销售行为管理办法》。

（二）保险监管制度

国家的保险监管制度主要是通过其所设立的保险监管机关行使监管权力，实施保险监管职能来实现的。保险监管制度通常包括两大部分：一是国家通过制定有关保险法规，对本国保险业进行宏观指导与管理；二是国家专司保险监管职能的机构依据法律或行政授权对保险业进行管理，以保证保险法规的贯彻执行。

二、保险监管的原则和目标

（一）保险监管的原则

保险监管适用的原则通常包括依法监管原则、独立监管原则、市场化监管原则、谨慎监管原则、公众利益原则、公平性原则等监管原则。

1. 依法监管原则

随着市场经济的发展，保险作为市场经济中风险管理的基本手段，关系到社会发展的方方面面，它的经营必须在法制的框架下进行。保险监督管理部门也必须依照有关法律或行政法规实施保险监督管理行为，不得超越职权实施监督管理行为。只有依法监管，才能保证保险市场有序运作。

2. 独立监管原则

保险监督管理部门应独立行使保险监督管理的职权，不受其他单位和个人的非法干预。当然，保险监督管理部门实施监督管理行为而产生的责任（如行政赔偿责任）也由保险监督管理部门独立承担。

3. 市场化监管原则

在市场经济体制下，保险监管应该具有市场化监管的意识。监管者要尊重市场规律，保护保险公司的经营自主权，避免对保险公司进行不必要的行政干预，为保险公司营造一个良好的公平竞争环境，推动市场机制有效运行。

4. 谨慎监管原则

保险业是经营风险的特殊行业。随着社会经济的迅速发展、市场竞争的日趋激烈和保险风险的复杂化，保险监管者需要认真关注保险公司面临的风险。为了维护广大投保人和被保险人的权益，保险监管者必须坚持谨慎监管，加强对保险资金充实性、负债匹配性、准备金以及偿付能力的监管，保障保险市场健康发展。

5. 公众利益原则

保险业是关系公众利益的行业，因此需要保障投保人和被保险人的合法权益，避免保险公司因面对风险而导致公众利益的损失。如果保险公司因经营不善而倒闭，轻则导致保险合同关系人利益受损，重则引发严重的经济和社会问题，甚至危及社会公共利益。因此，政府必须通过监管来维护保险市场的稳定，从而保护社会公众利益。

6. 公平性原则

保险监督管理部门对各监督管理对象要公平对待，必须采用同样的监管标准，创造公平竞争的市场环境。

（二）保险监管的目标

保险监管的目标是指一个国家或地区建立整个保险监管制度的动机，也即通过保险监管所要实现的目的，它是一切保险监管制度设计、方式采纳与手段选择的出发点。保险监管目标有一般目标与特殊目标之分。

1. 一般目标

保险业作为一般行业，国家对其经济活动监管的目标包括消除不合理的独占，管理自然垄断，确保公平竞争，合理分配天然资源，促使保险企业承担社会成本，促进经济繁荣，保障国民的安全、健康和福利，消除年龄、性别、婚姻状态、种族、宗教问题上不合理的差别对待，保护消费者和投资者的利益，管理与公共利益有关的企业等。

2. 特殊目标

保险业作为特殊行业，保险监管还有着特殊目标。

（1）保护被保险人合法权益。与保险人相比，被保险人一般处于劣势，其合法权益需要通过政府监管予以保护。维护被保险人合法利益是保险监管公认的目标。被保险人在保险活动中处于劣势的原因主要有以下几条。

第一，保险人有信息优势。保险产品专业性很强，被保险人缺乏有关保险专业知识，很难在投保过程中识别出保险公司可能存在的欺骗、误导行为。

第二，保险合同是附和合同。对于保险条款，被保险人一般只能表示同意与否，在条款中可能存在对被保险人不利、不公平的内容。

第三，被保险人的经济实力一般低于保险公司。当被保险人的经济实力远远低于保险公司时，一旦发生保险事故双方产生争议，被保险人在急需经济赔偿补偿损失的同时，仍然要支付律师费、诉讼费，费时费力，从而面临很大的困难。

（2）维护保险市场秩序。保险监管不仅可以维护保险人与被保险人之间的公平，而且可以为保险人之间的竞争提供合理的环境。竞争作为保险企业进步的助推器，能够刺激保险人为被保险人提供优质服务。不合理的恶性竞争，不但提高企业经营成本，形成无效率运作，而且容易导致偿付能力的下降。通过监管可以防止市场独占或过度竞争；减少破产保险企业的数量；保证合理的价格水平，最终促进保险业的健康发展。

利用保险进行欺诈是破坏保险市场秩序的一种表现。各国的保险监管法律法规都做出了有关规定，以维护保险市场的公平秩序。利用保险进行欺诈的手法很多，归纳起来主要有三个方面。

第一，保险人方面的欺诈。保险人方面的欺诈行为包括保险人缺乏必要的偿付能力经营保险业务，超出核定的业务经营范围经营保险业务，不具备保险人资格的人经营保险业务，利用自己拟订保险条款和保险费率的优势欺骗投保人或被保险人。

第二，投保人方面的欺诈。投保人利用保险欺诈，在形式上花样多端，手法各异，主要表现在投保人利用保险谋取不正当利益。如投保人故意制造保险事故，故意夸大保险事故造成的经济损失，以谋取更多的保险赔款等。

第三，来自社会方面的欺诈。社会方面的欺诈包括保险公司以外的单位或个人，未经主管机关批准非法从事保险经营活动，盗用保险人或其代理人的名义骗取客户；保险公司工作人员内外勾结，编制假案，骗取保险金等。

（3）促进保险业健康发展。促进保险业健康发展是中国保险监管的重要目标。促进保险业的健康发展，主要把握以下几点。

一是要坚持全面协调可持续的发展。保险业基础薄弱、起步晚，必须抓住机遇，坚持全面协调可持续发展，妥善处理好保险改革发展稳定的关系。

二是要坚持市场取向的发展。尊重市场力量在资源配置中的作用，相信并鼓励市场竞争，通过市场经济的方法发展保险业。

三是要坚持有秩序并充满活力的发展。保险机构的市场行为不能违反有关法规，保险产品和费率要品种丰富、灵活多变、贴近市场，使市场有序、充满活力。

四是要坚持有广度和深度的发展。要努力提高保险对社会经济和人民生活的渗透力和影响力，让保险产品成为人们生活的必需品。

（4）维护保险体系的整体安全与稳定。维护保险体系的整体安全与稳定是维护被保险人合法权益、维护公平竞争的市场秩序的客观要求和自然延伸。其内容主要包括以下两个方面。

一是维护保险体系的整体安全稳定是前两个目标的自然延伸，而不是单一的和唯一的目标。

二是维护保险体系的整体安全稳定，并不排除某些保险机构和保险中介机构因经营失败而自动或被强制退出市场。监管者不应当，也不可能为所有保险机构提供保险。监管者所追求的是整体的稳定，而不是个体的"有生无死"。

三、保险监督管理模式

保险监管模式是对市场行为、偿付能力和信息披露要求都相当严格的一种监管方式。监管部门对费率、条款、保单利率、红利分配等均有明文规定并在投放市场前进行严格和系统的监督。

（一）弱势监管

在这种监管形式下，保险公司在确定费率和保险条件时享受很大的余地。监管者的精力集中在公司的财务状况和偿付能力上，只要公司能够保证这一点，它们的经营一般不会受到太多干预。英国和荷兰等欧洲国家长期使用这一模式。

（二）强势监管

这种类型的监管是对市场行为、偿付能力和信息披露要求都相当严格的一种监管方式，监管部门对条款、保单利率和红利分配等都有严格规定。美国是这一类型的代表。

（三）折中式监管

这是一种以偿付能力监管为核心、兼顾市场行为及信息监管的模式。目前大多数国家都采用这种模式。

四、保险监管的手段

（一）法律手段

法律手段是国家通过制定和运用经济法规来管理保险业的方法。国家通过保险法规对保险公司的开业资本金、管理人员、经营范围、保险费率、保险条款等根本性问题作出明确规定。

（二）经济手段

经济手段是根据客观经济规律的要求，国家运用税收杠杆等经济政策，正确处理各种经济关系来管理保险业的方法。

（三）行政手段

行政手段是依靠国家和政府及企业行政领导机构自上而下的行政隶属关系，采用指示、命令、规定等形式强制干预保险活动。

（四）计划手段

许多发展中国家还把计划管理作为一种监管手段，而实行市场经济的国家则很少采用这一监管手段。发展中国家选用计划手段监管保险业，一般情况下应为指导性计划。

任务训练2　保险监管的内容

任务训练目标

通过完成保险监管内容的任务训练，能运用保险监管的相关知识，分析我国保险监管的内容。

知识要点

保险监管的内容主要是根据保险监管的目标来设立的。从原则上来说，在保险监管上要达到监督保险人履行偿付承诺、实现公平和效率等目标。各国的保险监管机构及监管方式、形式有所差异，但监管内容大多相似，保险监管的内容主要包括三大方面：一是市场行为监管；二是公司治理监管；三是偿付能力监管。

一、市场行为监管

市场行为是指保险公司的行为和保险中介机构的行为，以及保险机构相互之间的市场行为。保险监管机构对市场行为监管的根本任务和目的是保证保险市场的健康发展，为社会提供充分的经济保障。其具体任务有：维护合法经营，取缔非法经营；合理发展保险机构；完善保险法规；规范保险公司市场行为，保护正当竞争，保证保险公司的稳健经营和发展。市场行为监管是偿付能力监管的有力保证，对偿付能力监管有着重要的影响，也是我国保险监管的重要内容之一。对于市场行为的监管主要内容有以下几条。

（一）经营范围的监管

经营范围监管是指政府通过法律或行政命令，规定保险公司所能经营的业务种类和范围，其内容包括两个方面：一是兼业问题，即保险人可否兼营保险以外的业务，非保险人可否兼营保险或类似保险的业务；二是兼营问题，即同一保险企业可否经营性质不同的数种保险业务。

《保险法》第八条规定："保险业和银行业、证券业、信托业实行分业经营、分业管理，保险公司与银行、证券、信托业务机构分别设立。国家另有规定的除外。"

《保险法》第九十五条规定："保险公司的业务范围：（一）人身保险业务，包括人寿保险、健康保险、意外伤害保险等保险业务；（二）财产保险业务，包括财产损失保险、责任保险、信用保险、保证保险等保险业务；（三）国务院保险监督管理机构批准的与保险有关的其他业务。保险人不得兼营人身保险业务和财产保险业务。但是，经营财产保险业务的保险公司经国务院保险监督管理机构批准，可以经营短期健康保险业务和意外伤害保险业务。"

（二）公司准入的监管

设立一家保险公司需要得到政府主管机关的批准，这是当今世界各国的普遍做法。目前世界各国主要有以下两种批准制度。

1. 登记制

登记制即申请人只要符合法律规定进入保险市场的基本条件，就可以提出申请，经政府主管机关核准登记后进入市场。

2. 审批制

审批制即申请人不仅必须符合法律规定的条件，还必须经政府主管机关审查批准后才能进入市场。我国对保险市场的准入采用的是审批制。

《保险法》第六十七条第一款规定："设立保险公司应当经国务院保险监督管理机构批准。"

《保险法》第六十八条规定："设立保险公司应当具备下列条件：（一）主要股东具有持续盈利能力，信誉良好，最近三年内无重大违法违规记录，净资产不低于人民币二亿元；（二）有符合本法和《中华人民共和国公司法》规定的章程；（三）有符合本法规定的注册资本；（四）有具备任职专业知识和业务工作经验的董事、监事和高级管理人员；（五）有健全的组织机构和管理制度；（六）有符合要求的营业场所和与经营业务有关的其他设施；（七）法律、行政法规和国务院保险监督管理机构规定的其他条件。"

《保险法》第七十条规定："申请设立保险公司，应当向国务院保险监督管理机构提出书面申请，并提交下列材料：（一）设立申请书，申请书应当载明拟设立的保险公司的名称、注册资本、业务范围等；（二）可行性研究报告；（三）筹建方案；（四）投资人的营业执照或者其他背景资料，经会计师事务所审计的上一年度财务会计报告；（五）投资人认可的筹备组负责人和拟任董事长、经理名单及本人认可证明；（六）国务院保险监督管理机构规定的其他材料。"

（三）组织形式的监管

保险人以何种组织形式进行保险活动经营，各个国家和地区根据本国国情或本地区情况均有特别规定。美国保险人的形式包括股份有限公司和相互公司两种；日本包括股份有限公司、相互公司和互济合作社三种；英国除股份有限公司和相互保险社外，还允许采用个人保险组织形式（劳合社）；中国保险人的组织形式包括保险公司及法律、行政法规规定的其他保险组织。我国保险组织的形式为国有独资公司、股份有限公司和其他形式。

（四）保险中介人的监管

我国对保险中介人的监管主要依靠《保险法》《保险代理人监管规定》《保险经纪人监管规定》《保险公估人监管规定》等相关的中介监管规定。

《保险法》的监管规定主要涉及保险代理人和保险经纪人，而《保险代理人监管规定》《保险经纪人监管规定》《保险公估人监管规定》分别针对不同的保险中介人给出了具体的监管要求。

（五）停业解散的监管

政府对保险业进行管理的目的是保证保险公司稳健经营，从而维护被保险人的合法利益。比如，监管机构发现保险公司存在违法违规行为时，可以责令保险公司限期改正，若保险公司在规定期限内未改正，监管机构可以决定对其进行整顿；对于违法违规行为严重的保险公司，监管机构可以对其实行接管；被接管保险公司不能清偿到期债务且资产不足以清偿全部债务或者明显缺乏清偿能力的，以及明显丧失清偿能力可能的，监管机构可以依法申请对该保险公司进行重整或者破产清算。

（六）保险条款和保险费率的监管

保险条款是投保人和保险人对权利和义务的约定，专业性极强。投保人很难对保险合同中的每一条款进行充分了解，一般也很少与保险人协商保险条款的具体内容，这客观上要求监管机构对保险条款进行相应的监管。

保险费率是保险产品的价格，受预期损失、预期经营成本、预期投资收益等因素影响。保险费率如果过高，会降低保险公司的竞争力，同时对投保人也不公平；如果过低，会降低保险公司的财务稳定性，甚至影响其偿付能力，最终损害被保险人的利益。因此，厘定合理的费率水平对保险公司和广大消费者而言都是至关重要的。保险费率的监管方式一般可以分为强制费率、规章费率、事先核定费率、事先报批费率、事后报批费率和自由竞争费率等。

《保险法》第一百一十四条第一款规定："保险公司应当按照国务院保险监督管理机构的规定，公平、合理拟订保险条款和保险费率，不得损害投保人、被保险人和受益人的合法权益。"

《保险法》第一百三十五条第一款规定："关系社会公众利益的保险险种、依法实行强制保险的险种和新开发的人寿保险险种等的保险条款和保险费率，应当报国务院保险监督管理机构批准。国务院保险监督管理机构审批时，应当遵循保护社会公众利益和防止不正当竞争的原则。其他保险险种的保险条款和保险费率，应当报保险监督管理机构备案。"

二、公司治理监管

中国保险监管部门高度重视公司治理监管的制度建设，2018年发布了《保险公司股权管理办法》，按照实质重于形式的原则，依法对保险公司股权实施穿透式监管和分类监管。2021年发布《银行保险机构公司治理准则》，强化主要股东义务，明确董事会职责。为加强审慎监管，规范银行保险机构关联交易行为，防范关联交易风险，促进银行保险机构安全、独立、稳健运行，2022年发布了《银行保险机构关联交易管理办法》。

在加强制度建设的同时，中国保险监管部门还通过报告制度、窗口指导、董事会秘书谈话制度等，推动相关配套制度的落实，提高保险公司治理的能力和水平。具体来讲，中国保险监管部门主要从优化股权结构、加强董事会建设和推动公司完善内控体系三个方面加强公司治理监管。

（一）优化股权结构

为引导建立适合行业稳健发展和持续增资需求的较为合理的股权结构，中国保险监管部门重点从三个环节进行了规范。

1. 严格股东资格

在公司设立或增资扩股时，一方面对股东特别是控股股东的资质进行严格依法审查；另一方面保证社会资本的有序进入，重点引入大型国有和优质民营企业，壮大保险行业资本实力。

2. 规范股权流转

2018年发布的《保险公司股权管理办法》第四十九条规定："保险公司股东质押其持有的保险公司股权的，不得损害其他股东和保险公司的利益。保险公司股东不得利用股权质押形式，代持保险公司股权、违规关联持股以及变相转移股权。保险公司股东质押股权时，不得与质权人约定债务人不履行到期债务时被质押的保险公司股权归债权人所有，不得约定由质权人或者其关联方行使表决权等股东权利，也不得采取股权收益权转让等其他方式转移保险公司股权的控制权。"

3. 强化股东股权监管

股权是公司治理的基础，也是保险监管的重点和难点。按照股东持股比例大小和对公司影响力强弱，将保险公司股东分为一般股东、主要股东和控股股东，适用不同的监管标准。

（1）一般股东的管理。对持股比例在5%以下的一般股东，采取简单的备案制管理，鼓励社会资本向保险业流动。

（2）主要股东的管理。对持股比例在15%以上的主要股东实施严格监管，鼓励大型国有企业和优质民营企业投资保险业，壮大保险业的资本实力。

（3）控股股东的管理。对掌握公司控制权的控股股东强化监管。2012年，中国保监会出台了《保险公司控股股东管理办法》，既强化了控股股东对公司的责任和经营管理行为的合理监督，又注重规范控股股东的控股行为，防止其损害保险公司利益。

《保险公司控股股东管理办法》以保险公司控股股东与保险公司之间的管控和业务联系为基础，在控制行为、交易行为、资本协助、信息披露和保密、监管配合五个方面作出了规定，主要内容如下。

一是保险公司控股股东应当善意行使对保险公司的控制权，审慎行使对保险公司董事、监事的提名权。

二是保险公司控股股东应当确保与保险公司进行交易的透明性和公允性，不得利用关联交易、利润分配、资产重组、对外投资等任何方式损害保险公司的合法权益。

三是保险公司控股股东应当恪守对保险公司作出的资本协助承诺，对于偿付能力不足的保险公司，应当积极协调保险公司其他股东或者采取其他有效措施，促使保险公司资本金达到保险监管的要求。

四是保险公司控股股东应当建立信息披露管理制度，恪守对保险公司的保密义务。

五是保险公司控股股东应当督促保险公司依法合规经营，积极配合中国保监会对保险公司进行风险处置。

（二）加强董事会建设

董事会是公司治理的核心，加强董事会建设是国内外完善公司治理的普遍做法。保险经营专业性和审慎性的特点决定了保险公司董事会建设的重要性。2008年，中国保监会发布的《保险公司董事会运作指引》从明确董事会职责、强化董事责任、建立独立董事制度、设立专业委员会四个方面，将加强董事会建设作为规范保险公司治理结构的重要内容，对董事会职权明确和组织完善进行了重点规范。

在具体的监管实践工作中，保险公司主要完成以下几项工作。

1. 完善董事会组织建设

建立独立董事制度，保证董事会足够的专业性和独立性，提升董事会决策和监管水平。

2. 强化董事会职能

规定董事会对公司内控、合规和风险管理负最终责任，并要审议公司治理等一系列重大报告，促使董事会真正关心、了解公司运作和督促管理层改进工作。从加强风险防范的角度出发，明确要求保险公司董事会对内控、风险和合规性承担最终责任。

3. 规范董事会运作

从会议召集、提案与通知、会议召开、表决和决议等各个方面，规范董事会会议的整个流程，保障董事会科学决策。

（三）推动公司完善内控体系

内控机制既是公司治理的重要组成部分，也是公司治理真正发挥作用的重要保障。具体而言，包括以下几个方面。

1. 健全公司内部控制体系

《保险公司内部控制基本准则》第五条规定："保险公司内部控制体系包括以下三个组成部分：（一）内部控制基础。包括公司治理、组织架构、人力资源、信息系统和企业文化等。（二）内部控制程序。包括识别评估风险、设计实施控制措施等。（三）内部控制保证。包括信息沟通、内控管理、内部审计应急机制和风险问责等。"

《保险公司内部控制基本准则》还借鉴国际经验，基于前期公司和监管部门的实践，提出三个层次的内控活动框架，即前台控制、后台控制和基础控制。

①前台控制，是对直接面对市场和客户的营销及交易行为的控制活动。

②后台控制，是对业务处理和后援支持等运营行为的控制活动。

③基础控制，是对为公司经营运作提供决策支持和资源保障等管理行为的控制活动。

保险公司要建立和发布风险管理指引、合规管理指引等配套制度，明确公司的不同风险控制职能，建立较为科学的工作机制和清晰的报告路线。

2. 推动公司内部审计体制改革

《保险机构内部审计工作规范》要求保险机构健全内部审计体系，按照相关要求开展内部审计工作，及时发现问题，有效防范经营风险，促进公司的稳健发展。内部审计部门的工作不受其他部门的干预或者影响，内部审计人员不得参与被审计对象业务活动、内部控制和风险管理等有关的决策和执行。

《保险公司内部控制基本准则》第四十五条规定："内部审计的职责。保险公司内部审计部门对内部控制履行事后检查监督职能。内部审计部门应当定期对公司内部控制的健全性、合理性和有效性进行审计，审计范围应覆盖公司所有主要风险点。审计结果应按照规定的时间和路线进行报告，并向同级内控管理职能部门反馈，确保内控缺陷及时彻底整改。保险公司内部审计部门应当与内控管理职能部门分离。"

3. 建立关联交易管理制度

随着保险资金运用改革不断深入、投资渠道持续拓宽，保险公司的关联交易呈现增长趋势，部分中小保险公司关联交易占比偏高、交易对手比较集中、另类投资领域的关联交易增幅明显。部分保险公司的关联交易管理制度不健全、落实不严格，保险公司关联交易的潜在风险值得关注。

2022年3月，中国银保监会印发了《银行保险机构关联交易管理办法》，着眼于解决当前保险公司关联交易呈现出的阶段性重点问题，通过比例控制、程序优化、信息披露等综合手段，实现对保险公司关联交易重大风险的有效控制。该办法针对保险公司总资产、重点大类资产投资总额、对单一关联方投资余额等维度，设定了必要的比例上限。同时，加强保险公司关联交易的内部审查，强化非关联董事和独立董事的作用，进一步明确信息披露要求，增强关联交易的透明度和外部监督。

三、偿付能力监管

偿付能力监管是指协调保险市场各方利益，使市场参与各方在市场经济下获得最大利益，提高社会总体福利，实现监管保护公众利益这一最终目标的有效监管手段。偿付能力监管已经成为各国保险监管的核心。在我国，保险公司的偿付能力监管由国家金融监督管理总局负责实施，检查保险公司偿付能力，并判断保险人的财务状况能否保证其履行财务责任，并在长期中维持经营。

（一）偿付能力

偿付能力是指保险人履行赔偿或给付责任的能力，保险人应具有与其业务规模相适应的最低偿付能力。偿付能力可以分为最低偿付能力和实际偿付能力。

① 保险公司的实际偿付能力也称有效偿付能力，是指公司的实际资产减去实际负债的部分，而实际资产和实际负债均要按照监管准则进行评估和核准。

② 最低偿付能力是指法律规定的保障一定偿付能力所要求的最低数额，是监管部门从监管的角度用来判定保险公司偿付能力状况的重要指标。

保险公司的实际偿付能力应当保持在最低偿付能力以上，否则就会被要求采取相应的措施来提高其偿付能力。

（二）偿付能力监管指标

① 核心偿付能力充足率，即核心资本与最低资本的比值，衡量保险公司高质量资本的充足状况。

② 综合偿付能力充足率，即实际资本与最低资本的比值，衡量保险公司资本的总体充足状况。

③ 风险综合评级，即对保险公司偿付能力综合风险的评价，衡量保险公司总体偿付能力风险的大小。

其中，核心资本是指保险公司在持续经营和破产清算状态下均可以吸收损失的资本。实际资本是指保险公司在持续经营或破产清算状态下可以吸收损失的财务资源。最低资本是指基于审慎监管目的，为使保险公司具有适当的财务资源应对各类可量化为资本要求的风险对偿付能力的不利影响，所要求保险公司应当具有的资本数额。

（三）偿付能力监管的内容

① 偿付能力的计算方法，包括保险公司资产和负债的谨慎性评估、风险资本评估标准和法定最低偿付能力标准等，运用这些评估结果和标准对负债、资产的质量、流动性和价值、资产和负债的匹配进行评估。

② 偿付能力真实性的检查方法，包括财务报告、精算报告制度、偿付能力报告、监管部门的现场检查及非现场检查制度。

③ 偿付能力不足时的处理方法，指监管部门根据保险公司的偿付能力水平而采取的整顿、接管、清算等监管措施。

项目
小结

① 保险市场的概念有狭义和广义之分：狭义的保险市场是指对保险商品进行交易的活动场所；广义的保险市场则包含了狭义的保险市场与保险商品交换过程中需求和供给的关系及其有关的活动。保险市场发展的衡量指标包括保险深度和保险密度。

保险市场有着自己独有的特征：保险市场是直接的风险市场，保险市场是非即时清结市场，保险市场是特殊的"期货"交易市场。

保险市场是一个庞杂的体系，按照不同的分类标准，可以分成不同种类的保险市场：按照保险承保的方式划分，可以分为原保险市场和再保险市场；按照保险承保的标的划分，可将保险市场分为寿险市场和非寿险市场；按照保险活动的空间进行划分，可以把保险市场分为国内保险市场和国际保险市场两类；按照保险组织形式划分，可以分为保险公司市场、保险经纪公司市场和劳合社市场。

② 保险市场需求是指在某一特定时期，个人或者经济单位在特定价格条件下，愿意并且能够购买保险服务的需要（总量）。保险市场供给是指在一定的社会经济条件下，保险供给者愿意并且能够提供的保险种类和保险总量。用保险市场上的承保能力来表示，保险市场供给是各个保险企业承保能力的总和。保险价格是指某种保险的单位保险金额的保险费，其中单位保险金额是指一定数额的货币量作为该种保险的一个计量单位。保险费通常是指毛保费，它由纯保费和附加保费两部分构成。计算保险费的基础是保险费率，也叫作毛保险费率，是由纯费率和附加费率构成的。

③ 保险代理人是根据保险人的委托，向保险人收取佣金，并在保险人授权的范围内代为办理保险业务的机构或者个人。保险经纪人是基于投保人的利益，为投保人与保险人订立保险合同提供中介服务，并依法收取佣金的机构。保险公估人是指接受保险人或被保险人的委托，为其委托的标的提供评估、鉴定或查勘、估损、理算，并出具公估报告书的保险中介服务机构。

④ 目前，我国保险公司的组织形式主要有股份有限保险公司和国有独资保险公司两种。

⑤ 保险监管是指一个国家对保险业的监督和管理，以确保保险人的经营安全，同时维护被保险人的合法权利，保障保险市场的正常秩序并促进保险业的健康有序发展。保险监管适用的原则通常包括依法监管原则、独立监管原则、市场化监管原则、谨慎监管原则、公众利益原则、公平性原则等监管原则。保险监管的目标是指一个国家或地区建立整个保险监管制度的动机，也即通过保险监管所要实现的目的，它是一切保险监管制度设计、方式采纳与手段选择的出发点。保险监管目标有一般目标与特殊目标之分。

保险监管的内容主要包括三大方面：一是市场行为监管；二是公司治理监管；三是偿付能力监管。

职业技能训练

【训练目标】

通过主观题叙述和客观题分析与演练，理解保险市场、保险监管的含义，明确保险市场的要素、组织形式和保险监管的原则、目标、内容。

【训练任务】

准确描述保险市场和保险监管的含义，通过自主探究、小组合作等方法完成对保险市场分析环节的操作和保险监管的操作。具体任务如下。

一、名词解释

保险市场　保险经纪人　保险代理人　保险公估人　保险监管　偿付能力

二、单项选择题

1. 保险市场是保险商品（　　）。

A. 交换关系的总和　　B. 生产关系的总和　　C. 分配关系的总和　　D. 消费关系的总和

2. 保险商品价值的货币表现形式是（　　）。

A. 保险金额　　　　B. 保险价值　　　　C. 保险金　　　　D. 保险费率

3. 保险需求与费率之间的关系为（　　）。

A. 正相关　　　　B. 负相关　　　　C. 无关　　　　D. 不确定

4. 国家金融监督管理总局成立于（　　）。

A. 2021 年　　　　B. 2022 年　　　　C. 2023 年　　　　D. 2024 年

5. 保险监管部门监管的主要目的是（　　）。

A. 保护保险人和社会公众的利益

B. 保护被保险人和保险人的利益

C. 保护被保险人和社会公众的利益

D. 保护投保人的利益

6. 国际上保险公司的组织形式有多种，其中由所有参加保险的人为自己办理保险而合作设立的法人组织是（　　）。

A. 股份保险公司　　B. 相互保险公司　　C. 自保保险公司　　D. 劳合社

7. 以下（　　）是我国《保险法》规定的保险公司应当采取的组织形式。

A. 相互保险公司　　B. 股份有限公司　　C. 有限责任公司　　D. 保险合作社

8. 保险监管工作的核心是（　　）。

A. 财务核算的监管　　B. 业务监管

C. 偿付能力监管　　　D. 对保险资金运用的监管

9. 保险监管部门对保险市场中保险费率、条款、保单利率和红利分配都有严格规定。这种保险监管模式属于（　　）。

A. 弱势监管　　　　B. 强势监管　　　　C. 折中式监管　　　　D. 半强式监管

三、思考与讨论

1. 简述保险市场的主要特征。

2. 比较分析保险人的几种组织形式。

3. 论述保险市场需求与供给的影响因素。

4. 保险监管的目标是什么？

5. 保险监管的内容包括哪些？

四、案例分析

广东金融监管局在半年度新闻发布会上通报了消费投诉典型案例，相关负责人指出，保险合同是表述消费者权益范围内容的唯一载体，一切口头介绍行为仅为辅助行为，消费者对合同收益等宣传，可通过要求销售人员提供纸质说明资料或予以写明用作凭证，仅仅口头上的宣传和承诺并不靠谱。

2023年刘某在参加某保险公司产品说明会时，购买了一份分红险。经查，销售人员赵某在介绍保单收益、保单贷款时存在虚假宣传、夸大收益等误导的行为。赵某在介绍保单收益时使用了"保本""好过银行"等词语，并涉嫌夸大保单收益。同时，赵某在介绍保单贷款时告知"借款利息可以与保险金账户复利利息相冲减，所以贷款相当于只要付1个多点的利息"，实际上借款金额与保险金账户数额相差较大，保险金账户复利利息远低于贷款利息。

问题：上述销售人员介绍保单收益、保单贷款时存在虚假宣传、夸大收益等误导行为，广东金融监管局是否应依法对该销售人员及相关保险公司进行处罚？消费者应如何避免这一问题？

项目十一答案

参考文献

［1］孙祁祥. 保险学［M］. 7版. 北京：北京大学出版社，2021.

［2］张洪涛. 保险学［M］. 4版. 北京：中国人民大学出版社，2014.

［3］孙蓉，兰虹. 保险学原理［M］. 5版. 成都：西南财经大学出版社，2021.

［4］许飞琼. 保险学概论［M］. 北京：中国金融出版社，2019.

［5］兰虹. 保险学基础［M］. 5版. 成都：西南财经大学出版社，2018.

［6］刘冬姣. 人身保险［M］. 3版. 北京：中国金融出版社，2022.

［7］张晓华. 人身保险［M］. 4版. 北京：机械工业出版社，2023.

［8］朱佳. 人身保险实务［M］. 杭州：浙江大学出版社，2021.

［9］许飞琼，郑功成. 财产保险［M］. 6版. 北京：中国金融出版社，2020.

［10］王绪瑾. 财产保险［M］. 3版. 北京：北京大学出版社，2022.

［11］许飞琼. 财产保险与案例分析［M］. 北京：中国财经出版社，2022.